Bernt Engelmann

BERLIN
Eine Stadt wie keine andere

C. Bertelsmann

Bildquellenverzeichnis:

Archiv für Kunst und Geschichte, Berlin:
S. 104, 111, 118, 131, 153, 157, 191, 198, 255, 263, 269.
Bildarchiv preußischer Kulturbesitz, Berlin:
S. 174.
Ullstein Bilderdienst, Berlin:
S. 37, 59, 122/123, 142, 181, 200, 225, 244, 257, 297, 303, 307.
Karten:
S. 11 u. S. 17 Adolf Böhm, München

Die beiden Karrikaturen aus dem »Simplicissimus« auf S. 162 u. 164 wurden dem
Buch »Der Kaiser und die Kaiserstadt« von Alfred Grunow, Berlin 1970,
entnommen. Die erkennungsdienstliche Erfassung Wilhelm Voigts auf S. 193
stammt aus dem Katalog der Ausstellung der Berlinischen Galerie in Verbindung
mit der Akademie der Künste zu den Festwochen 1984 (»Berlin um 1900«, Berlin
1984). Die Titelseite der »B.Z. am Mittag« vom 9. 11. 1918 ist »50 Jahre Ullstein
1877–1927«, Berlin 1927, entnommen.

Einbandgestaltung: Peter Kahrl
Einbandfoto: Ullstein Bilderdienst, Berlin
© 1986 C. Bertelsmann Verlag GmbH, München / 5 4
ISBN 3-570-01415-0 · Printed in Germany

INHALT

BERLIN
– EINE STADT
WIE KEINE ANDERE?

Wenn man – wie es hier geschehen soll – von einer Stadt behaupten will, sie sei *wie keine andere,* also einzigartig, so stellt sich sofort die Frage: In welcher Hinsicht?

Gewöhnlich wird dann zum Beweis der Besonderheit der betreffenden Stadt ihre äußerst günstige Lage oder ihre jeden Besucher beeindruckende Schönheit angeführt, vielleicht auch ihr außergewöhnlicher Reichtum, ihre gigantische Größe und Einwohnerzahl oder ihr ehrfurchtgebietendes Alter nebst einigen imposanten Denkmälern aus weit zurückliegender Vergangenheit. Von alledem kann im Falle Berlins schwerlich die Rede sein. Es gibt wahrlich weit günstiger gelegene, viel schönere und prächtigere Städte als die an märkischem Sumpf und Sand errichtete einstige Residenz der kleinen und sprichwörtlich kargen Markgrafschaft Brandenburg! Deren Herrscher hatten – mit sehr spärlichen Ausnahmen – an bloßer Schönheit wenig Interesse, waren weder kunstsinnig noch prachtliebend und scheuten Ausgaben für andere als militärische Zwecke, ja, sie mußten sich häufig Knauserigkeit nachsagen lassen, obwohl es meist nur die leeren Kassen waren, die sie zu äußerster Sparsamkeit zwangen.

Auch was Größe und Einwohnerzahl angeht, hat Berlin nichts Besonderes zu bieten. Es gibt heute Dutzende von Großstädten in allen Teilen der Welt, die inzwischen mehr als das Doppelte und Dreifache, in einigen Fällen sogar mehr als das Fünffache dessen an Einwohnern zählen, was Groß-Berlin selbst in seinen Glanzzeiten aufzuweisen hatte. Tokio, New York, Mexiko City, Osaka, Saõ Paolo, Groß-London, Kalkutta, Schanghai, Kairo und Moskau, um nur einige der bevölkerungsreichsten Orte zu nennen, aber auch Los Angeles, Groß-Paris, Buenos Aires, Rio de Janeiro, ja selbst Seoul, Djakarta oder Manila – sie alle und mindestens dreißig weitere Städte sind in den letzten Jahren weit größer geworden, als Berlin es je war (wobei wir es getrost dahingestellt sein lassen können, ob sie wirklich Anlaß zu Stolz und Freude über diese Tatsache haben).

Was das Alter Berlins betrifft, so können auch die 750-Jahr-Feiern von 1987 nicht darüber hinwegtäuschen, daß die allermeisten europäischen und zahlreiche außereuropäische Hauptstädte viel älter sind:

Paris, zum Beispiel, war schon über tausend Jahre alt und zählte bereits rund zweihunderttausend Einwohner, als die Gründer Berlins aus Holz und Lehm ihre ersten Häuser an der Spree bauten! Städte wie London, Marseille oder Lissabon hatten schon zur Römerzeit mehr Einwohner und größere Bedeutung, als sich Berlin noch Jahrhunderte nach seiner Gründung rühmen konnte. Selbst Dublin, Luxemburg oder Sofia sind erheblich älter als Berlin, ganz zu schweigen von den Metropolen der europäischen Antike wie Rom oder Byzanz, das heutige Istanbul, oder gar Athen, das zur Zeit der Gründung Berlins schon auf eine mehr als dreitausendjährige Geschichte zurückblicken konnte! Nicht einmal im Vergleich zu den meisten anderen Großstädten Deutschlands zeichnet sich das 750jährige Berlin durch ein besonders hohes Alter aus – ganz im Gegenteil! Sämtliche Hauptstädte der Bundesrepublik – nicht nur die einst römischen Stützpunkte Bonn und Mainz, sondern auch Kiel, Hamburg, Bremen, Hannover, Düsseldorf, Wiesbaden, Saarbrücken, Stuttgart und München – sind älter als Berlin, ebenso fast alle übrigen westdeutschen Großstädte wie Essen, Duisburg, Dortmund, Münster, Göttingen, Kassel, Frankfurt am Main, Würzburg oder Nürnberg, ganz zu schweigen von weiteren römischen Gründungen wie Trier, Köln, Koblenz, Augsburg, Regensburg oder Passau.

Desgleichen sind elf der insgesamt vierzehn Bezirkshauptstädte der DDR älter als Berlin; nur Frankfurt an der Oder und Neubrandenburg sind ein paar Jahre, das erst spät vom Dorf zur Stadt erhobene Suhl erheblich jünger als Berlin. Ebenso sind im deutschen Nachbarstaat Österreich sowohl Wien als auch Linz, Graz, Klagenfurt, Salzburg, Innsbruck und Bregenz älter als Berlin, nur das burgenländische Eisenstadt ist jünger, und die deutschsprachigen Großstädte der Schweiz wie Basel, Zürich oder Bern sind ebenfalls früher als Berlin gegründet worden.

So läßt sich von Berlin anläßlich seiner 750-Jahrfeier hinsichtlich des Alters der Jubilarin eigentlich nur mit Stolz sagen, daß sie *erstaunlich jung* und als Stadt viel neueren Datums ist als die allermeisten ihrer deutschen Schwestern in Ost und West, Nord und Süd!

Was aber Berlins Bedeutung als Stadt betrifft, so war sie in den ersten fünfhundert Jahren nach der Gründung so gering, daß kaum Hoffnung bestand, es könnte sich daran noch etwas ändern. Im internationalen wie im nationalen Vergleich blieb Berlin ein halbes

Jahrtausend lang ein von der übrigen Welt wenig beachtetes Provinznest. Es durfte sich zwar »Haupt- und Residenzstadt« nennen, aber das galt damals auch für Hildburghausen, Bückeburg oder Neustrelitz sowie für Dutzende weiterer Zwergstaaten-Metropolen des Heiligen Römischen Reiches Deutscher Nation.

Zu Beginn, nämlich anno 1237, als das auf der Berlin vorgelagerten Spreeinsel entstandene Schwesterstädtchen Kölln erstmals urkundlich erwähnt wurde – daher die 750-Jahrfeier von 1987! –, wurden die Neugründungen Kölln und Berlin selbst von ihren nächsten Nachbarn, Spandau und Köpenick, noch weit in den Schatten gestellt, und verglichen mit den damaligen Großstädten West- und Süddeutschlands waren auch diese älteren und befestigten Nachbarstädte noch gänzlich unbedeutend, kaum dem Namen nach bekannte ferne Grenzforts in der märkischen Wildnis.

In Köln am Rhein, zum Beispiel, zwölf Tagereisen von der Spree entfernt, hatte man 1237 gerade, nach fünfzigjähriger Bauzeit, neue Befestigungen zum Schutze der etwa zwanzigtausendköpfigen Einwohnerschaft fertiggestellt, die alle Welt in Staunen versetzten: breite Gräben, hohe Wälle, darauf gewaltige Mauern von mehr als drei Kilometern Länge auf der Landseite, verstärkt durch fünfzig mächtige Halbtürme und neun starke Torburgen, dazu neue Bollwerke am Rheinufer und in den Strom hineingebaute Vorburgen. Und wenig später, anno 1248, begann man in Köln am Rhein, obwohl es dort an großen und prächtigen Kirchen wahrlich nicht mangelte, auch noch mit dem Bau des riesigen gotischen Doms, der bis heute Kölns Wahrzeichen geblieben ist.

Dagegen mußten sich die neuen Städtchen an der Spree, Kölln und Berlin, noch geraume Zeit mit nur je einem vergleichsweise winzigen Pfarrkirchlein begnügen, St. Nikolai und St. Petri, zu denen erst später zwei Klöster und weitere Kirchen kamen. Was aber die Befestigung der neuen Ansiedlungen an der Spree betraf, so behalf man sich dort anfänglich mit einem mannshohen Erdwall, einem palisadenartigen Plankenzaun darauf und einem hölzernen Wachturm – ganz ähnlich den Sicherungen der Pionierstädtchen im Wilden Westen Amerikas gegen Indianerüberfälle.

Überhaupt gibt es, wenn man sich die Frühgeschichte von Berlin und Kölln vorstellen will, kaum einen besseren Vergleich als den mit den Anfängen der Eroberung des nordamerikanischen Kontinents durch die Europäer, nur daß in Mitteleuropa der ›große Treck‹ gen Osten vordrang.

Die »Indianer« des »Wilden Ostens« jenseits der Elbe, die bis ins 12. Jahrhundert hinein die Reichsgrenze bildete, waren Slawen, deren verschiedene Stämme von den deutschen Kolonisten »Wenden« genannt wurden. In den heutigen Bezirken Rostock und Schwerin wohnten die Obotriten, östlich von ihnen am Oderhaff und bis an die Netze und Warthe die Pomoranen, südlich des Obotritenlandes, an Havel und Spree, die Kleinstämme der Liutizen, und deren Nachbarn im Südosten waren die Lusitzer. Jenseits der Oder hatten sich die Polen in einer größeren und strafferen staatlichen Ordnung zusammengefunden und, zumindest in ihren Führungsschichten, bereits das Christentum angenommen.

Um das nur sehr dünnbesiedelte Gebiet zwischen Elbe und Oder herrschte im 12. Jahrhundert ein ständiges Gerangel zwischen großen und kleinen weltlichen und geistlichen Herren, Deutschen wie Slawen. In wechselnden Bündnissen, mit Gewalt und List, häufig auch durch Heiraten und Erbverträge, versuchten alle, den eigenen Besitzstand auf Kosten der anderen zu vergrößern, und dabei erwiesen sich die Deutschen als die Erfolgreichsten.

1134, rund ein Jahrhundert vor der Gründung Köllns und Berlins, wurde Graf Albrecht von Askanien, dessen Stammsitz bei Aschersleben lag, mit der westlich der Elbe gelegenen Nordmark, der späteren Altmark, belehnt. Er schloß mit Pribislaw von Brennabor, dem späteren Brandenburg, einen Erbvertrag über das Havelland, verbündete sich mit den Polenherzögen Boleslaw und Miesko, verheiratete seinen Ältesten mit deren Schwester Judith und erntete nach Pribislaws Tod und jahrelangen Kämpfen mit Jacza von Köpenick, der sich der Burg Brennabor bemächtigt hatte, die Früchte dieser Politik: Er konnte die Grenze seiner Mark (= Grenzprovinz) ein Stück nach Osten vorschieben, bis an die Havel und deren Nebenfluß, die Nuthe, die zwischen Potsdam und Nowawes einmündet.

Die Stammesgebiete Barnim und Teltow, an deren Spreegrenze später Berlin und Kölln entstanden, blieben weiter Siedlungsgebiet der heidnischen Liutizen. Es waren Fischer und Kleinbauern, Jäger, Holzfäller, Flößer und dörfliche Handwerker, auch etliche Händler, die Wachs und Honig, Holz, Felle und Häute auf- und weiterverkauften. Ihre Häuptlinge, die sich mit den deutschen Eindringlingen zu arrangieren verstanden und sich taufen ließen, wurden, zumeist durch Heirat mit Töchtern der Eroberer, die Stammväter eines Großteils der ostelbischen Junker.

Indessen waren nicht die askanischen Markgrafen und ihr Anhang die eigentlichen »Pioniere« im »Wilden Osten«. Denen kam es ja im Grunde nur darauf an, ihr Herrschaftsgebiet auszudehnen und die Anzahl ihrer »Untertanen« zu vermehren, wobei es ihnen zunächst gleichgültig war, wer ihnen Steuern, Zölle und andere Abgaben zahlte: Deutsche oder Slawen, Christen, Juden oder Heiden. Die tatsächlichen »Pioniere«, die nach Osten drängten, waren unternehmungslustige, neue Märkte und Fernhandelswege erschließende Kaufleute und in ihrem Gefolge Handwerker und Bauern, die sich ansiedeln wollten, auch mancherlei Abenteurer, die sich in den neuen, noch in keine feste staatliche Ordnung gefügten Gebieten ein ungebundenes Leben erhofften, dazu zahlreiche Kriegsknechte in Diensten adliger Herren, die ihrerseits im eroberten Slawenland Burgen zu bauen und die Landbevölkerung, gleich ob Eingesessene oder deutsche Neusiedler, in ihre Abhängigkeit zu bringen gedachten, schließlich Mönche, die zur Missionierung der großenteils noch heidnischen Liutizen ausgesandt worden waren.

Die mitten im Barnim, dem Gebiet zwischen Oder, mittlerer Spree, Havel und Uckermark, gelegenen Siedlungen Kölln und Berlin waren zunächst bloße Stationen am Spreeübergang des alten Handelswegs, der vom Rheinland über Dortmund, Hannover, Braunschweig und Magdeburg über die Oder nach Polen und Rußland führte, sowie an der Route, die die meißnischen und böhmischen Städte mit der Ostsee verband.

11

Zwischen dem Barnim und dem Nachbarland Teltow war die bis zu zehn Kilometer breite, sumpfige Spree-Niederung zu überwinden, und die schmalste Stelle, wo die etwas höher gelegenen trockenen Flächen auf vier Kilometer aneinanderrückten und inselartige Erhebungen die Durchquerung der Sümpfe erleichterten, bot sich zur Errichtung solcher Handelsstationen an.

Die Lager- und Umschlagplätze für den West-Ost- wie für den Nord-Süd-Handelsverkehr, die dort entstanden – wahrscheinlich in der Nähe von Fischerdörfern der Liutizen–, benötigten nicht nur ständige Bewachung, sondern auch Handwerker, die Reparaturen ausführen konnten, Gastwirtschaften mit dem entsprechenden Personal, Landwirtschaft zur Deckung des Eigenbedarfs und manches mehr. Bald hatten die Niederlassungen eine ständige Einwohnerschaft von mehreren hundert Personen, und wie es später die Kolonisten in Nordamerika machten, nannten sie die eine der beiden neuen Ortschaften nach ihrer fernen Heimat am Rhein: Kölln. Die andere, am Spreeufer gegenüber der Insel, auf der Kölln entstanden war, behielt ihre alte slawische Bezeichnung: Berlin, was etwa »Wildnis mit Lehmboden« bedeutete. In späterer Zeit legte sich Berlin dann ein sogenanntes »sprechendes Wappen« zu, das einen auf den Hinterbeinen stehenden Bär zeigt, doch ist der Stadtname zweifellos nicht von diesem Wappentier, auch nicht von Markgraf Albrecht dem Bären abgeleitet, vielmehr beruht das Wappen auf einer Umdeutung des alten slawischen Namens.

Was das Leben in Berlin und Kölln in den ersten Jahrzehnten ihres Bestehens angeht, so muß man es sich etwa so vorstellen wie in den späteren Pionierstädtchen des amerikanischen Westens, ehe dorthin Eisenbahnen gebaut wurden. Es gab Läden, sowohl für den Bedarf der Einheimischen wie für die »Farmer« der Umgebung sowie für die durchreisenden Händler, Pelztierjäger, Flößer und Schiffer. Es gab gewiß auch schon »Saloons«, die Bier, wohl auch Wein aus Böhmen und vom Rhein ausschenkten – aber noch keinen Schnaps, denn die Destillation von Alkohol erfanden die Araber erst im 15. Jahrhundert –, Quartierhäuser, wo man auf Strohlagern nächtigen konnte, ferner Badehäuser, wo recht lockere Sitten herrschten, daneben die Stube des Bartscherers, der sich auch als Wundarzt betätigte, schließlich die Holzhäuser der Bäcker, Metzger, Schuster, Schmiede und sonstigen Handwerker, die wie alle Bürger nebenbei etwas Landwirtschaft betrieben (oder als wohlhabende Kaufleute betreiben ließen). Und es gab natürlich einen »Sheriff« nebst Gehilfen, der für Ordnung zu sorgen hatte, sowie ein gewähltes Stadtoberhaupt, der Schultheiß genannt wurde, wobei in Berlin als erster ein Mann namens Marsilius aus Soest dieses Amt bekleidet hat.

Was die in der Umgebung von Berlin und Kölln lebenden »Wenden« betraf, so hatten sie ihre einstige »Indianer«-Rolle schon im 10. Jahrhundert nach letzten großen und blutigen Aufständen ausgespielt. Für die Neuansiedler stellten sie keine Gefahr mehr da. Sie führten ein kaum beachtetes Eigenleben abseits der neuen Städte, wo man sie an bestimmten Tagen ihre Fische, Pilze, Beeren und Kräuter feilbieten ließ, sie ansonsten aber geringschätzte. Im übrigen gab es, jeweils knapp zweieinhalb Wegstunden von Berlin und Kölln entfernt, zwei starke »Forts« – im Westen Spandau an der Mündung der Spree in die Havel, im Südosten Köpenick auf einer Spree-Insel an der Mündung der Dahme –, die Gewähr dafür boten, daß es zu keinem größeren Wendenaufstand mehr kommen würde.

Indessen drohten den neuen Städten an der Spree andere Gefahren: Zur Zeit der Gründung von Kölln und Berlin ging es im Heiligen Römischen Reich Deutscher Nation drunter und drüber. Es gab keine starke Zentralgewalt mehr, die für Ordnung hätte sorgen können. Der letzte Stauferkaiser hielt sich, wenn er nicht gerade Kreuzzüge nach Palästina unternahm, vornehmlich in Süditalien auf, dem seine ganze Sorge galt. Um Deutschland kümmerte er sich kaum noch und überließ es den untereinander zerstrittenen Feudalherren sowie der römischen Kirche. Und nach dem Tode Konrads IV., des letzten Staufers, begann »die kaiserlose, die schreckliche Zeit«, die erst 1254 endete. Ganz Deutschland wurde zum Tummelplatz mordender und sengender Raubritterbanden, und zugleich wütete die Inquisition, die Abertausende vermeintlicher Ketzer foltern und verbrennen ließ und so ganze Landstriche entvölkerte.

Die Mark Brandenburg litt am ärgsten unter der Raubritterplage, und auch in dieser Hinsicht gibt es Parallelen zur Pionierzeit Amerikas: Wie später dort, so fanden sich auch in den »neuen Landen« an der Spree immer mehr Strolche ein, denen in zivilisierteren Gegenden die Polizei auf den Fersen gewesen war. Im »Wilden Osten« fühlten sie sich sicher, raubten das Vieh von den Weiden, überfielen Reisende und einsame Gehöfte, mordeten und plünderten. Die dreistesten Anführer dieser Banden zwangen die eingeschüchterte Landbevölkerung dazu, ihnen Burgen zu bauen und später regelmäßig »Schutzgelder« zu zahlen, ja erklärten den von den Kolonisten urbar gemachten Boden zu ihrem, der Räuber, Eigentum und die Bauern, gleich ob Deutsche oder »Wenden«, zu ihren »Untertanen«, bloßem Arbeitsvieh, das ihnen auf Gedeih und Verderb ausgeliefert war.

So bildeten sich – wie in Amerika später der häufig nach dem »Faustrecht der Prärie« zusammengeraffte Großgrundbesitz mancher »Rancher« – die Rittergüter der Junker neben denen der slawischen Häuptlinge, und die Nachkommen beider verschmolzen zum ostelbischen Landadel.

Gefördert wurde diese für die Landbevölkerung der Mark Brandenburg so verhängnisvolle Entwicklung noch dadurch, daß sich zur Zeit der Gründung von Berlin und Kölln, von 1238 bis 1245, gerade diejenigen, die Ordnung hätten schaffen können, in den Haaren lagen. Der Erzbischof von Magdeburg, der Bischof von Halberstadt und der Markgraf von Meißen versuchten in diesen Jahren mit wechselnden Bündnissen, dem Markgrafen von Brandenburg die Herrschaft in den »neuen Landen« Teltow und Barnim streitig zu machen, und gleichzeitig drohte von Südosten her eine noch größere Gefahr:

1237, also just im offiziellen Gründungsjahr Berlins, waren die Mongolen wieder nach Ost- und Mitteleuropa vorgestoßen! Sie hatten zunächst die Ukraine und Polen überrannt, Kiew erobert und Krakau niedergebrannt, dann in Ungarn das Magyarenheer vernichtet.

Das waren, von der Spree aus gesehen, noch sehr ferne Ereignisse, aber 1240 fielen die Mongolen bereits in Schlesien ein, plünderten und zerstörten Breslau und auch Liegnitz, und 1241 bereiteten sie dem vereinigten Heer der Polen, Schlesier und Deutschordensritter, das sich ihrem Vormarsch entgegengestellt hatte, eine furchtbare Niederlage.

Nun wäre es der von Batu, einem Enkel des Dschingis-Khan, geführten Goldenen Horde ein leichtes gewesen, durch die Lausitz weiter nach Norden, nach Barnim und Teltow, vorzustoßen, wo sie dann zweifellos auch den neuen Städtchen am Spree-Übergang den Garaus gemacht hätten. Aber sie verschmähten die dünnbesiedelte, von den Fehden der benachbarten Feudalherren verwüstete, von den Raubrittern ausgeplünderte Mark Brandenburg und wandten sich südostwärts nach Mähren, wo ihnen reichere Beute zu winken schien.

So entgingen Berlin und Kölln dem drohenden Mongolensturm, dem auch ihre damaligen benachbarten »Forts« und späteren Vororte Spandau und Köpenick nicht hätten standhalten können. Sie blieben auch verschont von dem Schicksal so mancher anderen märkischen Kleinstädte, die sich der Raubritter nicht zu erwehren vermochten und ganz in deren Gewalt gerieten. Nicht zuletzt zur Abwehr solcher Gefahr vereinten sich 1307 die beiden benachbarten Spree-Städtchen unter einem gemeinsamen Rat, blieben aber dennoch Rivalen und lagen häufig im Streit miteinander, wobei sich die Berliner den Köllnern meist überlegen erwiesen. Infolge der eingegangenen »Vernunftehe« konnte sich die Doppelstadt an der Spree vom Beginn des 14. Jahrhunderts an jedenfalls zu den bedeutendsten und wohlhabendsten Plätzen der Markgrafschaft Brandenburg zählen – ein Umstand, der die Bewohner gewiß mit Stolz erfüllt hat, jedoch an einen alten jüdischen Witz erinnert:

Da brüstet sich um 1900 einer in der Eisenbahn vor den anderen Fahrgästen, er sei aus Starodub, und er erklärt seinen staunenden Zuhörern, was Wien für die k.u.k. Monarchie, was Paris für Frankreich, was London für das britische Weltreich und Rom für die gesamte katholische Christenheit, das sei Starodub für das Gouvernement Tschernigow! Weder Kolewez noch Mglin, weder Konotop noch Surash könnten sich an Glanz und an Größe mit Starodub messen, ganz zu schweigen von den übrigen Tschernigower Kreisstädten wie Borsna, Gorodnja oder Njeschin ...!

Die anderen sind zunächst tief beeindruckt, aber dann erkundigt sich einer: »Und wo, bitte schön, beliebt sich zu befinden das besagte Gouvernement Tschernigow?«

Ähnlich hätte es einem Berliner im Heiligen Römischen Reich Deutscher Nation des 14. Jahrhunderts ergehen können, wäre er so kühn gewesen, sich etwa im Herzogtum Mailand, in der Reichsstadt Besançon, in der Freigrafschaft Burgund, im flandrischen Antwerpen, in Brügge, Lüttich, Straßburg, Basel, Florenz oder anderen zum Reich gehörenden Städten mit der dominierenden Stellung Berlins unter den wichtigen Plätzen der Mark Brandenburg zu brüsten.

Auch in Köln, Frankfurt am Main, Augsburg, Nürnberg, Prag oder Wien wäre er ausgelacht worden. Denn die märkische Wildnis galt als des Reiches »Erzstreusandbüchse«. Dort lebten in den Urwäldern und Sümpfen noch »Wenden«, die sich zwar hatten taufen lassen – es gab dafür ja hübsche Geschenke –, aber heimlich noch immer ihre heidnischen Bräuche pflegten; dort tummelten sich die übelsten Räuberbanden, und nirgendwo herrschten größere Unordnung, Rückständigkeit und Verwahrlosung.

Die nominellen Herren der Mark Brandenburg – bis 1320 die Askanier, dann die Wittelsbacher bis 1379, als Otto der Faule, wie er genannt wurde, starb, und schließlich die Luxemburger bis 1388 – kümmerten sich herzlich wenig um ihr fernes Ländchen, das sie stückweise verpfändeten oder verkauften.

Die tatsächliche Macht übten die märkischen Raubritter aus, unter denen die Quitzows und die Rochows die berüchtigsten waren.

Ob sich die Raubritter auch an Berlin und Kölln herangewagt haben, ist nicht sicher. 1380 brannte jedenfalls die ganze Ansiedlung nieder – wie später noch zweimal –, was auf Brandstiftung und heftige Kämpfe schließen läßt. Aber die Spreestädte gerieten nicht in jun-

15

kerliche »Erbuntertänigkeit« wie andere Stadtgemeinden der Mark Brandenburg, sondern konnten die Angreifer in die Flucht schlagen.

In dieser Zeit schrankenloser Willkür lernten die Einwohner Köllns und Berlins, sich ihrer Haut zu wehren, und sie waren nicht zimperlich im Umgang mit den weltlichen und geistlichen Obrigkeiten: Als der Polenkönig Wladislaw Lokietek im Bunde mit dem Bischof von Lebus 1325 in die Mark eingefallen und bis an die Havel vorgedrungen war, hatten ihn die Bürger Berlins und Köllns im Bunde mit denen anderer Städte nicht bloß vertrieben, sondern hatten blutige Rache genommen und sogar die Stiftskirche des Lebusers niedergebrannt. Der Propst von Bernau, der im selben Sommer ihr heftiges Mißfallen erregt hatte, war gar von ihnen gelyncht und auf dem Scheiterhaufen verbrannt worden.

Zur Strafe verfielen die Spreestädte dem Kirchenbann, der erst knapp zwei Jahrzehnte später wieder aufgehoben wurde. Der Sage nach sollten die Berliner ursprünglich ein gewaltiges Sühnekreuz neben der Marienkirche errichten, doch sie zeigten sich so störrisch, daß sich der Erzbischof von Magdeburg schließlich mit einem vergleichsweise winzigen Kreuzchen zufriedengab. Dieses Wahrzeichen Berliner Unbotmäßigkeit ist (in einer Nachbildung aus jüngerer Zeit) noch heute neben dem Eingang der wiederhergestellten Marienkirche zu sehen.

Als damals der Bann endlich aufgehoben wurde, war inzwischen eine neue Generation herangewachsen, die noch niemals eine Messe gehört hatte und, wie berichtet wird, bei dem ungewohnten Gesang der Geistlichen in lautes Lachen ausbrach. 1364 gab es erneut Streit, diesmal mit einem Prälaten aus dem Gefolge des Erzbischofs von Magdeburg, der in Berlin kurzerhand dem Henker übergeben und hingerichtet wurde, weil er sich einer ehrbaren Bürgerin dreist genähert und sie aufgefordert hatte, mit ihm das Badehaus zu besuchen.

Wieder wurde Berlin gebannt, und kaum war nach jahrelangem Feilschen um die von der Kirche geforderte Geldbuße die Strafe wieder aufgehoben, da traf 1376 Berlin erneut der Bannstrahl. Diesmal hatten die Bürger einen Pfarrer wegen des Verdachts der Brandstiftung in Haft genommen und ihn dabei schwer verletzt. Indessen waren die Berliner inzwischen so daran gewöhnt, daß die Kirchenglocken nicht mehr geläutet und keine Messen mehr gelesen werden durften, daß sie sich diesmal um eine Lösung des Bannes erst nach vierzehn Jahren und dann auch nicht sonderlich bemühten. Im Stadtbuch hat der Syndikus dazu später vermerkt, was in hochdeutscher Übersetzung lautet: »Priester und Laien werden leider selten gute Freunde. Das kommt von der Pfaffen Gier und Unkeuschheit.«

Jedenfalls wußten bald alle Nachbarn, daß bei den Bürgern von Berlin und Kölln Vorsicht am Platze war, und auch die die Mark Brandenburg beherrschenden Raubritter machten einen weiten Bogen um die Spreestädte, die so dem Schicksal des nur zwanzig Kilometer entfernten Strausberg entgingen, das die Quitzows 1402 so verwüsteten, daß der Ort ein Jahrhundert lang unbewohnt blieb und sich nie wieder völlig erholte.

Neun Jahre später, 1411, trat endlich ein Wandel in den unhaltbaren Zuständen ein, unter denen die Mark Brandenburg nun schon seit vielen Jahrzehnten zu leiden hatte: Ein neuer Landesherr trat auf den Plan, der Nürnberger Burggraf Friedrich von Hohenzollern, der sogleich bekanntgab, er werde dem Raubritterunwesen ein Ende machen.

Der reiche Hohenzoller, Hauptgläubiger des Kaisers Sigismund, dem er die Wahl zum Oberhaupt des Reiches finanziert hatte, hielt sein Versprechen, wenn auch auf andere Weise, als es sich die Bevölkerung des geplagten Landes erhofft hatte. Zunächst sicherte er sich die militärische Unterstützung mächtiger Nachbarn, dann brach er mit einer starken Truppe von Franken nach Brandenburg auf und bereitete den Raubrittern, die sich auf ihren stark befestigten Burgen sicher fühlten, eine für sie peinliche Überraschung.

Berlin und Cölln um 1400

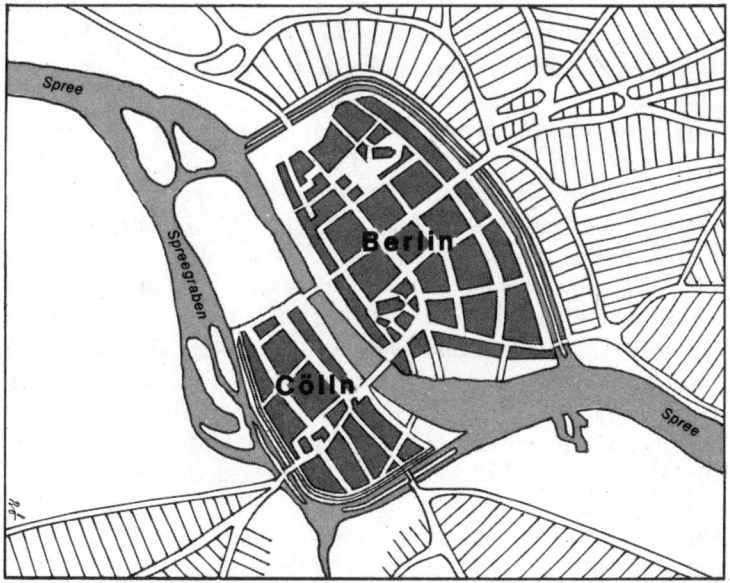

Er brachte nämlich eine neue, in der Mark noch unbekannte Waffe mit: ein Belagerungsgeschütz, genannt »die faule Grete«, deren steinernen Kugeln auch die dicksten Burgmauern auf Dauer nicht standhalten konnten. Damit nahm er eine der Raubritterburgen nach der anderen, sogar Plaue, wo sich Johann von Quitzow hinter 3,50 Meter dickem Gemäuer unangreifbar gewähnt hatte. Noch drei weitere Quitzow-Burgen sowie die der Rochows und Alvenslebens wurden von der Wunderwaffe des neuen Markgrafen bezwungen. Die anderen Raubritter ergaben sich oder ergriffen die Flucht, und die geplagten Märker glaubten nun, aufatmen zu können.

Doch das erwartete große Strafgericht blieb aus. Friedrich I., wie er sich als neuer Kurfürst der Mark Brandenburg nannte, dachte gar nicht daran, die besiegten Junker hängen oder einsperren zu lassen. Sie mußten ihm nur Treue und Gehorsam geloben, fortan auf Wegelagerei und Überfälle verzichten sowie allen markgräflichen Besitz, den sie sich angeeignet hatten, wieder herausgeben. Ihre angemaßte Herrschaft über die Landbevölkerung und die bezwungenen Städte wurde ihnen jedoch belassen, ja, der Kurfürst bestätigte ihnen ausdrücklich ihr »Eigentum« am geraubten Bauernland samt der Verfügungsgewalt über die nun »erbuntertänigen« Menschen, denn er wollte die Junker zu den eigentlichen Stützen seiner Herrschaft machen. Indem er also die Räuber zu Oberaufsehern, Polizeichefs und Richtern ihrer Opfer werden ließ, ihnen Steuerfreiheit und sonstige Vorrechte gewährte, erhoffte er sich von ihnen tatkräftige Unterstützung bei der nun folgenden Unterwerfung der märkischen Städte, denen er nach und nach alle alten Rechte und Freiheiten abzunehmen gedachte, um sie dann selbst um so gründlicher ausbeuten zu können.

1442 waren schließlich auch Kölln und Berlin an der Reihe, die als die Widerspenstigsten galten. Friedrich I. hatte sich bereits wieder in seine zivilisierte fränkische Heimat zurückgezogen und die Herrschaft in der Mark seinem Ältesten, Friedrich II., übertragen, und dieser erschien eines Tages unter dem Vorwand, einen Streit zwischen den Schwesterstädten an der Spree schlichten zu wollen, dort mit sechshundert bewaffneten Reitern.

Die feierlich beschworenen Verträge, wonach selbst der Landesherr nur mit unbewaffnetem Gefolge die Städte betreten und sich nicht in deren innere Angelegenheiten einmischen durfte, nutzten den überraschten Bürgern nun gar nichts mehr. Der Kurfürst zwang sie, alle alten Freiheiten aufzugeben und sich seinen Befehlen zu unterwerfen.

Kaum war allerdings der Hohenzoller mit der Mehrzahl seiner Bewaffneten wieder abgezogen, da erklärten die Bürger von Berlin und

Kölln die erpreßte Aufgabe ihrer Freiheiten für ungültig und verjagten die kurfürstliche Besatzung. Und als im Jahr darauf, 1443, Friedrich II. Anweisung gab, an der Spree zwischen Berlin und Kölln eine Zwingburg zu bauen, stieß er auf den entschlossenen Widerstand der Bürger beider Städte. Sie ließen sich von den Verlockungen des Kurfürsten, er hätte doch nur ihr Bestes im Sinn, wenn er an der Spree eine prächtige Residenz errichten ließe, nicht beirren und verhinderten wiederholt mit Waffengewalt den Beginn der Bauarbeiten, jagten die fremden Arbeiter und Soldaten aus der Stadt, zerstörten die Gerüste und rissen schon fertige Mauern wieder ein. Drei Jahre dauerte der Kampf um die Bewahrung der städtischen Freiheiten – von späteren Historikern höchst dezent als der »Berliner Unwille« umschrieben –; dann mußten sich Kölln und Berlin dem wachsenden militärischen Druck beugen, weil weder die anderen märkischen Städte noch die Hanse, der Berlin in der Hoffnung auf Unterstützung beigetreten war, ihnen zu Hilfe kam. 1448 unterwarfen sie sich zähneknirschend, und drei Jahre später war der Bau des festen Schlosses an der Spree beendet, die städtischen Freiheiten damit endgültig verloren.

In den folgenden zweihundert Jahren ging es mit dem bescheidenen Wohlstand, erst recht mit der politischen Macht, nicht nur Berlins und Köllns, sondern aller märkischen Städte, immer weiter bergab. Soweit sie dem hansischen Städtebund beigetreten waren, zwangen die Hohenzollern sie zum Austritt. Dadurch litt der Handel ebenso wie durch den Verlust der Zollfreiheit und anderer städtischer Vorrechte, und sein Niedergang wurde noch beschleunigt durch blutige Verfolgungen und Austreibungen der in Berlin und den anderen märkischen Städten seit frühesten Tagen ansässigen Juden, denen – da man den eigentlichen Verursachern nichts mehr anhaben konnte – die Schuld an allem Unglück zugeschoben wurde. Schließlich lebte unter den nächsten Hohenzollern-Kurfürsten, Albrecht Achilles und Johann Cicero, auch das Raubritter-Unwesen wieder auf. Damals betete man in Berlin und in anderen märkischen Städten: »Vor Köckeritz und Lüderitz, vor Krachten und vor Itzenplitz behüt' uns, lieber Herre Gott!«

Die Landplage, die von diesen und den meisten anderen brutalen, zügellosen und überheblichen, dabei völlig ungebildeten, zu vernünftigem Wirtschaften unfähigen Junkern ausging, bewog um 1500 den Kurfürsten Johann Nestor dazu, ein Exempel zu statuieren: Auf einen Schlag ließ er siebzig der übelsten Wegelagerer und Mordbrenner fangen und hängen, darunter mehr als drei Dutzend »Edle Herren« und Ritter – ein für die damalige Feudalherrschaft unerhörter Eingriff in die Vorrechte des Adels!

Dieses energische Vorgehen des Kurfürsten gegen die verhaßten Junker verschaffte ihm vorübergehend große Popularität beim Volk, vor allem bei den Berlinern. Doch ansonsten blieb das Verhältnis zwischen den Einwohnern der nunmehrigen brandenburgischen »Haupt- und Residenzstadt« und ihren Landesherren gespannt und ließ beiderseits jede Herzlichkeit vermissen. Respektlos und bei jeder Gelegenheit aufsässig zeigten sich die Berliner; zutiefst mißtrauisch gegen ihre widerborstigen, zu hintergründigem Spott neigenden Untertanen blieben die Hohenzollern. Als ein Bürger Berlins, Johann Kohlhase, den später der Dichter Heinrich v. Kleist mit seiner Novelle »Michael Kohlhaas« unter leicht verändertem Namen berühmt gemacht hat, wegen ihm von einem Junker zugefügten Unrechts einen privaten Rachefeldzug gegen die Obrigkeit begann und von 1533 bis 1540 die kurfürstliche Polizei in Atem hielt, reagierten der Landesherr, sein Hof und die brandenburgischen Justizbehörden geradezu hysterisch. Die Angst vor Kohlhase und der Bande, die sich ihm angeschlossen hatte, stieg ins Maßlose, am Ende sogar bei den Bürgern und Bauern, obwohl sich alle Gewalttaten Kohlhases und seiner Leute ausschließlich gegen die Herrschenden richteten.

Nach einem Überfall auf einen kurfürstlichen Geldtransport bei dem nach ihm so benannten Kohlhasenbrück in der Nähe von Potsdam gelang es der Polizei, der Bande auf die Spur zu kommen und die meisten Mitglieder samt ihrem Anführer zu fangen. Mit ihrer öffentlichen Hinrichtung vor dem Berliner Georgstor war diese Episode beendet. Aber die während der Jahre vergeblicher Suche nach den Terroristen aufs äußerste verschärften Gesetze und Polizeivorschriften – Einführung der Meldepflicht, auch bei nur einmaliger Übernachtung, ständige Straßenkontrollen und manches andere – wurden nicht wieder gelockert und bildeten die Grundlage für die Entwicklung der Hohenzollern-Monarchie zum perfekten Obrigkeits- und Polizeistaat.

Auch der damals begonnene Ausbau von Spandau zu einer gewaltigen, das Spree- und Havelland samt Berlin und Kölln beherrschenden Festung war bestimmt vom tiefen Mißtrauen der Hohenzollern gegen die Bürger ihrer Hauptstadt und von der Furcht vor Rebellion im Junkerstaat. Zweihundert in Italien angeworbene Facharbeiter legten die Fundamente für die Spandauer Zitadelle und ihre vier Bastionen; fünfunddreißig Jahre dauerte es, bis der Festungsbau beendet war. Doch das für unüberwindlich gehaltene Bollwerk Spandau bestand dann – es sei hier schon vorweggenommen – keine einzige seiner militärischen Bewährungsproben. Es erfüllte seinen Zweck nur in einer Hinsicht: als gefürchtetes Staatsgefängnis, das die Bürger Berlins davon abhalten sollte, sich bei der ersten Gelegenheit zu erheben, die Herrschaft der Hohenzollern abzuschütteln und sich die verlorenen alten Freiheiten zurückzuholen – etwa das Recht, keine Bewaffneten, auch nicht Beauftragte des Kurfürsten, in ihren Mauern zu dulden; die Freiheit, Bündnisse und Verträge mit anderen Städten innerhalb und außerhalb des Kurfürstentums zu schließen; alle Erleichterungen oder Beschränkungen von Handel und Schiffahrt selbst zu bestimmen; sich Rat und Bürgermeister selbst zu wählen, ohne daß sie einer Bestätigung durch den Kurfürsten bedurft hätten, oder auch die alleinige Gerichtsbarkeit und Polizeigewalt im eigenen Stadtgebiet.

Alle diese und manche andere Rechte und Freiheiten hatten die Hohenzollern ihnen genommen, und die Folge der dauernden Bevormundung der auf Freiheit, sowohl des Handels wie des Geistes und des innerstädtischen Lebens, angewiesenen Spreestädte war, daß sie in ihrer Entwicklung gehemmt und immer weiter zurückblieben hinter den anderen Hauptstädten des Reichs.

Zu Beginn des 16. Jahrhunderts zählten Brügge und Gent jeweils mehr als fünfzigtausend Einwohner, Köln etwa fünfunddreißigtausend, Lübeck, Straßburg, Danzig, Breslau, Nürnberg und Prag über fünfundzwanzigtausend, Ulm, Augsburg, Erfurt, Frankfurt am Main und Leipzig annähernd zwanzigtausend Einwohner. Dagegen lebten zu dieser Zeit in Berlin und Kölln zusammen kaum mehr als siebentausend Menschen, die rund vierhundert Hofbediensteten, von den Herren Räten bis zu den Küchenjungen, die ebenfalls etwa vierhundert kurfürstlichen Soldaten sowie die Mönche zweier Klöster, eines der Franziskaner und eines der Dominikaner, mit eingerechnet.

Bis 1506 gab es im ganzen Kurfürstentum keine einzige Hochschule, und als sie schließlich errichtet wurde, wählte man Frankfurt an der Oder, nicht Berlin, zum Sitz der ersten und lange Zeit einzigen Universität des Landes. Man befürchtete, daß es allzu viele Händel zwischen den streitlustigen akademischen Bürgern, denen der Degen stets locker saß, und den in Hofdiensten stehenden Junkern geben könnte.

Frankfurt an der Oder, aber auch Stendal, waren Berlin zudem weit überlegen, was den Umfang ihres Handels und den dadurch erzielten Wohlstand der Bürgerschaft betraf, und was das kulturelle Leben anging, so beschränkte es sich im wesentlichen auf den kurfürstlichen Hof, von dessen Veranstaltungen die Bürger Berlins und Köllns ausgeschlossen waren. Aber die Hohenzollern waren, mit wenigen Ausnahmen, für Kunst und Bildung wenig empfänglich. Erst im späten 16. Jahrhundert leisteten sie sich eine mit – meist ausländischen – Geigern und Bläsern besetzte Hofkapelle und gelegentliche Gastspiele englischer oder französischer Schauspielertruppen. Die größte Bibliothek der Residenz hatten die Mönche – etwa 400 Bände sollen es 1520 gewesen sein. Wer etwas drucken lassen wollte, war auf Unternehmen im Ausland, vorzugsweise in Leipzig, angewiesen.

So blieben die Berliner, von denen ohnehin nur einige hundert des Lesens und Schreibens mächtig waren, in kultureller Hinsicht auf Kirchen- oder Hausmusik und -gesang angewiesen. Immerhin gab es die Stadtpfeiferei, die morgens und abends von den Kirchtürmen aus mit lustigen oder feierlichen Weisen den Bürgern aufzuspielen hatte, gelegentlich auch zum Tanz, etwa bei Hochzeitsfeiern der Wohlhabenden. Dabei mußten sie sich jedoch – so jedenfalls schrieb es eine Verordnung vor – des Gebrauchs der Trompete, eines angeblich »adligen« Instruments, bei Festen des zünftigen Handwerks enthalten. Überhaupt war alles und jedes reglementiert, sogar das Essen und Trinken bei Gastmählern und Familienfesten.

Indessen muß man daraus nicht folgern, die Bürger hätten sich daran gehalten. »Seind übel damit angelaufen«, heißt es in einem Vermerk der kurfürstlichen Registratur zum Entwurf einer detaillierten, feinste Rangabstufungen vorsehenden Kleider- und Essensordnung, »und ist nichts *ad effectum* (zur Ausführung) kommen . . .«

Die Berliner und Köllner machten eben, was sie wollten, auch und gerade in Fragen der Religion, die im 16. Jahrhundert das ganze übrige Deutschland in zwei sich erbittert bekämpfende Lager spaltete: hie romtreue Katholiken, da Protestanten, die Anhänger der von Martin Luther durchgeführten Reformation. Nur an der Spree fand kein solcher Glaubenskampf statt.

Jahrzehntelang wurde nicht recht klar, wohin es Kurfürst, Hof, Adel und Bürgerschaft nun eigentlich zog, ob sie romtreu bleiben oder lutherisch werden wollten. Kurfürst Joachim und sein Bruder, Kardinalerzbischof von Magdeburg und Mainz, hielten am römisch-katholischen Glauben fest, ebenso die Geliebte des Kurfürsten, eine Köllner Bürgersfrau, die ihrerseits die Schwester eines Erzbischofs war. Die vom Gatten verschmähte Kurfürstin hingegen hatte sich – wen wundert's? – dem Luthertum zugewandt und war, denn sie mußte um ihr Leben fürchten, als Bäuerin verkleidet nach Sachsen geflüchtet. Die Sympathien der Bürger von Kölln und Berlin waren auf ihrer Seite, und so blieben sie den Beichten und Messen, sogar den Prozessionen meist fern und besuchten den vom Kurfürsten auf das Prächtigste ausstaffierten neuen Dom mehr aus Neugier. Es wurde in den Spreestädten aber auch schon von eigens dazu vom

Rat berufenen Geistlichen lutherisch gepredigt und das Abendmahl unter Verwendung des Laienkelchs gespendet. Der Kurfürst duldete es stillschweigend, legte aber noch vor seinem Tode 1535 seinen Söhnen die Verpflichtung auf, römisch-katholisch zu bleiben. Joachim II., sein Nachfolger, wurde dann 1539 aber doch evangelisch, und wer bei Hofe und in den Spreestädten nicht ohnehin bereits den neuen Glauben angenommen hatte, folgte nun dem Beispiel des Landesherrn.

Indessen vermied Joachim II. jeden offenen Bruch mit dem Papst, ließ dem Dom seinen Prunk und hieß die Geistlichen, alle katholischen Gebräuche soweit wie irgend möglich zu wahren – kurz, wie zuvor den Evangelischen gegenüber, so sollte nunmehr Toleranz gegenüber katholisch Gebliebenen walten, und das entsprach durchaus der Volksstimmung in den Spreestädten, wo von übertriebenem Glaubenseifer beiderseits nichts zu spüren war. Vor allem wollte man in den Spreestädten, deren Bürger alle miteinander verwandt und verschwägert waren, keine Familienstreitigkeiten wegen Glaubensfragen. Die Städte waren auch zu klein, als daß man sich hätte aus dem Weg gehen können.

Überhaupt darf man sich die kurfürstliche Haupt- und Residenzstädte an der Spree des 16. und 17. Jahrhunderts nicht allzu urban oder gar so imposant wie die Residenzen und Reichsstädte West- und Süddeutschlands oder auch Sachsens vorstellen. Berliner wie Köllner waren fast ausnahmslos auch Landwirte, und so bestimmten Hühnerställe, Schweinekoben und Misthaufen das Straßenbild. Abends brachte der besoldete Stadthirte das »Gemeindebürgervieh«, Kühe und Schafe zumeist, von der vorstädtischen Weide zurück in die Ställe. Die meisten Häuser waren aus Holz und Lehm, nur eine Minderzahl aus Backstein, und ganz wenige reiche Kaufmannsfamilien leisteten sich ansehnliche Stadthäuser mit schönen Fassaden. Und um die Mitte des 17. Jahrhunderts war es auch mit diesen ersten Ansätzen städtischen Wohlstands vorbei: Die Kaufleute waren ruiniert, ihre Häuser und selbst das kurfürstliche Schloß wirkten heruntergekommen und verfielen bereits. In Berlin standen mehr als dreihundert – von insgesamt 845 – Häusern leer; hundertfünfzig – von 364 – Köllner Häuser waren ebenfalls verlassen. Die Vorstädte waren zerstört, die Gärten verwüstet. Die Einwohnerzahl der Doppelstadt an der Spree, die gegen Ende des 16. Jahrhunderts rund zwölftausend erreicht hatte, war auf sechstausendfünfhundert zurückgegangen. Handel und Gewerbe lagen völlig darnieder. Der Dreißigjährige Krieg und in seinem Gefolge die Pest hatten Berlin und Kölln schwer getroffen, den restlichen Einwohnern jede Hoffnung auf rasche Besserung geraubt. Denn der 1648 endlich geschlossene Frieden war, was die Mark Brandenburg betraf, keineswegs gesichert.

Doch die verzweifelte Lage Berlins und Köllns nach mehr als vierhundertjährigem Bestehen unterschied sich wenig von der vieler anderer Städte Deutschlands, die zum Teil – wie das gänzlich niedergebrannte Magdeburg – noch schwerer gelitten hatten. Beispiellos ist indessen das Tempo, mit dem sich Berlin dann in verhältnismäßig sehr kurzer Zeit von den schweren Schlägen erholte, sich völlig veränderte und bald zu einer Hauptstadt von europäischem Rang entwickelte, erst recht die sich steigernde Geschwindigkeit, mit der die Stadt im 19. und frühen 20. Jahrhundert wuchs und wuchs, zum industriellen, kulturellen und geistigen Zentrum des Reiches wurde, ja zu einer kosmopolitischen Weltstadt von atemberaubender Geschäftigkeit und internationaler Vorrangstellung in mancherlei Bereichen.

Schon jetzt lassen sich zwei Besonderheiten feststellen, die Berlin auszeichnen: sein jugendliches Alter und seine erstaunliche, alles in den Schatten stellende Vitalität! Eine dritte Besonderheit wurde zumindest bereits in Umrissen erkennbar: das seltsame Spannungsverhältnis zwischen den zwar unterworfenen, aber keineswegs unterwürfigen Bewohnern der Doppelstadt an der Spree und ihren kurfürstlichen, bald darauf königlichen und dann sogar kaiserlichen Obrigkeiten.

Aus dem fast immer gespannten Verhältnis zwischen dem Hof, den junkerlichen Offizieren der starken Garnison und der alles reglementierenden Verwaltung und Polizei des hohenzollernschen Obrigkeitsstaats auf der einen Seite und den Einwohnern Berlins, gleich ob wohlsituiert oder bettelarm, auf der anderen Seite, entwickelte sich ein seltsamer *modus vivendi,* eine auf gegenseitiger Geringschätzung beruhende Art des Zusammenlebens bei durchaus richtiger Einschätzung der tatsächlichen Machtverhältnisse.

Neben der höfischen und offiziellen Kultur und Zivilisation entstanden selbstbewußte Sonderformen, erst bürgerlicher, dann auch proletarischer Art, die innerhalb derselben, rasch wachsenden Stadt ihr streng voneinander geschiedenes Eigenleben führten. Wo sie sich – meist beiderseits ungewollt – berührten, stoben die Funken.

Der einzigartige, weder mit der Arroganz britischer Gentlemen noch mit dem kalten Stolz spanischer Granden vergleichbare Dünkel der alle Machtpositionen haltenden Junker wurde von den Berlinern mit schlagfertigem Witz pariert, der bei aller Schärfe und Treffsicherheit unangreifbar war und von beträchtlichem Selbstbewußtsein zeugte. Besser als alle Erklärungen zeigen einige Beispiele aus verschiedenen Epochen, was damit gemeint ist:

Noch im 17. Jahrhundert, zur Zeit des Großen Kurfürsten, stolzierten die Berliner Handwerksgesellen, strengsten Verboten zum Trotz, nach Feierabend stets bewaffnet durch die Straßen, und ihr Rapier, wie sie es nannten, saß ihnen sehr locker, zumal wenn sie nächtens von angetrunkenen »Jünkerlein« dazu provoziert wurden.
Wegen einer solchen Prügelei vor den Magistrat geladen, rechtfertigte sich damals ein Geselle mit einem Satz, der dann zum Motto vieler Generationen nach ihm wurde:
»Ick jeh' jedem aus'm Weje – aber ick verlange, det mir ooch jeda aus'm Weje jeht!«
Ein Chef der Berliner Polizei im 19. Jahrhundert, der als Vielfraß berüchtigte, unglaublich dicke General v. Madai, hätte dies bedenken sollen. Einmal wollte er eilig ins Präsidium, hatte zufällig keine Dienst-Equipage zur Verfügung, stellte sich einfach einer vorbeikommenden einspännigen Droschke in den Weg und befahl barsch:
»Zum Präsidium – und ein bißchen dalli!«
Der Kutscher erkannte den Fettwanst, musterte ihn kritisch und erkundigte sich zweifelnd:
»Doch wohl nich uff een Mal, Herr Presedent?!«
Oder nehmen wir die schlagfertige Antwort einer jungen Berlinerin aus wohlhabendem Bürgerhaus, die von einem als Mitgiftjäger bekannten Herrn v. Itzenplitz zum Tanz aufgefordert und schon zur Eröffnung der Konversation gefragt wurde, ob sie Geschwister habe:
»Es geht in vier Teile, Herr Leutnant!«
Kurz, die Berliner hatten schon immer eine ganz besondere Art, mit den Widrigkeiten des Lebens fertig zu werden und jeden in seine Schranken zu weisen, der sich ihnen gegenüber zuviel herausnahm, auch und gerade, wenn sie die Schwächeren waren und der Kontrahent »etwas Besseres« war oder sich dafür hielt. Die Geschichte Berlins, die eigentlich erst jetzt, nach dem Ende des Dreißigjährigen Krieges, richtig anfängt, als es mit der Spreemetropole scheinbar schon zu Ende gegangen war und die Doppelstadt nur noch sechseinhalbtausend Einwohner zählte, liefert dafür Beispiele in Fülle und wird noch manche weitere Besonderheit offenbaren, die es sonst nirgendwo gibt.
Denn Berlin ist wirklich eine Stadt wie keine andere!

BERLIN
NACH DEM DREISSIGJÄHRIGEN KRIEG: PHÖNIX STEIGT AUS DER ASCHE

Dreißig Jahre lang war Deutschland Kriegsschauplatz gewesen, hatten fremde Söldnerhaufen dort gewütet und die Städte zerstört, die Bevölkerung dezimiert, die Felder verwüstet und das Land in seiner Entwicklung um zweihundert Jahre zurückgeworfen.

Kurfürst Georg Wilhelm war mit seinem Versuch, Neutralität zu wahren, kläglich gescheitert, die Mark Brandenburg bald zum Spielball der Großmächte und zum Aufmarschgebiet geworden und hatte, besonders in den Jahren 1638 bis 1641, noch schwerer zu leiden gehabt als andere deutsche Kleinstaaten. Berlin mußte in dieser Zeit dauernde schwedische Einquartierung ertragen, drei große Kontributionen aufbringen, und zugleich brach eine neue Pestepidemie aus, der mehr als die Hälfte der Einwohnerschaft zum Opfer fiel.

Von Anfang an hatten sich die Bürger von Berlin und Kölln heftig gegen jedwede Rüstung oder gar Befestigung gesträubt: Der Krieg, erklärten sie, sei Sache der großen Herren; sie wollten damit nichts zu tun haben. Zur Garnison hätten sie nicht das geringste Zutrauen, und bei einer gemeinsamen Verteidigung ihrer Städte würde ja doch die Bürgerschaft die Hauptlast zu tragen haben, während die angemieteten Soldaten sich schonten. Wenn der Feind tatsächlich vor der Stadt erschiene, müßte die Losung heißen: Abzug der Garnison und gütliches Verhandeln!

Mehr als einmal begründeten die Stadtväter der kurfürstlichen Regierung gegenüber ihre Entschlossenheit, sich »aus den Kriegsprozeduren« herauszuhalten, mit der alleinigen Verantwortung, die der Kurfürst dafür trage, daß man mit Schweden keinen Frieden geschlossen habe. Eine Befestigung Berlins lehnten sie ab; die »Natur« der Stadt, so erklärten sie, eignete sich nicht dazu.

Als 1627 eine Bürgerkompanie aufgestellt worden war, die der bedrohten Stadt Brandenburg zu Hilfe kommen sollte, hatte sie auch nach vier Tagen die knapp vierzig Kilometer dorthin noch nicht geschafft, sondern, wie der Kommandant melden mußte, in Spandau haltgemacht und dort »den Bierfässern den Krieg erklärt«. Und da wegen der Nähe des Feindes von der Regierung alle Fastnachtsvergnügungen verboten werden sollten, erzwangen Scharen von bewaffneten Handwerksburschen deren Freigabe. Wiederholt verprügelten die Bürger die Soldaten der kurfürstlichen Garnison und schlugen sie in die Flucht, wenn diese die Stadt befehlsgemäß in Verteidigungszustand versetzen wollten. Die Obrigkeit war machtlos, und der Kanzler Pruckmann schrieb dem Kurfürsten nach Königsberg – Preußen war inzwischen an die Hohenzollern gelangt: »Also sitzen wir hier beisammen, und hat das Drohen von Halsentzweischlagen noch kein Aufhörens. Der Rat suchet bei uns Schutz, wir aber müssen ihn bei Gott im Himmel suchen.«

Kurfürst Georg Wilhelm selbst war während des Krieges selten in seinen Residenzen an der Spree. Er hatte sich beim Herannahen des Feindes stets auf eine seiner Festungen oder ins ferne Königsberg geflüchtet, und 1640 war er in der ostpreußischen Hauptstadt gestorben. Erst drei Jahre später, am 4. März 1643, zog sein Nachfolger, der gerade dreiundzwanzigjährige Kurfürst Friedrich Wilhelm, in seine Residenz an der Spree ein, die inzwischen halbwegs zur Festung ausgebaut worden war – gegen den erbitterten Widerstand der Bürger, die die Bauarbeiten anderthalb Jahrzehnte lang verzögert hatten. Einmal, 1631, hatte ein in kurfürstlichem Dienst stehender Junker, der Geheime Rat von dem Knesebeck, gar vorgeschlagen, jeden aus der Stadt zu jagen und zu enteignen, der die Befestigungsanlagen behindere oder die Mitarbeit daran verweigere – aber der Kurfürst und die anderen Räte hatten abgewinkt. Sie kannten die Dickköpfigkeit und Aufsässigkeit der Berliner und wollten es lieber »gütlich« versuchen.

Genützt hatten die Befestigungen überhaupt nichts, außer in städtebaulicher Hinsicht, wie wir noch sehen werden. Der junge Kurfürst war entsetzt, als er nach langer Abwesenheit – er war im wohlhabenden, vom Krieg unberührten und industriell entwickelten Holland erzogen worden – in seine verfallene, ausgepowerte Residenz einzog! Und dabei war ihm zumindest der Anblick der armseligen Holzhäuser vor den Toren Berlins und Köllns erspart geblieben – sie waren vollständig niedergebrannt worden, um freies Schußfeld von den Wällen aus zu bekommen.

Wie alle Herren der zahlreichen deutschen Mittel-, Klein- und Kleinststaaten, so hatte auch der junge Kurfürst von Brandenburg kein dringenderes Anliegen, als die dezimierte Bevölkerung seines Herrschaftsgebiets und zumal seiner Residenz so rasch wie möglich zu vermehren und die darniederliegende Wirtschaft wieder in Gang zu setzen. Beides war am ehesten dadurch zu erreichen, daß man zur Einwanderung aufrief und Kapital ebenso anzulocken versuchte wie Unternehmer, die neue Techniken einführen und Arbeitsplätze schaffen würden.

Es war naheliegend, daß sich Friedrich Wilhelm zunächst nach Holland wandte, um von dort Spezialisten ins Land zu holen, nicht allein nach Brandenburg, sondern auch in seine neuen Provinzen. Durch den Frieden von Osnabrück und Münster des Jahres 1648 hatte er aus der Konkursmasse der im Dreißigjährigen Krieg zusammengebrochenen Mächte und deren kleiner Vasallen allerlei hinzugewonnen: das verwüstete Hinterpommern, das abgebrannte Magdeburg, die noch von fremden Heeren besetzten clevischen Lande, dazu das ausgeplünderte Halberstadt, das heruntergewirtschaftete Bistum Minden, das darniederliegende Mansfeldsche Kupferrevier und einiges mehr. Zusammen mit der schon von Friedrich Wilhelms Vater begonnenen Übernahme des einstigen Ordenslandes Preußen ergab sich aus alledem ein beträchtliches, wenn auch unzusammenhängendes Herrschaftsgebiet von der Größe der heutigen Bundesländer Bayern und Baden-Württemberg, allerdings mit weit geringerer Einwohnerzahl, und das Ganze mußte, bei sehr schlechten und unsicheren Verkehrsverbindungen, von der kleinen Residenz an der Spree aus einigermaßen zusammengehalten und verwaltet werden.

Der junge Kurfürst, der eine Holländerin, Louise von Oranien, geheiratet hatte und Kalvinist – Reformierter, wie man in Berlin sagte – geworden war, holte schon 1646, vor dem Ende des Dreißigjährigen Krieges, eine größere Anzahl von Niederländern ins Land. Als Kolonisten siedelten sie sich nördlich von Berlin längs der Havel an und nannten die Gegend Neu-Holland. Das Zentrum dieser Kolonie, das märkische Dorf Bötzow, wurde der Kurfürstin zu Ehren in Oranienburg umbenannt.

Diese Neusiedler stammten vor allem aus Brabant, betrieben vorwiegend Viehzucht, Milchwirtschaft und Gemüseanbau, brachten auch holländisches Vieh ins Land und legten noch weitere Kolonien an, unter anderem Moabit und Zehlendorf.

Die Kurfürstin selbst war es, die in ihrem Garten – dort, wo später das Schloß Monbijou errichtet wurde – erstmals Kartoffeln anbauen ließ, die in der Mark Brandenburg damals, wie so vieles andere, noch völlig unbekannt waren und von den Berlinern mit Mißtrauen betrachtet, auch noch lange Zeit verschmäht wurden. Überhaupt war die restliche Einwohnerschaft der Residenz an der Spree nicht gerade beglückt, was den Zuzug der fremdgläubigen Ausländer betraf, von denen einige bei Hofe und in der Regierung zu großem Einfluß kamen. Auch der den Bau der ungeliebten Befestigung leitende Ingenieur Memhard war ein Fremder: Er stammte aus einer Linzer Protestantenfamilie, die aus Österreich vertrieben worden war und in Holland Zuflucht gefunden hatte. Mit vier niederländischen Festungsbaumeistern und dem Wasserbaumeister Smids, die er mit nach Berlin gebracht hatte, sowie mit dem kurfürstlichen Geheimsekretär Martitius, der die niederländische Kammerfrau der Kurfürstin geheiratet hatte, zog Memhard auf den Werder, den er in die Befestigung einbezogen hatte.

Die neue Siedlung, vornehmlich von Hofbeamten bewohnt, wurde Friedrichswerder genannt und gehörte weder zu Berlin noch zu Kölln, sondern war eine dritte Residenzstadt, jedenfalls von 1670 an, nachdem sich herausgestellt hatte, daß man unmöglich einen ganzen Wohnbezirk von allen bürgerlichen Pflichten befreien konnte, wie es zunächst geschehen war. Es hätte zwar nahegelegen, Friedrichswerder der Stadt Kölln anzugliedern, aber da der Grund und Boden dem Kurfürsten gehörte, machte man die neue Siedlung zur landesherrlichen Stadt. Friedrich Wilhelm ernannte Memhard und einen weiteren Hofbeamten zu Bürgermeistern, und die Friedrichswerderer Bürgerschaft wurde auf seine Kosten mit zweihundert Musketen ausgerüstet, während sich sonst jeder Bürger seine Waffen selbst kaufen mußte.

Zur selben Zeit, da aus der Doppelstadt an der Spree eine Drei-Städte-Residenz wurde, bekam Berlin Zuzug von einer neuen und für die Entwicklung der Stadt außerordentlich wichtigen Gruppe: Nachdem Kaiser Leopold I. schon alle Protestanten aus Österreich vertrieben hatte, waren 1670/71 auch die Juden zum Verlassen des Landes aufgefordert worden. Daraufhin hatte der brandenburgische Kurfürst seinem Wiener Residenten Andreas Neumann Anweisung gegeben, den reichsten Juden Wiens das Angebot zu machen, sich in seiner Residenz an der Spree anzusiedeln. Fünfzig angesehene Familien sollten sich, so lautete die Offerte, in Berlin niederlassen, Grundstücke und Häuser an beliebiger Stelle erwerben und ungehindert Handel und Gewerbe betreiben können, auch in einem geeigneten Gebäude ihren Gottesdienst halten dürfen, nicht höher besteuert werden als die christlichen Bürger sowie – das war erfahrungsgemäß für die Juden von erheblicher Bedeutung – nicht dem städtischen Magistrat unterstellt sein, vielmehr direkt der kurfürstlichen Regierung, jedoch mit eigener Gemeindeverwaltung und niederer Gerichtsbarkeit.

Ein verlockendes Angebot für die damalige Zeit, so sollte man meinen! Aber die Wiener Juden zögerten mit der Annahme. Die Aussicht, die prächtige Kaiserstadt an der Donau mit dem darniederliegenden Städtchen an der Spree zu vertauschen, erschien ihnen nicht sehr verlockend. Einzig die Aussicht, nicht in ein Getto eingepfercht zu sein wie in den meisten Reichsstädten – in Frankfurt am Main dauerte dieser Zwang noch bis ins 19. Jahrhundert –, bewog sie schließlich, drei Abgesandte nach Berlin zu schicken, die sich dort umsehen, die Lage erkunden und vom Kurfürsten weitere Garantien erlangen sollten, insbesondere das Recht, auch jederzeit wieder von Berlin wegzuziehen, »im Fall die Natur des Landes oder sonst was anderes ihnen beschwerlich fiele«. Schließlich verlangten sie, daß man sie gegen alle Belästigungen, zumal auf der langen Reise, hinreichend schützen und ihnen – wie es im kurfürstlichen Edikt vom 21. Mai 1671 dann formuliert wurde – »gleich anderen Gastrecht widerfahren« lassen sollte.

Es kamen dann, anstatt der erwarteten fünfzig Familien, deren Kopfzahl nebst Anverwandten und Dienerschaft den sechsten Teil der Gesamteinwohnerschaft hätte ausmachen können, nur zwölf Familien, davon lediglich sieben aus Wien, die anderen aus kleineren Städten Österreichs. Aber nach und nach stellten sich weitere Zuzügler aus Wien ein, und schließlich wurde die Zahl von fünfzig Familien weit überschritten.

»Die Wiener«, wie sie in Berlin genannt wurden, waren beileibe keine armen Hausierer und Trödler, wie sie gelegentlich aus dem nahen Polen in die märkischen Städtchen kamen, vielmehr gehörten sie zur wohlhabenden und gebildeten Oberschicht, deren Vorfahren schon zu Römerzeiten die Führer der jüdischen Gemeinden an Rhein und Mosel gestellt hatten. Ärzte und Gelehrte waren darunter, auch Kaufleute und Bankiers mit weitreichenden Verbindungen. Der Gemeindeälteste, Model Riess, stand bei Kurfürst Friedrich Wilhelm wegen seines Scharfsinns und seines umfassenden Wissens bald in hohem Ansehen.

Die Einwohnerschaft von Berlin und Kölln aber staunte nicht schlecht, als die Wagen der ankommenden »Wiener« abgeladen wurden: Die Frauen befühlten heimlich die kostbaren Stoffe, die Männer bewunderten die Möbel, Teppiche und sogar Kronleuchter, die es selbst im Schloß kaum schöner gab. Und als die »Wiener« dann einzukaufen, Häuser und Gärten zu erwerben, alles gründlich zu renovieren und einzurichten begannen, ihre Rechnungen bar bezahlten, ohne zu feilschen, da schwand das anfängliche Mißtrauen rasch dahin, und die Proteste verstummten, die gegen den Zuzug der Ungetauften erhoben worden waren (wobei man bedenken muß, daß die Bürger der Residenzstädte ohnehin gegen alles und jedes protestierten, was die kurfürstliche Regierung tat oder unterließ . . .).

Mit den Wiener Juden kam jedenfalls wieder Leben in die vom langen Krieg ruinierte Wirtschaft der noch keine achttausend Einwohner zählenden Spree-Residenz, und das Steueraufkommen stieg, wie es die Regierung erhofft hatte, sprunghaft an. Geld war in den kurfürstlichen Kassen damals dringend vonnöten, denn einerseits mußte den verarmten und dezimierten Gemeinden noch jahrelang die Steuer erlassen werden, andererseits hatte sich Friedrich Wilhelm ein stehendes Heer zugelegt, das viel Geld kostete. Die Berliner Garnison zählte jetzt zweitausend Mann, was von der Bürgerschaft als eine unzumutbare Belastung angesehen wurde. Vier Kompanien kurfürstlicher Leibgarde und Schloßwache, sämtlich aus der Schweiz rekrutiert, bildete den Kern und die Elite des neuen brandenburgisch-preußischen Heeres. Sie und die regulären Truppen, deren Soldaten meist Söhne von Flüchtlingen aus kriegszerstörten Dörfern waren, wurden jedoch, anders als im Dreißigjährigen Krieg, einer äußerst strengen Zucht unterworfen. Den Drill besorgten ältere Wachtmeister – »alte Schweden« – aus der Armee Gustav Adolfs, wie überhaupt der Kurfürst so viele Ausländer wie möglich ins Land holte und ihnen mehr Vertrauen schenkte als seinen Landeskindern.

So war es für ihn geradezu ein Geschenk des Himmels, daß in den katholischen Ländern Europas damals heftige Verfolgungen aller Nichtkatholiken stattfanden, von denen sehr viele Zuflucht in Gegenden suchten, wo ihnen Glaubensfreiheit zugesichert wurde. Schon 1670, noch ehe die Juden aus Österreich in Berlin Aufnahme fanden, waren etwa hundert Franzosen in Berlin angekommen, Hugenotten genannte Protestanten, die – wieder unter heftigem Protest der Berliner und Köllner – mit kurfürstlicher Förderung allerlei neumodische Geschäfte und Manufakturen gründeten. Auch aus Norditalien kam, wie schon während des Baus der Festung Spandau, immer mehr Zuzug, und schon damals gab es in Berlin die erste »Italienische Waarenhandlung«, »welche, wie bekannt, allerley feine Waaren und Luxusspeisen führet«, daneben eine französische Bäckerei sowie eine »Quincailleries-Handlung«, wo man modische Zutaten, Litzen, Knöpfe und ähnliche »Kinkerlitzchen« kaufen konnte.

Teils weil die Baugrundstücke knapp wurden, vor allem aber weil vielen Berlinern das Wohnen innerhalb der fast fertiggestellten Befestigung, wo es von Soldaten wimmelte, nicht mehr behagte, wurde der Kurfürst gebeten, das sogenannte Tiergartenvorwerk vor dem Neuen Tor zur Ansiedlung freizugeben.

Friedrich Wilhelm hatte dieses Gelände seiner zweiten Gemahlin – Louise von Oranien war 1667 gestorben – zur Hochzeit geschenkt, und diese, Dorothea von Holstein, war froh, wie sie sogleich kundtat, »etwas mehrern Profit« aus ihrem Grundbesitz ziehen zu können.

So entstand die vierte Stadt der Residenz, der Kurfürstin zu Ehren »Dorotheenstadt« genannt. Sie erhielt am 2. Januar 1674 ein Privileg, das »Neuanbauenden« zehn grundsteuerfreie Jahre und kostenloses Bauholz gewährte. »Sowohl Lutherische wie Reformierte« sollten dort wohnen dürfen, und eine Kirche wurde erbaut, in der beide Bekenntnisse abwechselnd einen sonntäglichen Morgen- und Mittagsgottesdienst halten sollten, eine Regelung, die dem auf religiöse Toleranz bedachten Kurfürsten sehr gefiel.

Etwa zur gleichen Zeit wetterte der Diakon Heinzelmann von St. Nikolai öffentlich gegen die »verdammten Papisten«, die papsttreuen Katholiken, von denen es in Berlin noch einige gab und die zudem Zuzug aus Polen erhalten hatten. Aber der Diakon schimpfte auch auf die Kalvinisten, zu denen immerhin der Kurfürst selbst, seine Ehefrau und die meisten seiner Räte gehörten, ja der Geistliche hatte unter dem Beifall seiner Zuhörer noch hinzugefügt: »Mit einem Worte, wer nicht lutherisch ist, der ist verflucht!«

Doch abgesehen davon, daß solche starken Worte von den Berlinern immer gern gehört wurden, zumal wenn sie sich gegen die Obrigkeit richteten, im Alltagsleben spielten die konfessionellen Unterschiede in Wahrheit kaum noch eine Rolle. Zu bunt war bereits das Gemisch der auf zehn- bis zwölftausend Köpfe angewachsenen Einwohnerschaft der Residenzstädte an der Spree. Rund die Hälfte davon stammte aus der Schweiz, aus Holland, Schweden, Frankreich, Wien, Italien, Polen oder Böhmen. Und wenig später sollten noch weit mehr Ausländer kommen.

Zunächst waren es jedoch keine Flüchtlinge, die um Aufnahme baten, sondern feindliche Streitkräfte, die die vom letzten Krieg noch nicht genesene Mark Brandenburg überschwemmten. Die gefürchteten Schweden griffen wieder an! Und im Westen rückte ein französisches Heer unter Marschall Turenne in Deutschland ein und stand schon in Westfalen.

In Berlin wurden eilig 1400 Bürger, in Kölln fast 700, gemustert und im Waffengebrauch unterwiesen. Die vom Militärdienst Befreiten, vornehmlich Beamte, Geistliche und Lehrer, bildeten sogar freiwillig eine Kompanie, woraus zu ersehen ist, daß die Furcht vor den Schweden größer war als die tiefe Abneigung gegen das Militär, die allen Bürgern der Residenz gemeinsam war.

Es kam indessen zu keiner Belagerung der noch immer nicht vollständig befestigten Hauptstadt. Dagegen bestand die neue brandenburgische Armee in den Tagen vom 15. bis zum 18. Juni 1675 ihre erste Bewährungsprobe und erfocht bei Rathenow und Fehrbellin, nur einen Tagesmarsch von der Residenz entfernt, einen strahlenden Sieg über die Schweden.

Fortan war Brandenburg-Preußen ein Machtfaktor auf dem europäischen Kontinent, mit dem auch die Großmächte rechnen mußten; Friedrich Wilhelm wurde nun »der Große Kurfürst« genannt, und damit stiegen auch Bedeutung und Ansehen seiner Vier-Städte-Residenz an der Spree, obwohl es dort in vielerlei Hinsicht noch wenig großstädtisch-modern zuging.

Noch waren die meisten Straßen kaum befestigt, geschweige denn ordentlich gepflastert und mit Bürgersteigen versehen; nur hie und da leuchtete nachts eine schwache Laterne. Noch 1680 mußte der Kurfürst den Magistraten der vier Städte befehlen: »Wer den Unrat auf die Straße wirft, dem soll er wieder ins Haus geworfen werden. Wer unsittlicherweise die Straße verunreinigt, soll an den Pranger kommen, Kinder dafür mit der Rute bestraft werden, da man solch säuisches Wesen nicht dulden darf und zur Notdurft öffentliche Bedürfnisanstalten vorhanden sind.«

Friedrich Wilhelm verlangte auch von den Bürgern, die Straßen endlich von Misthaufen, Schweinekoben und anderen Ställen freizumachen, Laternen vors Haus zu hängen und Bürgersteige anzulegen, diese auch regelmäßig zu kehren, vor allem aber, das Vieh nicht in den Straßen frei herumlaufen zu lassen, zumal die Schweine alles aufwühlten, sogar die neue Lindenallee, die er zwischen Schloß und Tiergarten hatte anlegen lassen, eine breite Prachtstraße, die später bis zum Brandenburger Tor verlängert wurde und dann »Unter den Linden« hieß.

Mittelalterlich waren indessen nicht nur der Zustand der Straßen und die sanitären Verhältnisse, sondern auch das Zunftwesen, an dem die wenigen alteingesessenen Handwerker mit großer Zähigkeit festhielten. Nur ganz allmählich konnte die kurfürstliche Regierung auf diesem wie auf jenem Gebiet Verbesserungen durchsetzen.

Am schwersten waren Neuerungen in jenen Bereichen durchzusetzen, die der Hebung der städtischen Wirtschaft und der Integration von Neubürgern dienten. Berührten sie, was unvermeidlich war, die strengen Zunftregeln, dann leisteten die Meister unter Berufung auf ihre verbrieften Rechte hartnäckigen Widerstand. Am energischsten verteidigten sie die Aufnahmebedingungen ihrer Zünfte und Gilden: Nur Christen von »ehrbaren« Eltern waren zugelassen, wobei auch Wenden, von denen noch viele in den Dörfern der Umgebung, vor allem des Spreewaldes, lebten, ebenso als »unehrlich« galten wie alle unehelich Geborenen, die damals etwa zehn Prozent der Bevölkerung ausmachten. Ferner war es Söhnen von Schäfern, Turmwächtern, Stadtdienern, Bütteln, Vögten, Musikanten, Pfeifern und sogar von Leinewebern, obwohl diese selbst längst »zünftig« waren, immer noch verwehrt, ein »ehrbares« Handwerk zu erlernen. Kaum hatte der Kurfürst den Spielleuten ein Privileg samt Gilderechten erteilt, da erklärten die Schuster, es ginge gegen ihre Ehre und Zunftregeln, solches anzuerkennen. Umgekehrt weigerten sich die Stadtpfeifer, mit bloßen »Bierfiedlern«, die in Wirtshäusern die Gäste unterhielten, in einer Gilde zu sein, gar mit diesen ihr Monopol zu teilen, bei Hochzeiten aufzuspielen.

Die Regierung war außerstande, mehr als nur die schlimmsten Auswüchse des Zunftwesens zu beseitigen. Immerhin gelang es ihr, einzelne »Freimeister« anzusetzen, deren Konkurrenz zur Belebung des Handwerks beitrug, sowie ein paar Manufakturen in Gang zu bringen, deren Arbeiter nicht den strengen Zunftregeln unterlagen.

Die erste größere »Fabrik«, die mit kurfürstlicher Hilfe 1678 ihren Betrieb aufnahm, war eine Tuchmanufaktur. Sie war so eingerichtet, daß die Tuche zünftigen Meistern in Auftrag gegeben wurden, die sie mit ihren Gesellen und Meistern in eigener Werkstatt herstellten. Das »Zurichten«, also das Glätten, Appretieren und Verglänzen, konnte dann von Arbeitern in der Manufaktur vorgenommen werden. Die ersten Fachkräfte für diese Arbeiten hatte der Kurfürst mit erheblichen Kosten und unter lautem Protestgeschrei der Berliner Handwerksmeister aus Amsterdam kommen lassen.

Heftige Klagen und Beschwerden der Zünfte gab es auch gegen die jüdische Konkurrenz. Sie richteten sich jedoch nicht gegen »die Wiener«, sondern gegen jüdische Handwerker und Kleinhändler, die inzwischen teils mit, teils ohne Erlaubnis zugezogen waren. Zumal ein jüdischer Metzger aus Schlesien war den zünftigen Schlächtern Berlins ein Dorn im Auge, ferner mehrere Schneider und Schuster aus Polen.

Da der eigentliche Grund des Protestes, der Konkurrenzneid, beim Kurfürsten nicht verfangen hätte, brachten die Zünfte gegen die Juden vor, sie wären 1675, beim Schwedeneinfall in die Mark, aus der Residenz geflüchtet, anstatt, wie es ihre Schuldigkeit gewesen wäre, zur Verteidigung beizutragen. Dies richtete sich aber, wie ausdrücklich betont wurde, keineswegs gegen »die Wiener«. Es war bekannt, daß die Schwiegersöhne des beim Kurfürsten so angesehenen Gemeindeältesten Riess der Regierung während des Feldzugs Kurierdienste geleistet hatten und dafür belobigt worden waren. Die »Wiener« selbst waren in Berlin bereits so heimisch geworden, daß sie ebenfalls gegen die unerwünschte Vermehrung ihrer Gemeinde durch fremde, weniger wohlhabende und zivilisierte Juden Protest einlegten, wenn auch etwas weniger laut als ihre christlichen Mitbürger.

Das Gezeter, das die Berliner bei jeder Gelegenheit erhoben, erstarb indessen und wich sprachlosem Staunen, als im Herbst 1685 eine wahre Flut von Zuzüglern die Residenzstädte und ihre Umgebung überschwemmte. König Ludwig XIV. von Frankreich hatte das Edikt von Nantes aufgehoben, das den französischen Protestanten bis dahin einigen Schutz vor Verfolgungen gewährt hatte. Nun waren sie vogelfrei, mußten um ihr Leben bangen und flüchteten, trotz eines strengen Auswanderungsverbots, zu Hunderttausenden ins Ausland. Sofort nach Bekanntwerden der neuen Verfolgung in Frankreich hatte Kurfürst Friedrich Wilhelm seine hugenottischen Glaubensbrüder zur Ansiedlung in Brandenburg-Preußen eingeladen, ihnen dabei materielle Hilfe und alle gewünschten Privilegien zugesichert, gewiß auch in der Hoffnung, endlich mit Hilfe eines starken Kontingents von Einwanderern, die in der Mehrzahl aus bürgerlichen Schichten stammten, die Menschenverluste des Dreißigjährigen Kriegs auszugleichen und die Wirtschaft der brandenburgischen Städte zu heben.

Indessen erschien es den meisten dieser Flüchtlinge wenig verlockend, sich in ein so fernes und rückständiges Land wie Brandenburg oder gar Preußen zu wagen. Das Gros der Hugenotten zog es vor, in Holland, England sowie in evangelischen Gegenden Westdeutschlands Zuflucht zu suchen.

Immerhin kamen mehr als zwanzigtausend Franzosen nach Brandenburg-Preußen, und mindestens sechstausend von ihnen ließen sich in den Residenzstädten an der Spree nieder, die zu dieser Zeit, einschließlich der zweitausend Soldaten der Garnison, knapp fünfzehntausend Einwohner zählten. Plötzlich war beinahe jeder dritte Zivilist in den Spree-Städten ein Franzose!

Die erste Einwanderungswelle kam aus dem Dauphiné, der Languedoc und aus Lothringen. Ein Jahr später kamen Waldenser aus den Hochtälern von Piemont, danach Wallonen aus den spanischen Niederlanden, Schweizer, Südfranzosen, Elsässer, Pfälzer, weitere Holländer, Bretonen, Gascogner. 1698 zog fast die ganze Bürgerschaft von Orange im Rhonetal in Berlin ein, an der Spitze die Räte des Obertribunals dieses südfranzösischen Fürstentums in roten Roben und mit weißen Perücken.

Wie Friedrich Wilhelm es ihnen versprochen hatte, wurden die Hugenotten nicht den Magistraten der Spree-Städte unterstellt, sondern bildeten eine »Kolonie« eigenen Rechts, der sich auch nichtfranzösische Ausländer, wenn sie es wünschten und von der Kolonie akzeptiert wurden, anschließen konnten.

Wer zur Kolonie gehörte, war damit auch, sehr zum Ärger der Berliner und Köllner Zunftmeister, frei von allen Hemmnissen bei der Ausübung seines Gewerbes. Auf dem Friedrichswerder, wo viele der *Réfugiés,* wie sie sich nannten, ihre Wohnungen hatten, wurde das Französische Rathaus errichtet, bald auch ein Französisches Gericht samt Obertribunal, wo die Räte aus Orange nun ihre gewohnte Tätigkeit wiederaufnehmen konnten, wenig später auch das Französische Gymnasium, auch *Collège* genannt. Dort wurde in allen Fächern, außer in Deutsch und Religion, in französischer Sprache unterrichtet.

Von 1697 an gab es ein Französisches Hospital in der Friedrichstraße, nicht weit vom Oranienburger Tor, ferner eine ganze Reihe von französischen und wallonischen Kirchen (zu denen später der große Französische Dom am Gendarmenmarkt kam), außerdem zahlreiche französische Bäckereien und Metzgereien, Feinkostläden, Weinhandlungen und Restaurants, Modeateliers, Handlungen für modische Accessoires und Parfüm, dazu noch vieles mehr, was die Damen und Herren des kurfürstlichen Hofes, die nach Berlin kommenden Fremden, aber auch viele wohlhabende Berliner, Christen wie Juden, bislang schmerzlich vermißt hatten.

Die zahlreichen Offiziere unter den hugenottischen Flüchtlingen konnten in die brandenburgisch-preußische Armee eintreten, die Beamten fanden im Staatsdienst Verwendung. Die hugenottischen Geistlichen, Ärzte, Advokaten, Architekten, Kaufleute, Künstler und Handwerker aller Art waren imstande, an der Spree ihren Beruf auszuüben. Schwierigkeiten bereitete lediglich die Eingliederung der vielen handwerklichen Spezialarbeiter, die zuvor in westeuropäischen Manufakturen gearbeitet hatten, an denen es in Brandenburg-Preußen noch sehr mangelte. Um auch dieses Dilemma zu beheben, ließ die kurfürstliche Regierung in Westeuropa Industrielle anwerben, zahlte ihnen die Reise- und Aufenthaltskosten, räumte ihnen Kredite zu günstigen Bedingungen ein, bot ihnen Grundstücke und Werkzeuge kostenlos sowie Steuerfreiheit für mehrere Jahre an, wenn sie in Berlin Manufakturen einrichteten.

So entstand zunächst eine Seidenfabrik, eine Strumpfwirkerei, eine Gobelin-Manufaktur sowie eine Gold- und Silberbortenfabrik. 1689 gründeten Philippe Petit und Jacques le Quoy die erste Ölmühle, dann auch eine Papierfabrik.

Ehe die Hugenotten nach Berlin kamen, gab es in Brandenburg-Preußen keine gegossenen Lichte. Die Masse der Bevölkerung verwendete übelriechende, stark rußende Tranlampen, »Funzeln« genannt, und nur bei Hof und im wohlhabenden Bürgertum hatte man teure Wachskerzen. Nun aber gab es in Berlin erst eine Fabrik

Der »Große Kurfürst« (1620–1688) empfängt Abgesandte der
französischen Réfugiés in Berlin
(nach einem Gemälde von Hugo Vogel).

für gegossene Lichte, dann ein Dutzend, bis zur Jahrhundertwende über vierzig, und damit verschwanden die Tranfunzeln aus der Residenzstadt.

Viele neue Fabriken entstanden, die Spitzen, Bänder, Tapeten und Hüte sowie vieles andere herstellten. Jacques Ravené gründete eine Eisen verarbeitende Manufaktur, die einen raschen Aufschwung nahm. Insgesamt werden in der 1751 erschienenen »Historischen Beschreibung der Chur und Mark Brandenburg« von Johann Christoph Bekmann 46 Berufszweige genannt, vom »Buchbinder im französischen Bande« bis zum »Kaffeetier«, die erst von den hugenottischen Flüchtlingen in Berlin eingeführt und ausgeübt wurden.

Besonders erfolgreich waren die hugenottischen Einwanderer im Gemüse- und Obstanbau, wo sie mit den Holländern, Piemontesen und Pfälzern heftig konkurrierten. Hatte zuvor der Hof seinen Obst- und Gemüsebedarf aus Hamburg oder Leipzig kommen lassen müssen, denn in der Mark Brandenburg kannte man, außer Kohl und Rüben, kaum ein anderes Gemüse, an Obst außer Äpfeln und Birnen nur die Beeren der Wälder, so belieferten nun die Glaubensflüchtlinge, die in der Umgebung der Residenz auf märkischem Sandboden viele Gärtnereien anlegten, die gesamte, zunächst gegenüber den »Bohnenfressern« sehr mißtrauische Bürgerschaft. Sie hatten sich Gemüse- und Blumensamen, Sträucher und Ostbäume, Blumen- und andere Zwiebeln aus Frankreich, Holland und Italien kommen lassen und züchteten nun ihre Produkte, die sie auf den Berliner Markt brachten. Bald gab es Beelitzer Spargel, Teltower Rübchen, Kirschen aus Werder, Erdbeeren, Blumenkohl, Erbsen, Bohnen, Artischocken, Salatpflanzen, vielerlei Kräuter und selbst in Orangerien gezüchtete Zitrusfrüchte, dazu Blumen in Menge, wie sie noch niemand gesehen hatte.

»Es sind viele Gegenden in und um Berlin«, rühmte ein Jahrhundert später eine Beschreibung der Leistungen jener Einwanderer von 1685 bis 1700, »die vorher noch todter Flugsand waren und die jetzt in schönster Cultur stehen. Der sandige Boden scheint den Küchengewächsen und vielen Obstarten im Sommer mehr Hitze und einen feineren Saft zu geben, so daß sie einen trefflichen Geschmack haben. Die Gartengewächse werden in und um Berlin in so großer Menge gezogen und sind so wohlfeil, als in keiner großen Stadt Deutschlands; auch ist man fast in keiner Stadt Deutschlands so früh und so spät im Jahre mit frischen Gartengewächsen versehen . . .«

Auch das Stadtbild der Residenz profitierte von der Gartenbaukunst der Neubürger, vor allem im Schloßbezirk, wo der Lustgarten angelegt wurde. Neben den vielen Neubauten, nicht nur auf dem Friedrichswerder und in der Dorotheenstadt, sondern seit 1688 auch in einer weiteren neuen Vorstadt mit eigenem Magistrat, »Friedrichstadt« genannt, sowie dem Abriß der alten hölzernen Verkaufsbuden und ihren Ersatz durch steinerne Laubengänge, in denen die Läden untergebracht wurden, trugen vor allem die zahlreichen Parkanlagen dazu bei, die Residenz an der Spree zu einer anmutigen Hauptstadt zu machen, bei deren Anblick fremde Besucher nicht mehr die Nase rümpften.

Seit 1678 war der Holländer Johann Arnold Nering der bis zur Jahrhundertwende das Stadtbild prägende Baumeister. Von ihm stammt die Lange Brücke, das sogenannte Fürstenhaus, der Entwurf der Parochialkirche und zu einem wichtigen Teil auch der des Zeughauses Unter den Linden. Nering und viele andere Holländer, die Kurfürst Friedrich Wilhelm nach Berlin gerufen hatte, siedelten sich vornehmlich am Spreeufer an, wo die an holländische Stadtbilder erinnernde Friedrichsgracht entstanden war.

1688, im Todesjahr des Großen Kurfürsten, zählten die nunmehr fünf Städte der Residenz – Kölln, Berlin, Friedrichswerder, Dorotheenstadt und Friedrichstadt – samt Französischer Kolonie, ebenfalls autonomer jüdischer Gemeinde und der Garnison schon knapp zwanzigtausend Einwohner. Zwölf Jahre später, um die Wende zum 18. Jahrhundert, waren es bereits nahezu dreißigtausend Menschen, größtenteils Neubürger aus Frankreich, Belgien, Holland, der Schweiz, Österreich, Italien, Böhmen und Polen.

Aus der einstigen Doppelstadt Kölln-Berlin, einem unbedeutenden Provinznest mit schmutzigen, ungepflasterten Straßen, in die die Haustierställe ragten und die Nachtgeschirre geleert wurden, war im Lauf von knapp drei Jahrzehnten oder einer Generation eine ansehnliche Metropole geworden, aus ihrer sumpfigen und sandigen Umgebung ein großer Obst- und Gemüsegarten! Das Erstaunlichste aber war, daß die Verfünffachung der Einwohnerzahl, wenn man von dem Bevölkerungsrest nach dem Ende des Dreißigjährigen Krieges ausgeht, die Ur-Berliner und -Köllner zwar anteilmäßig zu einer kleinen Minderheit hatte schrumpfen lassen, daß aber die vielen, nach Herkunft, Muttersprache und Religion höchst unterschiedlichen Elemente, die neu hinzugekommen waren, mit verblüffender Geschwindigkeit integriert wurden und ebenso miteinander wie mit der Stammbevölkerung verschmolzen. Rascher, als man es für möglich gehalten hätte, fühlten sich bald alle – ob eingesessene Lutheraner, Katholiken aus Schlesien und Polen, Juden aus Wien, reformierte Niederländer, Schweizer, Wallonen und Pfälzer, französische Hugenotten, piemontesische Waldenser oder Böhmische Brüder – vorrangig als Berliner, als Bürger einer Stadt, die zwar mitten in der märkischen Wildnis lag und eben erst ihre mittelalterliche Rückständigkeit überwunden hatte, wo sich aber bereits das Zeitalter der Aufklärung ankündigte.

Monsieur Beausobre, Hofprediger der Kurfürstin, hatte gerade geschrieben: »Ich kenne kein größeres Gut als die Freiheit im Denken, keine angenehmere Beschäftigung als das Suchen nach Wahrheit, kein größeres Vergnügen, als sie zu finden und auszusprechen« – Maximen, von denen zumindest die letztgenannte von seinen Berliner Mitbürgern freudig aufgegriffen und auf die Formel gebracht wurde: »Also, nischt for unjut – man wird ja wohl noch saaren kennen, wat ma denkt!«

Diejenigen, denen die weitberühmte Königliche Haupt- und Residenzstadt Berlin bekannt, wissen, wie weit dieselbe umfangen, wie weitläufig der Königlich Hoff, wie mancherley die daselbst befindliche Collegia, Expeditiones und Instantien, wie viel derer, die dazu bestellet, und wie schwer es nicht nur Fremden, so aus denen offt weit entlegenen Königlichen Provintzien ihrer Geschäfte halber hieher kommen, sondern auch selbst den Einheimischen falle, sich in alles recht zu finden. In solchem Betracht hoffet man, es werde durch gegenwärtige Anweisung ein nicht unangenehmer Dienst geschehen.«

So kündigte sich im Spätherbst 1703 erstmals ein »Adreß-Calender« genannter Führer durch Berlin an, der nicht nur alle Einrichtungen des Hofes, alle Verwaltungsstellen, Gerichte, sonstigen Behörden und öffentlichen Einrichtungen genau beschrieb, sondern auch Hinweise auf private Geschäfte, Banken, Handlungen, Läden, Logierhäuser, Gastwirtschaften usw. gab, ferner ein vollständiges Straßenverzeichnis samt allen nützlichen Adressen enthielt. Auch auf alle Sehenswürdigkeiten der Spree-Metropole wies dieser erste Fremdenführer hin, wobei immer aufs neue betont wurde, daß es sich bei Berlin um eine nunmehr *königliche* Residenz-Stadt handelte.

Denn der einzig überlebende Sohn des »Großen Kurfürsten«, der 1688 als Friedrich III. das Erbe seines Vaters angetreten hatte, war seit dem 18. Januar 1701 König und nannte sich als solcher nun Friedrich I.

Zwar war sein Königtum auf das außerhalb des Deutschen Reiches gelegene Preußen beschränkt, wohin die Reise von Berlin selbst mit der Eilpost volle acht Tage dauerte und durch polnisches Gebiet führte, aber niemand konnte ihn hindern, das ferne Preußen vom Schloß an der Spree aus zu regieren und Berlin zur *königlichen* Haupt- und Residenzstadt zu erklären. Auf solche Äußerlichkeiten legte Friedrich I. größten Wert.

»Die Natur hatte ihn stiefmütterlich bedacht, ihm einen schwächlichen Körper, der noch durch ein verkrümmtes Rückgrat entstellt wurde, und mittelmäßige geistige Anlagen, als herrschenden Charakterzug aber die Eitelkeit mitgegeben«, heißt es über Friedrich I. sogar in Piersons »Preußischer Geschichte« von 1864, einem dem Hause Hohenzollern gegenüber nicht eben kritischen Werk, worin noch, diesen ersten Preußenkönig betreffend, angemerkt wird: »Das gleichwohl aus diesem unbedeutenden Wesen etwas Besseres wurde als ein hohler Geck, verdankte man seinem Erzieher, dem wackeren und klugen Danckelmann . . .«

Tatsächlich hatte Eberhard v. Danckelmann, der aus dem damals noch holländischen Emsland stammte und zu den engsten Ratgebern des »Großen Kurfürsten« gezählt hatte, den Thronfolger nicht nur erzogen, sondern auch, nachdem Friedrich mit einunddreißig Jahren Kurfürst geworden war, für ihn die Regierungsgeschäfte geführt, darin unterstützt von sechs Brüdern, die er von Lingen nach Berlin hatte kommen lassen und die von ihm mit den wichtigsten Regierungsposten betraut worden waren.

Friedrich hingegen, der offizielle Landesherr, von den Berlinern herzlos verspottet als »schiefer Fritz«, durfte, während das »Danckelmannsche Siebengestirn« das Land ganz vernünftig regierte, seinen Lieblingsbeschäftigungen nachgehen: feierliche Aufzüge organisieren, eine neue Hofrangordnung und neue Regeln der Etikette entwerfen, Orden stiften und verleihen, pompöse Feste feiern und seine heiß ersehnte Rangerhöhung betreiben.

Sein Vater, der »Große Kurfürst«, war ein nüchterner Geschäftsmann gewesen, der das Familienunternehmen der Hohenzollern, die brandenburgisch-preußischen Länder, gründlich saniert und, vor allem mit Hilfe der zu Zehntausenden ins Land geholten Spezialisten und Facharbeiter aus dem Ausland, modernisiert und wieder profitabel gemacht hatte. Sein Erbe indessen verstand sich nur aufs Geldausgeben.

Kanzler Eberhard v. Danckelmann bemühte sich in den neun Jahren seiner und seiner Brüder Regierung, möglichst viel von dem Geld, das Friedrich mit vollen Händen ausgab, einem praktischen Nutzen zuzuführen. So ließ er den jungen Kurfürsten die Fünf-Städte-Residenz an der Spree nach Herzenslust erweitern und verschönern, auch jede Einweihung eines Bauwerks zum Staatsakt erheben und mit großem Pomp feiern.

Die wichtigsten Architekten, die damals, neben dem schon erwähnten Holländer Nering, an der Verschönerung Berlins mitwirkten, waren Johann Friedrich Eosander v. Göthe, ein Schwede aus Riga, Jean de Bodt, ein Hugenotte aus Paris, und Andreas Schlüter, ein gebürtiger Hamburger, der in Polen aufgewachsen und für den Zaren Peter von Rußland tätig gewesen war.

Schlüter, der bis 1706 den Neubau des Berliner Schlosses leitete, bis er – wegen unzureichender Fundamentierung des dann wieder abgerissenen Münzturms – in Ungnade fiel und von Eosander abgelöst wurde, war auch ein begnadeter Bildhauer. Von ihm stammt das Reiterstandbild des »Großen Kurfürsten«, das seinen ursprünglichen Platz auf der Langen Brücke, der späteren Kurfürstenbrücke, hatte (und heute im Ehrenhof des Charlottenburger Schlosses steht).

Rund hundertfünfzig Fachleute, die unter der Oberleitung der genannten Architekten den Neubau des Schlosses, die Fertigstellung der Friedrichstadt, die Errichtung und Ausgestaltung des prächtigen Zeughauses Unter den Linden, den Bau der beiden Dome am Gendarmenmarkt – den Französischen nach dem Vorbild der reformierten Hauptkirche zu Charenton bei Paris, den Deutschen Dom an der Südseite des Platzes nach dem Vorbild des französischen Nachbarn –, die Errichtung eines Akademiegebäudes, einer Sternwarte und vieler weiterer öffentlicher und privater Bauten mitgestalteten und überwachten, kamen aus Graubünden, Holland, Frankreich, Dänemark sowie aus den Hansestädten Hamburg und Lübeck.

Dem Geschick des Kanzlers Danckelmann, Friedrichs Eitelkeit und Prunksucht in nützliche Bahnen zu lenken, verdankt Berlin auch die 1696 ins Leben gerufene Akademie der Schönen Künste sowie die Akademie der Wissenschaften. Die letzere wurde allerdings erst nach Danckelmanns Sturz 1700 als »Sozietät der Wissenschaften« gegründet, wobei die Kurfürstin sich für diese Projekte – im Gegensatz zu den sonstigen Aktivitäten ihres Gemahls – lebhaft interessierte und sie auch beharrlich förderte.

Diese Kurfürstin und spätere Königin hieß Sophie Charlotte, hatte ihre frühe Jugend bei ihrer Tante, der berühmten Liselotte von der Pfalz, in Paris verbracht, war wie diese lebenslustig, unkonventionell, für Philosophie und Kunst gleichermaßen empfänglich und – sehr zu ihrem Kummer – als Sechzehnjährige mit dem »schiefen Fritz«, dem Kurprinzen von Brandenburg, verheiratet worden. In Berlin führte sie dann schon bald ihr eigenes Leben. In dem westlich der Hauptstadt gelegenen Dörfchen Lietzow hatte sie sich von Nering ein schönes Landhaus bauen lassen und sich dort ihren eigenen Haushalt eingerichtet. Eosander baute dieses Palais später nach dem Vorbild von Versailles zu einem prächtigen Schloß aus, das »Lietzenburg« genannt wurde. Siméon Godeau, der neue Gartenbaudirektor und Schöpfer der Berliner Schloßgärten, legte einen großen, bis zur Spree reichenden Park dazu an. Nachdem Sophie Charlotte 1705 gestorben war, wurden zu ihrem Andenken Dorf und Schloß in »Charlottenburg« umbenannt. Zu ihren Lebzeiten aber nannten die Berliner das Schloß Lietzenburg »Lottchens Lustenburg«. Daß es dort sehr ausgelassen zuging, hat Gottfried Wilhelm Leibniz, der erste Präsident der Preußischen Akademie der Wissenschaften, in einem Brief aus dem Jahre 1704 bestätigt, worin es heißt:

»Ich befinde mich anjezo in der Königin von Preußen Lusthaus, da passiret man die Zeit nur allzuwohl. Sie fleugt gar schnell dahin, also daß es scheinet, die allzu große Bequemlichkeit sei nicht gut ...«

Neben Leibniz und dem bereits erwähnten Hofprediger Beausobre gab es in Berlin nun schon eine ganze Reihe von Gelehrten, darunter den Hofprediger Daniel Ernst Jablonski, der in Oxford studiert hatte, den Propst an St. Nikolai, Philipp Jakob Spener, einen Elsässer, sowie den ehemaligen Benediktiner La Croze, der zum reformierten Bekenntnis übergetreten war und die Leitung der Hof- und späteren Staatsbibliothek übernommen hatte.

Indessen zog die Spree-Residenz nicht nur Gelehrte, Künstler, Architekten und Baumeister an. Seit es sich in der Welt herumgesprochen hatte, daß der Nachfolger des »Großen Kurfürsten« ein ebenso eitler wie törichter junger Herr wäre, der sich nahezu alles aufschwatzen ließe, was teuer und pompös zu werden versprach, strömten ganze Scharen von Abenteurern nach Berlin, Magier und Goldmacher, Erfinder und Gaukler, Schauspielertruppen und Opern-Ensembles, Leute, die künstliche Edelsteine herzustellen versprachen, und andere, die einen Elefanten Rechenaufgaben lösen lassen konnten, dazu zahlreiche große und kleine Kurtisanen und ein Heer von Postenjägern aller Art.

Den Berlinern gefiel das neue, bunte Leben, das in die immer ansehnlicher werdende Spree-Metropole kam. Sie ließen sich anstecken von der Vergnügungssucht und Prachtentfaltung des Hofes. Das Geld, das der »schiefe Fritz« mit vollen Händen ausgab, ließ Handel und Gewerbe florieren, und täglich wurden neue Läden für allerlei Luxuswaren und Delikatessen, Gast- und Kaffeehäuser, Tanzlokale und Bordelle eröffnet.

Unter den vielen Glücksrittern, die sich in Berlin einfanden, war auch der abgehalfterte Stallmeister und Liebhaber der für ihre vielen Affären bekannten Pfalzgräfin Marie von Simmern, Johann v. Kolbe, der 1688 als Fünfundvierzigjähriger dann bei Hofe Anstellung als Stallmeister fand, jedoch schon bald eine steile Karriere machte, und zwar mit Hilfe eines Mädchens, das er, wie man es damals höflich umschrieb, mit Geschick protegierte. Es handelte sich um die knapp siebzehnjährige Witwe eines kurfürstlichen Lakaien, die dieser, zusammen mit einer Weinlieferung, die von ihm begleitet worden war, heimlich aus Emmerich mitgebracht und, ehe er bald darauf starb, auf ihr Drängen hin noch geheiratet hatte. Die junge, hübsche und stattliche Witwe hieß Katharina. Herr v. Kolbe nahm sich ihrer an, vermittelte sie zunächst an alle einflußreichen Herren des kurfürstlichen Hofs und mit deren Hilfe schließlich an den Kurfürsten selbst, dem eine dekorative junge Mätresse, wie sie für einen angehenden König damals unerläßlich war, mühelos aufgeschwatzt werden konnte.

Doch die »sonderbaren Merkmale der Gewogenheit, die« – so ein zeitgenössischer Chronist – »Seine Kurfürstlichen Gnaden geruhte, ihr zu Theil werden zu lassen«, beschränkten sich strikt auf Salon und Schloßpark. Dem nur am Dekorativen interessierten »schiefen Fritz« genügte es, sich neben der ihn um mehr als Haupteslänge überragenden Schönheit vor versammeltem Hof zu zeigen, sie mit kostbarer Garderobe, Schmuck und Geld überreichlich zu beschenken und sie gelegentlich zu Rate zu ziehen, etwa bei der Zusammenstellung eines Brillantfeuerwerks oder auch bei der Auswahl neuer Farben für die Livreen der Pagen. Daß die schöne Katharina andern Höflingen ihre Gunst in weit stärkerem Maße als ihm erwies, störte Friedrich nicht, ja erhöhte eher noch ihren dekorativen Wert für ihn. Ihrem einzigen Mangel in seinen Augen, ihrem niedrigen Rang, ließ sich glücklicherweise abhelfen: Der gefällige Herr v. Kolbe erbot sich, die junge Lakaienwitwe zu ehelichen, und der dankbare Kurfürst verschaffte dem 1696 vermählten Paar für viel Geld vom Kaiser in Wien den Reichsfreiherrenstand. Dem zum Kammerherrn avancierten nunmehrigen Reichsfreiherrn Kolbe v. Wartenberg wurde alsdann die Ehre zuteil, als offizieller Gatte der zur *Maitresse en titre* beförderten Katharina vor den anderen Kämmerern und gleichrangig mit dem Dompropst in der neuen Hofrangordnung zu figurieren.

Als nächstes gelang es Kolbe mit Unterstützung der Grafen v. Wartensleben und v. Wittgenstein, zwei seiner Frau besonders eng verbundener Höflinge, den unbequemen Kanzler Danckelmann zu stürzen. Ohne Gerichtsurteil kam Danckelmann in lebenslängliche Haft, sein gesamtes Vermögen wurde konfisziert, und Baron v. Kolbe wurde zu seinem Nachfolger ernannt. Weil es Kolbe dann ziemlich rasch gelang, dem eitlen Kurfürsten die Zustimmung des Kaisers zu seiner endlichen Krönung zum König *in* Preußen zu verschaffen, wurde er aus diesem Anlaß Marschall von Preußen, Kanzler des Schwarzen Adler-Ordens, General-Erb-Oberpostmeister (mit drei Prozent Beteiligung an allen Posteinnahmen!) sowie Premierminister mit dem für damalige Verhältnisse geradezu gigantischen Jahressalär von 100 000 Talern!

Was machte es da schon, wenn Kolbe, um den kaiserlichen Hof in Wien günstig zu stimmen, fast die gesamte brandenburgisch-preußische Armee den Habsburgern zur Verfügung stellte, damit sie ihren Krieg um die spanische Erbfolge führen konnten. Die Berliner jedenfalls waren froh, die Garnison bis auf die Garderegimenter, die ihr nunmehriger König zum Spalierstehen für seine ständigen feierlichen Aufzüge benötigte, losgeworden zu sein. Die gewöhnlichen Soldaten, im Gegensatz zu den vornehmen Garden so knapp gehalten, daß sie selbst beim Wachestehen oft die Passanten anbettelten, standen in sehr geringem Ansehen. Auch schaffte ihr Abmarsch in ferne Gegenden, wo sie dem Kaiser als Kanonenfutter dienten, endlich etwas Platz in der überfüllten Hauptstadt, wo täglich neue Fremde eintrafen und Unterkunft suchten. Obwohl überall neue Häuser gebaut wurden und weitere Vorstädte entstanden, litt die Residenz bereits unter chronischem Wohnraummangel.

Auch ließ sich Katharina vom König gerade ein eigenes Palais erbauen und einrichten, für das Eosander die Pläne entwarf: das Schloß Monbijou an der Oranienburger Straße. Die Frau Marschallin hatte im Krönungsjahr des »schiefen Fritz«, 1701, gerade ihren 25. Geburtstag feiern können und begann nun, an ihre Altersversorgung zu denken. Ständig erbat sie sich Geld vom König, der froh war, sich so als unendlich reicher Potentat zu erweisen, doch was sie dann als Schatzanweisungen erhielt und sogleich zu Bargeld machte, gab sie nicht mehr wie früher mit vollen Händen in Berlin aus, sondern kaufte sich immer neue Güter, vorsichtshalber weit außerhalb Brandenburg-Preußens, in der Rheinpfalz. 1707 gewährte der Kaiser der Maitresse des Preußenkönigs auf dessen Bitte (und gute Bezahlung) hin eine weitere Gnade: Er erhob ihre pfälzischen Domänen in den Rang einer souveränen Reichsgrafschaft, womit Katharina und ihr schon betagter Gatte allen anderen regierenden Häusern des Reiches ebenbürtig waren.

Die Berliner aber, die allmählich merkten, daß Graf und Gräfin Wartenberg, gemeinsam mit ihren Freunden Wartensleben und Wittgenstein, nicht nur die Staatskassen plünderten – wogegen sie wenig einzuwenden hatten, solange das Geld nur in Berlin wieder ausgegeben wurde –, sondern auch ihre riesige Beute ins ferne Ausland schafften, sprachen jetzt vom »dreifachen Weh«, das sie plagte.

Wie schlimm es stand, zeigte sich im Winter 1710/11, als Brandenburg-Preußen in den Nordischen Krieg verwickelt zu werden drohte. Sächsische, polnische und russische Regimenter zogen plündernd durch die märkischen Lande, und der immer noch mit pompösen Festzügen, Hofbällen und Entwürfen neuer, noch prächtigerer Uniformen für seine Schranzen beschäftigte König hatte, wie sein Ältester und Kronprinz Friedrich Wilhelm, wütend feststellte, »keine Regimenter, kein Pulver . . . und kein Geld« mehr. Der König sah sich deshalb genötigt, sich vom »dreifachen Weh« zu trennen. Wittgenstein, Wartensleben und sogar der dem König in jeder Hinsicht so teuere Graf Wartenberg erhielten ihren Abschied, und selbst die Gräfin Katharina mußte nun, zusammen mit ihrem kranken Ehemann, der im Jahr darauf starb, das Land verlassen.

Natürlich nahm Katharina alles mit, was von Wert war und sich transportieren ließ; den Rest, zahlreiche Häuser und Grundstücke, machte sie eilig zu Geld. Übrig blieb, weil immobil und unverkäuflich, Schloß Monbijou. Also schenkte sie es dem König zurück, und der war darob so gerührt, daß er ihr eine jährliche Pension von 24 000 Talern aussetzte! Als reiche und lebenslustige Witwe lebte Katharina, gerade sechsunddreißig Jahre alt, von nun an in Paris, wo sie ihren zahlreichen Liebhabern damit auf die Nerven gefallen sein soll, daß sie ständig klagte, wieviel besser und schöner alles und jedes »bei uns in Berlin« gewesen wäre.

Ihren Galans mochte dies absurd erschienen sein, aber gar so kühn waren Katharinas Behauptungen nicht. Im Jahre 1710, als sie von der Spree an die Seine hatte umziehen müssen, waren die fünf bis dahin selbständigen Städte der königlich preußischen Residenz unter dem Namen »Berlin« vereinigt worden; nur die »Französische Kolonie« hatte ihren autonomen Status behalten. Die Einwohnerzahl war auf über fünfzigtausend angestiegen. Gewiß, in Paris lebten fast fünfmal mehr Menschen, aber, wie Schillers Hauptmann im »Wallenstein«, »in drangvoll fürchterlicher Enge«, die meisten auch in großer Armut und in Schmutz und Elend. Nicht zuletzt deshalb, nämlich um sich den großenteils jammervollen Anblick ihrer Hauptstadt zu ersparen, hatten sich die Könige von Frankreich aus Paris zurückgezogen und ihren Hof nach Versailles verlegt. Die Folge davon war, das annähernd achtzigtausend Personen, die in Paris auf die eine oder andere Weise vom königlichen Hof gelebt hatten, brotlos geworden waren; Versailles hingegen zog nun die Menschen von überall her magnetisch an und zählte um die Mitte des 18. Jahrhunderts bereits mehr als hunderttausend Einwohner.

Berlin wurde indessen nach wie vor vom königlichen Hof geprägt und – im wahren Sinne des Wortes – bereichert. Gerade die Bauwut und Verschwendungssucht des »schiefen Fritz« und seiner Günstlinge hatten wesentlich dazu beigetragen, daß Berlin nun kein trübes Provinznest mehr war. Die neuen Vorstädte waren nach genauen Plänen weiträumig und mit vielen Gärten und Parkanlagen angelegt, alle Viehwirtschaften aus den inneren Stadtbezirken in die neue »Königstadt« um das Georgenhospital verbannt worden.

Das Bild der Straßen hatte sich völlig geändert: Sie waren sauber gepflastert, wurden täglich von Stadtdienern gefegt und nachts beleuchtet. Die altertümlichen, den Verkehr behindernden ländlichen Ziehbrunnen, meist mitten auf der Fahrbahn, waren verschwunden. Seit 1709 gab es überall, im Abstand von etwa zweihundert Schritt, neue, mit Ventilen versehene Wasserpumpen, die Trinkwasser von hervorragender Qualität lieferten und keinen Verunreinigungen mehr ausgesetzt waren.

Überhaupt hatten sich die hygienischen Verhältnisse binnen einer Generation deutlich verbessert; die Rattenplage war eingedämmt worden. So kam es, daß die von Polen nach Brandenburg und Preußen übergreifende Pestepidemie der Jahre 1709–1711, die im Königreich insgesamt mehr als dreihunderttausend Todesopfer forderte, die Hauptstadt gänzlich verschonte. Das vorsorglich gebaute Pesthaus wurde daher gar nicht benötigt und unter dem Namen *Charité* zum Armenhospital sowie zur Ausbildungsstätte für Ärzte und Krankenpfleger bestimmt.

Aber noch vieles mehr hatte sich in überraschend kurzer Zeit zum Vorteil der Stadt verändert. Es gab jetzt mancherlei, was eine Generation zuvor noch völlig gefehlt hatte: Konditoreien, durchweg von hervorragenden Zuckerbäckern aus der Schweiz gegründet, Kaffeehäuser und Tabagien für Freunde des von Pfälzern und Franzosen eingeführten Tabakrauchens. Neue »Feinbäckereien« führten, neben dem gewöhnlichen Roggen- und dem noch dunkleren »Kommiß«brot, nun auch schon die berühmten Berliner Schrippen, Knüppel und andere Erzeugnisse aus Weizenmehl, die die *Réfugiés* populär gemacht hatten, sowie »Barches« genannte Milchbrote, die die Wiener Juden für den Sabbat backen ließen und die sich bei Christen inzwischen ebenfalls großer Beliebtheit erfreuten.

Es gab auch bereits mehrere Kaufhäuser, wo die neuen Manufakturerzeugnisse angeboten wurden, einige vornehme Hotels, beispielsweise das »Zur Stadt Paris« in der Brüderstraße, zu dem bald noch weitere kamen, so das »Zum König von Portugal« in der Burgstraße, den »Schwarzen Adler« in der Poststraße, den »Goldenen Adler« am Döhnhoffschen Platz oder das »Hôtel de France« Unter den Linden, ferner etliche gepflegte Restaurants und »Traiteurs« genannte Stadtküchen, wo man ebenfalls speisen, sich aber auch ganze Menüs für größere Gesellschaften ins Haus servieren lassen konnte.

Völlig verändert hatte sich binnen dreier Jahrzehnte auch die Garnison der Stadt. So gab es seit 1707, als Neufchâtel und Valengin in der Schweiz preußisch geworden waren, das Garde-Schützen-Bataillon, dessen Offiziere und Mannschaften sämtlich von dorther kamen. Ferner hatte Berlin jetzt eine ganze Reihe von hochfeudalen

Ehrenkompanien, wo jeder Mann ein hugenottischer Adliger war und Offiziersrang hatte. Aus jüngeren französischen Adligen, die noch keinen Militärdienst geleistet hatten, waren vier Kompanien »Cadetten« gebildet worden, die unter dem Kommando älterer französischer Offiziere standen. Sie bildeten den Ursprung der späteren Kadettenanstalten.

Aber mit diesen Paradesoldaten und Schloßwachen, deren buntes, goldverziertes Tuch das Straßenbild Berlins ebenso belebte wie es den zahlreichen Festen und Aufzügen des »schiefen Fritz« Glanz verliehen hatte, war – vielleicht mit Ausnahme des Dragonerregiments »Gens d'Armes«, das am Gendarmenmarkt sein Quartier hatte – militärisch nicht viel anzufangen; Brandenburg-Preußens wirkliche Streitmacht stand, als Friedrich I. gestorben war und sein Sohn als Friedrich Wilhelm I. 1713 den Thron bestieg, teils in Flandern, teils in Italien, und kämpfte dort für die Ansprüche der Habsburger.

Der neue König war entschlossen, sich raschestens wieder eine schlagkräftige Armee zu schaffen, und das dafür dringend benötigte Geld sollte durch rigoroseste Sparmaßnahmen beschafft werden. Sofort ging er daran, den üppigen Hofstaat seines verstorbenen Vaters drastisch zu verkleinern, alle Gehälter zu kürzen und alles, was ihm als unnötiger Luxus erschien, abzuschaffen.

Nicht nur die Berliner machten lange Gesichter, als die ersten Sparmaßnahmen des neuen Landesherrn bekannt wurden. Auch der Minister und General v. Grumbkow, ein märkischer Junker, brach seine gerade angetretene Inspektionsreise durch die Provinzen ab und kehrte eilig in die Residenz zurück, um dem König dessen Pfennigfuchserei auszureden.

»Das vielfältige Bauen«, hieß es in dem rasch verfaßten Gutachten, das er Friedrich Wilhelm I. sogleich vorlegte, »hat viel tausend Künstler, Handwerker und Arbeiter, welche doch ihren Verdienst durch Consumtion (Verzehr und Verbrauch) wiederum der Accise (indirekte Steuer auf Verbrauch und Umsatz) zugetragen, hergezogen; viele Fremde haben sich, um den Hof und verschiedene allhier vorhandene Curiositäten zu sehen, eingefunden und viele tausend Thaler in die Stadt gebracht. Unter den königlichen Hofbedienten haben die Cammer-Herren und Cammer-Junker, welche (nur) 800 oder 1000 Reichsthaler Besoldung gehabt, von ihren eigenen Mitteln gar considerable (beträchtliche) Summen zugeschossen und verzehrt, dergleichen auch von verschiedenen Fremden, so sie sich allhier . . . häußlich niedergelassen, geschehen. Die Kunst- und Maler-Academie hat den Effect gehabt, daß, da vorher die Märker und Berliner anderwärts, zur Erlernung guter Künste . . . ihr Geld in die Fremde haben schicken müssen, nachhero diese Academie die

Künstler und Handwerker aus der Fremde hergelocket . . ., welche . . . das Geld, so sie anderwärts vor sich gebracht, mit Freuden in Berlin verzehret haben. Dies alles hat die Consumenten, folglich auch die Einkünfte der Accise vermehrt, die seit anno 1688 von Jahre zu Jahre zugenommen hat. Es ist aber nicht zu leugnen, daß hierzu der Hof-Staat und die Anzahl der Bedienten das Größte beigetragen, dergestalt daß, was der Hof an die Bediente gegeben, aus der Hand des Bedienten in die Hand des Handwerkers«, Gastwirts oder Händlers gegangen sei und, da jedesmal die Steuer ihr Teil bekommen habe, zurückgeflossen sei in die königlichen Kassen.

Doch diese Argumente des Ministers stießen bei Friedrich Wilhelm auf taube Ohren. Rücksichtslos strich er über die Hälfte der »Planstellen« bei Hofe, kürzte Pensionen, setzte das Budget der Küchen-, Keller- und Stallmeister auf die Hälfte herab, ließ lange geplante Feste und Feierlichkeiten absagen, stoppte die Bauarbeiten, auch die am Schloß, und kündigte den Architekten und Bauunternehmern die Verträge.

Einer der entlassenen Arbeiter befestigte schon in der ersten Woche nach Friedrich Wilhelms Thronbesteigung des Nachts heimlich ein Plakat am Hauptportal der königlichen Residenz. Am nächsten Morgen lasen die Vorübergehenden: *»Dieses Schloß samt Residenz Berlin ist zu verkaufen!«*

Man lachte darüber, aber es war kein fröhliches Lachen. Mit wachsendem Staunen, aber auch mit immer bangerer Sorge beobachteten die Berliner die dramatischen Veränderungen, die der neue König vornahm: Er löste die goldbetreßten Ehrengarden und das Pagenkorps auf – »Unnütze Esser!«, befand er, und da stimmten ihm die Bürger noch vorbehaltlos zu. Er schaffte auch die Tafelmusik ab und entließ die Musikanten, denn, so erklärte er, nicht mal zu seinem Leibgericht, Eisbein mit Erbspüree und Speckstippe, benötigte er musikalische Begleitung, und auch darin pflichteten ihm die Berliner bei.

Doch alsdann ließ er mehr als hundert Prunkkarossen, kostbare Sänften, Pferdeschlitten und andere Luxusgefährte samt den dazugehörigen edlen Rössern öffentlich versteigern, auch ihm überflüssig erscheinende Möbel, Teppiche und sogar Garderobe! Die meisten Gold- und Silbersachen des königlichen Haushalts wurden der Münze zum Einschmelzen übergeben, und fortan waren Parfüms, Schminke, allzu kostbare Kleidung und Juwelen bei Hofe verpönt – Maßnahmen, die nun in der Hauptstadt Bestürzung auslösten, denn des neuen Landesherrn puritanische Strenge und Knauserigkeit drohten Handel, Handwerk und Gewerbe Berlins zu ruinieren.

Die französische wie die jüdische Kolonie bangte um ihre Existenz,

so daß sich Friedrich Wilhelm zu ein paar versöhnlichen Gesten aufraffen mußte. Zwar verabscheute er Franzosen wie Juden, aber er
brauchte sie dringend als Steuerzahler und zur Hebung der Wirtschaft.

Deshalb bestätigte er sämtliche Privilegien der Französischen Kolonie und gab ihr ein neues oberstes Selbstverwaltungsgremium, das
Grand Directoire, das »für das allgemeine Beste aller Colonisten
Sorge tragen sollte, auch Gnadengelder austheilen und Manufactu-
ren unterstützen«.

Er erneuerte auch das Niederlassungsprivileg der Juden und erlaubte den Berliner Gemeindemitgliedern Riess und Liepmann, Pri-
vatsynagogen in ihren Häusern für sich und ihre Familien zu unterhalten, obwohl inzwischen die erste öffentliche Synagoge Berlins in
der Heidereiterstraße 5 fertig geworden war. An der Einweihung
dieses Gotteshauses nahm er selbst teil, zusammen mit allen Prinzen, Ministern und Großwürdenträgern, was großes Aufsehen erregte, die Juden über alle Maßen freute und dabei, was für den König das Wichtigste war, ihn keinen Pfennig kostete.

Auch in wirtschaftlicher Hinsicht beruhigte er die wohlhabenden
Neubürger seiner Residenz, Christen wie Juden: Statt für Luxusgü-
ter werde er künftig große Aufträge anderer Art vergeben, die zur
Ausrüstung, Uniformierung und Bewaffnung neu aufzustellender
Regimenter dienen sollten. Unter der einzigen Bedingung, daß die
Qualität der des Auslands mindestens entspreche, sollten nur hei-
mische Manufakturen diese Aufträge bekommen.

Also mußte sich die Berliner Wirtschaft weitgehend umstellen, weniger Luxus- und immer mehr Rüstungsgüter fabrizieren, denn wie
sich dann zeigte, war der »Soldatenkönig«, wie er bald genannt
wurde, völlig besessen, was die Aufstellung immer neuer Regimenter anging, von denen – sehr zum Leidwesen der Berliner – einige
wieder die Garnison verstärkten, die meisten allerdings in der weiteren Umgebung der Hauptstadt ihren Standort fanden, wobei Friedrich Wilhelm eine Vorliebe für Potsdam entwickelte.

Potsdam war, als er den Thron bestieg, noch ein Dorf mit knapp
vierhundert Einwohnern. Aber zwanzig Jahre später war daraus eine
Stadt geworden, wo zwanzigtausend Menschen, zu rund einem
Drittel Soldaten, lebten. Die Zivilbevölkerung der neuen Stadt, die
schon von Friedrich I., dem bauwütigen »schiefen Fritz«, mit einem
Schloß bedacht worden war und die nun zur zweiten Residenz
wurde, war bald ganz ähnlich zusammengesetzt wie Berlin: Auch
Potsdam bekam eine Französische Kolonie, eine Holländer-Kolonie,
eine jüdische Gemeinde, und im Vorort Nowawes siedelten sich aus
Böhmen geflüchtete tschechische Weber an. Später kamen noch

etwa viertausend Schweizer Mennoniten und aus dem Salzburgischen vertriebene Protestanten hinzu.

Auch ein starkes russisches Element war in Potsdams Einwohnerschaft zu finden, was mit dem »Riesenspielzeug« zusammenhing, das sich der »Soldatenkönig« zugelegt hatte: Er sammelte »lange Kerls« für seine Garde, jeder mindestens knapp 1,90 Meter groß – ein Maß, das damals äußerst selten war. Von den insgesamt knapp zweitausendfünfhundert Offizieren, Unteroffizieren und Musketieren dieser in Potsdam in Garnison liegenden Riesen stammte etwa ein Viertel aus dem Zarenreich. Peter I., dem Friedrich Wilhelm dafür Kostbarkeiten in Mengen überließ, hatte sie ihm geschenkt. Historiker haben errechnet, daß in der Regierungszeit Friedrich Wilhelms I. insgesamt sechsunddreißig Millionen preußische Taler für die Aufstellung und den Unterhalt dieses einen »Riesen«-Regiments vergeudet worden sind, dessen militärischer Wert höchst zweifelhaft war, abgesehen davon, daß der »Soldatenkönig« sein kostbares »Riesenspielzeug« niemals den Gefahren einer Schlacht ausgesetzt hätte. Überhaupt gab er zwar mehr als zwei Drittel der Staatseinnahmen für die Verstärkung der Armee aus, hielt sich aber aus allen kriegerischen Verwicklungen heraus, weil er seine gewaltigen Investitionen nicht aufs Spiel setzen wollte.

Als der König dann im Jahre 1720 die von seinem Großvater, dem »Großen Kurfürsten«, mit beträchtlichen Kosten angelegten Stützpunkte in Westafrika den Holländern überließ – im Tausch gegen zwölf baumlange Afrikaner für sein Garderegiment und einige tausend Taler, für die er dann noch einen einzelnen, allerdings besonders hochgewachsenen Iren kaufte –, befanden ihn die Berliner für »plemplem« und erklärten: »Wenn eener varrückt wird, wird er't imma in' Kopp zuerst!«

Aber sie hatten auch »jewaltje Manschetten« vor »Fritze Willem«. Sahen sie ihn mit seinem dicken Bambusstock nur von fern kommen, flüchtete alles, was Beine hatte. Ja, die Berliner Schuster- und Bäckerjungen, die der König als aufsässig und »malitiös wie der Deuffel« bezeichnete, riefen gar: »Aujust, stoß die Vöjel an – der Potsdorfer is unterweechs!«, was darauf anspielte, daß die Tauben auf dem Gendarmenmarkt beim Nahen des stockbewehrten Monarchen meist aufflatterten; »Potsdorfer« bedeutete soviel wie »Tölpel vom Lande« und war zugleich eine Herabsetzung derer, die aus Potsdam nach Berlin kamen.

Wenn der König aber einen der Burschen, die ihn so dreist zu verspotten wagten, einmal zu fassen bekam, verpaßte er ihm eine Tracht Prügel – »'t jibt wat aus de Armenkasse!«, flüsterten sich dann die Zuschauer zu –, und nicht selten schrie er, während er auf sein Opfer eindrosch: »Ihr sollt mich nicht fürchten! Ihr sollt mich lieben!«

Aber das war nun wahrlich zuviel verlangt! Schon die Tatsache, daß Friedrich Wilhelm I. als erster brandenburgisch-preußischer Landesherr nicht nur zu militärischen Anlässen, sondern während seiner ganzen, bis 1740 dauernden Regierungszeit nie etwas anderes trug als die Soldatenuniform, stieß die Berliner ab. Sie haßten alles, was mit der Garnison und dem Militär zusammenhing, und das hatte seine Gründe.

Zum einen wurde das Militär von Handwerk, Handel und Gewerbe als »Schmutzkonkurrenz« angesehen, denn die zum Dienst gepreßten, oft von sogenannten »Werbern« im In- und Ausland regelrecht eingefangenen Soldaten mußten während ihrer Freizeit arbeiten. Überall in der Stadt waren sie tätig, »in jedem Berufe, womit einer noch nebenzu ein Stücklein Brot gewinnen kann«, heißt es in den Lebenserinnerungen Ulrich Bräkers, des »Armen Mannes im Tokkenburg«, eines Schweizers, den preußische Werber in ein Berliner Regiment verschleppt hatten. »Dann spaziert' ich etwa an der Spree und sah hundert Soldatenhände sich mit Ein- und Ausladen der Kaufmannswaren beschäftigen, oder auf die Zimmerplätze, da steckte wieder alles voll arbeitender Kriegsleute. Ein andermal in die Kasernen, da fand ich überall auch dergleichen, die hunderterlei Hantierungen trieben, von Kunstwerken an bis zum Spinnrocken.«

Etwa die Hälfte der Soldaten war verheiratet. Ihre Frauen, aber auch sie selbst, wenn sie wachfrei hatten, trieben »Hökerei«, Kleinhandel mit Obst, Gemüse, Eiern und anderen Produkten der »Kolonisten«, die sich in der Umgebung Berlins angesiedelt hatten und ständig neuen Zuzug aus Frankreich, Holland und der Schweiz, aus Salzburg, Lüttich und Böhmen erhielten. Andere Soldatenfrauen betrieben »Garküchen«, wo sie die von der »Hökerei« übriggebliebenen Lebensmittel verwerteten.

Vor allem aber stellten die Soldatenfamilien – die wachfreien Männer, die Frauen und auch die Kinder, von den Fünf- und Sechsjährigen aufwärts – das Gros der Hilfsarbeiter in den Manufakturen, die in ständig wachsender Anzahl in Betrieb genommen und – wie es der König versprochen hatte – mit Aufträgen für Heereslieferungen reichlich bedacht wurden: Uniformen und die dazu benötigten Litzen, Knöpfe, Kordeln und Paspeln, Mützen, Helme, Stiefel, Koppel und vielerlei anderes wurde jetzt in den Manufakturen hergestellt. Es gab sogar schon eine moderne Gewehrfabrik, deren Facharbeiter in Lüttich angeworben worden waren, aber auch dort arbeiteten Soldaten als Handlanger.

Die Berliner Zünfte und Innungen erhoben wieder lauten Protest gegen die Verletzungen ihrer Privilegien durch Manufaktur- und Soldatenarbeit. Als es 1732 eine Neuordnung der zünftigen Gesellenverbände geben sollte, kam es zu regelrechten Streiks und Gewalttätigkeiten. Alle Grobschmiedgesellen legten – »ohne alle Raison«, wie es im Polizeibericht hieß – die Arbeit nieder. Zusammen mit Tischler- und Zimmergesellen zogen sie johlend durch die Straßen und verprügelten Polizeidiener und Soldaten.

Vor der Polizei hatten die Berliner, besonders die Handwerksgesellen und -lehrlinge, aber auch die Gymnasiasten, sehr wenig Respekt. Aus nichtigsten Anlässen kam es zu Zusammenstößen mit den Ordnungshütern, die dabei meist den kürzeren zogen. Schon in der Regierungszeit Friedrichs I. hatten sich die noch nicht unter einem gemeinsamen Magistrat vereinigten Städte der Residenz mit einem Hilfersuchen an die Regierung gewandt und um bewaffnetes Eingreifen des Militärs gebeten, weil sie die öffentliche Sicherheit und Ordnung aufs schwerste gefährdet sahen. Man hätte meinen können, es hätte sich um Aufruhr, Mord und Totschlag gehandelt, doch es ging in Wahrheit nur ums – Schlittschuhlaufen!

»Es ist eine Unart bei fast jeglicher eindringenden Kälte den Kindern hiesiger Eltern eingehärtet, daß sie, den Winterfrost in ihrem Gehirne empfindend, eine unzulässige Freiheit auf dem Eise suchen«, hieß es in der gemeinsamen Klage der Stadtväter.

Auch trieben, so schrieben die hohen Magistrate an die Regierung, »allerlei liederliche Bürger und Handwerksjungen« auf dem Eis der zahlreichen Seen und Flüsse »Üppigkeiten und gefährliche Unternehmungen«, wie Schneeballschlachten. Die Polizei hätte dagegen einzuschreiten versucht, nachdem sowohl Herr Apotheker Duplacis, Herr Geistlicher Rat Levallon und Madame Gärtnereidirektor de Gruyter von verirrten Geschossen getroffen und beschwerdeführend vorstellig geworden wären – jedoch vergebens, »da diese Buben sich nicht entblöden, unsere ausgeschickten Diener mit tödlichem Gewehr« – zu Eis gehärteten Bällen – »zu attackieren und ihrer habenden Ordre sich zu widersetzen«!

Solche und ähnliche Klagen wiederholten sich Jahr für Jahr zur Winterszeit, und in den Frühlings- und Sommertagen, vor allem aber den lauen Nächten, waren es dann wieder andere »Üppigkeiten« und »liederliche Sachen«, denen gegenüber sich die Polizei als machtlos erwies. Da gab es Leute, die in den Gewässern badeten, oft unzureichend oder gar nicht bekleidet! Andere wieder feierten Feste in den Straßen, setzten Stühle und Tische vor die Haustür, lärmten, musizierten und tanzten – wie ihre Eltern und Großeltern früher in Avignon, La Rochelle, Alessandria oder Orange.

Vor allem aber gab es in warmen Sommernächten viel »lichtscheues

Gesindel«, das den Laternen der Nachtwächter geschickt auswich und ihrer Aufforderung, stehenzubleiben und zu erklären, was es »nachts um vürtel Elfe« noch auf den Parkbänken zu suchen hätte, einfach nicht Folge leistete, ja durch »Hohnlachen und Sottisen« die Amtspersonen beleidigte, die deutlich »männliche und weibliche Stimmen«, aber »keine Identität« hatten feststellen können.

Die Berliner waren noch selbstbewußter, frecher und respektloser geworden, seit ihre Stadt zum Zentrum eines ausgedehnten Königreichs und zur nunmehr größten Metropole Deutschlands aufgestiegen war. Gegen Ende der Regierungszeit des »Soldatenkönigs« Friedrich Wilhelm I., der 1740 starb, zählte Berlin schon etwa hunderttausend Einwohner!

Mit der Eingemeindung der Vorstädte und angrenzenden Dörfer gab es jetzt innerhalb Berlins »wendische« Kieze – zum Beispiel den Lichtenberger Kiez am Frankfurter Tor –, tschechische und slowakische Weberansiedlungen wie in Böhmisch-Rixdorf und Neu-Schöneberg, dazu die schon alteingesessenen Kolonien der Holländer, Franzosen, Schweizer und Juden, auch viele Italiener, Polen und Schlesier. Unter den Soldatenfamilien der Garnison, die das bunteste Völkergemisch überhaupt darstellte, überwogen zwar die Schweizer, aber es gab auch mehr und mehr Leute, die aus so fernen Gegenden wie Schottland, Schweden, Ungarn, Irland, Finnland und der Türkei, ja auch aus Sibirien und aus Schwarzafrika stammten. Diejenigen, die sich rühmen konnten, ihre Familie wäre schon »anno Eens, als de Elbe brannte«, was soviel besagte wie »seit vielen hundert Jahren«, in Berlin ansässig gewesen, waren längst in hoffnungsloser Minderzahl, denn fünfundneunzig Prozent der Stadtbevölkerung war ja erst im Laufe eines Menschenalters zugezogen.

Alle, die in Berlin das Bürgerrecht erworben hatten oder Mitglieder einer der privilegierten Kolonien waren, also praktisch alle, die nicht als Soldaten oder deren Familienmitglieder zur Garnison gehörten, waren »kantonsfrei«, was soviel wie »von jedem Militärdienst befreit« bedeutete.

Niemand wußte, wie viele Einwohner Berlin tatsächlich hatte. Immer mehr Flüchtlinge, auch aus dem Königreich selbst, trafen in Berlin ein. Es waren »erbuntertänige« Gutsarbeiter und Kleinbauern von den Gütern der Junker, meist Pommern, Mecklenburger, Litauer, Masuren, Kassuben, Schlesier, Polen und Wenden aus der Mark und der Lausitz. Für diese wie Sklaven gehaltenen Menschen, von denen die Männer, je nach Bedarf als Soldaten, als Land- oder als ausgeliehene Manufakturarbeiter zu »dienen« hatten, gab es nur eine Möglichkeit, sich der Schinderei zu entziehen, nämlich bei passender Gelegenheit zu flüchten und in Berlin unterzutauchen. Das erforderte Mut, Initiative und einen wachen Verstand. Nur wer solche Eigenschaften besaß und zu nutzen verstand, konnte der doppelten Fron der Leibeigenschaft und des Militärdienstes entrinnen. Wer von seinem Gutsherrn oder dessen Beauftragten erwischt wurde, ehe er oder sie sich unauffällig in das Heer der Arbeiterschaft Berlins einzureihen vermochte, den trafen drakonische Strafen.

Wer aber die Tore Berlins hatte passieren können, war so gut wie sicher. Obwohl der Magistrat dazu durch Gesetz verpflichtet war und ständig von der Regierung ermahnt wurde, die männlichen und weiblichen »Deserteure« aufzugreifen und für ihre Rückführung zu sorgen, kam es so gut wie nie zu solchen Auslieferungen.

»Dergleichen Desertiones nach Berlin«, heißt es in einem Kabinettsbericht aus dem letzten Lebensjahr des »Soldatenkönigs«, »nehmen um so mehr tagtäglich überhand, weil die austretenden Unterthanen schon versichert sind, daß sie daselbst so leicht nicht aufgefunden und ausgeliefert werden können.«

Es gibt zahlreiche Beweise dafür, daß die Magistratsbehörden gegenüber geflüchteten »Gutsuntertanen«, sofern sie nicht mit dem Gesetz anderweitig in Konflikt kamen oder der Armenkasse zur Last fielen, größte Toleranz walten ließen, sei es nun aus Menschenfreundlichkeit oder wegen des großen Bedarfs an Arbeitskräften oder aus Nachlässigkeit.

Wie lasch die Gesetze und Verordnungen in der Praxis gehandhabt wurden, geht aus der protokollierten Aussage eines Berliner Zeugmachers hervor, der 1742 zur Erwerbung des Bürgerrechts vorgeladen wurde: Er lebte bereits seit sechzehn Jahren ohne Erlaubnis in Berlin, hatte dort schon bald nach seiner Ankunft, obwohl beide nirgendwo gemeldet waren, ein ebenfalls aus »Gutsuntertänigkeit« geflüchtetes Mädchen geheiratet und war inzwischen Vater einer Kinderschar, ja, er übte sogar ein zünftiges Handwerk aus, ohne – wie er behauptete – »jemalen davon gehört zu haben«, daß er sich anmelden, Bürger werden und dafür eine Gebühr entrichten müsse.

Aber es kamen noch seltsamere Flüchtlinge nach Berlin, aus noch weiterer Ferne und in immer größeren Scharen. Im Mai 1732 trafen beispielsweise 126 Gebirgsbauern zu Fuß und mit Sack und Pack in Berlin ein. Ihre an der Spree noch nie gesehene Tracht und ihr fast unverständlicher Dialekt erregten bei den Berlinern großes Staunen.

Als man dann herausfand, daß es sich um protestantische Glaubensflüchtlinge aus dem Berchtesgadener Land handelte, die von ihrem geistlichen Landesherrn als Ketzer verfolgt und gewaltsam zu bekehren versucht worden waren, hatten sie das Mitgefühl der Berliner Bürger. Juden, Reformierte und Lutheraner wetteiferten darin, den »armen Exulanten« jede erdenkliche Hilfe zuteil werden zu lassen. Denn wer, so fand man, um seines Glaubens willen verfolgt, allen Lockungen und Drohungen widerstanden und Wagemut, Zähigkeit, Trotz und Eigensinn bewiesen hatte, ja, barfuß aus den Alpentälern bis an die Spree gezogen war, der verdiente nicht nur tatkräftige Unterstützung, der hatte sich vielmehr schon mit der bloßen Ankunft das Bürgerrecht in Berlin erworben.

Fast alle, die jetzt die Stadt bevölkerten, waren ja ebenfalls als gehetzte Flüchtlinge nach Berlin gekommen oder zumindest die Kinder oder Enkel von *Réfugiés* und anderen Verfolgten, Unterdrückten, Versklavten und Verschleppten. Sie hatten gelernt, miteinander auszukommen, sich gegenüber aufgeblasenen Junkern, sturen Bürokraten und polternden Militärs zu behaupten – durch Witz, Geschick und Fixigkeit. Sie fühlten sich den Bewohnern aller anderen Städte, erst recht allen sich in die Fron fügenden Landbewohnern, turmhoch überlegen. Dabei waren sie sich durchaus der Tatsache bewußt, daß sie, die Einwohner Berlins, eine europäische Auslese darstellten, was Mut, Zähigkeit und Unternehmungsgeist betraf. Und nur durch Einfallsreichtum, Fleiß und Verwegenheit würden sie sich weiter wie bisher behaupten können, denn Berlin war kein Erholungsort und keine Idylle. Der Wettbewerb war äußerst hart.

Aber trotz der rücksichtslosen Konkurrenz, der nur die Tüchtigsten gewachsen waren, gab es bei diesen bunt gemischten Berlinern, neben anderen Gemeinsamkeiten, eine sentimentale, eilig durch Schnoddrigkeit verdeckte Schwäche, »een jutes Herz« genannt, zumal für Leute wie die vertriebenen Berchtesgadener. »For nischt un wieda nischt« hatte man sie um ihr Hab und Gut gebracht, und nun standen sie da, an der Promenade Unter den Linden, »wie uff'n Mühlendamm aus'n Sack jejriffen«, also in Lumpen, und »wahaftjenjott« so hungrig, »det ihn' voa Kohldampf schon janz blümerant is« (von *bleu mourant*, »sterbendblau«, ganz schwaches Blau).

Im Nu waren Stühle und Tische auf die Promenade gestellt, heiße Suppe wurde ausgeteilt und dazu »Stullen jeschmiert«. Einer ließ den Hut herumgehen, bis genug Geld zusammengekommen war, den Neuankömmlingen »aus der Klemme« zu helfen, eine Starthilfe zu geben. Und war das gute Werk verrichtet, hatten sich, wie man fand, auch die anderen als »nich jnietschich« erwiesen, freute sich jeder »wie'n Schneekönich«.

BERLIN
WIRD EIN BEGRIFF

Am 31. Mai 1740 trat der achtundzwanzigjährige Kronprinz Friedrich von Preußen als König Friedrich II. die Nachfolge seines verstorbenen Vaters, des »Soldatenkönigs«, an, und die Bürger Berlins knüpften große Hoffnungen an diesen Thronwechsel: die Interessen des neuen Herrschers galten, wie man wußte, der Musik und der Philosophie; die rauhen Sitten seines der Kunst und Wissenschaft abholden Vaters waren ihm verhaßt gewesen, ebenso dessen Soldatenspielerei. So würde er wohl, so hofften die Berliner, weiterhin den Frieden bewahren, womöglich die kostspielige Armee – und dann auch die der Bürgerschaft so lästige Garnison – verringern, dafür Handel, Handwerk und Gewerbe stärker fördern, das geistige und kulturelle Leben in der Residenz nicht länger zugunsten des Ankaufs »langer Kerls« vernachlässigen und dem Hof wie der Stadt neuen Glanz verleihen.

Indessen erfüllten sich diese Hoffnungen nur teilweise. Kaum auf dem Thron, begann Friedrich II. auch schon den Krieg, den der »Soldatenkönig« zur Schonung seiner teuren Armee drei Jahrzehnte lang vermieden hatte. Er fiel in Schlesien ein und führte dann noch zwei weitere, sehr blutige Kriege, zuletzt den Siebenjährigen, um diese reiche Provinz Österreichs, die er dann seinem Königreich einverleiben konnte.

Vom eigentlichen Kriegsgeschehen blieb Berlin zwar nahezu unberührt: Einmal, im Herbst 1745, näherte sich ein österreichisches Korps der von ihrer Garnison fast gänzlich entblößten Hauptstadt, wo sogleich 16000 Bürger Waffen erhielten und die Wälle besetzten, woraufhin sich der Feind wieder zurückzog. Im Oktober 1757 wagte der Pandurengeneral Haddik einen Streifzug durch die Mark und eroberte für einen Tag Berlin, wo er zweihunderttausend Taler Kontribution kassieren konnte, wofür sich die Berliner am Kommandanten v. Rochow, der allzu rasch kapituliert und die Stadt dann verlassen hatte, bei dessen Rückkehr mit einem Pfeifkonzert rächten, ja ihn – so ein Augenzeuge in seinem Tagebuch – »mit Dreck beschmissen, so daß er hat retiriren müssen«, und 1760 eroberten dreifach überlegene russische Streitkräfte nach heftigen Kämpfen die preußische Hauptstadt und erpreßten, ehe sie wieder abzogen, anderthalb Millionen Taler, wozu angemerkt sei, daß der Berliner Kaufmann Gotzkowsky, ein gebürtiger Pole, Gründer einer Reihe von Unternehmen, darunter der später berühmten, erst Königlichen, dann Staatlichen Berliner Porzellanmanufaktur, zum Retter der Stadt wurde, denn er bewog die Russen, ihre ursprüngliche Forderung von vier Millionen Talern zu ermäßigen, bürgte selbst für die Zahlung der ausgehandelten Summe und konnte, zusammen mit dem Holländer Verelst, dafür sorgen, daß sich die feindlichen Besatzer diszipliniert verhielten, so daß die Stadt und ihre Bürger von Ausschreitungen verschont blieben.

Aber obgleich Berlin während der drei schlesischen Kriege noch glimpflich davonkam, obwohl die Stadt zum Zentrum der preußischen Rüstung und Heeresversorgung wurde, davon auch kräftig profitierte und während dieser Jahre Zuzug von etwa fünfhundert Familien »edictsmäßig auf Beneficien etablirter Colonisten« aus Böhmen, dem Elsaß, Skandinavien, Polen sowie aus Florenz, Turin, Bordeaux und Manchester erhielt, ging die Einwohnerzahl der Hauptstadt bis zum Ende des Siebenjährigen Krieges im Jahre 1763 erheblich zurück: Rund 20 000 Zivilpersonen waren entweder abgewandert oder hatten das stark gelichtete Offiziers- und Unteroffizierskorps der preußischen Armee aufgefüllt, so daß es dort erst-

Russische Gefangene im Siebenjährigen Krieg in Berlin (Stich von David Chodowiecki).

mals Bürgerliche in verantwortlicher Stellung gab, zumal bei der Artillerie, wo technischer Verstand gefordert war. Auch die Garnison hatte sich durch die Kriegsverluste um fast die Hälfte vermindert; den Manufakturen fehlten die Soldaten als billige Arbeitskräfte, und als der Berliner Magistrat dem »Alten Fritz«, wie Friedrich II. nun schon genannt wurde, diese traurige Lage schilderte, gab dieser seufzend der Hoffnung Ausdruck, es »mögen doch die Franzosen und die Türken Berlin peupliren«, also bevölkern – ein Wunsch, der sich hinsichtlich der Franzosen schon sehr bald erfüllen sollte, was die Türken betraf, aber erst zwei Jahrhunderte später, dafür dann in so erstaunlich reichem Maße, wie es sich der König zwar sehnlichst gewünscht, doch kaum für möglich gehalten hätte.

Bei seinen Bemühungen, mehr und immer mehr Menschen in sein dünnbesiedeltes Königreich zu locken, die Bevölkerung seiner Hauptstadt kräftig zu vermehren, für die Berliner Industrie zusätzliche Arbeitskräfte zu gewinnen und Spezialisten für neue Techniken anzuwerben, fragte Friedrich II. weder nach der Nationalität noch gar nach dem religiösen Bekenntnis der Einwanderer. »Die Religionen Müsen alle Tolleriret werden und Mus der Fiscal nuhr das Auge darauf haben, das keine der anderen abrug Tuhe (Abbruch tue), den hier mus ein jeder nach seiner Fasson Selich werden«, hatte der König schon wenige Tage nach seinem Regierungsantritt, am 22. Juni 1740, an den Rand eines Berichts geschrieben, worin es hieß, daß die in Berlin eingerichteten Schulen für römisch-katholische Soldatenkinder allerlei Ungelegenheiten bereiteten und vielleicht besser wieder abgeschafft werden sollten.

Von der miserablen Rechtschreibung einmal abgesehen, war diese Anordnung Friedrichs II. für die damalige Zeit geradezu sensationell. In vielen Gegenden Deutschlands, erst recht in den katholischen Nachbarländern, waren grausame Verfolgungen Andersgläubiger noch alltäglich, wurden »Ketzer« – wie noch 1775 in Kempten eine vom Katholizismus abgefallene Magd – dem Henker übergeben, und auch dort, wo neben der jeweils offiziellen, vom Landesherrn befohlenen Konfession, andere Bekenntnisse gerade noch geduldet waren, unterlagen sie kleinlichen Beschränkungen.

Die Toleranz, die nicht nach Herkunft und Glauben fragte, ging bei Friedrich II. so weit, daß er wenig später sogar die Bücherzensur abschaffen ließ. Am 12. März 1744 teilte der Präsident der Berliner Akademie der Wissenschaften, Pierre Louis Moreau de Maupertuis, im Auftrage des Königs der Öffentlichkeit mit, daß Seine Majestät beschlossen habe, die für alle am Buchdruck und -handel Beteiligten so lästige Vorzensur abzuschaffen.

Auch das war eine Sensation, die an allen Fürstenhöfen Europas

für Aufregung sorgte. Die Nachricht bestärkte alle, die das frideri-
zianische Berlin ohnehin für die Hochburg des Ketzertums hielten,
in der Annahme, daß die Bewohner der preußischen Hauptstadt
samt ihrem König vom Teufel besessen, jedenfalls von allen guten
Geistern verlassen sein müßten!

In den Jahrzehnten zuvor war Berlin in Europa nur durch dreierlei
bekannt geworden: durch die »Berline«, einen besonders bequemen
und ruhig fahrenden Reisewagen, den der aus Holland stammende
Ingenieur Philipp de Chieze erfunden und nach seiner Wahlheimat
genannt hatte; durch das Erzeugnis einer Berliner Manufaktur, das
»Berlinerblau«, sowie als Zufluchtsort nicht nur für Hugenotten und
Juden, sondern auch für Anhänger der seltsamsten Sekten aus aller
Herren Länder.

Jetzt, da zur vollen Religionsfreiheit noch ein Stück Geistesfreiheit
gekommen war, hielt man die Berliner bereits – wie sie selbst es
schon seit geraumer Zeit taten – für »etwas Besonderes«, »Original-
charaktere«, wie es in einer Beschreibung aus dem 18. Jahrhundert
heißt. Mit unverhohlenem Neid rühmten Besucher, die sich einige
Zeit an der Spree aufgehalten hatten, das Selbstbewußtsein, auch
der einfachen Leute, ihre Unbekümmertheit, ihren schlagfertigen
Witz.

»Der hiesige kecke Mut scheint«, so schrieb einer 1783 über seine
Eindrücke von Berlin und dessen Bewohnern nach Hause, »das Resultat . . . ziemlich vieler Freiheit, guter bürgerlicher Sicherheit und
etwas Leichtsinn zu sein. Über das Spekulieren (sich Gedanken machen) und Räsonieren des gemeinen und mittleren Standes hier
würden Sie sich sehr wundern. Es gibt ungemein gescheite Leute
unter Bürgern, Handwerkern, Soldaten, die scharf und richtig nach-
denken und sich sehr treffend ausdrücken . . .«

Übrigens hatte sich damals bereits eine eigene Berliner Mundart
herausgebildet, die sich vom märkischen Platt der Umgebung, das
früher auch in der Stadt gesprochen worden war, deutlich unterschied. Der Konrektor Karl Philipp Moritz, der aus Hannover stammende erste Berliner Schriftsteller von Rang, der an Berlins ältestem
Gymnasium, dem Grauen Kloster, unterrichtete, führte 1781 bewegte Klage über die Aussprache seiner Schüler, die doch immerhin
»aus besseren Kreisen« waren, aber »ooch« statt »auch«, »loofste«
statt »läufst du«, »Vatern sein Hut« statt »meines Vaters Hut«, »allens jejessen« statt »alles gegessen« und »ick weeßet würklich nich«
sagten.

Dies gelte indessen nicht allein für die leichtfertige Jugend, die solche »Unreinheiten« der Sprache vom »Hausgesinde« gelernt haben
mochte, »sondern selbst von dem gebildeten Theil« der Berliner Be-

völkerung – allerdings nur in der alltäglichen Umgangssprache. »Bei einer öffentlichen Rede aber wird sich doch ein jeder hüten, dergleichen Fehler zu begehen . . .«

Auch in der »Berlinischen Monatsschrift« meldete sich damals »Ein Fremder« zu Wort, der bemängelte, daß die Aussprache der Berliner, selbst der Gebildeten, »unangenehme Fehler« aufzuweisen hätte. »So hören Sie hier . . . aus dem schönsten und oft selbst aus dem gelehrtesten Munde: »vor nicht un wieda nischt«, »Beene« statt »Beine«, »entschuldjense« statt »entschuldigen Sie« und »Wurscht« statt »Wurst« . . .«

Den Berlinern war es »Wurscht«, bald auch schon »schnuppe«, was »die Provinzler«, wie sie die übrigen Deutschen herablassend nannten, an ihrem Dialekt auszusetzen hatten, der inzwischen auch kräftig untermischt war mit Ausdrücken, die aus dem Französischen, Polnischen, Italienischen oder Jiddischen stammten – wie beispielsweise »power« für ärmlich (vom französischen *pauvre*, arm), »futsch« (vom italienischen *fuggito,* geflüchtet oder verflüchtigt), »dalli« (vom polnischen *dalli,* flink, vorwärts!) oder »mies« (vom jiddischen *miess (miùs),* abscheulich).

Umgekehrt hatten die zahlreichen Berliner fremdländischer Herkunft allergrößtenteils längst das Deutsche zu ihrer Schrift- und den Berliner Dialekt ebenfalls zu ihrer Umgangssprache gemacht. Die Sprache ihrer Vorfahren benutzten sie meist nur noch in ihren jeweiligen Gottesdiensten und sonstigen eigenen Einrichtungen.

Bei König Friedrich II. und folglich auch an seinem Hof stand indessen damals nach der Mode der Zeit das Französische in höchster Gunst, und dies nicht nur als Sprache. Nur ausländische, vor allem französische Dichter und Schriftsteller, Philosophen und Künstler galten dort etwas, die heimischen Intellektuellen und Künstler hingegen gar nichts.

Antoine Pesne, Hofmaler schon unter Friedrich Wilhelm I., hatte das Glück, Franzose zu sein; infolgedessen wurde er Direktor der Berliner Kunstakademie. Daniel Chodowiecki, der 1743 als Siebzehnjähriger von Danzig nach Berlin gekommen war, hatte einen Polen zum Vater, eine Hugenottin aus dem Dauphiné zur Mutter, war französisch erzogen worden, in Berlin zeitlebens Mitglied der Französischen Kolonie und hatte sich mit einer Berliner Hugenottin, Demoiselle Barez, verheiratet – aber für den »Alten Fritz« blieb er ein »Polacke«, dessen Arbeiten dem König zu wirklichkeitsgetreu, nicht hinreichend »nach französischer Manier« idealisiert waren, und infolgedessen konnte Chodowiecki erst nach dem Tode Friedrichs II. zunächst Vizedirektor der Akademie und schließlich 1793, als Siebenundsechzigjähriger, deren Direktor werden.

Die Berliner hingegen, stets in Opposition zum jeweiligen Herrscher, hatten für das, was der König liebte, absolut nichts übrig, wogegen diejenigen bei ihnen in hoher Gunst standen, denen der »Alte Fritz« keinerlei Beachtung schenkte.

Chodowiecki genoß daher beim kunstsinnigen Berliner Bürgertum höchstes Ansehen, ebenso Gotthold Ephraim Lessing, für den der König keine Verwendung hatte und dessen Stücke er verachtete. Lessings »Minna von Barnhelm« wurde von den Berlinern begeistert aufgenommen, die französischen Stücke, die der König aufführen und für die er eigens eine Schauspielertruppe aus Paris kommen ließ, fanden jedoch wenig Beifall. Auch das Opernhaus, das Friedrich II. schon bald nach seinem Regierungsantritt nach Plänen von Knobelsdorff hatte bauen lassen, wurde von den Bürgern nur anfangs viel besucht, als dort die Tänzerin Barberina auftrat. Später erlosch das Interesse, und es fanden dann nur noch sehr selten Aufführungen statt.

In hohem Ansehen beim Berliner Bürgertum stand auch Moses Mendelssohn, zumal nachdem der König dessen Aufnahme in die Akademie der Wissenschaften verhindert hatte. Friedrich II. hatte für Juden, außer wenn sie sehr reich waren, nur Verachtung übrig.

»Herr Moses«, wie er genannt wurde, war als bettelarmer Vierzehnjähriger 1743 von Dessau zu Fuß nach Berlin gekommen, ein schwächlicher Junge mit verkrümmtem Rückgrat, der nur Jiddisch und etwas Hebräisch gelernt hatte, jedoch erfüllt von dem Wunsch war, sich in Berlin eine umfassende Bildung zu verschaffen. Anfangs ernährte er sich kümmerlich durch Abschreibearbeiten, die ihm der Oberrabbiner Fränkel, sein früherer Lehrer, zukommen ließ. Aber gleichzeitig betrieb er mit eisernem Fleiß ein autodidaktisches Studium, lernte richtiges Deutsch, dann auch Latein, Französisch und Englisch, alles ohne fremde Anleitung. Er dehnte dann sein Selbststudium auf Mathematik, Philosophie und Literatur aus und fand Anstellung als Hauslehrer für die Kinder des reichen jüdischen Seidenfabrikanten Bernhard, der ihm später die Leitung seines Unternehmens übertrug und ihn zu seinem Teilhaber machte.

Dieser Moses Mendelssohn, der dann ein enger Freund des Buchhändlers Friedrich Nicolai und Lessings, auch das Vorbild zu dessen »Nathan« wurde, wagte es zur Freude der Berliner, die *Poésies diverses* des Königs zu rezensieren und ihm die Verachtung der deutschen und den Gebrauch der französischen Sprache tadelnd vorzuhalten – unter Aufstellung des für die damalige Zeit des Absolutismus beinahe tollkühnen Grundsatzes, wer etwas Literarisches, Künstlerisches oder Gelehrtes an die Öffentlichkeit bringe, und sei es der König selbst, müsse sich auch Kritik gefallen lassen.

Damit gewann »Herr Moses« noch mehr Sympathien bei den Berlinern, wogegen der »Alte Fritz« sehr verärgert war. Immerhin ließ er sich nicht zu »Maßnahmen« gegen den nicht nur in Berlin, sondern bereits im ganzen deutschen Bildungsbürgertum hochgeschätzten Mendelssohn hinreißen; es wäre seinem Ansehen abträglich gewesen. Aber als einige Zeit später der – als »ausländischer«, weil aus Dessau illegal zugewanderter, in Berlin offiziell nur »geduldete« – jüdische Philosoph den König mit einer Eingabe um die Ausdehnung seiner – jederzeit widerrufbaren – Aufenthaltsgenehmigung auf seine zahlreichen Nachkommen bat, wurde er abschlägig beschieden – was aber nun keineswegs bedeutete, daß Mendelssohns erwachsene Kinder Berlin hätten verlassen müssen.

Sie wurden vielmehr, wie spätere Kapitel noch zeigen werden, zu Stammvätern und -müttern einer stattlichen Anzahl von Familien der bürgerlichen Oberschicht Berlins. Unter den Enkeln, Ur- und Ururenkeln des »Herrn Moses« finden sich die Träger von mehr als vierzig Adelsnamen, darunter die Arnims, Schwerins, Winterfelds, Bonins, Raumers und Kleists, außerdem die Namen von rund einem Dutzend Familien der Berliner Französischen Kolonie, beispielsweise Dirichlet, du Bois Reymond, v. Chaulin, Jeanrenaud, v. Lassaullx, Longard, Souchay, Thévoz, Cauer und Biarnez.

Natürlich haben sich die Mendelssohn-Nachfahren ebenso mit den meisten der alteingesessenen jüdischen Familien Berlins verbunden – mit den Riess', den Veits, den Hitzigs, Friedländers und Bendemanns –, aber auch mit Familien wie den Laupichlers, die von vertriebenen Salzburger Protestanten abstammten – kurz, die Mischung entsprach ziemlich genau derjenigen der Berliner Oberschicht, und das gleiche gilt von den Berufen der Mendelssohn-Nachkommen: Sie wurden hohe Beamte und Richter, Bankiers, Industrielle, bekannte Schriftsteller, Musiker, Maler, aber auch Anwälte und Ärzte. Mehr als ein Dutzend wurden Berufsoffiziere, fast drei Dutzend Universitätsprofessoren, unter ihnen mindestens sechs, die als Gelehrte von Weltruf gelten können, und fast alle waren oder sind »richtige Berliner«. »Herr Moses« selbst, der vier Jahrzehnte lang zu den markantesten, von allen geistig interessierten Fremden, die nach Berlin kamen, gern besuchten »Originalcharakteren« der friderizianischen Epoche zählte, stach von seinen Mitbürgern lediglich durch seine »anmuthige Sprache« ab.

Er bemühte sich, wie er in einem Brief an seinen Freund Nicolai, der zur Buchmesse nach Leipzig gereist war, mit deutlicher Selbstironie schrieb, selbst »kaufmännische Commissionen ... so fein, so artig, so in dem gellertschen Geschmacke« abzufassen, daß auch nüchterne Geschäftsbriefe literarischen Rang erhielten.

Auch war er, im Gegensatz zu den meisten Berlinern, stets milde und freundlich im Umgang, auch mit rauheren Mitbürgern. Nur als ihn einmal in Nicolais Buchhandlung ein adliger Leutnant anschnarrte: »Moses? Wohl Jude, was? Womit handelt Er denn?«, soll er geantwortet haben: »Mit etwas, das Sie gewiß brauchen könnten, Herr Leutnant – mit Verstand . . .«

Am 4. Januar 1786 starb Moses Mendelssohn, erst siebenundfünfzigjährig, »mit seiner gewöhnlichen Freundlichkeit auf den Lippen, als wenn ein Engel ihn von der Erde weggeküßt hätte«, wie sein eilig herbeigerufener Hausarzt, Dr. Markus Herz, den engsten Freunden mitteilte, zu denen auch der Königsberger Philosoph Immanuel Kant zählte.

Daß Kants Ideen, die von dem nur an französischen Philosophen interessierten König Friedrich II. zeitlebens überhaupt nicht zur Kenntnis genommen wurden, im aufgeklärten Berliner Bürgertum Verbreitung fanden, ja erst von hier aus ihren Siegeszug antraten und das geistige Leben weit über Deutschland hinaus revolutionierten, war in erster Linie Moses Mendelssohn und Markus Herz zuzuschreiben.

Herz, gebürtiger Berliner aus armer jüdischer Familie, hatte in Königsberg Medizin und Philosophie studieren können. Als Kant endlich die lang ersehnte ordentliche Professur erhielt, wählte er seinen Freund und Lieblingsschüler Markus Herz zum Korreferenten für die damals übliche Antrittsdisputation. Wenig später ließ sich Dr. Herz als praktischer Arzt in seiner Heimatstadt Berlin nieder, heiratete ein junges Mädchen aus der Hamburger portugiesisch-jüdischen Gemeinde, die schöne Henriette de Lemos, mit deren reicher Mitgift das Ehepaar ein Haus erwarb, das nicht nur als Wohnung und Praxis diente, sondern wo Dr. Herz nun auch regelmäßig private Vorlesungen für interessierte Hörer aus allen Kreisen halten konnte und wo seine Frau bald den ersten literarischen Zirkel Berlins in ihrem Salon versammelte, der sich dann wachsender Beliebtheit erfreute.

Vor allem die Brüder Alexander und Wilhelm v. Humboldt sowie der evangelische Theologe Friedrich Schleiermacher bewiesen der schönen, auch sehr belesenen und sprachbegabten Henriette Herz lebenslange Anhänglichkeit. Ohne Übertreibung hat ein Zeitgenosse von den »Lesekränzchen« und Salongesprächen der Madame Herz geschrieben, »daß es damals in Berlin keinen Mann und keine Frau gab, die sich später irgendwie auszeichneten, welche nicht längere oder kürzere Zeit diesen Kreisen angehört hätten« – vom Kronprinzen, einem Neffen des kinderlosen »Alten Fritz«, der dann, kaum daß er den Thron bestiegen hatte, Dr. Herz zum Professor und

Hofrat ernannte, und dem populären Prinzen Louis Ferdinand bis zu den literarisch interessierten Studenten, die nach Berlin gekommen waren, unter ihnen später auch die jungen Dichter Ludwig Börne und Heinrich Heine.

Für Berlin war diese »Salonkultur«, die im Hause des Dr. Markus Herz und seiner Frau Henriette ihren Anfang nahm, etwas völlig Neues. Gerade weil es in Berlin, im Gegensatz zu den alten Reichsstädten im Westen und Süden Deutschlands oder auch zu den großen Hansestädten an der Nord- und Ostseeküste, kein alteingesessenes, seine Pfründen gegen »Emporkömmlinge« verteidigendes Patriziat gab, das auch das kulturelle Leben beherrschte, konnten in der preußischen Haupt- und Residenzstadt die den gehobenen bürgerlichen Mittelstand repräsentierenden Einwanderer, Juden und Hugenotten, die Kristallisationspunkte städtischer Kultur bilden, wo die Schranken zwischen Adel und Bürgertum, Christen und Juden, Privilegierten und Geduldeten zuerst durchbrochen wurden. Hier zählten nicht Rang und Titel, sondern in erster Linie Geist, Talent und Bildung, in zweiter Linie Wohlstand und ein diesen rechtfertigendes Mäzenatentum. Hier wurden auch, in deutlicher Opposition zum französischen Geschmack des »Alten Fritz«, die deutschen Künstler, Dichter und Gelehrten gebührend gewürdigt, gefördert und bekannt gemacht.

Der König, des Kriegführens müde und von Gicht geplagt, kümmerte sich wenig um das, was in Berlin an Neuem entstand, und schon gar nicht um die neue bürgerliche Kultur. Er hatte sich nach Sanssouci bei Potsdam zurückgezogen und am Westende des Schloßparks auch noch das prachtvolle Neue Palais erbauen lassen, das 1770 fertiggestellt worden war.

Obwohl die Potsdamer Schloßbauten deutlich machten, daß der König von Berlin genug hatte, begann er in seinen letzten Lebensjahren damit, der von ihm so lange vernachlässigten Hauptstadt ein neues Gesicht zu geben. Er ließ zahlreiche ein- und zweistöckige Häuser, vor allem Unter den Linden und in der Friedrichstraße, durch drei-, vier- und fünfstöckige Bauten ersetzen, auch jeweils zwei nebeneinander stehende Häuser durch eine gemeinsame Fassade zusammenfassen.

Die nicht geringen Kosten dieser Umbauten wurden aus der Staatskasse bestritten. Die Voreigentümer wurden praktisch enteignet, alsdann aber mit den in ihrer Geschoßzahl und Breite verdoppelten Wohngebäuden beschenkt! Natürlich wurden diese Maßnahmen rasch zum Gegenstand wilder Spekulationen. Wer sichere Kenntnis hatte oder zu haben meinte, welche Gebäude auf Staatskosten vergrößert und verschönert werden würden, versuchte sie vorher billig aufzukaufen. Es waren vor allem Bauunternehmer und -dezernenten, die sich dabei bereicherten, und Berlin hatte, als die Öffentlichkeit dahinterkam, seinen ersten großen Bauskandal.

Den König, dem die Korruption seiner Beamten nichts Neues war und der sich wenig daraus machte, interessierte indessen nur, daß Berlin durch höhere und breitere Häuser mit prächtigen Fassaden möglichst rasch das Ansehen einer europäischen Metropole erhielt. Er fand, daß er sein Ziel erreicht hatte, und alles andere war ihm gleichgültig. Auch seinen reichen jüdischen Bankiers befahl er, sich Palais zu bauen. Daß dann Berlins prächtigster Neubau mit der schönsten Rokokkofassade keinem Prinzen, sonderm Herrn Ephraim gehörte, ließ ihn kalt. In Berlin standen die harten Diskriminierungen, unter denen die Juden anderswo noch zu leiden hatten, ohnehin nur noch auf dem Papier, zumindest, was die seit mehreren Generationen ansässigen Familien betraf. Es gab jüdische Schriftsteller, Ärzte, Lotterieeinnehmer, Posthalter, Buchhändler, Juweliere, Straßenbauinspektoren und sogar einen Generallandschaftsagenten. Strikt ausgeschlossen waren sie lediglich von den Pfründen der Junker: vom mit »ständischen« Rechten verbundenen Besitz von Rittergütern, von den Offiziers- und höheren Verwaltungsposten und den Justizkollegien. Aber diese Beschränkungen trafen im wesentlichen auch das christliche Bürgertum.

Was die gesellschaftliche Stellung der jüdischen Bürger Berlins betraf, so war sie, wie bei den Christen der verschiedenen Bekenntnisse, bestimmt von ihrem Vermögen und ihrer Bildung, und gerade was letztere betraf, so hatte Moses Mendelssohn dafür gesorgt, daß immer mehr seiner Glaubensgenossen sich der strengen Aufsicht der auf strikte Absonderung von nichtjüdischer Kultur und Bildung beharrenden Rabbiner entzogen und vollen Anschluß an das Geistesleben und die Kunst ihrer Umgebung suchten und fanden.

Ganz ähnlich war es auch bei den vielen anderen Glaubensgemeinschaften, die in der preußischen Hauptstadt seit dem Dreißigjährigen Krieg Zuflucht genommen hatten. Denn Berlin war zum Zentrum der deutschen Aufklärung geworden, auch wenn einige der wichtigsten Vertreter dieser neuen, die letzten Fesseln geistlicher Bevormundung brechenden Geistesrichtung anderswo lebten – der offiziell unbeachtete, nicht nach Berlin berufene Kant im fernen Königsberg, der vom König gleichfalls geringgeschätzte, nicht in der Hauptstadt angestellte Lessing in Wolfenbüttel. In Berlin aber waren ihre eifrigsten Jünger, hier fanden ihre Ideen die meisten und begeistertsten Anhänger.

Denn der Geist der Aufklärung, von Immanuel Kant definiert als der endliche »Austritt der Menschen aus ihrer selbstverschuldeten

Unmündigkeit«, entsprach durchaus dem Selbstverständnis und der trotzigen Haltung der Berliner Bürgerschaft, die ja weit überwiegend aus den Nachkommen derer entstanden war, die sich geistlichem oder weltlichem Zwang entzogen hatten, und die ständig Zuzug erhielt von Menschen, die an die Spree gekommen waren, um der anderswo herrschenden Intoleranz, Bekehrungswut, Rechtlosigkeit oder gar Sklaverei zu entkommen, vielleicht auch nur, um der Spießigkeit und Enge eines öden Provinznestes, dem Zwang und der Armut eines Gettos oder der Engherzigkeit, Bigotterie und Sittenstrenge einer Stiftsherrschaft zu entfliehen.

Beim Tode Friedrichs II. und am Vorabend der Französischen Revolution, die dann ganz Europa erschütterte, war Berlin bereits eine der fünf bedeutendsten und bevölkerungsreichsten Städte Europas. Ohne die Vorstädte und die noch nicht eingemeindeten Weberkolonien zählte die eigentliche Stadt bereits etwa hundertfünfzigtausend Einwohner, die Soldaten der Garnison mit einbegriffen. Madrid und Rom waren zwar etwa ebenso groß, Wien und Amsterdam sogar noch etwas größer, aber Berlin als das Industriezentrum Preußens, ja ganz Deutschlands wuchs rascher und zog in weit stärkerem Maße die Menschen an. Nur Paris mit etwa sechshunderttausend und London mit fast achthunderttausend Einwohnern stellten Berlin vorläufig noch weit in den Schatten. Was aber die Dynamik ihrer Entwicklung anging, so wurde Berlin bereits in einem Atemzug mit diesen weit älteren Metropolen genannt.

Berlin galt nun schon bei den Gebildeten ganz Europas als »etwas Besonderes«, und dies nicht nur, weil es wie eine Insel rastloser industrieller Aktivität inmitten eines riesigen, sehr rückständigen Agrargebiets lag, sondern vor allem auch, weil in dieser noch so jungen, modernen Hauptstadt des aufstrebenden Militärstaats Preußen, den Lessing »das sklavischste Land Europas« genannt hatte, überraschenderweise ein Geist herrschte, der alles andere als unterwürfig genannt werden konnte.

Die Berliner hatten sich und ihrer Stadt bereits den Ruf erworben, aufgeklärter, freier und selbstbewußter zu sein, als es im damaligen Europa, auch bei der Bürgerschaft größerer Städte, gemeinhin der Fall war.

»ÄRMEL UFFJEKREMPELT –
ES JEHT INDE NEUZEIT!«

Daß Berlin eine der schönsten Städte in Europa ist, wird jeder Un-
parteyische zugeben. Ohne gerade einen ungeheuer weiten Umfang
zu haben, und ohne den einen Theil der Einwohner dem andern unbekannt seyn zu lassen, nimmt sie doch einen ziemlich großen
Raum ein ... Der Reisende, der entweder durch das Potsdammer-
oder durch das Brandenburger-Thor in die Stadt tritt, wird von den
Prachtgebäuden, die ihm sogleich aufstoßen, so wie von der Regel-
mäßigkeit der Straßen, überrascht. Vorzügliche Gebäude findet man
überall und fast durchgängig in der Stadt, so wie auch nur sehr wenige unregelmäßige Straßen vorhanden sind. Die Gebäude sind
meist alle massiv, von drey, vier und fünf Stock Höhe. Andere
Städte haben zwar Gebäude von weit höherm Werth aufzuweisen,
aber neben denselben stehen auch wieder Hütten; hier hingegen
sieht man fast allein nur schöne Gebäude. Die Breite der Straßen,
mehrere öffentliche Plätze, und viele zum Theil schöne und große
Gärten hinter den Häusern, machen das Wohnen in Berlin freundlich und gesünder, als in mancher kleinen Stadt ... Die Straßen
sind, bis auf einige in der Königs- und Spandauer-Vorstadt, alle gepflastert, und werden in den Wintermonaten durch eine hinlängli-
che Anzahl Laternen erleuchtet. Die Namen der Straßen und Gassen
findet man seit 1803 auf blauen Blechtafeln an den Eckhäusern und
die Häuser sind straßenweise numerirt. Der Ackerbau um die Stadt
ist nicht bedeutend, wohl aber der Garten- und Gemüsebau ... Der
Regent des Landes lebt größtentheils hier, und der Hofstaat dessel-
ben, so wie der der Königin und mehrerer andern fürstlichen Personen, tragen zum Wohl und zur Lebhaftigkeit der Stadt sehr vieles
bey. Auch ist hier der Sitz von allen hohen Landes-Collegien, und
dieß zusammen, nebst den ansehnlichen Fabriken und dem nicht
unbedeutenden Handel, ingleichen die vielen andern städtischen
Gewerbe, das Militär und der Luxus der Großen, geben den Einwohnern größtentheils den Unterhalt ... Der Hof bekennt sich zur
Reformirten Religion, und die übrigen Einwohner theilen sich ein in
evangelisch-Lutherische, Reformirte und Katholische Christen, wel-

che alle gleiche Rechte besitzen, so wie auch die Judenschaft ihren öffentlichen Gottesdienst und viele Freyheiten hat. Die Abgaben sind sehr mäßig, und liegen größtentheils auf der Accise. Alle hier gebohrne Einwohner sind Cantonfrey«, unterlagen also nicht der Militärpflicht.

Ferner ist in diesem Bericht, überschrieben »Berlin überhaupt« und dem »Lexicon von Berlin und der umliegenden Gegend. Ein Handbuch für Einheimische und Fremde von Johann Christian Gädicke, Berlin 1806« entnommen, noch folgendes zu lesen: »Berlin hat 15 Tore, 32 zum Theil sehr schöne Brücken, 7314 Häuser, 133 Straßen, 91 Gassen, 18 öffentliche Plätze und Märkte, 31 Kirchen ... und 155 706 Menschen, ohne das ausgerückte Militär, welches immer auf 25 000 Menschen veranschlagt werden kann«, wobei alle diese Zahlen sich auf das Jahr 1805 beziehen.

Berlin hatte also in den knapp zwei Jahrzehnten seit dem Tod Friedrichs II. um mindestens zwanzig Prozent mehr Einwohner, wobei man getrost annehmen kann, daß die Zählung von 1805 keineswegs alle Personen erfaßt hatte, die tatsächlich in Berlin ständig lebten und arbeiteten, sondern nur die vorschriftsmäßig Angemeldeten.

Indessen hatte sich in diesen zwanzig Jahren, von 1786 bis 1806, als das »Lexicon von Berlin und der umliegenden Gegend« erschienen war, nicht nur die Einwohnerzahl der preußischen Hauptstadt wiederum kräftig vermehrt, sondern die Bevölkerung Berlins hatte sich auch nach Herkunft und Klassenzugehörigkeit deutlich verändert.

Wieder war ein Strom von Flüchtlingen aus Frankreich nach Deutschland gekommen, und einige davon hatten in Berlin Aufnahme gefunden. Aber diesmal waren es keine um ihres Glaubens willen verfolgte Hugenotten, sondern von der Französischen Revolution ihrer Privilegien und Güter beraubte, an Luxus, aber an keinerlei Arbeit gewöhnte Aristokraten, die in Berlin auf eine Anstellung bei Hofe hofften und meist auch erhielten, wie beispielsweise der junge Louis Charles Adelaïde de Chamisso de Boncourt, der 1796 Page der Königin von Preußen und später ein bekannter deutscher Dichter wurde.

Sodann hatte sich durch die Aufteilung Polens das Gebiet des Königreichs Preußen beträchtlich vergrößert, selbst Warschau und Bialystok waren preußisch geworden, und jeder dritte Untertan König Friedrich Wilhelms II., der die Nachfolge des »Alten Fritz« 1786 angetreten hatte, war Pole oder Litauer, was nicht ohne Auswirkungen auf die Landeshauptstadt Berlin geblieben war. Zahlreiche polnische und litauische Aristokraten hatten es für politisch klug, aber auch für eine vergnügliche Abwechslung gehalten, einen Teil des Jahres nicht auf ihren heimischen Schlössern zu verbringen, sondern in der preußischen Metropole, wo sie sich Palais erbauen ließen und wohin sie einen Großteil ihrer Dienerschaft mitnahmen.

Der Vornehmste dieser Neubürger aus dem untergegangenen Königreich Polen war der litauische Magnat Anton Radziwill, Fürst von Ołyka und Nieswiesz, der sich 1796 mit der sechzehnjährigen Tochter eines preußischen Prinzen vermählt hatte und seither in Berlin ein großes Haus führte. Das Personal, das er mitbrachte, war so zahlreich, daß – so ein Zeitungsschreiber – »man aus den Kutschern, Lakaien, Stall- und Küchenjungen so wie den Keller-, Haus-, Hof-, Stall- und Küchenmeistern, Secretaires, Coiffeurs, Garderobiers, Ober- und Untergärtnern Seiner Fürstlichen Durchlaucht eine gantze Companie Radziwill« hätte bilden können.

Aber man führte ja keinen Krieg, denn seit dem Frieden zu Basel vom April 1795 hatte sich Preußen vom ohnehin erfolglosen und verlustreichen Kampf gegen die Französische Revolution zurückgezogen, seine linksrheinischen Gebiete preisgegeben und sich zu strikter Neutralität verpflichtet, was die Bürger Berlins sehr begrüßt hatten.

Sie galten übrigens an allen süddeutschen Höfen, aber auch am Wiener Kaiserhof und in den Residenzen der geistlichen Fürsten als die eigentlichen geistigen Urheber jener schrecklichen, Adels- und Priesterprivilegien bedrohenden Revolution, die von Frankreich aus nach Deutschland überzugreifen drohte! Die Bezeichnung »Berliner« war seit 1789 der Sammelbegriff für deutsches Jakobinertum, für Volksaufwiegelung und Schwärmerei von Freiheit, Gleichheit und Brüderlichkeit. Hatten sich nicht seit über hundert Jahren alle Feinde Roms und Habsburgs in Berlin ein Stelldichein gegeben? Waren nicht Hugenotten und die nicht minder verstockten Protestanten und Juden Österreichs dorthin geflüchtet? Hatte nicht das gesamte Ketzertum Europas an der Spree freundlichste Aufnahme gefunden? War nicht der Gottesleugner Voltaire jahrelang dort gewesen und von dem Freigeist und Habsburg-Feind Friedrich II. verhätschelt worden? Und hatte nicht auch der gefährliche Volksaufwiegler Mirabeau 1786 Berlin zu längerem Aufenthalt besucht?

Man war deshalb, besonders am Münchner und Wiener Hof, fest davon überzeugt, daß Voltaire und Mirabeau nicht etwa ihrerseits die Berliner mit revolutionärem Gedankengut verseucht, nein, umgekehrt, daß sie erst an der Spree, in der Hochburg der Aufklärung, die Ideen der Empörung gegen Gott und dessen irdische Behörden eingeimpft bekommen hätten!

Das war natürlich Unsinn, denn die von den ängstlichen Hütern der alten Ordnung befürchtete Auflösung der Standesunterschiede beschränkte sich in Berlin auf einige literarische Salons, außerhalb derselben auf das Gebiet frivolen Amüsements, besonders in den »Tabagien«, wo – wie es in Johann Kaspar Riesbecks »Briefen eines reisenden Franzosen durch Deutschland« heißt – »auch Leute, die über dem Pöbel stehen« bisweilen verkehrten, »nicht eben um auszuschweifen« – es handelte sich bei diesen angeblich nur dem Tabakgenuß dienenden Lokalen um konzessionierte Bordelle –, »sondern bloß um eine Bouteille Wein oder einen Kaffee in Gesellschaft mutwilliger Mädchen zu trinken . . .«

Immerhin gab es einige – geradezu rührend naive – Versuche, auch in die preußische Haupt- und Residenzstadt die Fackel der Revolution zu tragen. Im Oktober 1792 hatte beispielsweise die Berliner Polizei eine Anzahl Flugblätter beschlagnahmt, die heimlich verteilt worden waren. Ihr Text lautete:

»Aufforderung an die Einwohner von Berlin.
Brave Bürger! Ihr schlaft und die Tyrannei schwebt über euren Köpfen . . .
Nach einem schimpflichen Kriege seid ihr genötigt, . . . euren Schweiß zu verschwenden, um zu den Ausgaben der wollüstigen Frauenzimmer eures Beherrschers beizutragen . . . Der Augenblick« – zur Volkserhebung nach französischem Vorbild – *»ist vorhanden, benutzt denselben, aber ohne Ausschweifung, ohne Laster . . . !«*

Worauf diese Flugblätter anspielten, war die Mätressenwirtschaft am preußischen Königshof, wo Friedrich Wilhelm II., »unser Dikker«, wie die Berliner ihn nannten, sich eine »Gemahlin zur linken Hand« nach der anderen zulegte, meist Hofdamen seiner angetrauten Ehefrau, aber auch Mitglieder des Opernensembles. Diese und seine sonstigen Neigungen – Spiritismus und anderes Okkultes – hinderten ihn aber nicht daran, ein »Edict zum Schutz der allerheiligsten Religion« zu erlassen, womit er allen Kritikern seines Gottesgnadentums die Lust am Räsonnieren zu nehmen hoffte.

Natürlich hinderten solche und ähnliche Erlasse und Anordnungen die Berliner nicht daran, weiterhin an allem und jedem herumzumäkeln, was die hohe Obrigkeit ihnen zu tun oder zu unterlassen befahl, aber an Revolution dachten sie nicht. Dazu ging es ihnen viel zu gut, denn die Wirtschaft florierte in diesen Friedensjahren wie nie zuvor. Das Geld saß allen locker, und man amüsierte sich viel und gern.

Wenn das Wetter es erlaubte, gingen nicht nur die Herren und Damen des Hofes auf der Hauptpromenade Unter den Linden spazieren. Vielmehr flanierten dort – so eine zeitgenössische Schilderung – »fast täglich unzählige Menschen aus allen Ständen«. »Die Promenade«, heißt es weiter, »besteht aus einem festgestampften breiten Spazierwege, welcher weder beritten noch befahren werden darf, hat eine schöne Einfassung von steinernen Pfeilern mit eisernen Stößen und mehrere Ruhebänke. Ihre Länge ist vom Opernplatze bis zum Brandenburgischen Thore.«

Dieses Tor, das dann zum Wahrzeichen Berlins wurde, war 1791 ohne jede Feierlichkeit dem Verkehr übergeben worden. Sein Architekt war der aus Schlesien zugewanderte Baumeister Karl Gotthard Langhans, der etwas ganz Besonderes hatte schaffen wollen, fand er doch die Lage »in ihrer Art ohnstreitig die schönste von der ganzen Welt«.

Die Berliner waren zunächst sehr skeptisch, als Langhans erklärte, er werde sich »das Stadt-Thor von Athen zum Modelle« nehmen. Aber als das Brandenburger Tor dann fertiggestellt war, hatten sie ausnahmsweise gar nichts daran auszusetzen. Sie fanden, daß es Langhans vorzüglich gelungen wäre, die wuchtige Schwere der dorischen Propyläen zu einem festlich-heiteren Bau zu gestalten. Vollends begeistert waren sie, als 1795 die aus Kupfer getriebene Quadriga auf das Tor gesetzt wurde, die – so Langhans – den »Triumph des Friedens« symbolisieren sollte.

Der fünfeinhalb Meter hohe, von vier galoppierenden Rossen gezogene Triumphwagen mit der Siegesgöttin als Lenkerin, war von dem bei den Berlinern sehr beliebten Bildhauer Johann Gottfried Schadow entworfen und zunächst in Holz modelliert worden.

Schadows Popularität hatte mancherlei Gründe: Er war ein »waschechter« Berliner, stammte aus der kinderreichen Familie eines armen Schneiders, hatte als Zwanzigjähriger mit seiner heimlichen Geliebten, der »Wienerin« Marianne Devidels, Tochter eines angesehenen jüdischen Juweliers, Reißaus genommen, um Künstler zu werden, und war allen Unkenrufen der Nachbarn zum Trotz ein anerkannter Meister geworden. Herr Juwelier Devidels hatte seufzend der Heirat der beiden Ausreißer zugestimmt, dem Schwiegersohn die weitere Ausbildung in Italien finanziert und dafür gesorgt, daß Schadow 1788 die Nachfolge des verstorbenen Berliner Hofbildhauers Antoine Tassaert antreten konnte.

Nach Schadows Holzmodell der Quadriga fertigte der Kupferschmied Jury die monumentale Gruppe an, die dann mit Hilfe von an Flaschenzüge gespannten Brauereipferden auf das Langhanssche Bauwerk gehievt worden war, und damit war das Brandenburger Tor nach einhelliger Meinung der Berliner, aber auch vieler Fremder, zum »schönsten Tor der Welt« geworden, zugleich ein würdiger Abschluß der Prachtstraße Unter den Linden und die Ausfahrt zur schönsten Umgebung.

»Gleich vor dem Thore«, heißt es im »Lexicon von Berlin« von 1806, »ist man im Thiergarten und auf der schönen breiten Chaussee nach

Charlottenburg. Dicht außerhalb am Thore halten täglich, besonders bey schönem Wetter, viele offene Wagen, im Winter Schlitten, auf welchen Gesellschaften, die sich hier leicht zusammenfinden, die Person zu zwey Groschen nach Charlottenburg und für eben diesen Preis auch zurück fahren können.« Berühmt waren die aufmunternden Zurufe der Kutscher an Zögernde, zumal solche höheren Standes, die das Gedränge auf den Wagen scheuten:
»Einsteijen, einsteijen, Herr von und zu, und keene Bange nich! Bloß eene lumpichte Person fehlt noch!«
Berlin war zu Beginn des 19. Jahrhunderts, das als Anbruch einer »wunderbaren neuen Zeit« begrüßt worden war, nicht nur wiederum erheblich größer, sondern auch leichtlebiger, eleganter und modischer geworden.
»Frauenzimmer wechseln die Kleidermoden wie in allen großen Städten«, berichtet das »Lexicon« weiter, »und das Raffinement in diesem Luxus ist in beständiger Thätigkeit. Man glaube aber ja nicht, daß unsere Moden noch so häufig als sonst von den Franzosen und Engländern erborgt werden! Unsere Mode-Ateliers erfinden selbst sehr viel . . . Übrigens ernährt der Kleider-Luxus viele Menschen, besonders eine große Anzahl von sogenannten Putzmacher-Mädchen, denen in manchen Modemagazinen ein bis zwey Dutzend täglich arbeiten. Die besonders bekannten Modehandlungen sind folgende: Ludwig Michelet, Unter den Linden No. 33, Demoiselle Buvry, Brüderstraße No. 35, Wibeau & Verast, Breitestraße No. 4, Henriette Rosenberg, Friedrichstraße No. 177 . . .«
Auch die – erst später so genannte – »Konfektion« gab es bereits zu Beginn des 19. Jahrhunderts: »Hier kann man sich in einer Stunde mit neuen Kleidern nach der neuesten Mode versehen, so bey H. F. Grube, Friedrichstraße No. 189, bei Franz Vogel, Unter den Linden No. 56 und bei J. Seidel, an der Spittelbrücke No. 16.«
Solche Neuerungen und das vielfältige Angebot an Luxusartikeln, die in kleineren Städten nicht erhältlich waren, sowie an »Lustbarkeiten« aller Art, lockten viele Besucher an, sowohl aus den nahen Provinzen wie aus dem fernen Ausland. Man lebte schon recht gut in Berlin, wie eine Akziseliste, den Verbrauch im Jahre 1802 betreffend, ausweist: In diesem Zwölfmonatszeitraum vertilgten die rund 180 000 Einwohner der Stadt, einschließlich der Garnison, rund 30 000 Stück Rindvieh, 46 000 Kälber, 163 000 Hammel, Schafe und Lämmer, 54 000 Schweine und 2145 Spanferkel. Dazu kamen noch Unmengen von Gepökeltem und Geräuchertem, auch 12 000 Pfund Räucherwurst aus Rügenwalde sowie beträchtliche Mengen »ausländischer Würste«. An Butter wurden 1,7 Millionen Pfund eingeführt, an Käse 230 000 Pfund.

An Luxusartikeln nennt die Akziseliste unter anderem: 56 660 Eimer fremde Weine, 12 725 Kruken Mineralwasser, fast 3000 Tonnen auswärtige Biere, fast 100 000 Quart Branntwein, auch 813 931 Stück Apfelsinen, 4397 Pfund Tee und rund 11,5 Millionen Pfund Kaffee. An Tabakwaren passierten die Stadttore: 614 000 Pfund verarbeiteter Tabak, 18 000 Pfund inländische und 54 000 Pfund virginische Tabaksblätter.

Das »Lexicon von Berlin« von 1806 behauptet zwar, man lebte in der Hauptstadt »recht gut, aber doch mehr einfach als prächtig«, fügt aber eilig hinzu: »Demungeachtet fehlt es aber bey uns an nichts, was den Gaumen des größten Wollüstlings befriedigen könnte. Wir erhalten im Winter Seefische, Austern, Caviar, Wildpret jeder Art und dergl. in Überfluß . . .«

Zu den Attraktionen Berlins der Zeit um 1800 zählte – so jedenfalls das »Lexicon von Berlin« – auch das jüdische Krankenhaus in der vor dem Spandauer Tor gelegenen Oranienburger Straße, erbaut im Jahre 1756 auf Kosten der Gemeinde, »vier Stockwerke hoch und zwanzig Fenster breit«. Zu den Besonderheiten dieses Hospitals gehörte, daß es kostenlose Unterbringung, Kost, Pflege und ärztliche Behandlung gewährte, und zwar für Einheimische wie Fremde, gleich welchen Standes. »Es befinden sich daher in demselben beständig merkwürdige Kranke aller Art, so hitzige als chronische, da theils der Eintritt mit so wenigen Schwierigkeiten verbunden ist, theils von allen Orten wichtige Kranke hergeschickt werden, indem es die einzige große öffentliche Anstalt dieser Art ist.«

Geradezu sensationell niedrig, zumal für die damalige Zeit, war die Sterberate dieses Krankenhauses, das ständig mit durchschnittlich 350 Patienten belegt war, aber jährlich nur zehn bis zwölf Sterbefälle zu verzeichnen hatte! An weiteren Besonderheiten rühmt das »Lexicon von Berlin«: »Der Arzt ist auch nicht in der Verordnung der Medikamente eingeschränkt; er verschreibt die besten und theuersten«, gleich ob für einen Herrn Hofrat, einen armen Studenten, einen jüdischen Hausierer oder ein christliches Dienstmädchen, »und verordnet, wo es nöthig ist, Wein, Hühner, Chocolade etc. Wenn wichtige Operationen vorkommen, die der ordentliche Chirurgus nicht vornimmt, wird der beste Wundarzt der Stadt dazugenommen und bezahlt . . . Die Pflege der Kranken ist ungemein gut. Die Genesenden sowohl als die Kranken, denen es der Arzt erlaubt, bekommen täglich Brühen, Gemüse, Kalb- und Hühnerfleisch, Wein, Caffee usw. Auch in Ansehung der Reinlichkeit hat dieses Lazareth vor sehr vielen der gewöhnlichen Krankenhäuser große Vorzüge.«

Eine weitere Besonderheit Berlins, die die Stadt ihren damals knapp viertausend jüdischen Mitbürgern verdankte, war die von David

Friedländer, einem Jünger Kants aus sehr reichem Hause, und von Isaak Daniel Itzig, Hofbankier des Königs und Schwiegersohn des »Herrn Moses«, 1778 gegründete Jüdische Freischule. Dort unterrichteten neun Lehrer, teils Juden, teils Christen, siebzig bis achtzig förderungswürdige Begabte, unabhängig von ihrer Herkunft und Konfession in allen Gymnasialfächern, auf Wunsch auch in Hebräisch. »In der Schule«, so das »Lexicon«, »ist ein schön gearbeitetes marmornes Brustbild Moses Mendelssohns von Tassaert aufgestellt.«

Die größte Besonderheit Berlins um 1800 aber war die dort in allen geistigen und religiösen Fragen herrschende Toleranz, der das »Lexicon von Berlin und der umliegenden Gegend« ein eigenes Stichwort und fast zwei Seiten Text eingeräumt hat – wohl nicht zuletzt im Hinblick darauf, daß anderswo in Deutschland, aber auch in den meisten Ländern Europas, damals noch größte Unduldsamkeit herrschte. Erst wenige Jahre zuvor waren noch in Süddeutschland, in Posen auch noch 1793, Frauen als Hexen verbrannt worden; in Spanien wütete bis ins 19. Jahrhundert hinein die Inquisition, und überall sonst waren Andersgläubige, zumal Juden, schwersten Diskriminierungen und Bedrückungen ausgesetzt. Nicht so in Berlin, denn – so das »Lexicon« – hier »weiß man von dem verhaßten Unterschied der verschiedenen Religionen gar nichts. Die Einwohner verheyrathen sich unter einander, stehen überhaupt in den freundschaftlichsten Verbindungen und Umgang mit einander, und die Lutheraner und Reformirten haben größtentheils gemeinschaftliche Kirchen ... Katholische oder jüdische Kirchengebräuche zu belächeln oder gar anstößig zu finden, wird wohl nur noch selten Jemandem einfallen ... Selbst die Schulanstalten werden nicht mehr nach der Confession eingetheilt, und Lehrer und Schüler sind von verschiedenem Bekenntniß. Die hiesigen Gymnasien werden von Judenknaben besucht, welche selbst dem Religionsunterricht beywohnen und auch des Sonnabends die Lehrstunden besuchen ... Jeder genießt hier das unschätzbare Glück einer völligen Gewissensfreyheit ...«

In mindestens ebenso großem Maße aber genossen die Berliner den durch die Neutralität Preußens gesicherten Frieden, und alle waren sehr erleichtert gewesen, als nach dem ohne große Anteilnahme im November 1797 zu Grabe getragenen König Friedrich Wilhelm II. dessen Thronfolger, Friedrich Wilhelm III., seine Entschlossenheit proklamierte, auch weiterhin den seinem Land so gedeihlichen Frieden zu wahren.

Überhaupt war der Regierungsantritt des bisherigen Kronprinzen, der sich mit seiner jungen Frau, der nunmehrigen Königin Luise, mit bürgerlicher Ungezwungenheit in der Stadt bewegte, vom Berliner Bürgertum allgemein begrüßt worden. Das war um so erstaunlicher, als sich die Einwohner der Hauptstadt sonst herzlich wenig aus den regierenden Hohenzollern zu machen pflegten. Aber bei Friedrich Wilhelm III. hatte man zunächst geglaubt, er werde Preußen und damit auch Berlin friedlich in jene neue Zeit führen, die in Frankreich längst angebrochen war. Dort waren alle Standesunterschiede beseitigt, alle Privilegien des Adels und der hohen Geistlichkeit abgeschafft, und dem Tüchtigen stand jede Laufbahn offen.

Dies erhofften sich zunächst die Berliner auch in Preußen von ihrem neuen König. »Ärmel uffjekrempelt – et jeht in de Neuzeit!«, hatten sie ihm zugerufen, und Seine Majestät hatte zu lächeln geruht – wahrscheinlich wußte der König gar nicht, was diese Schreihälse meinten. Er besaß weder den Verstand noch den Mut, den die von den Bürgern Berlins erhofften Reformen erfordert hätten, ganz zu schweigen von seinem Mangel an Entschlußkraft, Phantasie und Bildung.

Friedrich Wilhelm III. war, wie die Berliner bald merken sollten, ein unfähiger Schwächling. Seine Auftritte in der Öffentlichkeit in bürgerlicher Kleidung an der Seite seiner attraktiven, nach neuester Mode gekleideten Frau waren keine politischen Demonstrationen gewesen, für die die Berliner sie gehalten hatten. Die Königin, um vieles klüger und auch mutiger als ihr Mann, hatte ihn dazu überredet, um der ungeliebten Hohenzollern-Monarchie neue Sympathien zu gewinnen, und das war ihr ja auch zunächst gelungen.

Nur sollte sich bald zeigen, daß der König genau das war, was der populäre, weil gänzlich aus der Art geschlagene Prinz Louis Ferdinand, ein Neffe des »Alten Fritz«, freimütig über seinen königlichen Vetter zu berichten pflegte, nämlich, daß Friedrich Wilhelm III. »ein eingebildeter Affe, ein Stiefeletten-Sergeant, ein Mensch ohne Phantasie, ohne Genie« wäre, unfähig, einen richtigen deutschen Satz zu sprechen, geschweige zu schreiben, »ebenso dämlich wie arrogant«.

Louis Ferdinand, der 1806 ein Opfer der Dummheit seines königlichen Vetters wurde und im Gefecht bei Saalfeld fiel, verkehrte gern in den Berliner bürgerlichen, meist jüdischen Salons, sowohl in dem der Henriette Herz als auch bei »der Rahel«, wie man sie schon nannte: bei Rahel Levin, der Tochter eines wohlhabenden jüdischen Kaufmanns, die dann den aus Düsseldorf stammenden preußischen Diplomaten und Schriftsteller Karl August Varnhagen v. Ense heiratete.

»Die Rahel« war, wie Paul Landau es beschrieben hat, »eine glühende Seele in einem reizlosen Körper, deren hellsichtige Menschenkenntnis und deren einzigartiges Einfühlungsvermögen alle, die ihr nähertraten, zu einem Kreis schöpferischer Gemeinschaft zusammenschloß.« Zu diesem Freundeskreis gehörten die Dichter Jean Paul, Friedrich de la Motte Fouquet und Adelbert v. Chamisso, wie er sich nun nannte, auch die Brüder Alexander und Wilhelm v. Humboldt, die Brüder August Wilhelm und Friedrich v. Schlegel, von denen sich der letztere 1804 mit Dorothea Mendelssohn, der ältesten Tochter des »Herrn Moses«, vermählte, sowie viele andere geistreiche und gelehrte Leute, von denen uns einige noch begegnen werden.

In diesem Kreis wie im ganzen gebildeten Berliner Bürgertum war man deutsch gesinnt, was Literatur, Kunst und Philosophie betraf, auch aufgeklärt und »modern«, was dann die Grundlage für das Entstehen des bürgerlichen Liberalismus bildete. Politisch jedoch sympathisierten die meisten Bürger Berlins, erst recht die Unterschichten und selbst die brutal gedrillten und geprügelten Soldaten der Garnison »bis zum Sergeanten aufwärts« mehr oder weniger offen mit den Franzosen. Die hatten »Freiheit, Gleichheit und Brüderlichkeit« hergestellt, und ihr neuer Anführer, der General Napoléon Bonaparte, ein Sieger in vielen Schlachten, der sich 1804 selbst zum Kaiser der Franzosen gekrönt hatte, hielt nichts von Klassenschranken. Bei ihm konnte jeder Tüchtige zu höchsten Würden aufsteigen, und jeder gemeine Soldat seiner Armee hatte schon »den Marschallstab im Tornister«.

Indessen gab es in Berlin auch eine antifranzösische, zur Aufgabe der Neutralität und zum Krieg mit Napoléon hetzende Gruppe, aber das waren keine Bürger, sondern vornehmlich Junker, die Posten bei Hofe oder in der Verwaltung innehatten oder als Offiziere, Fähnriche und Kadetten zur Garnison gehörten. Die jüngsten »Jünkerlein« waren die hitzigsten. Sie tranken sich häufig in den Kneipen Mut an, zogen dann randalierend durch die Straßen, »jeden mit dem Degenknopf beiseite stoßend, der ihnen in den Weg kam. ›Wir werden‹, grölten sie, ›Bonaparte das Fürchten lehren! Nieder mit Frankreich! Schluß mit der Neutralität! Es lebe unser unbesiegbares Heer! Es soll endlich gegen Frankreich marschieren!‹«

Im Frühsommer 1806 nahmen diese Demonstrationen der Kriegslüsternheit ein Ausmaß an, das die Bürgerschaft in Sorge versetzte; nur diejenigen, deren Manufakturen auf größere Rüstungsaufträge hofften, hörten das Geschrei der »Jünkerlein« nicht ungern.

Aber allzu viel Aufhebens machte man nicht von diesen Vorfällen. Die Sommerhitze, so hoffte man, würde die jungen Schreihälse bald erlahmen lassen, und um die Sorgen zu zerstreuen, traf man Vorbereitungen für die gerade in Mode gekommenen sommerlichen »Lustbarkeiten«: Ausflüge in die umliegenden Dörfer, nach Deutsch-Wilmersdorf, Schöneberg oder Friedenau, »Pickenicks« im Freien, im Grunewald oder in den Tempelhofer Bergen, die in den Zeitungen angekündigt wurden.

Auch Besuche »öffentlicher Caffeegärten« der Umgebung erfreuten sich großer Beliebtheit, zumal es gestattet war, gemahlenen Kaffee dorthin mitzubringen und sich aufbrühen zu lassen. Das kostete nur einen »Sechser« für das kochende Wasser und die Benutzung des Gaststättengeschirrs, was für jeden erschwinglich war und dem Preis von zwei Bäcker-Schrippen entsprach. Allerdings erwarteten die Wirte, daß sich die Besucher nicht nur am mitgebrachten Kaffee und ihrem eigenen selbstgebackenen Kuchen labten, sondern sich zumindest die Schlagsahne dazu bestellten, später auch noch ein erfrischendes Weißbier »mit'n Schuß« (Himbeersaft) für einen Groschen die »Molle«, die meist gemeinschaftlich geleert wurde und für alle am Tisch reichen mußte.

In diese sommerliche Idylle brachten die Nachrichten vom fernen Kriegsgeschehen zunächst keine Unruhe. Gewiß, Napoléon hatte einige Monate zuvor, im Dezember 1805, die vereinigten Armeen des Zaren von Rußland und des Habsburgerkaisers bei Austerlitz vernichtet, seither aus ganz West- und Süddeutschland einen ihm hörigen »Rheinbund« gemacht und die Auflösung des Deutschen Reichs befohlen, das ohnehin längst bedeutungslos geworden war. Aber was machte das schon, solange Preußen neutral blieb und sich nicht rührte!

Aufgeschreckt wurden die Berliner erst im Herbst 1806, als ihr König, den Friedrich Engels später »einen der größten Holzköpfe, die je einen Thron regiert« genannt hat, sich von der frankreichfeindlichen Partei zu einer verhängnisvollen Torheit verleiten ließ: Er verlangte von Napoléon ultimativ die sofortige Räumung Süddeutschlands von allen französischen Truppen!

Napoléon nahm diese Herausforderung dankbar an. Noch am selben Tag, an dem ihn das preußische Ultimatum erreichte, am 7. Oktober 1806, ließ er seine Truppen, rund 220 000 Mann, gegen Preußen und das mit diesem verbündete Sachsen losschlagen, und am 9. Oktober erfuhren die Berliner, daß Preußen nun im Kriege mit dem französischen Kaiserreiche stehe.

Es brach deshalb keine Panik aus. »So schnell schießen die Preußen nicht«, versicherte man sich gegenseitig, und alle waren davon überzeugt, daß die Armeen, wie zu Zeiten des »Alten Fritz«, nun erst einmal Winterquartiere beziehen und sich auf die im kommenden Frühjahr zu schlagenden Schlachten vorbereiten würden.

Um so überraschter waren sie, als sie am Morgen des 17. Oktober 1806, also nur acht Tage später, die Bekanntmachung lasen, die an vielen Straßenecken Berlins plakatiert worden war: »*Der König hat eine Bataille* (Schlacht) *verlohren. Jetzt ist Ruhe die erste Bürgerpflicht. Ich fordere die Bewohner Berlins dazu auf. Der König und seine Brüder leben!*«

Was war geschehen?

Tatsächlich hatte Friedrich Wilhelm III. nicht nur eine einzelne Schlacht, sondern sein ganzes Feldheer und damit praktisch auch schon den Krieg verloren. Bereits acht Tage nach Beginn der Feindseligkeiten waren die Preußen bei Jena und Auerstedt von Napoléons Truppen vernichtend geschlagen worden. In der Nacht zum 17. Oktober war der Rittmeister Dorville völlig abgehetzt in Berlin eingetroffen. Er kam von Jena und hatte bei seinem Tag- und Nachtritt alle Rekorde der Eilstafetten gebrochen, die die königliche Kurierpost auf dieser 31½ Meilen oder rund 236 Kilometer langen Strecke bislang erzielt hatte.

Der Grund für seine große Eile war, daß es ja eigentlich nun den Staatsschatz zu retten, Berlin in Verteidigungsbereitschaft zu setzen und die riesigen Mengen an Waffen und Munition, die in den Arsenalen der Hauptstadt lagerten, wegzuschaffen galt. Denn bei der Geschwindigkeit, mit der die Napoléons Truppen den flüchtenden Resten des preußischen Heeres nachsetzten, würden sie in Kürze vor Magdeburg stehen, und wer wußte schon, wie lange diese preußische Hauptfestung dem Ansturm würde standhalten können.

Aber der Gouverneur von Berlin, Graf von der Schulenburg, dachte überhaupt nicht daran, etwas zum Schutz der Hauptstadt zu unternehmen. Alle Truppen der Garnison, bis auf ein paar Wachen, standen im Feld, und auf die Berliner war kein Verlaß, weil sie mit den Franzosen sympathisierten. Sie würden sich, so fürchtete Graf Schulenburg, der Verteidigung Berlins widersetzen, womöglich mit dem Feind verbrüdern. So begnügte er sich mit der dürftigen, Ruhe als erste Bürgerpflicht fordernden Bekanntmachung, ließ eilig die Staatskassen fortschaffen, zuvor allerdings »zur Erleichterung des Transports« allen höheren Beamten und natürlich auch sich selbst drei Monatsgehälter im voraus auszahlen. Wenig später machte er sich mit allen noch in der Hauptstadt verbliebenen Wachen aus dem Staube, versäumte es jedoch, die Waffen- und Munitionsdepots räumen zu lassen. Selbst die vierzigtausend fabrikneuen, im Zeughaus Unter den Linden lagernden Gewehre ließ er zurück.

Wie der Gouverneur, so nahmen auch der Hof und die meisten Aristokraten reißaus. Der König, der nach der Katastrophe von Jena und Auerstedt seinen flüchtenden Truppen vorausgeeilt war, hatte um seine Hauptstadt einen Bogen gemacht und sich in die Festung Küstrin an der Oder gerettet.

In Berlin übernahm Graf Schulenburgs Schwiegersohn, der pensionierte Generalleutnant Fürst Hatzfeld, das Amt des Gouverneurs – »provisorisch«, wie er betonte, denn auch er hatte schon seine Koffer gepackt. Inzwischen hatte es sich in Berlin herumgesprochen, daß von der »unbesiegbaren« preußischen Armee so gut wie nichts mehr übrig war; daß alle Festungen westlich der Hauptstadt kampflos kapituliert hatten – auch Magdeburg, wo unter dem Kommando von neunzehn greisen Generalen, die zusammen dreizehnhundert Jahre zählten, rund 24 000 Mann ausgeruhter Elitetruppen in Gefangenschaft geraten waren, ohne zuvor auch nur den Versuch gemacht zu haben, den Feind für ein paar Tage aufzuhalten.

In Berlin ließ daraufhin der »provisorische« Gouverneur plakatieren: »*Ruhige Fassung ist dermalen unser Loos. Unsere Aussichten müssen sich nicht über dasjenige entfernen, was in unseren Mauern vorgeht. Dieses ist unser einziges höheres Interesse, mit welchem wir uns allein beschäftigen müssen!*« – im Klartext: »Kümmert euch nicht um den Untergang des preußischen Staats, liebe Berliner, sondern nur um eure eigenen Angelegenheiten!«

Daraufhin wurden die in Berlin zurückgebliebenen kleinen Beamten von Panik ergriffen. »Es war«, schrieb die Gräfin Schwerin, die als eine der wenigen Aristokraten nicht geflüchtet war, »als müsse nun alles, was noch preußisch an uns scheinen konnte, bis auf die Erinnerung vertilgt werden; alles, was einem Adler glich, ward abgenommen, sogar die Briefträger rissen sich ihre messingnen Schilder vom Arm. Auf der Kunstausstellung, die der Ausbruch des Krieges unterbrochen hatte, wurden die Büsten des Königs und des Zaren, so gut es in der Eile gehen wollte, versteckt, und der Vorschlag soll laut geworden sein, schnell noch einige Zeichnungen Napoléons anzufertigen . . .«

Während Adel und Beamtenschaft von panischer Furcht ergriffen waren und kopflos reagierten, verhielt sich die Bürgerschaft gelassen und war erfüllt von heimlicher Schadenfreude, was die überstürzte Flucht der hohen Obrigkeiten und des Militärs betraf, auch von prickelnder Neugier, wie die Franzosen sich verhalten würden und ob mit ihnen nun ein besseres Zeitalter käme.

Am Abend des 23. Oktober, als die ersten Vorausabteilungen des Korps Davout auf dem Tempelhofer Feld biwakierten, pilgerten Tausende hinaus zu den siegreichen Truppen und besichtigten sie ohne Scheu, veranstalteten dort ein »Pickenick«, luden die Soldaten dazu ein und ließen sich von ihnen erzählen, was in den erst achtzehn Tagen seit Beginn des Krieges alles geschehen war.

Am Morgen des 25. Oktober sprach es sich in Berlin wie ein Lauffeuer herum, daß Gouverneur Fürst Hatzfeld dem Franzosenkaiser nach Potsdam entgegengereist wäre, ihm die Schlüssel der Stadt zu überbringen. Gleichzeitig trafen Nachrichten ein, wonach Spandau, die letzte Berlin noch schützende Festung, soeben kampflos kapituliert hätte.

Am 26. Oktober bezog Napoléon, nachdem er die Zitadelle von Spandau besichtigt hatte, Quartier im Charlottenburger Schloß, während Davouts Truppen bereits Berlin besetzt hatten. Erst mit ungläubigem Staunen, dann mit wachsender Bewunderung sahen die Berliner, daß bei den französischen Soldaten alles anders war als »bei Preußens«: Auf Äußerlichkeiten, Drill, Korporalsstock, Zopf und Gleichschritt wurde nicht der geringste Wert gelegt. Die Soldaten trugen ihre Hüte nach Belieben, jeder wie er wollte, oft mit einem Löffel im Band. Viele trugen Bärte, ja – die Berliner trauten ihren Augen kaum! – rauchten sogar beim Marschieren ihre Tabakspfeifen! »Das Seltsame und Ungewohnte konnte aber den Eindruck nicht beeinträchtigen, daß hier eine Armee eingezogen war, die bereits Taten vollbracht hatte, Repräsentanten einer neuen, ungeahnten und unbekannten Kraft, einer neuen Zeit.«

Überall in der Stadt und vor den Toren setzte dann ein lebhafter Tauschhandel ein: die französischen Soldaten machten eilig ihre mitgebrachte Kriegsbeute zu Geld, das Geld dann zu Branntwein und Bier. Je schwerer und lästiger ihnen etwas war, desto billiger gaben sie es her – einen Sack Silbertaler für wenige Goldstücke, einen Korb mit kostbarem Porzellan für ein paar Silbergroschen –, und je mehr sie erlösten, desto freigebiger bewirteten sie die Berliner und vor allem die Berlinerinnen. »Zwar«, so beteuerte später ein sehr patriotisches preußisches Geschichtsbuch, »ganz so massenhaft wie in Süd- und Westdeutschland ließen sich hier die Weiber von den französischen Kriegern nicht besiegen«, aber es mußte doch zugeben, daß die Berlinerinnen den Feinden eine Zuneigung bezeigten, »über welche diese selbst erstaunten«.

Tags darauf, als Napoléon bei strahlendem Wetter mit großem Gefolge, Mamelucken-Leibwache und Garden mit Bärenfellmützen unter Glockengeläut und Kanonendonner durch das Brandenburger Tor in die Stadt einzog, wurde er mit stürmischem Jubel begrüßt. »*Vive l'Empereur!*« schrien selbst die immer kritischen Schusterjungen. Napoléon war davon, noch mehr von der eroberten Hauptstadt, sehr beeindruckt. In seiner Proklamation vom 28. Oktober 1806 heißt es in deutscher Übersetzung: »Die breite Allee von Charlottenburg nach Berlin ist sehr schön, die Einfahrt durch dieses (Brandenburger) Tor ist großartig . . .«

Kein Zweifel, Napoléon wurde von den Berlinern nicht als feindlicher Eroberer, sondern als Befreier von lästigem Zwang und längst Überaltertem begrüßt! Wie verhaßt der Bevölkerung die Hohenzollern-Herrschaft und deren letzte Stützen geworden waren, drückte sich auch aus in den Verwünschungen und Steinwürfen, mit denen sie die als Gefangene nach Spandau abgeführten adligen Offiziere des Gendarmen-Regiments bedachte, die seit eh und je die Berliner Bürger schikaniert und nicht selten mißhandelt hatten.

Während sich nun in Berlin das Leben unter französischer Besatzung – fast jedes Haus hatte Einquartierung! – zu normalisieren begann, ging der Feldzug weiter, und immer weiter nach Nordosten flüchtete Friedrich Wilhelm III. mit den Resten seines Hofs und der Regierung. Schließlich hockte der König von Preußen kurz vor Jahresende im allerletzten ihm verbliebenen Zipfelchen seines Reiches, jenseits des Kurischen Haffs, an der Grenze nach Russisch-Litauen, und die Berliner Jugend sang auf den Straßen: »Unser Demel is in Memel . . .«, was zwar respektlos, aber zutreffend war, wogegen ein anderer Spottvers, »Vorher war er in Posen / und schiß sich in die Hosen«, insofern nicht ganz der Wahrheit entsprach, als sich Seine Majestät auf einer etwas weiter nördlich gelegenen Route, nämlich von Küstrin über Marienwerder, Ortelsburg und Wehlau, also durch Westpreußen, »in ihre Königsberger Residenz zu begeben geruht und alsdann in Memel bis auf weiteres Quartier zu nehmen beliebt« hatte.

Die Abwesenheit des Königs von Berlin dauerte dann mehr als drei Jahre, aber die Berliner vermißten Friedrich Wilhelm III. überhaupt nicht, um so mehr die Königin Luise, um die sich bald allerlei patriotische Legenden zu ranken begannen.

Die anfängliche Begeisterung für die Franzosen und zumal für Napoléon verflog sehr rasch. Zwar war das persönliche Verhältnis der Berliner zu den Besatzungssoldaten, die das private Eigentum respektierten und sich durchweg freundlich und korrekt benahmen, keineswegs schlecht und mitunter sogar freundschaftlich. Aber die Berliner sahen mit wachsender Erbitterung, wie ihre Stadt systematisch ausgeplündert wurde.

Den Raubzug durch die Schlösser, Museen, Galerien und Akademien leitete der Generalinspekteur Dominique Denon persönlich. Alles, was ihm würdig erschien, in die geplante Universalkunstsammlung aufgenommen zu werden, die in Paris als *Musée Napoléon* entstehen sollte, wurde sorgsam verpackt und unter Bewachung nach Frankreich abtransportiert – sogar die Quadriga vom Brandenburger Tor, an die dann nur noch der lange eiserne Dorn erinnerte, an dem sie befestigt gewesen war.

Damit nicht genug, mußte die Stadt Berlin den zehnten Teil der gesamten Kriegssteuer zahlen, 2,7 Millionen Taler, die Napoléon dem besiegten Königreich Preußen abverlangt hatte. Der Magistrat war gezwungen, immer neue Steuern von den Bürgern zu fordern. Auch der Frieden von Tilsit brachte keine Erleichterung, denn die französische Besatzung blieb und kostete täglich enorme Summen, die von der Bürgerschaft aufzubringen waren. Die Räumung Berlins und der wenigen Preußen noch verbliebenen Provinzen machte Napoléon abhängig von der vollständigen Bezahlung einer Kriegsentschädigung, deren Höhe er erst später festzusetzen gedachte.

Hinzu kam, daß die Besatzungssoldaten von der Bürgerschaft untergebracht und verpflegt werden mußten, entweder durch Aufnahme in den eigenen Haushalt oder durch Zahlung von Ablösungen, die zwischen 10 Groschen täglich für den einfachen Soldaten und 6 Talern 8 Groschen täglich für einen General lagen, wobei ein damaliger Groschen etwa dem Wert von 1 DM, ein Taler (zu 24 Groschen zu je 12 Pfennigen) dem von 24 DM entsprach, allerdings mit beträchtlichen Schwankungen, weil die Lebensmittelpreise und auch die Löhne und Gehälter damals in anderen Relationen zueinander standen als heute.

So erhielt 1806/07 ein Berliner Dienstmädchen, neben Kost und Logis, einen Monatslohn von 2 Talern, ein verheirateter kaufmännischer Angestellter, ein sogenannter »Handlungsdiener 1. Klasse«, ein Monatsgehalt von 24 Talern, ein Oberlehrer jährlich 200 Taler, der Kommandant von Berlin jährlich 600 Taler, ein Schulrat immerhin 700 Taler.

Es kosteten damals ein Pfund Roggenbrot 1 Groschen, Rind- oder Kalbfleisch 4 Groschen, Schweinefleisch 5 Groschen. Die Pfundpreise von Tischbutter und Zucker lagen bei 10 Groschen, die von Kaffee und Schokolade bei 20 Groschen, ein eingelegter Hering kostete 2 Groschen, ein Pfund Honig 7 Groschen, 1 Pfund Braunschweiger Wurst 16 Groschen, zwei Dutzend Austern 1 Taler, eine Flasche Château Lafitte 1 Taler 8 Groschen.

Über zehn Millionen Taler mußte die Stadt Berlin für die Unterbringung und Beköstigung der französischen Besatzung aufbringen. Ihre Schulden stiegen, und erst 1861 war der letzte Rest davon getilgt.

Der wirtschaftliche Druck, der auf Berlin lastete, führte schon im ersten Jahr der Besatzungszeit zu einem deutlichen Stimmungswechsel. Die Sympathien für die große französische Nation und ihren Kaiser schwanden dahin, und an ihre Stelle trat etwas, das es bis dahin allenfalls im kulturellen Bereich gegeben hatte: ein deutsches Nationalgefühl.

Der aus Jena wegen des Vorwurfs, Gottlosigkeit propagiert zu haben, nach Berlin geflüchtete Philosoph Johann Gottlieb Fichte hielt im Winter 1807/08 im runden Saal des Akademiegebäudes Unter den Linden allsonntäglich seine flammenden »Reden an die deutsche Nation«, übrigens gänzlich unbehelligt von den französischen Behörden; in den Salons der Rahel Levin, der Henriette Herz und der Dorothea Veit geborenen Mendelssohn wurden heftige Diskussionen darüber geführt, wie durch eine geistige Erneuerung und umfassende, tiefgreifende Reformen das von Napoléon unterworfene Vaterland – und damit war nicht mehr nur Preußen, sondern ganz Deutschland gemeint – aus seiner »tiefsten Erniedrigung« emporgeführt werden könnte zu neuer Größe, und die schöne Henriette gründete dann, zusammen mit ihrer Busenfreundin Dorothea, »meiner lieben Veit«, wie sie sie nannte, einen unter dem Namen »Tugendbund« berühmt gewordenen Kreis, dem auch zahlreiche jüngere, patriotisch gesinnte Offiziere beitraten. Ursprünglich war der Zweck dieses »Tugendbundes« nur »die gegenseitige sittliche und geistige Heranbildung sowie Übung werkthätiger Liebe«, etwa die Einrichtung von »Armenküchen«, die kostenlos jene Berliner beköstigten, die durch die zunehmende Teuerung und die wachsende Arbeitslosigkeit sich nicht mehr selbst zu ernähren vermochten. Aber bald wurde der »Tugendbund« zu einer geheimen patriotischen Verbindung.

Neben den Salons »der Rahel«, der Henriette Herz und »ihrer Veitin« gab es in diesem ersten Jahrzehnt des 19. Jahrhunderts noch eine Reihe weiterer gesellschaftlicher und kultureller Zirkel, durchweg in jüdischen Häusern – so im Palais Ephraim, im Hause des Bankiers Jakob Herz Beer und bei dem sehr wohlhabenden Kaufmann Salomon Levy, dessen Haus mit seinem Park fast die ganze heutige Museumsinsel einnahm. Bei Madame Beer und ihrem kunstbegeisterten, für sein Mäzenatentum berühmten Gatten verkehrten vor allem Künstler, und die Söhne des Hauses eiferten diesen bald nach: Jakob, der sich dann Giacomo Meyerbeer nannte, wurde später ein Opernkomponist, dann auch Generalmusikdirektor an der Berliner königlichen Oper, sein jüngerer Bruder Michael konnte schon mit neunzehn Jahren an der Berliner Hofbühne mit den von ihm verfaßten Stücken Triumphe feiern. Bei Levys war es die für ihre Gastfreundschaft und Herzlichkeit berühmte Hausfrau, allgemein »Tante Sara« genannt – sie war die Tante des Kriminalrats Hitzig, einer stadtbekannten Persönlichkeit –, die zahlreiche Gelehrte, Diplomaten und Künstler um sich versammelte.

Schließlich ist noch ein jüdisches Haus Berlins zu nennen, in dessen Mittelpunkt ausnahmsweise der Hausherr stand: David Friedländer,

der Jünger Kants und Schüler Mendelssohns, von dem Wilhelm v. Humboldt später sagte: »Über mehrere wichtige Punkte des Lebens und der Gesellschaft führte er uns auf die richtigen, damals noch bei weitem nicht allgemein geteilten Ansichten.«

So ist es keine Übertreibung festzustellen, daß es ganz überwiegend die wohlhabenden jüdischen Familien Berlins waren, die zu Beginn des 19. Jahrhunderts in der Hauptstadt nicht nur gesellschaftlich den Ton angaben, sondern auch entscheidend mitwirkten an der geistigen, dann auch politischen Wiedergeburt des untergegangenen preußischen Staates.

Die Umsetzung der in den Berliner Salons geborenen und lebhaft diskutierten Ideen in praktische Politik betrieben dann andere: Karl August v. Hardenberg, neben Wilhelm v. Humboldt der eigentliche Verbindungsmann zwischen den Berliner jüdischen Bürgerhäusern und der Regierung, sowie der Reichsfreiherr Karl vom und zum Stein, beide nicht aus dem preußischen Junkertum stammend, sondern »Ausländer«; die Brüder v. Humboldt hingegen, von denen Wilhelm auf dem Familiengut Tegel, Alexander in Berlin geboren war, stammten aus einer Hugenottenfamilie.

Teils einzeln und abwechselnd, teils gemeinsam, aber stets gegen den Willen des Königs, des Hofs und der Junker, die mit ohnmächtiger Wut die Veränderungen zähneknirschend hinnahmen, führten diese und einige andere Verwaltungsfachleute und Militärs die grundlegenden Neuerungen ein, die als »Stein-Hardenbergsche Reformen« in die Geschichtsbücher eingegangen sind: die »Bauernbefreiung« (die allerdings dann von den Junkern sabotiert und häufig in ihr Gegenteil verkehrt wurde); die neue Städteordnung, die die kommunale Selbstverwaltung einführte; eine grundlegende Modernisierung der Armee und noch manches andere.

Für Berlin brachten diese Neuerungen dreierlei: Erstmals gab es nun ein gewähltes Stadtparlament, die Stadtverordnetenversammlung, die ihrerseits den Magistrat wählte, dessen Amtsführung kontrollierte und den Haushalt zu bewilligen hatte. Durch die Einsetzung von gemischten Deputationen, in denen von Magistratsmitgliedern, Stadtverordneten und Bürgern die laufenden Verwaltungsgeschäfte erledigt wurden, war dafür gesorgt, daß Beschlußfassung und Ausführung nicht streng getrennt waren.

Das war für die Stadt zweifellos ein großer Fortschritt, wenngleich ein Großteil der Bevölkerung vom aktiven wie vom passiven Wahlrecht ausgeschlossen blieb, weil zu dessen Ausübung ein jährliches Einkommen von mindestens 150 bis 200 Talern vorgeschrieben war. Immerhin gab es etwa zwölftausend Wahlberechtigte, und das war gegenüber dem früheren Zustand, wo der Magistrat lediglich Befehlsempfänger der königlichen Regierung gewesen war, die aus stadtfremden Junkern bestand, doch schon eine wesentliche Demokratisierung.

Die neue Stadtverordnetenversammlung, die im April 1809 gewählt wurde, setzte sich aus 102 Bürgern zusammen, von denen nur sechs zur Miete wohnten; alle übrigen waren Hausbesitzer, 31 davon Kaufleute, 28 Handwerksmeister, einige Fabrikanten, Gärtner, Gastwirte, Pächter und Schiffer, ein Arzt, fünf Rentiers, drei Polizeibeamte und zwei Bauinspektoren. Ein einziger Stadtverordneter war von Adel und gehörte dem höheren Beamtentum an: Leopold v. Gerlach, der unter Protest aus dem Staatsdienst ausgeschieden war, als fähiger, selbständiger Kopf galt und einstimmig zum Oberbürgermeister gewählt wurde. Ein Kaufmann aus der französischen Kolonie, Paul Humbert, wurde sein Stellvertreter, und mit David Friedländer, der ehrenamtlicher Stadtrat wurde, trat erstmals ein Mitglied der jüdischen Gemeinde in den Magistrat ein. Angemerkt sei, daß im Zuge der Reformen nun auch offiziell den Juden bürgerliche Gleichberechtigung zuteil geworden war.

Die zweite große Neuerung, die das Reformwerk der Hauptstadt bescherte, war die Aufhebung des Zunftzwangs. Dieses Relikt des Mittelalters paßte nicht mehr zu einer modernen Hauptstadt mit über 200 000 Einwohnern, von denen 60 000 in den Manufakturen und Fabriken arbeiteten, wogegen das Handwerk etwa 23 000 Meister, 18 000 Gesellen und 4000 Lehrlinge zählte. Die Aufhebung des Zunftzwangs, die jedem, der sein Gewerbe anmeldete und dafür Steuern bezahlte, dessen Ausübung gestattete, hatte zunächst lautes Protestgeschrei der Berliner Handwerksmeister zur Folge, die befürchteten, nun dem sicheren Ruin entgegenzugehen. Vergeblich wiesen sie darauf hin, daß doch die Kaufleute gerade erst eine Gilde, die Vereinigte Börsenkorporation, gegründet hatten, die strengere Aufnahmebedingungen stellte als die Zünfte. Es war nicht einfach, ihnen klarzumachen, daß die bei der Eröffnung der Berliner Börse im Jahre 1803 geschaffene Korporation etwas gänzlich anderes bezwecke als die Verhinderung des freien Wettbewerbs, wie sie die Zünfte bislang erfolgreich betrieben hatten.

Die dritte große Neuerung war das Werk Wilhelm v. Humboldts, der unter Hardenbergs Staatskanzlerschaft als Minister ins Kabinett eingetreten war mit dem Ziel, das preußische Bildungswesen von Grund auf zu reformieren. Humboldt hat dann, wie Hellmut Diwald es zutreffend beschrieben hat, »dem ganzen neueren Bildungswesen Deutschlands seinen Stempel aufgedrückt! Das war seine größte Leistung, eine Schöpfung von säkularem Rang. Humboldts Schulsystem hat bis in unsere Zeit gegolten: für die Gesamtheit des Volkes die Elementarschule – für die Bürger und Beamten das Gymnasium als Bildungsstätte – und schließlich die Universität als freier Raum für Forschung und Lehre.« Humboldt selbst maß der Gründung einer großen, die besten Köpfe von überall her anziehenden Universität die größte Bedeutung bei, und er setzte durch, daß Berlin der Standort der neuen Hochschule wurde.

Zu den Professoren, die nun nach Berlin berufen wurden, gehörte der Jurist Friedrich Karl v. Savigny, ein Hugenotte aus Frankfurt, der Historiker Barthold Niebuhr aus Kopenhagen, der Arzt und Schriftsteller Christian Wilhelm Hufeland aus Weimar und der mit Henriette Herz eng befreundete Theologe Friedrich Ernst Daniel Schleiermacher, der zuvor Prediger an der Berliner Charité gewesen war. Gründungsrektor aber wurde – auf Vorschlag der mit Humboldt und ihm gleichermaßen befreundeten Rahel hin – der Philosoph Johann Gottlieb Fichte. Auch der jüdische Arzt und Schriftsteller David Ferdinand Koreff aus Breslau wurde bald als Ordinarius für Psychiatrie und Physiologie an die neue Universität berufen; Staatskanzler Hardenberg, dessen Freund und Hausarzt Koreff war, ernannte ihn außerdem zum Ministerialrat für das Gesundheitswesen.

Diese neue Berliner Universität, die 1810 im Palais des verstorbenen Prinzen Heinrich Unter den Linden eröffnet wurde, war zwar von liberalem, Humboldtschem Geist erfüllt und deshalb dem König, auch allen seinen Nachfolgern, erst recht den ostelbischen Junkern, immer suspekt. Aber sie führte groteskerweise 139 Jahre lang den Namen Friedrich Wilhelms III., der ihrer Gründung nur sehr widerwillig zugestimmt hatte und weniger Geist und Bildung besaß als die Gamaschenknöpfe, die bei jedem Soldaten zu zählen eine seiner Lieblingsbeschäftigungen war. Erst 1949 erhielt die Berliner Universität endlich den Namen ihres Schöpfers, Wilhelm v. Humboldt.

Ebenfalls 1810 bekam Berlin, das seit einem Jahr von der französischen Besatzung geräumt war, noch etwas ganz anderes, das ihm als Hauptstadt von Weltrang noch fehlte: eine Boulevardzeitung.

Bis dahin hatte es nur zwei seriöse politische Zeitungen gegeben: die »Vossische«, die mit vollem Namen »Königlich privilegierte Zeitung von Staats- und gelehrten Sachen« hieß und den Erben des Buchhändlers Voss gehörte, und die »Spenersche«, eigentlich »Berlinische Nachrichten«, die von der Buchhandlung Spener herausgegeben wurde. Beide erschienen dreimal wöchentlich, dienstags, donnerstags und sonnabends, zum Einzelpreis von »eenem Sechser«, also sechs Pfennigen oder einem halben Groschen. Während der französischen Besatzungszeit hatte es noch den »Telegraph« gegeben, das von den Berlinern wenig geschätzte Sprachrohr der französischen Propaganda. »Der Freimüthige«, herausgegeben von Garlieb Merkel, war bis 1806 das Organ der zum Krieg hetzenden »Jünkerlein« gewesen, hatte aber vor dem Einmarsch der Franzosen sein Erscheinen eingestellt. Schließlich hatte Berlin, außer zwei unbedeutenden patriotischen Wochenblättern, von denen das eine, der »patriotische Hausfreund« des Lehrers Henisius, von der Besatzungsmacht unterdrückt worden war, noch den »Beobachter an der Spree«, der ebenfalls wöchentlich erschien und völlig unpolitische Unterhaltung bot.

Vom 1. Oktober 1810 an erschienen nun – täglich außer sonntags – die »Berliner Abendblätter« – in sehr großer Auflage, auf schlechtem Papier billig gedruckt und zum niedrigsten Preis. Im Gegensatz zu den anderen Zeitungen enthielten die »Berliner Abendblätter« zahlreiche Berichte über lokale Ereignisse: Unfälle, Verbrechen, aber auch Kritiken von Theateraufführungen und Kunstausstellungen.

Die Berliner rissen sich anfangs um dieses Boulevardblatt, und es wurde zum Tagesgespräch der Stadt. Die einen wollten vor allem die »Polizeylichen Tagesmitteilungen« lesen – »Einem hiesigen Kaufmann sind von seinem Reisewagen durch Aufschneidung des Hinterverdecks mehrere Handlungs-Artikel an Kattun, Materialwaaren etc. entwendet.« – »Einem hiesigen Einwohner sind von einem verschlossenen Boden mehrere Kleidungsstücke gestohlen.« – »In Böhmisch-Rixdorf ist der lederne Schlauch von der dortigen Feuerspritze nebst anderm Zubehör gestohlen.« – »Ein Arbeitsmann, dessen Name noch nicht angezeigt ist, wurde gestern in der Königstraße vom Kutscher des Professor Grapengießer überfahren. Jedoch soll die Verwundung nicht lebensgefährlich seyn.« –, die anderen waren mehr interessiert an den oftmals sehr ironischen, mitunter auch bissigen Kritiken, etwa der Aufführungen der Berliner Bühnen oder des Porträts, das Schadow vom Fürsten Radziwill gemalt und in einer Galerie ausgestellt hatte.

Der Herausgeber der »Berliner Abendblätter« verfolgte indessen ein gänzlich anderes Ziel, als seine Leser lediglich zu unterhalten; er wollte, soweit es die strenge Zensur zuließ, deutsch-patriotische und fortschrittliche Gedanken, meist in Form von eingestreuten Anekdoten, Epigrammen und Gedichten, unters Volk bringen. Diese Absicht blieb den preußischen Behörden nicht lange verborgen. Sie strichen immer mehr interessanten Text aus den »Abendblättern« heraus, die Zeitung verlor daraufhin die meisten ihrer Abonnenten, und am 30. März 1811, nach nur einem halben Jahr, verschwanden die »Abendblätter« wieder vom Markt.

Ihr Herausgeber, der auch den größten Teil des Inhalts, zuletzt alles, selbst geschrieben hatte, war nun brotlos, zumal er auch eine kleine Rente, die ihm von seiner einzigen Gönnerin, der Königin Luise, ausgesetzt worden war, verloren hatte. Denn die populäre Königin war im Sommer 1810 plötzlich verstorben, sehr betrauert von den Bürgern Berlins, und der König dachte nicht daran, diesem Redakteur, der auch etliche von den Theatern – zu Recht, wie man bei Hofe fand – abgelehnte Stücke geschrieben hatte, weiterhin etwas zukommen zu lassen. Ausnahmsweise waren sich die Berliner Theaterfreunde, was die Untauglichkeit dieser Theaterstücke betraf, mit König und Hof einig. Nur eine einzige Freundin, »die Rahel«, spendete dem gescheiterten Redakteur und verkannten Dichtergenie, dessen Name Heinrich v. Kleist war, Trost in seinem Elend. Als Kleist aber dann noch weitere Schicksalsschläge trafen, beging er am 21. November 1811, zusammen mit seiner Freundin, am Wannseeufer bei Potsdam Selbstmord.

So erlebte er nicht mehr, was ihn ebenso erbittert hätte wie es im frühen Frühjahr 1812 alle patriotisch gesinnten Berliner Bürger, zumal die im »Tugendbund« die Wiedergeburt Deutschlands unter preußischer Führung herbeisehnenden Intellektuellen und Künstler, mit Empörung und Abscheu erfüllte: Alles deutete darauf hin, daß sich König und Hof Napoléon beugen und ihm Preußen als Aufmarschgebiet gegen Rußland zur Verfügung stellen wollten.

Eine Zeitlang zauderte Friedrich Wilhelm III. noch; er wußte, daß nicht nur das Bürgertum Berlins, sondern auch die Mehrzahl der jüngeren Offiziere gegen ein Bündnis mit Frankreich war, wie es Österreich bereits geschlossen hatte. Aber schließlich gab er dem starken französischen Druck nach und gestand Napoléon alles zu, was dieser wünschte, auch ein preußisches Hilfskorps für den Feldzug gegen Rußland.

Im März 1812 marschierte die halbe preußische Armee, darunter fast die gesamte Berliner Garnison, nach Osten ab, und für die Hauptstadt begann erneut eine Besatzungszeit, in der allein das Wort des französischen Kommandanten galt. Das *arrondissement de Berlin,* dessen war man sich in der Hauptstadt sicher, würde bestimmt in Kürze dem französischen Kaiserreich einverleibt werden, sofern nicht wider Erwarten die Russen über Napoléons Große Armee den Sieg erringen sollten.

Jedenfalls verhielten sich die Besatzer schon so, als gäbe es Preußen gar nicht mehr. Alle Häuser erhielten Einquartierung – an manchen Tagen waren bis zu 22 000 Mann unterzubringen –, Lebensmittel waren wieder knapp und teuer, und diesmal war von Sympathien der Berliner für die fremden Soldaten nichts mehr zu spüren. Erst als kurz vor Weihnachten 1812 erste Nachrichten das volle Ausmaß der Katastrophe deutlich machten, die Napoléons Große Armee in Rußland erlitten hatte, regte sich beim Berliner Bürgertum vorsichtiger Optimismus. Vielleicht, so hofften die patriotisch Gesinnten, würde ja nun die große Volkserhebung ganz Deutschland die ersehnte nationale Freiheit und Einheit bringen, auch die absolute Gewalt der unfähigen Fürsten und Könige beseitigen, von denen ihr Friedrich Wilhelm einer der jämmerlichsten Gestalten war.

Seine Angst vor Napoléons kannte keine Grenzen. Auch nachdem General v. Yorck, der Napoléons preußisches Hilfskorps befehligte, sich auf eigene Faust auf die Seite der siegreichen Russen geschlagen hatte, wagte Friedrich Wilhelm III. nicht, diesen Seitenwechsel in letzter Minute, der Preußens Armee vor dem Untergang bewahrte und ihm selbst den Thron rettete, auch nur insgeheim gutzuheißen. Vielmehr tobte der König gegen den »Meuterer« York, enthob ihn seines Kommandos, drohte ihm mit Kriegsgericht und Erschießung und erklärte dessen Abmachung mit den Russen für null und nichtig. Auch flüchtete er nun eilig von Berlin nach Breslau, das nicht von den Franzosen besetzt war. Er hoffte, sich damit nicht nur dem Zorn der Berliner zu entziehen, die von Yorks Eigenmächtigkeit hell begeistert waren, sondern auch einer möglichen Absetzung und Verhaftung durch die Franzosen. Doch mit dieser kopflosen Flucht setzte er sich, wie er zu spät merkte, gleich doppeltem Verdacht aus, denn nun hielten ihn sowohl die Franzosen wie die Russen für einen Verräter, und beider Armeen hatten sein Königreich fast vollständig unter ihrer militärischen Kontrolle!

Der für seinen Scharfsinn und Witz bekannte Stadtrat Friedländer, um seine Beurteilung der Lage befragt, meinte dazu: »Wir sitzen alle mächtig in der Bredullje, und der König am meisten. Vielleicht sollte er schon mal die Mark Brandenburg samt Berlin auf seine Kinder überschreiben...«, wogegen die Lehrjungen bereits auf der Straße sangen: »Der Keenich macht nach Schlesien, bald isser Keenich jewesien. Denn kricht der Zauderfritze, valleicht wat uff de Mütze!«

Aber diese Hoffnungen der Berliner waren verfrüht.

HERRN BIEDERMEIERS
ENTTÄUSCHUNG:
DER VERHINDERTE FORTSCHRITT

Während König Friedrich Wilhelm III. in Breslau um seinen Thron bangte und sich zu nichts entschließen konnte, weder zum Abfall von Napoléon noch zu dessen tatkräftiger Unterstützung, wurde Berlin überflutet von den Resten der geschlagenen Großen Armee. Zigtausende Franzosen, Italiener, Schweizer, vor allem aber Deutsche aus den Rheinbund-Staaten, rasteten jeweils für ein paar Tage in der preußischen Hauptstadt, ehe sie ihren Rückzug fortsetzten, und nicht wenige Soldaten benutzten die Gelegenheit, den Krieg für sich zu beenden und in den Berliner Vorstädten unterzutauchen. Am 20. Februar 1813 tauchten plötzlich Kosaken auf und drangen, von den Berlinern zunächst bestaunt, dann als vermeintliche »Befreier« bejubelt, bis zum Schloßplatz vor. Es handelte sich jedoch nur um einen Spähtrupp, und Berlin war noch fest in der Hand der Franzosen, die sich erst am 4. März zum Abzug entschlossen. Ihre Absicht, die Hauptstadt zu verteidigen, hatten sie angesichts der fehlenden Unterstützung durch die Einwohnerschaft aufgegeben.

Eine Woche lang blieb Berlin sich selbst überlassen – ohne König, Regierung, preußische oder fremde Einquartierung. Es kursierten die wildesten Gerüchte: Preußen, hieß es, würde zwischen den Großmächten aufgeteilt werden, Berlin womöglich auch! Am 11. März zogen russische Truppen ein und besetzten die ganze Stadt. Niemand wußte so recht, ob das nun die »Befreier vom napoleonischen Joch« waren oder ob Berlin nun »unter die Knute des Zaren« geraten war. Immerhin verhielten sich »die Russkis«, wie man sie nannte, ganz manierlich, ja die Offiziere behaupteten sogar, Preußens Verbündete zu sein.

Tatsächlich rückten ein paar Tage später, am 17. März, auch wieder preußische Truppen in Berlin ein, zu ihren russischen »Waffenbrüdern«, wie sie erklärten, an ihrer Spitze jener General v. Yorck, den der König abgesetzt und dem er mit Erschießung gedroht hatte – Grund genug für die Berliner, ihn mit großem Jubel zu empfangen.

In den Berliner Salons, wo man etwas besser informiert war als die Masse der Bevölkerung, wußte man zumindest, was von diesem Yorck zu halten war: Er gehörte zu den reaktionärsten Junkern und Militärs, war der entschiedenste Gegner der von Hardenberg und dem Freiherrn vom Stein durchgesetzten Reformen und hatte das Bündnis mit dem zaristischen Rußland nur gesucht, um die Junkerherrschaft zu erhalten. Doch auch bei den gebildeten Bürgern, Intellektuellen und Künstlern war der angestaute Haß auf das napoleonische Regime, das die Stadt und ihre Bürger ausgeplündert hatte, jetzt so groß, die Sehnsucht nach Befreiung, nicht nur Berlins, sondern ganz Deutschlands, so übermächtig, daß dagegen alle Bedenken in den Hintergrund traten. Denn mit der Befreiung von der Fremdherrschaft würde, so glaubte man, auch die endliche Befreiung Deutschlands von der Fürsten- und Adelstyrannei erreicht werden!

Am nächsten Tag, dem 18. März, brachte die reitende Post aus Breslau sensationelle Nachrichten: Friedrich Wilhelms III. Aufruf »An Mein Volk«, mit dem der König nun tatsächlich zum Kampf gegen seinen bisherigen Verbündeten Napoléon aufrief! Es war das erste Mal, daß sich ein Preußenkönig dazu herabließ, von seinem Volk, seinen Untertanen, dergestalt Notiz zu nehmen, daß er sich unmittelbar an diejenigen wandte, die doch seiner Überzeugung nach lediglich Befehle auszuführen, »zu parieren« und pünktlich ohne Murren Steuern zu zahlen hatten. Natürlich stammte dieser Aufruf nicht vom König selbst; Theodor Gottfried Hippel, ein Mitarbeiter Steins und enger Freund des Dichters E. T. A. Hoffmann, hatte ihn verfaßt, und der von Friedrich Wilhelm davongejagte, nun als Beauftragter des Zaren zurückgekommene Freiherr vom Stein selbst hatte dem König derartig Angst gemacht, daß dieser schließlich, kreidebleich und zitternd, dem Ultimatum, zu unterschreiben oder abzudanken, nachgekommen war, indem er, wie die Berliner zu sagen pflegten, »seinen Friedrich Wilhelm« daruntergesetzt hatte. Von alledem ahnten die Berliner nichts, die nun den eilig von den Zeitungen verbreiteten Appell des Königs »An Mein Volk« verwundert zur Kenntnis nahmen.

Generationen von Historikern haben dann an der Legende mitgewirkt, daß »der König rief, und alle, alle kamen!«. In Piersons »Preußischer Geschichte« von 1864 hieß es schon: ». . . Wunderbar rasch trat die Volksbewaffnung ins Leben . . . Wenn schon vor dem 17. März . . . von Berlin und der Mark unter den Augen der französischen Garnison eine völlige Auswanderung (!) der Wehrfähigen nach Schlesien zum Könige erfolgte, so brach jetzt die Flut erst recht durch alle Dämme!« Und noch 1958 hat Gerhard Ritter, Ordinarius für Geschichte in Freiburg, ähnliche Produkte deutschnationalen Wunschdenkens als historische Fakten ausgegeben.

In Wahrheit wäre es der überwältigenden Mehrheit der von König Friedrich Wilhelm III. als seine Untertanen angesehenen Preußen nicht in ihren kühnsten Träumen eingefallen, sich freiwillig zum Militärdienst zu melden oder gar für die verhaßte Obrigkeit in den Krieg zu ziehen! Und was die männliche Jugend Berlins betraf, so pries sie sich im allgemeinen glücklich, als Bürger der kantonfreien Hauptstadt nicht zum verabscheuten und verachteten Militär einrücken zu müssen. Nur die wenigsten waren aus freien Stücken dazu bereit.

Tatsächlich gab es während der nun beginnenden »Befreiungskriege« insgesamt nur wenig mehr als 10000 Freiwillige bei der preußischen Armee – nicht eben viel, wenn man bedenkt, daß das Königreich 1813 rund fünf Millionen Einwohner zählte! Etwa jeder zehnte Freiwillige war zudem Nichtpreuße, und so hatten sich allenfalls 1,5 Prozent der wehrfähigen männlichen Einwohner Preußens aus eigenem Antrieb zum Wehrdienst gemeldet.

Das wirklich Erstaunliche daran war, daß sich überhaupt jemand dazu bereitgefunden hatte, und die eigentliche Sensation war die Herkunft dieser Freiwilligen, die es als ihre vaterländische Pflicht empfunden hatten, zu den Fahnen zu eilen: Es waren nämlich durchweg junge Leute aus dem aufgeklärten, gebildeten und zumeist auch recht wohlhabenden Bürgertum, und da es ein solches in nur wenigen preußischen Städten gab, kamen sie zu rund einem Drittel aus Königsberg und Breslau, zu zwei Dritteln aber aus Berlin!

Bestaunt von der Bevölkerung, wohl auch mit allerlei derbem Spott bedacht von den gleichaltrigen Manufakturarbeitern, Handwerksburschen und Tagelöhnern, die zurückblieben, zogen rund 6500 Berliner ins Feld, Gymnasiasten, Studenten, Magister und Doktoren, junge Dichter, Musiker und Maler von der Akademie, auch ein paar Handlungsgehilfen aus wohlhabender Kaufmannsfamilie, fast alle mit selbst beschaffter Montur, Ausrüstung und Waffe, meist auch mit eigenem Pferd, denn sie wollten ja nicht als »Gemeine«, sondern als »freiwillige Jäger« – mit der Aussicht, bald zum Offizier befördert zu werden – in den Krieg ziehen.

Besonders patriotisch verhielt sich die jüdische Oberschicht Berlins: Rund 450 der 6500 Berliner Freiwilligen waren Juden – weit mehr, als ihrem prozentualen Anteil an der Bevölkerung von nur 2–3 Prozent entsprach. Unter ihnen war der gerade zwanzigjährige Philipp Veit, ein Enkel Moses Mendelssohns, der später ein berühmter Maler wurde und nun mit anderen jüdischen Bürgersöhnen der Hauptstadt in Lützows Freischar eintrat und als einer der ersten mit dem neugestifteten Eisernen Kreuz ausgezeichnet wurde. Ein anderer Berliner, der sechsundzwanzigjährige jüdische Mathematiklehrer Meno Burg, hatte sich schon im Februar 1813, einen Monat vor dem Aufruf, freiwillig gemeldet; er brachte es später bis zum Major und wurde als »Judenmajor« und Lehrer an der Berliner Artillerieschule eine stadtbekannte Persönlichkeit.

Schließlich ist noch ein – damals schon achtunddreißigjähriger – jüdischer Bürger Berlins zu nennen: Der aus Breslau gebürtige Simon Kremser, der bereits 1806 Kriegskommissarius im Stabe Blüchers gewesen war und die höchste preußische Tapferkeitsauszeichnung, den Orden *Pour le mérite* mit Schwertern, erhalten hatte. Wegen seiner besonderen Verdienste – er rettete einmal im kaltblütigen Alleingang die preußische Kriegskasse vor dem Zugriff einer feindlichen Übermacht – erhielt Kremser später die Konzession für alle Berliner Ausflugswagen, die noch mehr als hundert Jahre später nach ihm »Kremser« genannt wurden und noch um 1928 am Himmelfahrtstag zu sogenannten »Herrenpartien ins Jrüne« gern benutzt wurden.

Im Sommer 1813 fielen die Landpartien aus, denn erstens regnete es wochenland in Strömen, zweitens erschienen im August wieder drei französische Korps in der Mark mit dem Befehl, Berlin um jeden Preis zu erobern. Am 21. August war diese Streitmacht nur noch zwanzig Kilometer von Berlin entfernt; die Verteidiger – Schweden unter Bernadotte in Charlottenburg, Russen in Spandau und preußische Landwehr in Berlin – wollten sich bereits über die Spree zurückziehen, aber die Preußen griffen dann doch den Feind – größtenteils Sachsen und Rheinländer – mit Bravour an und zwangen ihn zum Rückzug, wobei sich die Landwehr, ältere Reservisten, erstmals bewährte.

Neben der Landwehr gab es nun auch den Landsturm, das »letzte Aufgebot«, nach dem französischen Vorbild des *Levée en masse*. Der Verfasser der Landsturm-Verordnung vom März 1813 und damit der »Vater des preußischen Landsturms« war Hardenbergs Vortragender Rat Jacob Salomon Bartholdy, als Jude in Berlin geboren und der Onkel von Moses Mendelssohns musikalischem Enkel Felix, der sich dann nach ihm Mendelssohn-Bartholdy nannte. Bartholdy war Christ geworden, weil er unbedingt Staatsbeamter werden wollte, hatte 1809 als Oberleutnant am Tiroler Volksaufstand teilgenommen und dabei sowohl von Andreas Hofer wie von dessen bayerisch-französischen Widersachern einiges gelernt. So sah seine Landsturm-Verordnung vor, daß sich das »letzte Aufgebot« ständig zur Räumung eines vom Feind bedrohten Gebiets bereithalten mußte. Was nicht mehr wegzuschaffen war, sollte zerstört werden: Häuser und Scheunen, Brücken und Kähne, Vorräte und insbesondere Alkoholbestände, aber auch die Brunnen und Wegweiser – es war die vorweggenommene Taktik der Guerilla und der »verbrannten Erde«.

Zum Glück kam sie nicht zur Anwendung, weil sich der Feind nach seiner Niederlage bei Großbeeren immer weiter entfernte, und es darf auch bezweifelt werden, daß die Landsturmmänner im Ernstfall alle Vorschriften Bartholdys erfüllt hätten, denn sie waren eben keine zähen Gebirgsbauern und Jäger, sondern Großstädter gesetzten Alters.

»Die Professoren der Universität Berlin bildeten einen eigenen Trupp und übten sich häufig in den Waffen«, heißt es in einer Schilderung aus dem Jahre 1813, die Friedrich Köppen, ein Jugendfreund von Karl Marx, zum Verfasser hatte, »der kleine bucklige Schleiermacher, der kaum die Pike tragen konnte, auf der äußersten Linken, der baumlange Savigny auf dem rechten Flügel ... Der ideologisch tapfere Fichte erschien bis an die Zähne bewaffnet, zwei Pistolen im breiten Gürtel, einen Pallasch hinter sich herschleppend ... Der alte Schadow führte die Schar der Künstler an, Iffland (der berühmteste Schauspieler seiner Zeit, seit 1811 Generaldirektor des Berliner Nationaltheaters) stand an der Spitze der Helden der Bühne; diese wie jene meist abenteuerlich-mittelalterlich und phantastisch-theatralisch kostümiert und bewehrt: Sturm- und Pickelhaube, Flamberge und sogar Morgensterne kamen zum Vorschein; man sah auf dem Übungsplatz den Waffenschmuck Talbots und Burgunds, Wallensteins und Richard des Löwenherzen. Iffland selbst erschien einmal mit dem Brustharnisch und dem Schilde der Jungfrau von Orléans ...«

Glücklicherweise brauchte der Berliner Landsturm keine soldatische Bewährungsprobe zu bestehen; seine einzige Aktivität, neben dem Exerzieren, bestand aus – Schippen! Von Mai bis September wurden auf Anordnung Bernadottes im Süden und Südwesten Berlins, von den Rixdorfer bis zu den Tempelhofer Höhen, Schanzen angelegt, wohl in der Annahme, falls Napoléon nochmals angreifen ließe, würde er sich auf diese Gegend konzentrieren.

Nach der Schlacht bei Dennewitz, der letzten, die für Berlin noch hätte gefährlich werden können, wurden die Schanzarbeiten eingestellt, und nach der Völkerschlacht bei Leipzig, bei der Napoléon vollständig besiegt wurde, erlahmte auch die Exerzierfreudigkeit der Landsturmmänner. Nur noch einmal wurden sie aufgeboten, nämlich um Spalier zu stehen, als schon bald nach der Einnahme von Paris jene Kisten zurückkamen, die die vom Brandenburger Tor geraubte Quadriga enthielten. Marschall Blücher hatte sie aufspüren und zurückschicken lassen, und an den Berliner Stammtischen wurden frivole Überlegungen angestellt, wie es der Wagenlenkerin in all den Jahren ihrer Abwesenheit wohl ergangen sein, wie es ihr in Paris gefallen haben mochte.

Indessen verging den Berlinern bald das Lachen und auch die Freude an der endgültigen Niederlage Napoléons bei Waterloo und Belle Alliance. Gewiß, man war froh, daß endlich wieder Ruhe und Frieden herrschten; daß die Quadriga wieder auf ihrem Platz stand – von Herrn Baumeister Schinkel mit neuem Schmuck versehen: einer Parierstange mit dem Eisernen Kreuz und einem seine Schwingen ausbreitenden Adler darauf –, und daß sie den Pariser Platz, wie das alte Karree jetzt hieß, keines Blickes würdigte, sondern sehnsüchtig zu der neuen Konditorei hinschaute, die der schweizerische Konditormeister Kranzler Unter den Linden eröffnet hatte.

Aber von den großen politischen Hoffnungen, die die Berliner an die »Befreiungskriege« geknüpft hatten, war keine in Erfüllung gegangen. Friedrich Wilhelm III. fühlte sich jetzt sicher in der »Heiligen Allianz«, die er mit dem »Gendarmen Europas«, dem russischen Zaren, und mit dem vom erzreaktionären Fürsten Metternich regierten Habsburgerreich geschlossen hatte, und wollte von seinem Versprechen, Preußen eine Verfassung und den Bürgern ein Mitsprache- und Steuerbewilligungsrecht zu geben, nichts mehr wissen. Auch davon, daß unter Preußens Führung die nationale Einheit Deutschlands hergestellt und die drei Dutzend Mittel- und Zwergstaaten samt ihren Thronen und Thrönchen beseitigt werden sollten, war nun nicht mehr die Rede.

Preußen war auf dem Wiener Kongreß gewaltig vergrößert worden: Köln, Aachen, Mainz, Trier und Saarbrücken gehörten jetzt zum Königreich, ebenso wie schon zuvor Königsberg, Allenstein und Memel. Und damit war die Bedeutung Berlins als Verwaltungszentrum und als von Köln und Königsberg etwa gleich weit entfernte Hauptstadt noch gewachsen. Ebenfalls wachsen sollten aber auch die Gefahren, die der Monarchie drohten.

So jedenfalls stand es in einer Denkschrift, die der russische Minister Stourdza im Herbst 1818 bei einer Zusammenkunft der »Heiligen Allianz« in Aachen dem ängstlichen Preußenkönig unterbreitet hatte. Darin hieß es, daß die »Katastrophe«, die das absolutistische Gottesgnadentum und die unumschränkte Adelsherrschaft über leibeigene Bauern und rechtlose Steuerzahler, also die »gute alte Ordnung«, ins Wanken und beinahe zum Einsturz gebracht hätte, zwar von den Ereignissen in Paris anno 1789 ausgelöst worden wäre – aber ausgeheckt und geistig vorbereitet hätten sie die Berliner!

Auch sei eine neuerliche Revolution nach französischem Vorbild am ehesten in Preußen zu erwarten und wiederum mit Berlin als Ausgangspunkt. Die größten Gefahren für die so mühsam wiederhergestellte »alte Ordnung« lauerten in der preußischen Hauptstadt, und zumal die dortige Universität, die politisierenden Bürger und das immer aufmüpfige »gemeine Volk« seien als mögliche Herde einer neuen jakobinischen Seuche anzusehen!

Da sowohl Fürst Metternich als auch seine eigenen Ratgeber, märkische Junker, ebenfalls in diesem Sinne auf den furchtsamen Preußenkönig einwirkten, sah sich dieser im Geiste schon von den Berliner Professoren, Studenten und Künstlern aufs Schafott geschleppt, und infolgedessen begann nun in Preußen, noch ehe der Student Karl Sand den Schriftsteller (und russischen Chefagenten) v. Kotzebue im März 1819 erdolchte, auf des Königs Anordnung hin eine wilde Jagd der preußischen Polizei auf alle, denen die Behörden »umstürzlerische Aktivitäten« oder auch nur volksverführerische Gedanken zutrauten.

Als einer der ersten wurde in Berlin der bärtige »Turnvater« Friedrich Ludwig Jahn in Haft genommen, der seit 1811 patriotische »Wehrertüchtigung« gepredigt und mit seinen jugendlichen Anhängern häufig auf dem Tempelhofer Feld neumodische Leibesübungen veranstaltet hatte, wohl um sie zu gelenkigen Königsmördern auszubilden.

Hunderte von weiteren Verdächtigen wurden eingesperrt, Tausende von Ermittlungsverfahren eingeleitet, eines sogar gegen den Professor Schleiermacher, den zarten Seelenfreund der Henriette Herz, der keiner Fliege etwas zu Leide hätte tun können. Die gedruckten »Reden an die deutsche Nation« des Professors Fichte wurden als »demagogisch« verboten und beschlagnahmt; Fichte selbst war schon 1814 verstorben, sonst hätte man auch ihn in Arrest genommen.

Zu diesem starken politischen Druck, der auf Berlin lastete, kam eine schwere wirtschaftliche Krise. Englische Waren, die durch Napoléons Kontinentalsperre jahrelang vom europäischen Festland ferngehalten worden waren, überschwemmten jetzt die Märkte. Die Berliner Manufakturen konnten ihre Erzeugnisse nicht mehr absetzen, kürzten die Löhne und entließen Arbeiter. Gleichzeitig stiegen die Preise für landwirtschaftliche Erzeugnisse, die durch mehrere Mißernten knapp geworden waren, und in den Berliner Vorstädten kam es zu ersten Hungerrevolten, was den König noch mehr verängstigte, die Polizei noch wütender werden ließ.

In diesen ersten Nachkriegsjahren herrschte in Berlin auch große Wohnungsnot, die einen Kammerherrn des Königs, v. Wülknitz, auf den Gedanken kommen ließ, auf billig erworbenen Grundstükken in der Gartenstraße Bauten errichten zu lassen, wie sie im Laufe des 19. Jahrhunderts für die Wohngegenden der arbeitenden Bevölkerung Berlins typisch wurden: Schmucklose, gleichförmige Kästen für Obdachlose, die keinerlei Ansprüche stellten und bereit waren, sich zu zehnt in eine Stube pferchen zu lassen und dafür auch noch den dritten Teil ihres mageren Lohns an Miete zu bezahlen. So entstanden 1820 die ersten Berliner Mietskasernen.

Im selben Jahr gab es in Berlin eine weitere Neuerung, die indessen nur die Besserverdienenden interessierte: Zu der neuen Konditorei von Kranzler Unter den Linden kamen weitere, alle von Zuckerbäkkern aus der Schweiz gegründet: Josty, Courtin, D'Heureuse, Fuchs, Spargnapani und Stehely, die sich sämtlich von Anfang an großer Beliebtheit erfreuten. Das hing aber keineswegs nur mit der vorzüglichen Qualität ihres Gebäcks und sonstigen Angebots zusammen, sondern auch mit dem politischen Druck, der auf den Bürgern Berlins lastete, und der strengen Zensur, der die Berliner Zeitungen unterworfen waren. Die aus der Schweiz eingewanderten Konditoren hatten nämlich eine *Nouveauté*, »janz wat Neues«, zu bieten, das dem Informationsbedürfnis der Gebildeten sehr entgegenkam: Lesekabinette, in denen die neuesten, erst acht bis vierzehn Tage alten Zeitungen aus Augsburg, Köln, München und Wien, aus Stockholm, St. Petersburg, Rom, Amsterdam und Genf, vor allem auch die Pariser und Londoner Blätter auslagen. Hier endlich konnte man sich informieren, die Meldungen vergleichen und herausfinden, was in der Welt, Berlin eingeschlossen, denn eigentlich vor sich ging. Zwar wurde auch anderswo zensiert, aber man war im Westen Europas liberaler, auch überall mehr an der Unterdrückung heimischer Nachrichten interessiert und hinsichtlich der Meldungen aus fernen Metropolen etwas großzügiger. Und so konnten die Berliner Bürger, wenngleich mit einiger Verspätung, aus den Berichten der Zeitungen weit entfernter Hauptstädte doch noch erfahren, was die fürsorgliche Berliner Pressezensur ihnen zur Vermeidung von Aufregungen vorenthalten hatte: Etwa daß es in Charlottenburg bei einem Häuserbrand Tote und Verletzte gegeben hatte, weil die Feuerwehr eine von der Polizei für eine Fürstlichkeit gesperrte Allee nicht hatte überqueren dürfen; daß der preußische Zoll an der Grenze nach Hannover Lord Byrons Aufruf, die Griechen in ihrem Freiheitskampf gegen die türkische Fremdherrschaft zu unterstützen, konfisziert hatte, oder daß das Berliner Kammergericht den »Turnvater Jahn« zwar für nicht schuldig befunden und das Verfahren gegen ihn eingestellt hätte, daß Jahn aber dennoch auf höhere Weisung hin in Festungshaft genommen worden wäre ...

Natürlich erforderte die gründliche Auswertung fremdsprachiger Zeitungen eine Zusammenarbeit der Leser, von denen zwar viele Französisch verstanden, aber nur der eine oder andere Italienisch, Russisch oder Englisch beherrschte. So bildeten sich Lese- und Diskussionszirkel unter jeweils Gleichgesinnten und -interessierten, und es versteht sich fast von selbst, daß sich die unterschiedlichen Gruppen Stammlokale suchten, wo sie dann unter sich waren.

Bei D'Heureuse in der Breiten Straße traf sich das gemäßigt liberale Besitzbürgertum; bei Kaffee und Halbgefrorenem unterhielt man sich darüber, ob sich der Rücktritt des Ministers v. Humboldt tatsächlich mit den »Gesundheitsrücksichten« erklären ließe, die das offizielle Bulletin angeführt hatte, oder ob er nicht als Protest gegen die reaktionären Maßnahmen zu verstehen sei.

In der Konditorei von Courtin nahe der Börse verkehrte die Bank- und Geschäftswelt; hier standen die – von der Berliner Zensur unterdrückten – Meldungen zur Debatte, wonach nicht nur Spaniens Volk sich gegen die Adels- und Pfaffenherrschaft erhoben habe, sondern ganz Lateinamerika um seine Unabhängigkeit von Madrid und Lissabon kämpfe – Anlaß genug, sich schleunigst von allen spanischen und portugiesischen Obligationen zu trennen, ehe sie völlig wertlos würden.

Bei Kranzler Unter den Linden gaben Gardeleutnants und Gesandtschaftsattachés den Ton an, und dort ging es meist nur um Pferde, Liebschaften und Bälle; bei Josty, damals noch an der Stechbahn, erst später am Potsdamer Platz, schimpften pensionierte Militärs über die steigenden Preise, die Verlotterung der Jugend und die »nicht hart genug durchgreifende« Regierung; bei Spargnapani saßen die Beamten der Ministerialbürokratie »an einzelnen Tischen«, wie es in einer zeitgenössischen Schilderung heißt, »abhold jedem lauten Gespräch und jedem Lüftungsversuch«. Am lebhaftesten und oppositionellsten aber ging es bei Stehely in der Jägerstraße zu.

Dort, dicht am Gendarmenmarkt, wo nach den Plänen des Herrn Professors Schinkel, der schon die Neue Wache Unter den Linden entworfen hatte, jetzt das neue Schauspielhaus vor seiner Fertigstellung stand, trafen sich die Literaten und Künstler Berlins, und hier herrschte nun wirklich jene vom König so gefürchtete »Lust am Räsonnieren«.

Bei Stehely – dessen Namen man in Berlin immer falsch, nämlich Stehély, aussprach, während er doch eigentlich Stéhely hieß – gab es eine »Rothe Stube«, wo die Berliner Intellektuellen ohne Furcht, bespitzelt zu werden, gegen ihre unerträgliche Bevormundung durch das reaktionäre Regime wettern konnten. Und wer fand, daß er nun genug auf die Regierung geschimpft hatte, ging von Stehely um die

Ecke zu Lutter & Wegener am Gendarmenmarkt und trank sich dort einen Rausch an in der Hoffnung, so das Leben im reaktionären Preußen besser ertragen zu können.

Im »Lutter-Keller«, wie er genannt wurde, verkehrte der kauzige Kammergerichtsrat E. T. A. (eigentlich E. T. W., denn Amadeus nannte er sich, in Verehrung Mozarts, und weil er nicht Wilhelm heißen wollte, ohne amtliche Erlaubnis). Er war es gewesen, der mit viel juristischem Scharfsinn die Einstellung des Verfahrens gegen den angeblich »demagogischen Turnvater« bewerkstelligt hatte – leider vergeblich, wie er seinen Freunden seufzend mitteilte, weshalb er am liebsten nur noch Schriftstellerei, Musik und Zeichnen betreiben würde. Aber er und Mischa, seine ihn um Haupteslänge überragende, sehr stattliche polnische Gattin sowie sein Kater Murr waren leider angewiesen auf sein Beamtengehalt.

Zu den häufig bei Lutter & Wegener versammelten Freunden Hoffmanns, die dort seinen phantastischen Erzählungen lauschten, zählte an erster Stelle der schon erwähnte Kriminalrat Julius Eduard Hitzig – dessen Tante Sara durch ihre Fürsprache bei Herrn Staatsrat v. Savigny die Anstellung Hoffmanns beim Kammergericht erwirkt hatte –, sodann Herr Ministerialrat Dr. Koreff, der Schriftsteller Baron de la Motte Fouqué, der am Feldzug gegen Napoléon als Freiwilliger teilgenommen hatte, auch die Brüder Karl-Wilhelm und Christian Jakob Salice-Contessa, beide künstlerisch und schriftstellerisch begabt; der gerade von einer Weltumseglung zurückgekommene Dichter Adelbert von Chamisso; der Dramatiker Ludwig Robert, ein Bruder der Rahel Levin; der geistreiche Friedrich Wilhelm Neumann, ein Pflegesohn der jüdischen Familie Cohen; der Kammergerichtsreferendar Haering, der sich als Schriftsteller »Willibald Alexis« nannte und aus einer bretonischen Hugenottenfamilie stammte; der Schauspieler Ludwig Devrient, der gebürtiger Berliner war, seinen Namen aber französisch aussprach und mit Hoffmann am längsten im »Lutter-Keller« auszuharren pflegte.

Der Jüngste in der Runde war der Student Christian Dietrich Grabbe, der schon 1827 starb und erst lange nach seinem Tod als Dichter berühmt wurde, zumal durch sein Lustspiel »Scherz, Satire, Ironie und tiefere Bedeutung«. Noch berühmter aber wurde ein Freund Grabbes, Heinrich Heine aus Düsseldorf, der »dieser einzigen Bohème-Gesellschaft Deutschlands« jener Epoche, die beinahe allnächtlich bei Lutter & Wegener zechte, während seiner Berliner Studienzeit häufig angehörte und dort sowie im Salon »der Rahel« seine eigentliche Prägung erhielt, denn nirgendwo sonst in Mitteleuropa war soviel Geist, Genie und Talent vereinigt wie in diesen Zirkeln Berlins der Biedermeierzeit.

Nur vereinzelt fiel einer aus diesen Freundeskreisen der wilden Demagogenverfolgung zum Opfer – Varnhagen, der Gatte der Rahel, wurde 1824 aus dem Staatsdienst entlassen, und gegen den Rat Hoffmann ermittelte der Polizeidirektor v. Kamptz, von Hoffmann als imbeziler Spitzel Knarrpanti in »Meister Floh« karikiert, wegen des Verdachts staatsfeindlicher Gesinnung, doch Hoffmann starb, ehe v. Kamptz ihm den Prozeß machen konnte –, und es waren fast stets die Harmlosesten und Unschuldigsten, die als vermeintliche Staatsfeinde eingesperrt wurden.

1823 kam die Polizei einer sich über ganz Deutschland erstreckenden Konspiration auf die Spur, dem »Jünglingsbund«, der die Nachfolge des in den Berliner Salons zur Befreiung des Vaterlandes gegründeten »Tugendbundes« angetreten hatte. Im »Jünglingsbund«, dem vor allem Studenten angehörten, wurde die Auffassung vertreten, von den Fürsten sei weder die nationale Einheit Deutschlands noch eine demokratische Verfassung zu erwarten; beides könne nur noch durch bewaffneten Aufstand und gewaltsamen Umsturz erreicht werden, und sie, die geistige Elite, müsse den Anstoß dazu geben. Es kam zu Massenverhaftungen, zumeist der Falschen, und Staatskanzler Metternich, unterstützt von der Regierung des Zaren, forderte die völlige Abschaffung der akademischen Freiheit und die Umwandlung der deutschen Universitäten in Anstalten mit strikter militärischer Disziplin, was Friedrich Wilhelm III. und seine reaktionären Minister gewiß gern gemacht hätten – nur fehlte ihnen dazu der Mut! Ein solcher Schlag gegen die Hochschulen, zumal gegen die Berliner Universität, wäre auf den geschlossenen Widerstand des Bürgertums, der meisten höheren Beamten und Richter sowie auch der jüngeren Offiziere gestoßen.

Also blieb die Berliner Universität verschont, obwohl gerade dort die Keimzelle der Ideen lag, die für Thron und Altar dann die größte Gefahr heraufbeschworen. Denn an der Berliner Universität lehrte seit 1818 der Philosoph Georg Wilhelm Friedrich Hegel, und der hatte, von Kant aus- und über Fichtes subjektiven Idealismus und als bloße Denktechnik eingeführte Dialektik weit hinausgehend, ein neues philosophisches System entwickelt, worin der Widerspruch zur wahren Natur der Denkbestimmungen und damit der Dinge selbst erhoben wurde.

Zu Hegels Schülern zählten Ludwig Feuerbach, der bis 1828 in Berlin studierte, später den Materialismus begründete und den Bruch mit der Religion als der Ideologie der herrschenden Klasse vollzog; auch Bruno Bauer, der 1842 in Berlin dann dem Atheistenbund der »Freien« beitrat, und ebenfalls Heinrich Heine, der eigentlich in Berlin sein Jura-Studium hatte beenden wollen. Und zum Kreis der Berliner Junghegelianer – es sei hier schon vorweggenommen – gehörten knapp anderthalb Jahrzehnte später auch Karl Marx, der an der Berliner Universität zunächst Jura, dann Geschichte und Philosophie studierte, und Friedrich Engels, der sich während seines Berliner Militärdienstes dort als Gasthörer einschrieb.

Doch von diesen, zunächst rein philosophischen »Umtrieben« wußte die Polizei nichts und hätte sie auch nicht als »staatsgefährdend« angesehen, wenn sie dahintergekommen wäre, was diese Philosophie eigentlich bezweckte. Der zuständige Herr »Polizey-Commissarius« – es gab deren knapp drei Dutzend, und sie wohnten in den 21 »Polizey-Quartieren«, in die Berlin eingeteilt war – hätte dem Herrn Universitätsprofessor Hegel und seinen Herren Studiosi gewiß das beste Zeugnis ausgestellt, denn sie hatten sich noch niemals etwas zuschulden kommen lassen, und auch die Herren Räte, Assessoren und Schriftsteller, die oft erst kurz vor Morgengrauen aus dem »Lutter-Keller« kamen, wurden von den Nachtwächtern – es gab deren etwa 120 städtische und etliche private – stets respektvoll begrüßt, zumal für sie dann häufig ein Trinkgeld oder eine gute Zigarre abfiel, weshalb sie wegen der Überschreitung der Polizeistunde gern »beede Oogen zudrückten«.

Die Berliner Nachtwächter machten sich übrigens zu dieser Zeit schon große Sorgen, weil eine Neuerung sie brotlos zu machen drohte: 1826 wurden in Berlin die ersten Gaslaternen aufgestellt, zunächst Unter den Linden, die nun des Nachts hell erleuchtet waren. Andere Straßen folgten, und die Nachtwächter fürchteten, sie würden bald niemandem mehr »heimzuleuchten« brauchen, folglich auch keine Trinkgelder mehr dafür kassieren und damit ihre wichtigste Einnahme verlieren.

Es dauerte aber noch geraume Zeit, bis tatsächlich überall in der Stadt Gaslaternen aufgestellt und an Leitungen der Englischen Gasgesellschaft, die die alleinige Konzession dafür hatte, angeschlossen waren. Auch die Installation von Gasbeleuchtung in öffentlichen und privaten Gebäuden machte nur langsame Fortschritte, handelte es sich doch um einen Luxus, den sich zunächst nur Wohlhabende leisten konnten.

Von Wohlstand konnte aber bei den meisten Berlinern nicht die Rede sein. Etwa 93 Prozent der Einwohner hatten ein Jahreseinkommen von weniger als 200 Talern, zahlten keine direkten Steuern und waren deshalb ohne aktives und passives Wahlrecht bei den Wahlen zur Stadtverordnetenversammlung. Die Männer, Frauen und Kinder, die in den Manufakturen und in zunehmendem Maße auch in »modernen« Fabriken, von denen die wichtigsten – die von Cockerill, Forster und Biram – in englischem Besitz waren, täglich, außer

Die Parochialstraße im Jahr 1831
(Gemälde von Eduard Gaertner).

sonntags, mindestens zwölf Stunden harte Arbeit leisteten, lebten von der Hand in den Mund. Auch die große Anzahl Tagelöhner, Handwerksgesellen, Lehrlinge und Beamte der untersten Besoldungsstufen hatten ein nur sehr geringes Einkommen. Das Heer der Dienstboten, etwa zehn Prozent der Gesamtbevölkerung, war insofern etwas besser daran, als sich die Haus- und Küchenmädchen, Wasch- und Kinderfrauen, Diener, Kutscher, Haus- und Stallburschen, erst recht die Köchinnen, die in aristokratischen und großbürgerlichen Häusern »in Stellung« waren, weder um die tägliche Nahrung zu sorgen brauchten noch Miete zahlten, meist auch von ihrer »Herrschaft« mit Kleidung und Wäsche versorgt wurden. Sie erhielten zwar an Lohn kaum mehr als ein Taschengeld, aber daneben oft ein Mehrfaches an Trinkgeldern, sei es für Botengänge, sei es von den Gästen des Hauses. Damit konnten sie sich, im Gegensatz zur Arbeiterschaft, »schon mal was leisten«.

Die übrige Unterschicht und damit die große Mehrzahl der Einwohnerschaft Berlins litt dagegen in zunehmendem Maße unter den Arbeits- und Lebensbedingungen, die die rasche Industrialisierung und der mörderische Konkurrenzkampf im Frühkapitalismus ihr auferlegte. Während die Mieten und die Preise für die Grundnahrungsmittel, unter denen jetzt die Kartoffeln noch vor dem Brot rangierten, kräftig anzogen, sanken die Löhne bei stark erhöhten Anforderungen, verlängerten Arbeitszeiten und immer ungesünderen Verhältnissen in den Fabriken wie in den Mietskasernen.

1830, ausgelöst durch die Pariser Juli-Revolution, die anschließende Erhebung der Belgier und den beginnenden Aufstand der Polen, kam es auch in Berlin zu Unruhen. Schon die ersten Anzeichen ließen – so Piersons königstreue »Preußische Geschichte« von 1864 – »die Regierung wiederum in die äußerste Furcht vor allem Volkstümlichen geraten«. Aber diesmal wirkte die Angst der Herrschenden nicht mäßigend, sondern führte zu panischen Überreaktionen: Gegen die Protestversammlungen der Fabrikarbeiter und Handwerksgesellen, die sich mehr gegen die kümmerlichen Löhne als gegen das reaktionäre Regime richteten, setzte die Regierung sofort die gesamte Garnison ein!

Die rund vierzehntausend Soldaten der Berliner Regimenter stammten durchweg aus fernen ländlichen Gegenden, aus Hinterpommern, Posen und Westpreußen, aus dem litauischen und masurischen Grenzgebiet oder aus den Dörfern der Eifel. Es waren Söhne von Guts- und Forstarbeitern, Kleinbauern und dörflichen Handwerkern. Viele konnten kaum Deutsch, die meisten waren Analphabeten oder vermochten gerade ihren Namen zu schreiben. Zu der Bevölkerung Berlins hatten sie kaum Kontakt; sie war ihnen fremd und unheimlich. Auch war diesen Soldaten von Kindesbeinen an eingebleut worden, ohne Murren zu gehorchen, und als Rekruten hatte man sie darauf gedrillt, auch die unsinnigsten und brutalsten Befehle widerstandslos auszuführen, ja selbst die eigenen Eltern und Geschwister zu massakrieren, wenn die »von Gott eingesetzte Obrigkeit« dies verlangte.

So war es kein Wunder, daß bei dem Einsatz dieser vierzehntausend Soldaten gegen die Protestversammlungen der wehrlosen Arbeiterschaft viele hundert Männer, Frauen und Kinder, auch zahlreiche gänzlich Unbeteiligte, durch Bajonett- und Säbelstiche, Kolbenschläge und Huftritte der in die Menge getriebenen Pferde verletzt wurden und daß der Haß der Bevölkerung auf das Militär und die Obrigkeit noch zunahm.

Die Massenverhaftungen, die dann einsetzten, führten zur Überfüllung der vorhandenen Gefängnisse, der Hausvogtei am – wegen seiner Form so genannten – »Schinkenplatz« und der Stadtvogtei am Molkenmarkt. Und da auch von auswärts immer neue Transporte von »Politischen«, meist Studenten, in Berlin eintrafen, richteten die Behörden, zuerst im Köpenicker Schloß, dann auch in anderen mehr oder weniger geeigneten Gebäuden der Umgebung provisorische Haftanstalten ein.

Die Gerichte waren überbeschäftigt und verhängten drakonische Strafen, auch zahlreiche Todesurteile, die dann in dreißigjährige Freiheitsstrafen umgewandelt wurden. In den folgenden Jahren wurden die – meist aus ganz geringfügigen Gründen – Verurteilten dann nach und nach amnestiert – so auch, nach sieben Jahren qualvoller Haft in der Berliner Stadt- und Hausvogtei sowie in überfüllten Festungsverließen, der Student Fritz Reuter, der später als plattdeutscher Dichter berühmt wurde.

Reuter war – auf der Durchreise von Jena ins heimatliche Stavenhagen – in Berlin als vermeintlicher Beteiligter an »demokratischen Umtrieben« verhaftet worden. »Un denn wunnern sik de Lüd' noch, wo Einer Demokrat warden kann«, schrieb er später über diese Leidenszeit. »As wi inspunnt würden, wiren wi't nich, as wi rute kemen, wiren wi't All!« (Als wir eingesperrt wurden, waren wir es nicht, als wir herauskamen, waren wir es alle – nämlich Demokraten.)

Im Sommer 1835 kam es wieder zu schweren Unruhen in Berlin. Der Anlaß war – das übliche Feuerwerk zu Königs Geburtstag! Die Bevölkerung pflegte bei solchen Gelegenheiten ebenfalls Raketen aufsteigen und Knallfrösche explodieren zu lassen – nicht für den ungeliebten König, sondern zum eigenen Spaß. Diesmal wollte es die Polizei nicht dulden, ging sehr forsch gegen ein paar Jugendliche vor, wollte sie mit auf die Wache nehmen, aber da mischten sich die Zuschauer ein. Im Nu entwickelte sich ein Tumult, immer mehr Leute nahmen daran teil, und da die Polizei nun zur Waffe griff, bewaffneten sich auch viele junge Männer mit Stöcken und Steinen. Wieder wurde, da sich die Polizei als zu schwach erwies, die Garnison aufgeboten, die diesmal aber erst nach drei Tagen und Nächten heftiger Straßenkämpfe, bei denen es auf beiden Seiten Tote und Verletzte gab, die Ruhe wiederherstellen konnte.

Diese »Feuerwerksrevolution« machte es deutlich, daß Preußen, mitten im angeblich so gemütlichen Biedermeier, in eine schwere Krise geraten war, und der eigentliche Krisenherd war Berlin. Die Einwohner dieser nun schon rund 300 000 Einwohner zählenden Großstadt waren selbstbewußte, eigensinnige Leute, die sich nicht ducken und schikanieren ließen wie die »Gutsuntertänigen« der Rittergüter ringsum. Und je größer Berlin wurde, je bedeutender seine Industrie und sein Handel, desto schroffer wurde der Gegensatz zwischen den politisch nahezu rechtlosen Großstädtern, gleich ob Kommerzienrat oder Tagelöhner, und den arroganten, überall bevorrechtigten, von allen Steuern und Abgaben befreiten, alle Offiziers- und höheren Verwaltungsposten für sich beanspruchenden Junkern.

Als gegen Ende 1837 der König von Hannover, ein Schwager des Preußenkönigs und ebenso borniert und reaktionär wie dieser, sieben Göttinger Universitätsprofessoren ohne Bezüge aus dem Staatsdienst entließ, drei von ihnen sogar aus dem Lande jagte, nur weil sie gewagt hatten, gegen eine eklatante Rechtsverletzung des Königs öffentlich zu protestieren, da ging ein Aufschrei der Entrüstung durch das deutsche und besonders das Berliner Bürgertum. Stattliche Summen wurden gesammelt, um den »Göttinger Sieben« materiell zu helfen, und zahlreiche Solidaritätsadressen mit den Unterschriften vieler angesehener Bürger wurden abgeschickt, oft auch in Abschrift an die preußische Regierung. Auf die Zusendung eines solchen Bürgerprotests antwortete der damalige preußische Innenminister Rochus v. Rochow mit einem Schreiben, dessen letzter Absatz lautete: *»Es ziemt dem Unterthanen, seinem Könige und Landesherrn schuldigen Gehorsam zu leisten und sich bei Befolgung der an ihn ergehenden Befehle mit der Verantwortlichkeit zu beruhigen, welche die von Gott eingesetzte Obrigkeit dafür übernimmt; aber es ziemt ihm nicht, die Handlungen des Staatsoberhauptes an den Maßstab seiner beschränkten Einsicht anzulegen und sich in dünkelhaftem Übermuthe ein öffentliches Urtheil über die Rechtmäßigkeit derselben anzumaßen.«*

Aus dieser Antwort, die die Zeitungen verbreiteten, wurde dann das geflügelte Wort vom »beschränkten Untertanenverstand« abgeleitet, das sich wie ein Lauffeuer durch ganz Deutschland verbreitete und überall, aber ganz besonders am Amtssitz des Ministers v. Rochow, in Berlin, Entrüstungsstürme hervorrief und auch die zahmsten Liberalen ins Lager der entschiedensten Opposition trieb.

Deren Wortführer im Berlin der späten 1830er Jahre war der Dekan der juristischen Fakultät, Professor Eduard Gans. Er stammte aus einer alteingesessenen jüdischen Familie und war ebenso berühmt für seine Eleganz wie für seinen scharfen und geistreichen Witz. Als 1831 in Berlin die Cholera ausbrach, zu deren Opfern auch der mit Gans eng befreundete Hegel gehörte, waren die Ärzte der Seuche gegenüber völlig machtlos gewesen, hatten sich aber, als die Epidemie ebenso schnell wieder verschwand, wie sie gekommen war, dies als ihr Verdienst angerechnet. »Gewiß«, hatte Gans dazu gemeint, »kein Wunder, daß sie uns so eilig verlassen hat – bei dieser Behandlung!«

Ein anderes Mal wurde ihm berichtet, Minister v. Rochow hätte sich über ihn und seine jüdischen Vorfahren mokiert, die »in Lumpen, barfuß und verlaust nach Berlin gekommen« wären. »Ja, das stimmt«, hatte Gans erwidert, »sie waren unterwegs den Rochows begegnet und hatten dann, bis das Lösegeld eintraf, einige Zeit in deren Höhle verbringen müssen . . .«

Zu den Schülern von Gans, der schon 1839 im Alter von erst 41 Jahren starb, gehörte nicht nur der gerade achtzehnjährige Karl Marx, der vom Oktober 1836 an fünf Jahre lang an der Berliner Universität Rechtswissenschaft, Philosophie und Geschichte studierte, sondern auch Heinrich Heine. »In der Rechtsgelahrtheit«, heißt es bei Heine in einem Nachruf auf Gans, »kämpfte er zermalmend gegen jene Lakaien des altrömischen Rechts, welche, ohne Ahnung von dem Geiste, der in der alten Gesetzgebung einmal lebte, nur damit beschäftigt sind, die hinterlassene Garderobe derselben auszustäuben, von Motten zu säubern oder gar zu modernem Gebrauche zurechtzuflikken . . . Mehr noch durch Wort als durch Schrift förderte Gans die Entwicklung des deutschen Freiheitssinnes, er entfesselte den gebundensten Gedanken und riß der Lüge die Larve ab. Er war ein beweglicher Feuergeist, dessen Witzfunken vortrefflich zündeten oder wenigstens herrlich leuchteten . . .«

DER
MIT VOLLDAMPF VORAUS
BEFÖRDERTE RÜCKSCHRITT

Es ist gewiß kein Zufall, daß die Dialektik, jene philosophische Methode, die alles in sein Gegenteil umschlagen läßt und den Widerspruch zum Instrument der Erkenntnis macht, gerade in Berlin, dem Zentrum des reaktionären Militär- und Junkerstaats der Hohenzollern, aber auch aller fortschrittlichen Bestrebungen ihrer rebellischen Untertanen, erdacht und zu höchster Blüte gebracht worden ist. Eduard Gans wandte als erster die von Fichte, dann auch von Schleiermacher und Hegel entwickelte Dialektik auf die erstarrte Rechtswissenschaft an, und sein Schüler Karl Marx übernahm die in Berlin so erfolgreich verfeinerte Methode in seinen Historischen Materialismus. Zugleich erlebte der junge Marx in der »objektiven Realität« Berlins den sich rasch verschärfenden Gegensatz zwischen dem feudalabsolutistischen Regime und der gerade in Gang kommenden technischen und industriellen Revolution.

1837 hatte der aus Breslau stammende Zimmermann August Borsig, Absolvent des Berliner Gewerbeinstituts, vor dem Oranienburger Tor eine eigene Werkstatt mit zunächst fünfzig Arbeitern eröffnet. Sein Ziel war es, Lokomotiven zu bauen, wie es bislang nur die Engländer konnten, die auch für die erste deutsche Eisenbahn, die 1835 auf der kurzen Strecke von Nürnberg nach Fürth erprobt worden war, alles Erforderliche samt dem technischen Personal geliefert hatten.

Am 29. Oktober 1838 wurde in Berlin die erste für den öffentlichen Personen- und Güterverkehr bestimmte preußische Eisenbahn auf der immerhin schon dreißig Kilometer langen Strecke nach Potsdam in Betrieb genommen. Nur die Lokomotive dieses Zuges, der zunächst bis Zehlendorf, erst einige Wochen später bis Potsdam fuhr, sowie die Schienen, Weichen und Signale waren noch englischer Herkunft. Die Waggons hatten bereits Berliner Werkstätten gebaut: zwei Staatswagen für Fürstlichkeiten, fünf Wagen erster, neun zweiter und achtundzwanzig Wagen dritter Klasse, ferner einige Gepäck- und Viehwaggons.

Den Eröffnungstag feierten die Berliner wie ein Volksfest. Zehntausende sahen zu, wie die Ehrengäste, darunter der Kronprinz, den Zug bestiegen, der Punkt 12 Uhr mittags abfuhr und genau 42 Minuten später Zehlendorf erreichte! Damit, so fanden alle, die dieses technische Wunder miterlebt hatten, war eine neue Epoche angebrochen, und ihre Hoffnungen richteten sich auf den als »modern« und liberal geltenden Kronprinzen Friedrich Wilhelm. Bald würde er seinen Vater, dessen reaktionäres Regiment nun schon vier Jahrzehnte dauerte, als Thronfolger ablösen. Es war »höchste Eisenbahn«, fanden die Berliner, für eine Liberalisierung und Demokratisierung des preußischen Obrigkeitsstaats.

Weil alle so dachten, war damals ein Berliner Publizist besonders populär, der sich nicht scheute, diese Gedanken öffentlich auszusprechen, richtiger: von erfundenen Figuren aussprechen zu lassen, etwa vom »Eckensteher Nante« oder dem – stets »angesäuselten«, also von der Zensur nicht ernst zu nehmenden – Guckkastenmann. Der Vater dieser Figur war der gebürtige Berliner Adolf Glaßbrenner alias Brennglaß. In seinen volkstümlichen, von dem Berliner Genremaler Theodor Hosemann illustrierten Heften mit dem Reihentitel »Berlin wie es ist – und trinkt« führte Glaßbrenner die Bücherpolizei an der Nase herum, beispielsweise so:

Mit einem auf Zuschauer wartenden Guckkastenmann, bei dem sich aber erst ein Junge eingefunden hat, mit dem er sich nun unterhält, beginnt die Szene. Der Junge erzählt, daß sie zu Hause nichts mehr zu essen hätten; sein Vater wäre schon beim Verein zur Unterstützung der Armen gewesen, doch der Herr, den er dort angetroffen hätte, wäre nicht zuständig gewesen und hätte ihm erklärt: »Ick bin hier der Redner – wenn ick selber wollte helfen, det hätt' ick schon frieher jekonnt, da braucht' ick janich Mitglied von'n Verein ze wer-den . . .«

Guckkastenmann: »Na seh'n Se, wie klug die Leute sin! Det sag' ick ja, da reicht meen bisken Vastand nich aus, wie jeholfen wer'n soll, wo keene Freiheit is, wo sich des Volk nich selba Jesetze jehm kann un' wo man nich öffentlich alle Iebelstände besprechen derf wie man will. Det is een wahret Jlick, det wa jejenwärtich so kluge Leute ham, die det allens so in de Stille abmachen könn'n . . .«

Junge: »Ick bete imma fier de Armen . . .«

Guckkastenmann: »So? Det is ooch 'n jutet Mittel – det is beinahe so jut wie der Unterstützungs-Verein!«

Im Gegensatz zu den so verspotteten Vereinen, wo über die Not nur geredet wurde, halfen einige wirklich, am tatkräftigsten Bettina v. Arnim, eine gebürtige Frankfurterin aus der aus Italien eingewanderten Familie Brentano, die nach dem Tod ihres Mannes, des Dich-

Eckensteher Nante: »Rollen? Vor acht Groschen zwee Stunden? Nee det greift mir zu sehre an!« (Koloriertes Litho von Burckhard Doerbeck)

ters Achim v. Arnim, nach Berlin gezogen war und sich schon von der Cholera des Jahres 1831 nicht hatte abschrecken lassen, die Elendsquartiere der am schwersten betroffenen Vorstädte aufzusuchen und dort die Kranken mit Lebensmitteln und Medikamenten zu versorgen. Die Not, die sie dort kennengelernt hatte, veranlaßte sie, sich auch weiterhin um die Armen zu kümmern, was zur Folge hatte, daß – so ihre Biographin Ingeborg Drewitz – »die Proletarier der ganzen Stadt . . . schon morgens vor Sonnenaufgang ihre Türe belagerten«.

Bettina setzte sich auch wiederholt für politische Gefangene ein, konnte die Auslieferung der in Berlin eingekerkerten polnischen Aufständischen an Rußland verhindern und solidarisierte sich auch mit den Wortführern der hungernden Weber Schlesiens, denen in Berlin der Prozeß gemacht wurde. Ihr Schwager, der Staatsrat v. Savigny, mußte sich mehrfach für sie verwenden, wenn ihr empfindliche Strafen drohten, weil sie in ihrer Fürsprache zu weit gegangen war.

1840 starb Friedrich Wilhelm III., und wie die meisten Bürger Berlins, so knüpfte auch Bettina v. Arnim große Hoffnungen an den Thronwechsel. Der neue König Friedrich Wilhelm IV. ließ dann auch tatsächlich die Zensur lockern, begnadigte etliche politische Gefangene und machte in seinen Reden allerlei Andeutungen, aus denen man schließen konnte, daß er dem Land bald eine liberale Verfassung geben wollte. Doch in der Praxis geschah nichts, weder zur Linderung der Not noch zur Demokratisierung Preußens.

Noch wagte niemand, dagegen öffentlich zu protestieren, bis im Februar 1841 unter Umgehung der Zensur eine Flugschrift erschien, die in großer Auflage verbreitet wurde und deren Verfasser, der Königsberger Arzt Dr. Johann Jacoby, für das politische Leben Berlins bald eine große Rolle spielen sollte. Mit seinen »Vier Fragen beantwortet von einem Ostpreußen« forderte Jacoby die Bürger auf, die ihnen seit Jahrzehnten versprochenen demokratischen Freiheiten nicht länger demütig zu erbitten, sondern sie nunmehr als ihr »erwiesenes Recht in Anspruch zu nehmen«.

Das war eine Sensation sondergleichen! Vor allem den Berlinern hatte Jacoby damit aus dem Herzen gesprochen. Überall wurde seine – sofort verbotene – Flugschrift lebhaft diskutiert, und mit Spannung erwarteten die Bürger Berlins, wie der König darauf reagieren würde.

Friedrich Wilhelm IV. war außer sich. Er befahl, Jacoby sofort den Prozeß zu machen, und er ließ keinen Zweifel daran, daß er diesen »frechen Empörer« an den Galgen wünschte, zumal er auch erfahren hatte, daß dieser Jacoby Jude war.

Indessen wurde der des Hochverrats angeklagte Jacoby nach einem fast zwei Jahre dauernden Prozeß von den Richtern des Berliner Kammergerichts uneingeschränkt freigesprochen, was den König über alle Maßen erbitterte. Er überhäufte den Chefpräsidenten des Kammergerichts, Wilhelm Heinrich v. Grolman, mit Vorwürfen, doch dieser verbat sich die Einmischung, woraufhin er seine Entlassung erhielt. Johann Jacoby aber wurde von den Berlinern stürmisch gefeiert, und fortan war er der unbestrittene Führer der Berliner Demokraten.

Fast gleichzeitig mit Jacobys Freispruch meldete sich auch Bettina v. Arnim zu Wort. Sie ließ Anfang 1843 eine Schrift mit dem Titel »Dies Buch gehört dem König!« erscheinen, worin sie diesen ermahnte, endlich aus seinen romantischen Träumen zu erwachen und die Zeichen der Zeit zu erkennen.

Über Bettinas »Königsbuch« schrieb der Berliner Karl Gutzkow, einer der Dichter des verbotenen »Jungen Deutschland«: »Es sagt Dinge, die noch niemand gesagt hat, die aber, weil sie von Millionen gefühlt werden, gesagt werden mußten.« Er wies auch den arroganten Spott zurück, mit dem der Hof, die Junker und die Geistlichkeit die »dreiste Matrone« bedacht hatten, die weder eine Krone trug noch die Mätresse eines Fürsten war, folglich nach Ansicht der Konservativen kein Recht hatte, sich in »Männersachen« einzumischen.

Festzuhalten bleibt, daß die ersten mutigen Appelle, »mehr Demokratie zu wagen«, von zwei politisch noch Rechtlosen stammten, nämlich von einer Frau, einer »Italienerin« dazu, und von einem Juden. Beide wurden dafür von den Herrschenden gehaßt und verachtet, von den Berlinern jedoch bewundert und stürmisch gefeiert.

Was die offizielle Stellung der preußischen Juden betraf, so hatte sie sich seit 1812, als ihnen das Bürgerrecht zuteil geworden war, im Zuge des allgemeinen Rückschritts wieder deutlich verschlechtert. Doch in Berlin bildeten, im Gegensatz zu den Kleinstädten Ostelbiens, die Nachkommen der jüdischen »Wiener«, zusammen mit den Hugenotten, die bürgerliche Oberschicht. Welche geachtete Stellung sie damals in Berlin einnahmen, geht aus einem Briefwechsel zwischen Alexander v. Humboldt und Friedrich Karl v. Savigny hervor, einem im Sommer 1844 geäußerten Wunsch der »Madame Amalie Beer, Mutter unseres Meyerbeer« betreffend, die zur Vergrößerung ihres eigenen Parks ein Stück vom Tiergarten erwerben wollte.

»Da Seine Majestät der vortrefflichen alten Frau nicht gern etwas abschlägt«, schrieb Humboldt, damals Preußens ranghöchster Diplomat, an den Minister v. Savigny, »und die Erhörung der Bitte bei der Aufmerksamkeit, welche das Publikum auf den Thiergarten richtet, bedenklich sein könnte, so habe ich für jetzt die Sache auf eine Weise beendet, die hoffentlich Seiner Majestät angenehm ist.«

Wie er Savigny dann ausführlich schilderte, hatte Humboldt der mit ihm befreundeten Madame Beer erklärt, er vermute, der König würde ihr lieber ein Stück seines eigenen Parks, ja, selbst von Sanssouci überlassen, als ausgerechnet vom Tiergarten, den die Berliner so schätzten, daß sie schon wegen des Verlusts einiger Bäume rebellieren würden.

»Die sehr zartfühlende Frau hat sogleich auf ihre Bitte verzichtet«, schrieb Humboldt weiter, doch müsse man ihr wohl auf andere Weise ihren Park vergrößern helfen; der junge Graf v. Stolberg sei bereits damit beauftragt.

Sorgen wie diese, die Vergrößerung eines Parks oder die Gefühle einer empfindlichen alten Dame aus der jüdischen Gemeinde betreffend, hatten indessen nur die allerwenigsten Bürger Berlins jener Jahre. Die Fabriken litten unter einer schweren Absatzkrise, und das bedeutete für die Arbeiterschaft erneute Lohnkürzungen sowie zahlreiche Entlassungen.

Im Herbst 1846 kam es zu einer weiteren Verschlechterung der Lage: Käfer hatten die Kartoffelernte fast vernichtet, und die Knappheit des inzwischen wichtigsten Volksnahrungsmittels führte in Berlin zu enormen Preissteigerungen, bald auch wieder zu Hungerrevolten.

Im Frühjahr 1847 stürmte eine wütende Menge die Stände der Bauersfrauen auf dem Gendarmenmarkt, und in den Vorstädten kam es zu Plünderungen der Bäckerläden. Wieder wurde die gesamte Garnison zur Niederschlagung der Unruhen eingesetzt, und abermals gab es Tote und Verwundete.

Zu dieser Zeit lebten in Berlin samt den angrenzenden Vorstädten schon fast 400 000 Menschen. »Gegenwärtig zerfällt Berlin in elf Stadtheile«, heißt es in der 1843/44 bei F. A. Brockhaus in Leipzig erschienenen »Allgemeinen deutschen Real-Encyklopädie für die gebildeten Stände«, »nämlich Berlin, Alt- und Neukölln, Friedrichswerder, Luisenstadt, Friedrichsstadt, Dorotheenstadt, Friedrich-Wilhelmstadt, Spandauer Viertel, Königsstadt und Stralauer Viertel. Vorstädte sind die Rosenthaler und Oranienburger Vorstadt.« Von den Sehens- und »Merkwürdigkeiten«, die die Enzyklopädie den Besuchern Berlins empfiehlt, sind hervorzuheben: ».. . in Alt-Kölln, dem Schlosse gegenüber, der Lustgarten mit dem 1824–28 erbauten Museum, unmittelbar vor diesem die 1500 Centner schwere, kolossale Granitschale sowie der Springbrunnen, der von einer neben der Börse befindlichen Dampfmaschine betrieben wird; ... vor dem Brandenburger Thor der Thiergarten, der besuchteste und schönste

Theil der Umgebung Berlins, ein Lustwald mit den mannigfaltigsten Spaziergängen, Anlagen und Villen der reichen Berliner. In der Luisenstadt ist in der Lindenstraße das Kammergericht zu bemerken, ... vor dem Halleschen Thore die Gasbeleuchtungsanstalt, die von der Imperial-Continental-Gas-Association in London geleitet wird. Auf dem Kreuzberge vor dem Halleschen Thore, dem ehemaligen Tempelhoferberge, erblickt man das 1821 errichtete Denkmal, ein 60 Fuß hoher, nach Schinkels Entwurf gegossener thurmartiger Baldachin mit zwölf Kapellen. Schließlich der botanische Garten, außerhalb der Stadt bei Schöneberg«, der später zum Kleistpark wurde, wogegen der Botanische Garten in die Gegend zwischen Steglitz und Dahlem kam.

Allgemein berichtet das Lexikon von 1843/44 noch über Berlin: »Das wissenschaftliche und geistige Leben, mannichfaltig in seinen Richtungen und blühend in seinen Erfolgen, gleicht gewissermaßen einer universalen Treibhausstätte der modernen Intelligenz ... Der Betrieb der Bildungs- und Unterrichtsanstalten – mit 2140 Studirenden allein an der Universität – gewährt einen wahrhaft großartigen Anblick ... Auch das gewerbliche Leben Berlins, sein Handel, seine Fabriken, zeigen einen bedeutenden, rastlos fortschreitenden Betrieb«, wozu angemerkt sei, daß wenig später, 1847, der Artillerieleutnant Werner Siemens und der Mechaniker Johann Georg Halske eine »Telegraphen-Bauanstalt« eröffneten und damit die Berliner Elektroindustrie begründeten, wogegen die Borsigsche Maschinenfabrik nun bereits elfhundert Arbeiter beschäftigte und führend im Lokomotivbau für das sich rasch ausbreitende Eisenbahnnetz war.

In den zehn Jahren seit der Eröffnung der Berlin-Potsdamer Eisenbahn, die inzwischen bis Magdeburg verlängert worden war, hatte Berlin auch Eisenbahnverbindungen nach Anhalt, Frankfurt an der Oder, Stettin und Hamburg erhalten, sämtlich als private Unternehmen und mit eigenen Bahnhöfen. Die Berlin-Anhaltische Bahngesellschaft auf Actien, die den Berlinern nicht nur den Anhalter Bahnhof beschert hatte, sondern auch »eine neue, fast mit lauter Palästen angebaute Straße und ein neues Thor«, bot den Reisenden bereits Anschluß nach Leipzig und Dresden. Von 1847 an konnte man vom neuen Schlesischen Bahnhof – dem heutigen Ostbahnhof – nach Breslau fahren. Nur die Verbindung nach Westdeutschland litt noch zwei Jahrzehnte lang unter der stockkonservativen, industrie- und eisenbahnfeindlichen Haltung des Königs von Hannover, dessen Land die preußischen Rheinlande und Westfalen von den Ostprovinzen trennte. So konnte man von Berlin aus nur bis Lehrte, von Köln aus in Richtung Berlin nur bis Minden die Eisenbahn bauen. Das Zwischenstück, knapp hundert Kilometer durch hannoversches

Gebiet, mußte mit Pferdefuhrwerken überwunden werden. Das bedeutete zweimaliges Umladen, strenge Paß- und Zollkontrollen bei der Ein- und Ausreise sowie mancherlei Schikanen. Diese »hannoversche Blockade«, die Berlins Handel mit dem Westen stark behinderte, gab Anlaß zu immer neuen Sticheleien, wobei jeder Protest der Berliner mit noch strengerer und langsamerer Abfertigung an der Grenze beantwortet wurde.

Doch nicht nur Ernst August von Hannover und sein rückständiges Königreich waren die Zielscheiben derber Witze der Berliner; auch ihr eigener König blieb davon nicht verschont, im Gegenteil. Als Friedrich Wilhelm IV., der sich gern einen »Romantiker auf dem Königsthron« nennen ließ, einen »Schwanenorden« stiften wollte, dessen Mitglieder »in christlichem Geist den monarchischen Gedanken pflegen« sollten und dessen Ordenszeichen der König selbst entworfen hatte – das Bild der heiligen Jungfrau über einem Schwan an goldener Kette hängend! –, da erhob sich in Berlin nur Gelächter. Selbst bei den Geistlichen der christlichen Konfessionen stieß der Plan auf Ablehnung, und als dem König zu Ohren kam, die Berliner witzelten, »wenn eener sich will fleejen, mussa sich doch nich allens ummen Hals häng'n – Meechen und Jänsebraten . . .«, gab er das schöne Projekt seufzend auf, für das er sich auch einen sehr schlechten Zeitpunkt ausgesucht hatte.

»Es ereignet sich derzeit immer häufiger, daß die ärmeren Leute, welche wegen geringfügiger Vergehungen zu Gefängnisstrafen verurteilt sind, sich zu deren Verbüßung förmlich drängen«, meldete am 10. Februar 1847 die Berliner Gerichtszeitung »Der Publizist«. Bisher, so erläuterte das Blatt, hätte es stets große Mühe gemacht, die Verurteilten zur Strafhaft zu bringen; jetzt aber treibe der Hunger die Leute dazu, sich selbst zu stellen, um in den Genuß der Gefängniskost zu kommen.

Die Not, die im Berlin des ausgehenden Biedermeiers herrschte, hatte kaum noch vorstellbare Ausmaße erreicht. Seit Beginn des Eisenbahnbaus und der stürmischen Industrialisierung waren immer mehr Menschen in die Hauptstadt geströmt, 1837, im Jahr der Borsigschen Fabrikgründung, sogar etliche hundert Gebirgsbauern aus dem Zillertal, die als von der Gegenreformation zunächst vergessene Protestanten aus Tirol vertrieben worden waren. Danach kamen Abertausende halbverhungerte Schlesier, Polen und Böhmen.

»Herr Biedermeier«, eine Figur der seit 1844 von Münchener Künstlern herausgegebenen humoristischen »Fliegenden Blätter«, die sich auch in Berlin großer Beliebtheit erfreuten, konnte gar nicht begreifen, warum es nicht so war wie früher. Da waren zwar auch nur wenige wohlhabend, aber die meisten hatten doch »ihr Auskommen«

gehabt. Warum, so fragte er sich, hatten die schönen neuen Dampf-maschinen so viele Menschen brotlos gemacht, darunter so brave Handwerksmeister, wie er selbst einer war? Warum sanken die Löhne, während die Lebensmittelpreise und Mieten ins Unermeßliche stiegen? »In Geldsachen«, so fand auch er, »hört die Gemütlichkeit auf!«

Mit diesen Worten hatte der von den rheinischen Großbürgern nach Berlin entsandte David Hansemann im Juni 1847 dem König die erbetenen Kredite für den nunmehr staatlichen Eisenbahnbau verweigert, solange den Bürgern keine parlamentarische Kontrolle der Staatsausgaben durch gewählte Repräsentanten eingeräumt würde.

Jetzt waren nicht mehr allein die Hungernden, die das Militär in Schach zu halten vermochte, sondern auch alle bislang braven Bürger, sogar die Beamten und Richter, zu dem geworden, was Friedrich Wilhelm IV., der eine blumige Sprache liebte, »Aufsässige, die es zu züchtigen gilt«, nannte. An die Geschenke des Zaren wagte jetzt sich sogar der Spott der Berliner aus den »besseren Kreisen«. Jene beiden monumentalen Rossebändiger, die Zar Nikolaus dem König zum Präsent gemacht hatte und die nun vom Lustgarten aus beiderseits des Schloßportals bewundert werden konnten, wurden sogleich mit Spottnamen bedacht: »Links der verhinderte Fortschritt, rechts der beförderte Rückschritt!«

Es blieb aber nicht bei solchen bitteren Witzen. Die Aufstände, die im Winter 1847/48 aus Italien gemeldet wurden, und die Kunde vom Sturz der Monarchie in Frankreich, die Anfang März 1848 Berlin in Aufregung versetzte, gaben nur noch den letzten Anstoß für eine Volksbewegung, wie man sie an der Spree seit den Tagen des »Berliner Unwillens« 1447/48 nicht mehr erlebt hatte.

Es begann mit großen Versammlungen »in den Zelten«, den Ausflugslokalen im Tiergarten, die aber längst feste Gebäude hatten. Dort wurden Forderungen diskutiert und beschlossen: »Unbedingte Presse- und Redefreiheit, vollständige Amnestie für alle politischen Vergehen, volle politische Gleichberechtigung ohne Rücksicht auf Vermögen, Stand oder Konfession, Volksbewaffnung mit freier Wahl der Führer, Verminderung des stehenden Heeres, Unabhängigkeit der Justiz, Einrichtung von Geschworenengerichten, allgemeine deutsche Volksvertretung, schleunigste Einberufung einer preußischen Nationalversammlung, die dem Staat eine demokratische Verfassung geben soll!«

Friedrich Wilhelm IV. sah die Lage als so ernst an, daß er den Zaren um Hilfe bat. Der sagte die Entsendung von 400000 Mann seiner besten Truppen zu – allerdings frühestens in drei Monaten, und er riet dem Preußenkönig, etwas nachzugeben, um Zeit zu gewinnen.

Studenten der Berliner Universität halten politische Reden vor den Arbeitern in den Rehbergen (Lithographie von Theodor Hosemann).

Dabei hatten die schlimmsten Nachrichten den Zaren noch gar nicht erreicht: Die Revolution hatte sich von Frankreich her auf ganz Süd- und Westdeutschland ausgedehnt, und in Wien war Metternich bereits gestürzt worden.

Am Abend dieses 13. März 1848, an dem alle Wachen in Berlin verdoppelt und an wichtigen Plätzen der Stadt sogar Kanonen aufgefahren worden waren, versammelten sich weit über zehntausend junge Leute – Handlungsgehilfen, Studenten, Handwerksgesellen und Maschinenbauer – »in den Zelten«. Die Erregung war zwar groß, aber noch dachte niemand an gewaltsamen Umsturz. Als die Versammlung sich gegen Mitternacht auflöste, ging das Militär plötzlich gegen einzelne Gruppen, die auf dem Heimweg waren, mit großer Brutalität vor; es gab Tote und Verletzte. Am nächsten Abend wütete das Militär noch schlimmer, obwohl der König zur Mäßigung gemahnt und die Einberufung des Vereinigten Landtags bekanntgegeben hatte. Auch gänzlich Unbeteiligte wurden niedergeschlagen und -gestochen. Tags darauf meldete Polizeipräsident Minutoli, ein gebürtiger Berliner italienischer Abstammung: »Die Erbitterung gegen das Militär ist furchtbar! Heute befinden wir uns auf dem Kulminationspunkt. Die Gruppen auf den Straßen werden dichter. Beschwerdedeputationen der Bürger belagern mich. Es ist leider als feststehend hinzunehmen, daß man gestern ohne Warnung eingehauen und Unschuldige schwer verletzt hat.«

Am Freitag, dem 17. März, herrschte in Berlin eine gefährliche Ruhe. Am Abend beschlossen riesige Volksversammlungen, gleich am nächsten Morgen vors Schloß zu ziehen und vier Forderungen durchzusetzen: Abzug aller Truppen aus Berlin, Aufstellung einer bewaffneten Bürgerwehr, endliche Gewährung voller Pressefreiheit und sofortige Einberufung des Landtags!

Tags darauf versammelte sich, obwohl der Sonnabend noch ein regulärer Werktag war, schon vom frühen Morgen an eine immer größer werdende Menschenmenge vor dem Schloß, durchaus friedlich, aber entschlossen, diesmal nicht nachzugeben. Deputationen wurden gewählt und zum König entsandt, der sie auch empfing, sich aber erst gegen 14 Uhr von einem Balkon aus der Menge zeigte, ihr freundlich zuwinkte, dann den Bürgermeister Naunyn bekanntgeben ließ, volle Pressefreiheit sei gewährt, weitere Reformen würden folgen.

Damit gab sich die Menge aber nicht mehr zufrieden. Sprechchöre forderten: »Militär raus aus der Stadt! Wir bleiben hier am Ort, bis die Soldaten fort!« Die Schloßwache begann daraufhin, den Platz zu räumen, und plötzlich fielen zwei Schüsse – niemand wußte (und weiß bis heute), warum und woher. Nun war es vorbei mit der Friedfertigkeit. »Verrat! Zu den Waffen! Auf die Barrikaden!« erscholl es aus der Menge, und innerhalb der nächsten zwanzig Minuten verwandelte sich die Innenstadt in einen Kampfplatz.

»Zwölf Barrikaden erheben sich im Nu in der Königstraße, aus Droschken, aus Omnibuswagen, aus Wollsäcken, aus Balken, aus umgestürzten Brunnengehäusen bestehend, tüchtige, musterhaft gebaute Barrikaden. Haus an Haus werden die Dächer abgedeckt. Oben am schwindelnden Rand stehen die Menschen mit Ziegeln in der Hand, die Soldaten erwartend ... Alles ist bewaffnet: mit Mistgabeln, mit Schwertern, mit Lanzen, mit Pistolen, mit Planken. Die Knaben dringen in die Häuser, um große Körbe mit Steinen auf die Dächer zu tragen«, heißt es in einem Augenzeugenbericht.

Kurz vor 15 Uhr begann der Kampf an einer Barrikade an der Ecke Oberwall- und Jägerstraße, wenig später überall in der Innenstadt. »Gegen fünf Uhr nachmittags«, heißt es in den Tagebuchaufzeichnungen Varnhagens, »war die ganze Stadt, auch in den entlegensten Teilen, mit Barrikaden überdeckt. Ich ging mit Ludmilla (Assing, seiner Nichte) nach den Linden, ein Schutzbeamter – Blesson war's – hielt uns auf ... Bei Kranzler sei eine Barrikade. Ulanen ritten vorbei, sie anzugreifen. Wir eilten nach Hause. Gleich wurden nach allen Seiten bei uns Barrikaden errichtet, langsam, behaglich. Feine Leute die Anführer, Jungen und Gesellen aller Art. Steine ausgerissen, auf die Dächer gebracht . . . Noch bei Tage, dann aber heftiger bei Nacht – im hellen Mondschein – von allen Seiten Kampf, Gewehr- und Geschützfeuer. Eingedrungene Truppen mußten unter Steinhagel nach der Beerenstraße zurück. Auftritte im Haus, nichts geplündert oder zerschlagen, außer Fensterscheiben. Der Kampf dauerte die ganze Nacht . . .«

Schon gegen Mitternacht stand fest, daß das Militär diesmal nichts gegen die Berliner auszurichten vermochte. Die Soldaten, übermüdet und hungrig, zudem im Straßenkampf gegen Bewaffnete unerfahren, begannen bereits, sich den Befehlen ihrer Offiziere zu widersetzen. Hier und dort liefen sie sogar zu den Barrikadenkämpfern über.

Die aufgestellten Kanonen waren nur als Drohung gedacht gewesen; die Geschützbedienungen hatte man nicht mehr herbeiholen können. Dagegen hatten die Berliner am Alexanderplatz zwei der dort aufgestellten Kanonen erobert und unter Anleitung erfahrener Mechaniker gegen das anrückende Militär erfolgreich eingesetzt.

»Die Vorgänge haben etwas Wunderbares«, notierte sich Varnhagen. »Zehn, zwölf junge Leute, entschlossen und todbereit, haben Barrikaden . . . siegreich verteidigt gegen Kanonen, Reiter und Fußvolk. Ganze Regimenter mußten mit Verlust weichen. Die eigentlichen Kämpfer waren wenig zahlreich, die Gehilfen aber willig, die Masse günstig. So konnte es geschehen, daß 20000 Mann Truppen nichts ausrichteten . . .«

Am Sonntagmorgen, dem 19. März, wurde eine Proklamation des Königs überall in Berlin angeschlagen. Die Frühaufsteher lasen verwundert, daß alles ganz anders gewesen wäre, als sie es selbst miterlebt hatten. Fremde hätten das Volk belogen, aufgehetzt und verführt, gerade jetzt, wo doch alles bewilligt sei, was »die lieben und treuen Berliner« sich gewünscht hatten. »An Euch, Einwohner Meiner geliebten Vaterstadt, ist es jetzt, größerem Unheil vorzubeugen . . . Euer König und treuster Freund beschwört Euch . . . Kehrt zum Frieden zurück, räumt die Barrikaden weg, die noch stehen, und entsendet an Mich Männer, voll des echten, alten Berliner Geistes! . . . Vergesset das Geschehene, wie Ich es vergessen will!« Wieder folgten Versprechungen, auch die eines Truppenabzugs, »sobald es die Lage gestattet«, und die Proklamation schloß mit den Worten: »Eure liebreiche Königin . . ., die sehr leidend darniederliegt, vereinigt ihre innigen, tränenreichen Bitten mit den Meinigen . . .«

»Die Leute reißen die Proklamation ab«, notierte sich Varnhagen. »Sie wollen die Truppen hinausschlagen . . . Die Neuchâteller und andere Soldaten sollen zu ihnen übergegangen sein.« Nachdem tatsächlich selbst die verläßlichsten Schweizergardisten sich den Aufständischen angeschlossen hatten, ließ sich nicht länger daran zweifeln, daß die Berliner auf der ganzen Linie gesiegt hatten. Noch an diesem Sonntagmorgen erzwangen sie den vollständigen Abzug der Garnison, die Herausgabe von Waffen an die Bürger, die Freilassung aller Gefangenen.

Prinz Wilhelm, des Königs Bruder, war bereits auf dem Weg ins englische Exil; am Tor seines Berliner Palais hing schon ein Schild mit der Aufschrift »Volkseigentum«. »Heute Nacht«, berichtete Bettina v. Arnim ihrem Sohn, »hat man das Gefängnis der Polen bestürmt, ist aber nicht fertig geworden. Der General Möllendorf ist von Studenten gefangengenommen worden, sie haben ihn als Geisel behalten und dem König sagen lassen, daß sie ihn hängen würden, wenn etwas nicht gewährt werden sollte, was die Bürger fordern!«

Tatsächlich befreiten die Berliner auch noch die Polen, ja sie nötigten den König, deren Anführer Mieroslawski und einige andere im Schloß zu empfangen, ihnen damit, sozusagen, Abbitte zu leisten für die schmähliche Behandlung dieser Freiheitskämpfer. Aber das war noch keineswegs alles: Vierundzwanzig Stunden nach Beginn der Kämpfe stand das Volk von Berlin wieder auf dem Schloßplatz – diesmal als Genugtuung fordernde Sieger. Die meisten der insgesamt über dreihundert Toten der Straßen- und Barrikadenkämpfe hatten sie auf offenen Wagen und Tragbahren mitgebracht, bedeckt mit Blumen und den bislang verbotenen schwarzrotgoldenen Fahnen, und sie zwangen den König, den toten Revolutionären die letzte Ehre zu erweisen, vor den Opfern seiner Garden sich entblößten Hauptes zu verbeugen.

Diese Demütigung des Preußenkönigs bedeutete die endgültige Überwindung des Feudalabsolutismus durch die Bürger von Berlin. Denn was dann auch die nahe Zukunft schon an Enttäuschungen und Rückschlägen brachte, welche Macht auch die Hohenzollern noch für weitere siebzig Jahre behalten sollten – die »Märzerrungenschaften«, das neue Selbstbewußtsein der Bürger, auch des »kleinen Mannes«, der zum erstenmal seine Kraft verspürt hatte, ließen sich nicht mehr, wie so vieles andere, wieder rückgängig machen.

Allerdings wurden sich die Berliner auch sehr rasch der Tatsache bewußt, daß sie zwar in ihrer eigenen Stadt den Junkerstaat bezwungen hatten, doch das ganze Land um sie herum war davon noch unberührt. Nur im fernen Rheinland hatte die Revolution ebenfalls gesiegt.

»Es sind nun fast vierzehn Tage her, daß ich, von Paris zurückge-

Die Aufbahrung der Märzgefallenen in Berlin 1848: Der König wurde gezwungen, den Opfern seiner Garden die letzte Ehre zu erweisen (Gemälde von Adolf Menzel).

kehrt, in Berlin lebe«, notierte sich die Schriftstellerin Fanny Lewald, gebürtige Königsbergerin und enge Freundin Dr. Johann Jacobys, am 11. April 1848. »Als wir, in der Nacht zum 1. April durch das Potsdamer Tor einfahrend, an dem Kriegsministerium in der Leipziger Straße vorüberkamen, vor dem, statt des militärischen Ehrenpostens, zwei Studenten mit roten Mützen Wache hielten, die ihre Zigarren rauchten, glaubte ich wirklich zu träumen. Aber wie stieg erst meine Verwunderung, als ich in den nächsten Tagen die Straßen Berlins ohne Militär sah, als keine Gardeleutnants, bei Kranzler Eis essend, ihre Füße über das Eisengitter des Balkons streckten . . . Verwüstungen durch die Revolution bin ich in der Stadt nicht wahrgeworden . . ., nirgends ist das Eigentum angetastet worden, . . . und die Sicherheit der Straßen ist vollkommen, auch ohne die Aufsicht der Gendarmerie . . . Ein großer und edler Teil der Bevölkerung sieht mit opferfreudiger Begeisterung in die Zukunft, aber der Untertänigkeitsgeist eines absolutistisch regierten Volkes, die Angst vieler Besitzenden vor möglichen Verlusten und der weitverzweigte bürokratische Kastengeist sind noch lange nicht überwunden . . .«

Als im Mai 1848 – fast gleichzeitig mit der Paulskirchen-Versammlung in Frankfurt am Main – die erste preußische Nationalversammlung in Berlin zusammentrat, da zeigte es sich, wie recht Fanny Lewald hatte: Dieses erste frei gewählte Parlament, das dem Königreich eine Verfassung geben sollte, war ja nicht nur die Repräsentanz des fortschrittlichen Bürgertums der Hauptstadt und der wenigen, meist weit im Westen gelegenen Großstädte des Landes; Preußen war vielmehr noch immer zu fast neunzig Prozent ein Agrarstaat, und seine volkreichen ländlichen Provinzen wurden nach wie vor von den Junkern beherrscht. So kam es, daß die demokratische Linke in der Nationalversammlung in hoffnungsloser Minderheit war; bei Abstimmungen unterlag sie meist mit jeweils fünfzig gegen mehr als 260 Stimmen bei etwa fünf Enthaltungen.

Die unbestrittenen Führer dieser preußischen Linken im ersten Parlament des Hohenzollernstaats waren Dr. Johann Jacoby aus Königsberg, der von den Berlinern ohne sein Zutun in Abwesenheit aufgestellt und gewählt worden war, und einer der höchsten Richter Preußens, der Rat am Geheimen Obertribunal Benedikt Waldeck. Sie vertraten gegen die Majorität des Hauses mit großer Entschiedenheit die Sache des Volkes, obwohl auch ihnen spätestens im Sommer 1848 klar wurde, daß die Revolution gescheitert war; daß das gemäßigt liberale Bürgertum seinen Besitz in Gefahr gesehen, schon seinen Frieden mit dem Junkerstaat gemacht und sich dafür einige Zugeständnisse wirtschaftlicher Art eingehandelt hatte.

Anfang November konnte der König es bereits wagen, den Anführer der reaktionärsten Junker, den Grafen von Brandenburg, Sohn Friedrich Wilhelms II. und dessen Mätresse, der Gräfin Dönhoff, zum Ministerpräsidenten zu ernennen. Auch der nach England geflüchtete Bruder des Königs, Prinz Wilhelm, war schon nach Berlin zurückgekehrt und bereitete nun die Konterrevolution vor.

Alle Proteste der preußischen Nationalversammlung hatten nichts genützt, und so schickte sie am Abend des 2. November 1848 eine Deputation nach Potsdam, wohin sich der König zurückgezogen hatte, um ihm klarzumachen, daß der neue Ministerpräsident keine Mehrheit im Parlament finden würde. Friedrich Wilhelm IV. ließ die Abgesandten der Nationalversammlung lange warten, empfing sie höchst ungnädig, hörte sich wortlos an, was der Präsident, der Eisenbahningenieur v. Unruh, ihm in sehr zurückhaltender Form vortrug, und wollte sich ohne Antwort entfernen, als Dr. Johann Jacoby vortrat und erklärte, sie seien gekommen, um ihm die wahre Lage darzustellen. Der König würdigte Jacoby keines Blicks, und als dieser höflich fragte, ob ihnen Gehör gestattet würde, antwortete er brüsk mit »Nein!« und öffnete schon die Tür, als Jacoby laut und deutlich erklärte: »Das eben ist das Unglück der Könige, daß sie die Wahrheit nicht hören wollen!«

Zu einem Preußenkönig so zu sprechen, war nicht nur beispiellos, sondern ein nach den damaligen Gesetzen strafbares Verbrechen, und selbst die meisten seiner Parlamentskollegen fanden, Jacoby sei entschieden zu weit gegangen. Die kurz zuvor gegründete, nun zweimal täglich in Berlin erscheinende »Neue Preußische Zeitung«, wegen des Eisernen Kreuzes am Kopf des Blattes allgemein »Kreuzzeitung« genannt und als neues Propagandaorgan der junkerlichen Reaktion zugleich Sprachrohr des neuen Ministerpräsidenten, schalt Jacoby einen »dreisten Juden«. Die Berliner aber jubelten, und am Sonntag darauf zog ein schier endloser Fackelzug stundenlang an Mylius' Hotel vorbei, dem Hauptquartier der entschiedenen Demokraten, wo sich Jacoby aufhielt.

Es war zugleich Berlins Abschied von der Revolution, denn wenige Tage später kehrte das Militär in die Stadt zurück. Vierzigtausend Mann mit General v. Wrangel an der Spitze, das Doppelte der früheren Garnison und nur zuverlässig königstreue Truppen, hielten von jetzt an die Stadt unter Kontrolle. Über Berlin wurde der Belagerungszustand verhängt, jede, auch die kleinste Versammlung verboten, die Pressezensur wieder eingeführt, die Nationalversammlung aufgefordert, die Hauptstadt zu verlassen und in der Provinz, in Brandenburg an der Havel, zu tagen. Als die Linke dem nicht Folge leistete, ließ der König die Sitzung der »ungehorsamen« Abgeordneten durch das Militär sprengen und verfügte die Auflösung der Nationalversammlung.

Überraschenderweise ließ er sich aber nun herbei, dem Land eine Verfassung zu geben, die dem – von Benedikt Waldeck ausgearbeiteten – Entwurf fast in allen Punkten entsprach; nur wenige, ihm allzu demokratisch erscheinende Bestimmungen wie »Der Adel ist abgeschafft« fehlten. Das allgemeine Wahlrecht hingegen wurde beibehalten, das neu zu wählende, aus zwei Kammern bestehende Parlament wurde zum 26. Februar 1849 einberufen.

Diese ersten preußischen Wahlen zum Abgeordnetenhaus wurden in Berlin zu einem triumphalen Sieg der demokratischen Linken, die in allen neun Wahlbezirken ihre Kandidaten durchbrachte; die mit Abstand meisten Stimmen erhielten Johann Jacoby und Benedikt Waldeck. Die »Kreuzzeitung« wetterte gegen das »verrottete Berlin«, das Leute als seine Vertreter ins Parlament geschickt habe, die den König »in seinem eigenen Hause beleidigt« hätten. Als aber das Abgeordnetenhaus dann mit überwältigender Mehrheit einen Appell an die Regierung beschloß, den über die Hauptstadt verhängten Belagerungszustand aufzuheben, da er ungesetzlich sei, wurde es schon im April 1849 vom König aufgelöst. Einen Monat später verfügte er die Einführung eines neuen Wahlrechts, das die Wähler nach der Höhe ihrer Steuerzahlungen in drei Klassen einteilte. Die wenigen Reichen der ersten und die wohlhabenden Besitzbürger der zweiten Klasse erhielten dadurch Anspruch auf ebenso viele Wahlmänner und Abgeordnete wie die breite Schicht der Steuerzahler mit geringem Einkommen der dritten Klasse. Mit diesem Dreiklassenwahlrecht, das durch indirekte Wahlen und die Abschaffung der geheimen Abstimmung die Junkerherrschaft, zumal in den ländlichen Provinzen, für alle Zeiten sichern sollte und tatsächlich bis 1918 in Kraft blieb, hoffte die Regierung, mit den aufsässigen Berlinern fertig zu werden. Doch das war nach Berliner Redensart »een falscha Irrtum«.

DRUCK VON OBEN,
UND BERLIN
PLATZT AUS ALLEN NÄHTEN

Wer Berlin vor zehn Jahren gesehen hat, würde es heute nicht wiedererkennen!« So der im Londoner Exil lebende Karl Marx im Januar 1859, wozu angemerkt sei, daß er seine genauen Kenntnisse von Berlin aus zweiter Hand hatte; das ganze Jahrzehnt hindurch, das seit der gescheiterten Revolution von 1848/49 vergangen war, hatte er wie fast alle politisch engagierten Repräsentanten der deutschen Linken in der Fremde verbracht, denn die deutschen, zumal die preußischen Polizeibehörden verhafteten in dieser Zeit der finstersten Reaktion jeden, der »im Verdacht demokratischer Gesinnung« stand. Preußischer Polizeiminister war während dieser Zeit übrigens Marxens Schwager, Ferdinand v. Westphalen, Polizeipräsident von Berlin aber war Karl v. Hinckeldey, ein äußerst energischer Herr, der nicht allein in Polizei-, sondern in praktisch sämtlichen städtischen Angelegenheiten so selbstherrlich regierte wie ein absoluter Monarch. Wenn sich also Berlin völlig verändert hatte, was tatsächlich der Fall war, so hatte Hinckeldey daran entscheidenden Anteil.

Als erstes nach seinem Amtsantritt im November 1848 nahm er die Reorganisation der Berliner Polizei in Angriff. Er beseitigte das Durcheinander von kommunalen und staatlichen Behörden und deren diversen Organen, schuf eine einheitliche, nunmehr militärisch straff organisierte Schutzmannschaft und unterstellte sie seinem alleinigen Befehl. Als nächstes gliederte er alles, was auch nur entfernt mit polizeilichen Aufgaben in Zusammenhang zu bringen war, »seiner« Polizei an, als erstes das gänzlich veraltete Feuerlöschwesen. Die ebenfalls militärisch organisierte Berufsfeuerwehr, die Hinckeldey ins Leben rief, fand als einzige seiner »Errungenschaften«, wie er sie nannte, den Beifall der skeptischen Berliner, denn sie funktionierte hervorragend und erwarb sich bald einen internationalen Ruf. Verblüffenderweise gliederte er alsdann das Straßenreinigungswesen der Feuerwehr und damit ebenfalls »seiner« Polizei an. Da die Straßenreinigung wie auch die Feuerwehr Wasser benötigte, verlangte Hinckeldey von der Stadt eine Million Taler für die Durchführung eines Plans, den er hatte ausarbeiten lassen, und der zur Anlage von Wasserleitungen, die der Straßenspülung, zugleich aber auch der Wasserversorgung aller Häuser dienen sollte. Drei Tage, vom 11. bis 14. Oktober 1852, gab der Polizeipräsident dem Magistrat Zeit, darüber nachzudenken! Als am dritten Tag keine Antwort vorlag, schloß er selbst einen Vertrag mit einer englischen Gesellschaft. Sie erhielt auf fünfundzwanzig Jahre das Privileg, gegen Gebühren den Haushaltungen Wasser zu liefern, unter der Verpflichtung, auch alle Straßen, Plätze und Gassen mit Hydranten zu versehen.

Es war ein kühner Plan des selbstherrlichen Hinckeldey, der auf den ersten Blick, zumindest aus heutiger Erfahrung, höchstes Lob verdient. Indessen stieß seine rücksichtslose Durchführung bei den Berlinern auf heftigste Kritik. Erstens, so fanden sie, könnte niemandem zugemutet werden, Wasser zu trinken, das nicht aus sauberen Brunnen, sondern aus der schmutzigen Spree stammte, auch wenn man es zuvor gereinigt hätte; zweitens sollte das Herumkommandieren des Magistrats endlich aufhören, denn wenn es so weiterginge, wäre in Kürze alles in Berlin, vom Säugling bis zum Greis, unter dem militärischen Kommando des Präsidenten v. Hinckeldey und jeder Straßenfeger ein von allen Bürgern stramm zu grüßender Vorgesetzter. Drittens aber, so erklärten sie, würde die Wasserleitung ja doch nicht funktionieren, und da hatten sie zumindest teilweise recht.

Die englische Gesellschaft lieferte zwar – von einem an der Oberspree am Stralauer Tor erbauten Wasserwerk aus – vom Frühjahr 1856 an filtriertes Spreewasser in die Stadt, das von so guter Qualität war, daß sich die Hausanschlüsse, entgegen allen Voraussagen, sehr rasch vermehrten; in sehr kurzer Zeit gestaltete sich das Unternehmen durchaus rentabel. Indessen hatte die Sache einen Haken, der von dem schneidigen Polizeipräsidenten übersehen worden war: Die Stadt hatte ja noch keine Kanalisation, und bei dem Fehlen einer Vorflut staute sich das aus den Häusern fließende Abwasser samt allem, was die von den Engländern ebenfalls gelieferten und installierten »Water Closets« dazu beisteuerten, in den Rinnsteinen derart an, daß die Spülaktionen der Straßenreinigung wenig fruchteten. Mit einem Wort: Es stank zum Himmel – fast zwei Jahrzehnte lang, denn erst 1873 wurde mit dem Bau der Kanalisation begonnen, und bis dahin schimpften die Berliner auf Hinckeldey, der just zu Beginn der Versorgung mit Leitungswasser, aber noch bevor die Abwasser-Folgen in vollem Umfang ruchbar wurden, am 10. März 1856 bei einem Duell tödlich verwundet worden war. Sein Gegner, ein Junker aus der Sippe derer v. Rochow, hatte ihn zum Zweikampf gefordert, weil der energische Polizeipräsident einen exklusiven Spielklub geschlossen hatte.

Doch zuvor hatte sich der unermüdliche Hinckeldey noch dreier ihm vordringlich erschienener Aufgaben angenommen, die er sich aufgrund seiner Erfahrungen im Revolutions-März 1848 gestellt hatte. Was nach seiner Meinung die Unruhen am meisten gefördert hatte, waren die vielen wild an die Hauswände und Bretterzäune geklebten Plakate gewesen, sodann die Proletarier der Vorstädte, »Rehberger« genannt, weil sie in den Rehbergen mit Notstandsarbeiten beschäftigt wurden und, im März 1848, von Berliner Studenten aufgewiegelt und zum Barrikadenkampf geführt, die Bürger am meisten geängstigt hatten, und schließlich die vielen Prostituierten, denn nach Hinckeldeys Überzeugung war die »Sittenlosigkeit« der Berliner die eigentliche Ursache ihrer »politischen Verderbtheit«.

Was das wilde Plakatieren betraf, so schloß er mit dem Druckereibesitzer Litfaß 1854 auf fünfzehn Jahre einen Vertrag. Litfaß mußte hundertfünfzig – dann nach ihm benannte – Plakatsäulen aufstellen und bekam dafür das alleinige Recht, Plakate öffentlich anzuschlagen, wobei es sich von selbst versteht, daß sie zuvor die polizeiliche Zensur zu passieren hatten. Tatsächlich behielt Litfaß sein privates Monopol bis 1880, dann erst wurde das Anschlagwesen in die städtische Verwaltung übernommen.

Was die »Rehberger« betraf, so wies Präsident Hinckeldey die Torwachen an, sie nur in die Stadt zu lassen, wenn ihr Arbeitsbüchlein sie als innerhalb der Stadtmauer Beschäftigte auswies. Denn so seltsam es auch anmuten mag: Berlin hatte, als die Einwohnerzahl sich schon der Millionengrenze näherte, nämlich bis 1867/68, tatsächlich noch eine – von den Berlinern als sehr lästiges Hindernis empfundene – Mauer, die aus der Regierungszeit des »Soldatenkönigs« stammte und längst mitten durch die Wohngebiete verlief, streckenweise aber auch noch Äcker und Wiesen einschloß, weil die immer größer werdende Stadt zunächst mehr nach Westen und Norden als nach Osten und Süden über den Mauerring hinausgewachsen war. Diese Mauer mit ihren fünfzehn Toren hatte zu keiner Zeit der militärischen Befestigung gedient. Sie war nur teilweise wirklich gemauert und dann maximal 15 Fuß, also etwa 4,50 Meter hoch, weniger als einen Meter breit und über lange Strecken ein bloßer Palisadenzaun, zum Beispiel entlang der Linien-, der Gollnow- und der Palisadenstraße. Vom Frankfurter Tor aus führte sie dann als Mauer zur Oberbaumbrücke, dann jenseits der Spree – entlang der heutigen Skalitzer und Gitschiner Straße – zum Hallischen und von dort in nördlicher Richtung zum Potsdamer und zum Brandenburger Tor, kreuzte am Unterbaum wieder die Spree und traf am Oranienburger Tor auf »die Linie«, den Palisadenzaun. Ihr Zweck in den mehr als 160 Jahren ihres Bestehens wurde von den Berlinern als reine Schikane angesehen, denn bei den fünfzehn Toren mußten jahrzehntelang Gebühren, mehr als ein Jahrhundert lang Akziseabgaben auf eingeführte Waren entrichtet werden, aber vornehmlich diente die Mauer dazu, den Soldaten der Garnison das Desertieren zu erschweren.

Natürlich konnten Hinckeldeys Maßnahmen weder das Anwachsen des Proletariats verhindern noch dessen Angehörige aus den inneren Stadtbezirken verbannen, und die Eindämmung der Prostitution gelang dem Polizeipräsidenten ebensowenig. Es handelte sich zudem bei den auf »mehr als 20 000« geschätzten »Straßendirnen« größtenteils nicht um Professionelle, sondern um jene Minderheit unter den weiblichen Dienstboten, die sich gelegentlich »'n Daler nebenbei« zu verdienen suchten.

Dagegen hatte Hinckeldey auf anderen Gebieten Erfolg: Er richtete öffentliche Dampfwaschanstalten ein, wo die Hausfrauen, denen in ihren Mietskasernen keine ordentlichen Waschküchen zur Verfügung standen, ihre Wäsche waschen konnten, und er sorgte auch für die ersten Hallen-Badeanstalten. Dort gab es sowohl Dusch- und Wannenbäder als auch – natürlich streng getrennt nach Geschlechtern! – Gelegenheit zum Schwimmen.

Im Berliner Schloß gab es übrigens noch lange Zeit keine Bademöglichkeit, nicht einmal in den königlichen Privatgemächern. Noch zwanzig Jahre später, um 1880, ließ sich Wilhelm I. gelegentlich eine Badewanne aus einem der vornehmen Hotels Unter den Linden kommen. Sie wurde dann mit heißem Wasser aus der Schloßküche gefüllt. Übrigens hatte der einstige »Kartätschenprinz« Wilhelm, dessen Palais im März 1848 von den Berlinern zum »Volkseigentum« erklärt worden war, 1858 seinen unheilbar geisteskranken und kinderlosen Bruder Friedrich Wilhelm IV. ablösen müssen, zunächst als Regent, dann, von 1861 an, als der kranke Bruder gestorben war, als neuer König von Preußen.

Die Wahlen zum preußischen Abgeordnetenhaus vom November 1858 brachten der linken, teils liberalen, teils freisinnigen, das heißt: entschieden demokratischen und am linken Flügel sogar republikanischen Opposition gegen den stramm reaktionären Kurs der Regierung einen – in Berlin stürmisch gefeierten – Sieg, der schon bald zum Streit über die Militärausgaben und im Frühjahr 1862 zum Verfassungskonflikt zwischen Parlament und Krone führte, bei dem die bürgerliche Linke die von Wilhelm I. und seinem Kriegsminister v.

Roon mit Eifer betriebene Vergrößerung und Modernisierung des Heeres für ungesetzlich erklärte und alle Mittel dafür verweigerte, schließlich den ganzen Haushalt der preußischen Regierung mit 308 gegen 11 konservative Stimmen ablehnte.

In diesen politisch so bewegten Jahren, in denen Berlin wiederum den Zuzug von mindestens dreißigtausend Arbeitern, vor allem aus Polen, Schlesien und Böhmen, erhielt und die Industrie der Stadt einen mächtigen Aufschwung nahm, entschloß sich die preußische Regierung zu einer erheblichen Erweiterung des Stadtgebiets von Berlin. Alles, was südlich des Landwehrkanals lag, also das nördliche Schöneberg und Tempelhof, war dem Berliner Magistrat willkommen, denn dort konnte er mit erheblichen Steuereinnahmen rechnen; dagegen sträubten sich die Stadtväter mit Händen und Füßen gegen die Eingemeindung der Moabiter Vorstadt und der am Gesundbrunnen. Allenfalls den Wedding wollten sie der Hauptstadt angliedern. Indessen verfügte die Regierung kurz und bündig die Eingemeindung aller dieser Vorstädte zum 1. Januar 1861, wodurch sich das Stadtgebiet von 3500 auf 5900 Hektar vergrößerte. Zugleich wurde Berlin in sechzehn Stadtbezirke eingeteilt und der Grundstein für ein neues, der Hauptstadt würdiges Rathaus gelegt, das 1870 als dunkelroter Backsteinbau mit 74 Meter hohem Turm endlich fertig und dann von den Berlinern sehr bestaunt wurde.

»Das Borsig'sche Etablissement zu Moabit« (Stahlstich von J. M. Kolb).

Endlich wurde 1862 auch ein Bebauungsplan aufgestellt, nachdem 1853 erstmals seit dem Dreißigjährigen Krieg eine neue Baupolizeiverordnung erlassen worden war, die weder die Höhe der Häuser noch die Anzahl der Stockwerke beschränkte, sondern nur Mindesthöhenmaße für die Wohnräume vorschrieb. Damit war der rücksichtslosesten Ausnutzung des teuren Baugrunds völlige Freiheit gegeben, und es entstanden die durch ihre zahlreichen Seiten- und Hinterhäuser gekennzeichneten »neuen« Mietskasernen, deren Höfe das Mindestmaß von 28 Quadratmetern – den Wendekreis der Feuerspritzen – nicht zu überschreiten brauchten. Bei fehlender Kanalisation waren diese Hinterhöfe mit ihren Abortgruben und Kehrrichthaufen gefährliche Seuchenherde, aber trotz Ruhr, Typhus und sogar Malaria, die immer wieder auftraten, verschloß sich der Magistrat beharrlich allen Vorschlägen, wie man hygienische Verhältnisse schaffen könnte. Erst eine neue Cholera-Epidemie im Spätsommer 1866 rüttelte die Stadtväter endlich wach. Sie begannen nun zumindest, sich Gedanken zu machen, aber deren praktische Verwirklichung hinkte stets um Jahrzehnte hinter den Erkenntnissen der Wissenschaft und den Möglichkeiten der Technik her.

Was aber den – vom Stadtbaumeister James Hobrecht ausgearbeiteten, vom Polizeipräsidium dekretierten – Stadtbebauungsplan betraf, so begünstigte er den Bau solcher Mietskasernen, denn er legte einheitliche Grundstücksgrößen fest, lange Schläuche von 20 Metern Breite und 56 Meter Tiefe, für die es keinerlei Beschränkungen in der Bebauung gab. Auch die Straßenbreiten waren einheitlich – 30 Meter für Haupt-, 26 Meter für Nebenstraßen, ohne Rücksicht auf landschaftliche Besonderheiten oder Verkehrsbedürfnisse.

Noch war der Verkehr innerhalb Berlins und seiner Vororte alles andere als großstädtisch. Zwar gab es Pläne für den Bau einer »Stadtbahn«, doch die preußischen Behörden ließen eine Ausführung nicht zu; schließlich handelte es sich ja »nur« um die Bedürfnisse der arbeitenden Bevölkerung, die zu den langen Arbeitszeiten endlose Fußwege in Kauf nehmen mußte, um von ihren traurigen Mietskasernen zu den Fabriken und nach Feierabend wieder zurückzugelangen. Da »militärische Bedürfnisse nicht vorhanden« waren, wurden alle Projekte auf Eis gelegt. Die größten Verkehrshindernisse – neben der Ende der sechziger Jahre endlich abgerissenen »Mauer«, deren Tore, mit Ausnahme des Brandenburger Tors, sämtlich ebenfalls verschwanden –, bildeten die acht Haupteisenbahnlinien, die ebenerdig in die Stadt einliefen, wodurch sich an allen Kreuzungen der Eisenbahn mit wichtigen Verkehrsadern, etwa mit der Gartenstraße im Norden oder der Großgörschenstraße im Süden, vor den Bahnschranken der Verkehr staute.

Einziges öffentliches Verkehrsmittel im Zentrum war eine – 1865 eröffnete – schienengebundene Pferdebahn vom Kupfergraben ins benachbarte Charlottenburg. Die insgesamt achtzehn Wagen fuhren eingleisig mit zahlreichen Ausweichstellen. 1868 kamen die Pferde-Omnibussse der »ABOAG« (Allgemeinen Berliner Omnibus AG) hinzu, die das Zentrum mit den Außenbezirken verbanden; bis 1871 gab es immerhin schon 22 Linien mit insgesamt 132 zweistöckigen Wagen, wobei den weiblichen Fahrgästen die Benutzung des Oberdecks streng verboten war, weil das holprige Straßenpflaster, das noch größtenteils aus Kopfsteinen bestand, so starke Schwankungen verursachte, daß die Passagiere im oberen Teil der – nur stündlich und natürlich nur am Tage verkehrenden – Omnibusse oft unsanft miteinander in Berührung kamen.

Für »bessere Herrschaften«, soweit sie nicht eigene Kutschen oder Equipagen benutzten, gab es gegen Ende der sechziger Jahre etwa dreitausend Pferdedroschken zweiter und knapp dreihundert Droschken erster Klasse. Von diesen Gefährten, deren Kutschern vom Polizeipräsidium Tarife vorgeschrieben waren, bei denen sie nicht einmal auf ihre Kosten kamen, so daß sie auf die Trinkgelder angewiesen waren, behauptete der Berliner Volksmund, sie hätten schon Napoléons Rußlandfeldzug »anno zwölfe un zerrück« mitgemacht und wären mit Pferden bespannt, die am Tage »ooch nich ville schnella als nachts in'n Stall« liefen.

Bei der großen Volkszählung von 1861, bei der auch Erhebungen über die Wohnverhältnisse durchgeführt wurden, kamen in Berlin Zustände ans Licht, die alle Kommunalpolitiker mit Schrecken erfüllten: Von den rund 106000 Wohnungen der Hauptstadt waren die meisten in kaum noch vorstellbarem Maße überbelegt. Rund 28000 Berliner wohnten zu je sieben Personen in einem Zimmer, fast 19000 zu je acht, fast 11000 zu je neun Menschen in einem Raum! Es gab Häuser, wo bis zu zweihundertfünfzig Familien untergebracht waren. Über 85000 Menschen lebten in Kellerräumen, von denen drei Viertel so tief lagen und so feucht, dunkel und schlecht belüftet waren, daß sie eigentlich als unbewohnbar gelten mußten.

Indessen war dieses Wohnungselend ja nur ein Indiz für die katastrophale Lage der auch in jeder anderen Hinsicht notleidenden Masse der Bevölkerung. Die »sociale Frage« ließ sich nun nicht mehr ignorieren; es fragte sich nur, wie man sie lösen sollte.

Der seit 1862 an der Spitze der preußischen Regierung berufene Konservative Otto v. Bismarck, der von sich selbst im Abgeordnetenhaus erklärt hatte: »Ich bin ein Junker und will meinen Vorteil davon haben!«, vertrat die Ansicht, daß »die großen Fragen der Zeit nicht durch Reden und Majoritätsbeschlüsse gelöst werden« könnten, »sondern durch Eisen und Blut«, also mit Hilfe militärischer Macht und durch Eroberungskriege, weshalb er die Aufrüstung und Modernisierung der preußischen Armee energisch vorantrieb, obwohl ihm die überwältigende Mehrheit des Abgeordnetenhauses die dazu benötigten Finanzmittel verweigerte.

Bismarcks Gegenspieler im Berliner Abgeordnetenhaus war von 1863 an der wieder auf die politische Bühne zurückgekehrte Jacoby, und als Sprecher des linken Flügels der alle Berliner Wahlbezirke beherrschenden Fortschrittspartei erklärte er im überfüllten »Kolosseum«-Saal seinen Wählern: »Soll Preußen als Rechtsstaat erstehen, muß notwendig der Militär- und Junkerstaat Preußen untergehen!« Da die Macht des Abgeordnetenhauses nicht ausreiche, das verfassungswidrige Regiment Bismarcks zu überwinden, müsse »das Volk bereit sein, selbst einzustehen für sein gutes Recht«!

Diese Rede, die vom Berliner Publikum, das Jacoby im II. Wahlbezirk der Hauptstadt mit 95 Prozent der Stimmen ins Parlament gewählt hatte, mit stürmischem Beifall aufgenommen worden war, trug dem mutigen Volksvertreter dann nach Ablauf der Legislaturperiode, als seine Immunität erloschen war, sechs Monate Gefängnis ein, machte ihn aber damit in Berlin nur noch populärer. Als er, wiedergewählt, ins Parlament zurückgekehrt war, zeigte er sich erneut als unerschrockener Gegner der Bismarckschen Kriegspolitik. Jacobys Begründung der erneuten Ablehnung der von der Regierung geforderten Mittel für verstärkte Rüstung und noch mehr Soldaten gipfelte in dem Satz: »Diesem System keinen Mann und keinen Groschen!« – ein Motto, das einige Jahre später von der jungen Sozialdemokratie übernommen wurde.

Gerade um diese Zeit des verschärften Verfassungskonflikts begann im Norden Berlins der aus Breslau stammende Jurist und Schriftsteller Ferdinand Lassalle, Sohn eines wohlhabenden jüdischen Seidenfabrikanten, mit dem Versuch, die verelendete Industriearbeiterschaft politisch zu mobilisieren. Am 12. April 1862 sprach er in der Oranienburger Vorstadt zu den »Arbeitern der großen Maschinenfabriken im Norden Berlins« über den »besonderen Zusammenhang der gegenwärtigen Geschichtsperiode mit der Idee des Arbeiterstandes«, was ihm später eine Anklage wegen »Aufreizung zum Klassenhaß« einbrachte, von der er jedoch in zweiter Instanz freigesprochen wurde.

»Die politische Mission der Arbeiterklasse hat niemand so volkstümlich, so packend, mit so glühender Wärme dargestellt wie Lassalle«, hat vierzig Jahre später der sozialdemokratische Theoretiker und Reichstagsabgeordnete Eduard Bernstein geschrieben, ein ge-

bürtiger Berliner, dessen Vater, ein frommer Jude, Lokomotivführer bei der Anhalter Bahn war. Der Historiker Hermann Oncken hat Lassalles Rede vor den Arbeitern des Berliner Nordens als den eigentlichen »Ausgangspunkt der sozialdemokratischen Bewegung in Deutschland« bezeichnet. Jedenfalls wurde Lassalle ein Jahr später erster Präsident des am 23. Mai 1863 – vorsichtshalber außerhalb der Reichweite der preußischen Polizei – in Leipzig gegründeten »Allgemeinen Deutschen Arbeitervereins« (ADAV), aus dem sich 1875, nach dem Zusammenschluß des ADAV mit den marxistisch orientierten »Eisenachern« August Bebels und Wilhelm Liebknechts, jene Partei entwickelte, die als SPD für die Geschichte Berlins schon bald eine entscheidende Rolle spielte. »Denn«, so hat Friedrich Engels es dann beschrieben, »es gelang dem Talent, dem Feuereifer, der unbezähmbaren Energie Lassalles, eine Arbeiterbewegung ins Leben zu rufen, an welche sich durch positive oder negative, freundliche oder feindliche Bande alles knüpft, was während zehn Jahren das deutsche Proletariat selbständig getan hat.«
Dabei war Ferdinand Lassalle, auch und gerade, als er erstmals vor den Arbeitern Berlins auftrat, in vieler Hinsicht das Gegenteil dessen, was man sich unter einem Arbeiterführer vorstellt: ein stattlicher, stets sehr elegant gekleideter Mann von aristokratischen Allüren, der den Krämergeist der Liberalen verachtete und seinen proletarischen Zuhörern keineswegs zu verbergen suchte, daß er im Gegensatz zu ihnen wohlhabend, hochgebildet und an Komfort gewöhnt war. Lassalle starb schon ein Jahr nach der ADAV-Gründung in der Schweiz, noch keine vierzig Jahre alt, an Verwundungen, die er bei einem Pistolenduell erlitten hatte.
1868 – inzwischen hatte Bismarck Kriege Preußens mit Dänemark und Österreich herbeigeführt, das siegreiche Königreich gewaltig vergrößert und den Norddeutschen Bund gegründet, dessen Hauptstadt Berlin geworden war – konstituierte sich in Berlin ein »Demokratischer Arbeiterverein«, der bei Wahlen Johann Jacoby unterstützte, aber auch engen Kontakt zu den »Eisenachern« hielt. Ein Gründungsmitglied dieser zweiten SPD-Keimzelle Berlins war der vierundzwanzigjährige Handlungsgehilfe Paul Singer, ein gebürtiger Berliner aus jüdischem Bürgerhaus, der bald darauf Mitinhaber der Damenmäntelfabrik Gebr. Singer in der Kommandantenstraße 84, nahe dem Dönhoffplatz, wurde. Singer trat zunächst öffentlich kaum in Erscheinung, wurde jedoch später – nicht zuletzt wegen seines unermüdlichen Einsatzes für die Interessen der Arbeiter, im großen wie im kleinen – der unbestrittene Führer der Berliner Sozialdemokratie, auch ihr jahrzehntelanger Vorsitzender in der Stadtverordnetenversammlung, in den nicht nur August Bebel sein voll-

stes Vertrauen setzte. Auch Marx und Engels in London, zu denen »Paule«, wie er von allen genannt wurde, in den Jahren der »Sozialistengesetze«, als die deutsche Sozialdemokratie in die Illegalität getrieben worden war, für sie Kontakt hielt, nannten ihn »unseren besten Mann in Berlin«.

In den späten sechziger Jahren waren indessen von den etwa zweihunderttausend Berliner Fabrikarbeitern und Handwerksgesellen noch keine zehntausend zahlende Mitglieder der SPD oder ihr nahestehender Vereine und Gewerkschaften, und bei den über hunderttausend weiteren Lohnabhängigen, davon etwa zwei Drittel Dienstboten, war deren Anteil noch weit geringer. »Gut die Hälfte aller Berliner war noch dem Kleinbürgertum zuzurechnen, und kleinbürgerlich beschränkt war auch der Lebenszuschnitt bis in das wohlhabende Bürgertum hinein«, heißt es in einem Rückblick von Annemarie Lange auf diese Zeit. »Zogen die Familien des Sonntags ›ins Jrüne‹, wie es die Berliner . . . seit jeher liebten, so packten sie ihre ›Freßkober‹, Stullen- oder Kuchenpakete . . . In Scharen strömten Familien und Liebespaare in den Tiergarten, zur Rousseau-Insel, zum Neuen See oder ›nach den Zelten‹, wo man gegen geringes Entgelt rudern oder bei ›Musike‹ ›schwoofen‹ konnte. Beliebtes Ziel, fast eine Landpartie, war auch der Charlottenburger Schloßpark . . . oder der jüngst erweiterte ›Zoologische‹ mit seinen seltsamen Tieren und mit viel Militärmusik, zu der man seine Stullen verzehrte. Sonntägliche Familienausflüge in gemieteten ›Kremsern‹ zum Forsthaus Tegel oder in den Grunewald, aber allenfalls bis Pichelsdorf, blieben noch bis ins 20. Jahrhundert hinein als seltenes, lange besprochenes Ereignis ein Hauptvergnügen der ›kleinen Leute‹ . . .«
Wer heranwachsende Töchter hatte, führte sie in das Konzerthaus Bilse in der Leipziger Straße, wo man zur Leonoren-Ouvertüre oder zum Chopinschen Trauermarsch Bier trinken und riesige Schinkenstullen verzehren, als Familienvater oder angehender Bräutigam sogar rauchen konnte.
»Das Konzerthaus galt als das größte und zuverlässigste Heiratsvermittlungsbüro Berlins«, heißt es in den Jugenderinnerungen des Berliners Felix Philippi, »und es verdiente diesen Ruf.« Doch nicht nur im 1867 gegründeten Konzerthaus Bilse gab es Bier und Stullen. Auch in den Volkstheatern der Vorstädte, etwa dem von »Mutter Gräbert« am Weinbergsplatz, spielten die Schinken- und Schmalzstullen eine wichtige Rolle, ja die Erfolge der Schauspieler und der von ihnen aufgeführten Possen wurden direkt an der Menge der verkauften Stullen gemessen.
Beliebte Stammlokale der Kleinbürger waren auch die zahlreichen Weißbierstuben, wo es preiswerte und deftige Berliner Gerichte gab,

dazu auf den gescheuerten Holztischen die »große Weiße« oder »Klauweiße« in Mollen, aus denen nach altem Brauch reihum getrunken wurde. »Kamen drei Leute zusammen herein und bestellten jeder für sich eine ›kleine Weiße‹«, erzählt Felix Philippi, »so konnte man sicher sein, daß es Zugezogene waren«, deren Zustrom nicht abriß, so daß sich Berlins Einwohnerzahl in den knapp dreißig Jahren seit dem Regierungsantritt Friedrich Wilhelms IV. verdreifacht hatte und von etwa dreihunderttausend auf fast neunhunderttausend gestiegen war. Mit der wachsenden Einwohnerzahl nahm auch die Anzahl der Kneipen zu, der Bierkonsum natürlich ebenfalls, und neben den älteren Brauereien von Patzenhofer, Schultheiß und Bötzow florierten neue, beispielsweise das Böhmische Brauhaus am Friedrichshain, das 1868 von einem Assessor am königlichen Kammergericht, der eine Erbschaft gemacht hatte, gegründet worden war.

Das Böhmische Brauhaus war ein beliebter Versammlungsort der jungen Sozialdemokratie, deren Führer indessen, gemeinsam mit führenden »Jacobyten«, wie sich die Anhänger Johann Jacobys nannten, in Donny's Bierhaus in der Leipziger Straße die oppositionelle Strategie festlegten.

Waren Bebel und Wilhelm Liebknecht in Berlin, trafen sie sich dort mit »Paule« Singer, dem Redakteur Guido Weiß, einem glühenden Anhänger Jacobys, mitunter auch mit Franz Mehring, der damals der Sozialdemokratie noch skeptisch gegenüberstand, und mit Wilhelm Spindler, einem entschiedenen Demokraten, der in der Wall- und Neuen Grünstraße eine Wäscherei und Färberei mit Dutzenden von Annahmestellen in allen Teilen der Stadt betrieb. Auch Spindlers Sohn William, ein engagierter Jacobyt, war oft dabei.

Auch am 19. Juli 1870 – an diesem Tag brach, für die Berliner völlig überraschend, der Deutsch-Französische Krieg aus, zu dem Bismarck durch Verfälschung der »Emser Depesche« Napoléon III. provoziert hatte – saßen die Führer der Berliner Linken in »Donny's Bierhaus« beisammen. Die Stimmung war gedrückt, denn Bismarcks Propagandatricks waren erfolgreich gewesen: Das Berliner Kleinbürgertum und selbst große Teile der Arbeiterschaft, die unter der herrschenden Wirtschaftskrise besonders litt, hatte ein patriotischer Rausch ergriffen. Napoléon III., so glaubten die Leute, hätte Deutschland überfallen, das Vaterland wäre in Gefahr, und nun gelte es, zusammenzustehen und den »Erbfeind« jenseits des Rheins zu schlagen.

Der Rausch hielt den ganzen Sommer über an und steigerte sich noch, als Anfang September 1870 die französische Hauptmacht bei Sedan vernichtend geschlagen worden war. Von der »flaggenden, siegestrunkenen Hauptstadt« berichtet auch der in Berlin lebende große märkische Dichter Theodor Fontane, der aus einer Hugenottenfamilie stammte und im März 1848 zu den demokratischen Revolutionären und Barrikadenkämpfern gehört hatte, und der Maler Adolph Menzel, der seit 1830 in Berlin lebte, malte die beflaggten Linden mit ihrer jubelnden Menschenmenge bei der Abreise König Wilhelms ins Hauptquartier.

Im Reichstag des Norddeutschen Bundes, der im Abgeordnetenhaus am Dönhoffplatz tagte, standen Bebel und Liebknecht allein mit ihrer kategorischen Ablehnung aller Kriegskredite; Jacoby hatte ein Mandat in diesem Reichstag abgelehnt, nahm aber in öffentlichen Reden dieselbe Haltung ein wie Bebel und Liebknecht, erst recht, als nach der Gefangennahme des Franzosenkaisers der angebliche Abwehrkrieg zu einem Eroberungsfeldzug wurde.

Jetzt änderte sich auch die Stimmung der Berliner; dem patriotischen Rausch folgte der Katzenjammer. Im strengen, sehr schneereichen Winter 1870/71 verstummte alles Gerede vom »Erbfeind« und wich dem Respekt vor den tapferen französischen Republikanern, die ihre monatelang eingeschlossene, hungernde Hauptstadt so energisch verteidigten. Großes Ansehen genossen nun auch jene, die sich – wie Jacoby und etliche führende Sozialdemokraten, die daraufhin in strenge Festungshaft genommen worden waren – der Annexion Elsaß-Lothringens öffentlich widersetzt hatten. Hinzu kam die Not, unter der die arbeitende Bevölkerung Berlins zu leiden hatte, während Fabrikanten und Bankiers, Börsen- und Grundstücksspekulanten, erst recht die mit enormen Geldgeschenken belohnten siegreichen preußischen Generale, sich enorm bereicherten. Die Lebensmittelpreise kletterten in unerschwingliche Höhen, die Mieten stiegen steil an, die Steuern wurden drastisch erhöht. Doch den Familien der noch im Felde stehenden Soldaten zahlte der Berliner Magistrat ganze zwei Taler monatlich an Unterstützung. »Wer wundert sich noch, daß Berlin nicht mehr flaggt?!« schrieb der »Social-Demokrat« kurz vor Weihnachten 1870.

Knapp vier Wochen später, am 18. Januar 1871, wurden die Berliner von der Nachricht überrascht, daß ihr König Wilhelm, der einstige »Kartätschenprinz«, deutscher Kaiser geworden war, Berlin die Hauptstadt des neuen Deutschen Reiches! Die Proklamation hatte ohne Mitwirkung des deutschen Volks, über die Köpfe der Untertanen hinweg, außerhalb Deutschlands stattgefunden. Auch der Norddeutsche Reichstag war vor vollendete Tatsachen gestellt worden und hatte nur noch »befehlsgemäß« zuzustimmen, ebenso alle anderen Parlamente der deutschen Länder.

Wilhelm Liebknecht, der für die winzige linke Minorität im Norddeutschen Reichstag am Dönhoffplatz sprach, wies darauf hin, welch schlechtes Omen es bedeute, die so lang ersehnte deutsche Einheit auf fremdem Boden zu proklamieren, im fernen Schloß von Versailles, unter Ausschluß des deutschen Volkes, nur mittels höfischer Intrigen und, sozusagen, per Dekret von oben, gestützt auf die Macht der preußischen Bajonette. »Da hätten sie sich«, schloß er seine von Zurufen, Pfeifen und Zischen der Rechten begleitete Rede, »als geeigneten Krönungsort besser den Gendarmenmarkt aussuchen sollen!«

Die Marktfrauen, die bald darauf auf dem Gendarmenmarkt die ersten frischen Zuckererbsen verkauften, nannten ihre Produkte nunmehr »Kaiserschoten« und schlugen auf den Pfundpreis drei Pfennig auf. »Kaiser is' nu mal teurer«, erklärten sie, und als sie von empörten Käufern darauf aufmerksam gemacht wurden, daß es doch überhaupt keinen Unterschied zur früheren, billigeren Ware gäbe, meinten sie: »Na, unser oller Willem is doch ooch derselbe jeblieben!«

DIE KAISERSTADT,
VOR DER SICH
DIE KAISER FÜRCHTETEN

Am 16. Juni 1871 zogen die aus Frankreich heimkehrenden siegreichen Truppen der Berliner Garnison im Parademarsch durch das Brandenburger Tor in die Stadt ein, an der Spitze der nunmehrige Kaiser Wilhelm I. und in dessen Gefolge die Feldmarschälle Roon und Moltke sowie der preußische Ministerpräsident und erste Reichskanzler Otto v. Bismarck. Die hohen Herren waren, auch wenn sie sich nichts anmerken ließen, sehr ärgerlich, denn für den Einzug hatten sie sich ein weit umfangreicheres Programm gewünscht: Für Bismarck, den »Schmied des Reiches«, hatte eigentlich zwei Tage vorher ein eigener triumphaler Empfang stattfinden sollen, tags darauf der der Heerführer und dann erst, sozusagen als Krönung des Ganzen, der des neuen Kaisers. Aber die Stadt Berlin, »immer bockig«, wie Bismarck dazu bemerkte, hatte das Programm »aus Kostengründen« abgelehnt und Kaiser, Kanzler und Marschälle zusammen am Mittag des 16. Juni »abgefrühstückt«.

Die Bürger Berlins und ihr Magistrat standen wie seit eh und je in Opposition zu den in Preußen Herrschenden, und das zeigte sich auch bei den ersten Wahlen zum neuen Reichstag, wo alle sechs Berliner Wahlkreise – Mitte, äußere Stadt Süd-Südwest, innere Stadt Süd, äußere Stadt Ost, innere Stadt Nord und äußere Stadt Nord sowie auch die angrenzenden Wahlkreise VII und VIII, Postdam Ost- und West-Havelland – Männer der oppositionellen Fortschrittspartei ins erste Parlament des Kaiserreichs entsandten.

Die bislang populärsten Führer der Linken waren allerdings nicht mehr dabei: Johann Jacoby hatte eine noch weiter links stehende Fortschrittliche Volkspartei angeführt und war damit in Berlin – mit immerhin 16 Prozent Stimmenanteil – unterlegen; Benedikt Waldeck hatten die Berliner einige Monate zuvor unter Beteiligung von mehr als zwanzigtausend Menschen zu Grabe getragen.

Die junge Sozialdemokratie, noch gespalten in Lassalleaner und Eisenacher, war in Berlin organisatorisch viel zu schwach, eigene Kandidaten durchzubringen. Ihr einziger Vertreter im ersten Reichstag, August Bebel, hatte für die Sächsische Volkspartei kandidiert. 1872 wurde ihm das Mandat wegen Majestätsbeleidigung aberkannt, und als ihm und Wilhelm Liebknecht dann auch noch auf Betreiben Bismarcks ein Prozeß wegen Hochverrats gemacht wurde, traten Johann Jacoby und seine Berliner Anhänger, unter ihnen auch Paul Singer, demonstrativ der Partei Bebels und Liebknechts bei. Dadurch konnten die verfemten »Roten« in Berlin Fuß fassen; Bismarcks brutales Vorgehen verhalf ihnen erst zu den günstigen Startpositionen, von denen aus sie die Reichshauptstadt, in deren Arbeitervorstädten unbeschreibliches Elend herrschte, bald erobern konnten.

Es waren vor allem der Mietwucher und die Willkür der Berliner Eigentümer von Mietskasernen, die zu immer neuen Verzweiflungsausbrüchen der betroffenen Bevölkerung führten. Im Sommer 1871 gab es in Berlin, wo in der eigentlichen Stadt knapp 850 000 Einwohner registriert waren, rund elftausend obdachlose, im Durchschnitt vier- bis fünfköpfige Familien. Diese etwa fünfzigtausend Menschen waren von ihren Hauswirten rücksichtslos auf die Straße gesetzt worden, weil sie die alle sechs Monate erhöhten Mieten nicht mehr bezahlen konnten. Die städtischen Asyle und Herbergen, »Pennen« genannt, waren längst wegen Überfüllung geschlossen, und so hatten diese Obdachlosen sich in ausrangierten Eisenbahnwaggons, Schuppen, Lauben und Ställen Notunterkünfte eingerichtet. Vor dem Stralauer Tor hatten sich mehrere Familien einen alten umgestürzten Kahn, eine sogenannte Spreezille, in »Wohnungen« eingeteilt, und selbst unter den Drehscheiben der Rangierbahnhöfe waren Schlafstellen der Obdachlosen.

Rund um die Stadt, vor allem aber in den nördlichen und östlichen Außenbezirken, hausten Abertausende in Bretterbuden und Erdhöhlen, und alsbald griff die Polizei ein, die die öffentliche Sicherheit gefährdet sah und die armseligen Notquartiere gewaltsam zu räumen und zu zerstören begann. Diese Räumaktionen wie auch einzelne Hinauswürfe von Mietern lösten vom Sommer 1871 bis zum Herbst 1872 eine Revolte nach der anderen aus. Ende Juli 1872 entstand bei der brutalen Exmittierung eines kleinen Handwerkers aus dem Hause Blumenstraße 52c zunächst ein kleiner Tumult, bei dem die erbitterte Menge dem Hauswirt die Fensterscheiben einwarf. Als daraufhin berittene Polizei eingriff, stand im Nu das ganze Stadtviertel in Aufruhr. Die Kämpfe zwischen vier- bis fünftausend sich heftig wehrenden Arbeitern und mehr als tausend Mann Polizei dauerten bis zum frühen Morgen des folgenden Tages.

Noch bedrohlichere Ausmaße nahmen die Unruhen an, als die Po-

Barackenkolonie obdachloser Familien am Kottbuser Damm im Jahr 1872 (Zeichnung von Paul Meyenheim).

lizei damit begann, die Obdachlosensiedlungen vor dem Frankfurter Tor niederzureißen. Es kam zu Tumulten, Barrikaden wurden errichtet, die Schutzleute griffen mit blankem Säbel an, verstärkt durch zwei Bataillone des Kaiser-Alexander-Regiments, und es gab mehrere hundert Verletzte.

»Es begann ein förmlicher Guerillakrieg«, berichtete der »Neue Social-Demokrat« am 31. Juli 1872. »Bald hier, bald dort flogen aus irgendeinem Fenster einer dritten Etage oder aus einer Mansarde Steine unter die Schutzleute, worauf das betreffende Haus sofort gestürmt wurde . . .«

Bald darauf stand die ganze Gegend um den Küstriner Platz in offenem Aufruhr, Barrikaden wurden errichtet, Polizeireviere gestürmt. Gegen Abend griff die Revolte auf die Gegend am Friedrichshain und auf die Skalitzer Straße über. Dort gingen Gardedragoner gegen die aufgebrachte Menge vor. Um Mitternacht ließ das Hofmarschallamt beim Polizeipräsidenten anfragen, ob eine Verdoppelung der Schloßwachen als ausreichend anzusehen sei. Gegen drei Uhr früh – die an der Revolte beteiligten Männer und Frauen mußten sich ja zeitig auf den Weg zu den Fabriken machen – meldete der Stadtkommandant, daß »die Ordnung überall wiederhergestellt« wäre.

Doch am folgenden Abend begannen die Unruhen von neuem, und so ging es noch wochenlang weiter. Erst am 26. August 1872 endete die »Obdachlosen-Revolte« mit einem Sieg der Polizei, die die Baracken vor dem Landsberger Tor nachts umstellt und gestürmt hatte, ehe die Arbeiter des Stadtviertels alarmiert werden konnten. Feuerwehrleute warfen Möbel und Hausrat auf mitgebrachte Wagen und zertrümmerten die armseligen Behausungen.

In krassem Gegensatz zu dem Elend, der Wohnungsnot und den harten Arbeitsbedingungen des im Osten und Norden Berlins lebenden Proletariats stand in diesen ersten Jahren nach dem deutsch-französischen Krieg der ostentative Reichtum und Luxus der wohlhabenden Kreise des Berliner Westens. Dort waren die Menschen vom »Milliardenfieber« ergriffen, seit feststand, daß das besiegte Frankreich fünftausend Millionen Goldfranken – das waren achtzehnhundert Millionen Taler! – »Kriegsentschädigung« an das Deutsche Reich zu zahlen hatte.

»Berlin befand sich damals in einem merkwürdigen Zustand«, erinnerte sich Sebastian Hensel, der Chronist der Familie Mendelssohn und ein Urenkel des »Herrn Moses«, an die frühen siebziger Jahre. ». . . 5000 Millionen sind für jeden, auch für einen mit Millionen zu rechnen und zu operieren gewöhnten Finanzmann, etwas gänzlich Unfaßbares . . . Aber der Rausch, die Verrücktheit zeigte sich vor allem darin, daß jeder mehr oder weniger glaubte, *er* habe die Milliarden oder doch wenigstens einen erheblichen Teil davon zu bekommen, und das Fieber grassierte am bösartigsten in Berlin. Die Aktiengesellschaften schossen wie Pilze aus der Erde . . . Aus ganz Deutschland begann der Zuzug der Bevölkerung, die Verlegung ganzer Industrien nach Berlin . . .« Mit dem zu erwartenden Reichtum begann die Reichshauptstadt »mondän« zu werden. Hatte zuvor auch in wohlhabenden Kreisen eher Biederkeit geherrscht, so wurde jetzt das Verlangen nach Luxus und Genuß immer stärker. In den neuen »Tanzpalästen« – der berühmteste war das »Orpheum« in der Alten Jakobstraße – und in den luxuriösen Schlemmerrestaurants, die damals Unter den Linden entstanden, ging es hoch her. Sie waren Abend für Abend überfüllt, und der Champagner floß in Strömen.

Binnen kürzester Zeit, gleichsam über Nacht, wurde Berlin zu einer europäischen Metropole, zu einer Weltstadt. Neue Banken wurden gegründet, andere ältere westdeutsche und sächsische Institute – zum Beispiel die Dresdner Bank – verlegten eilig ihren Hauptsitz nach Berlin. Die Auslagen der Geschäfte, zumal in der Innenstadt, versuchten sich an Eleganz gegenseitig zu übertreffen. Juwelierläden und Modeateliers hatten Hochkonjunktur. Auf den bereits »makadamisierten«, mit Kleinpflaster über den holprigen Kopfsteinen eingeebneten Straßen rollten nun auch schon gummibereifte Equipagen, sogenannte »Gründergummiwagen«, denn es waren die »Gründerjahre«, die dann allerdings noch vor dem Ende des Jahrzehnts mit dem großen »Gründerkrach« endeten. Die allermeisten der neugegründeten Aktiengesellschaften gerieten schon im Herbst 1873 in Schwierigkeiten, viele brachen zusammen, und Abertausende von kleinen und großen Spekulanten verloren ihr Vermögen.

Zu den Neugründungen, die Bestand hatten, gehörte die 1873 gegründete Aktiengesellschaft für Anilinfabrikation, später AGFA genannt, in der Skalitzer Straße sowie die 1871 von dem durch Heereslieferungen reich gewordenen Apotheker Schering gegründete Chemische Fabrik auf Aktien in der Müllerstraße, die dann von dem Großspekulanten Quistorp aufgekauft wurde und als Chemische Fabrik vorm. Schering mit der Herstellung von Pharmazeutika Weltruf erlangte.

Mit den Gründern von industriellen Aktiengesellschaften wetteiferten die Berliner Terrainspekulanten. »Der Prozeß der Bodenspekulation im Großen«, so berichtet Annemarie Lange, »begann damit, daß die Terraingesellschaften alle erreichbaren Ländereien, die im Bereich des (1862 von James Hobrecht entworfenen, vom Polizeipräsidenten v. Hinckeldey dekretierten und veröffentlichten) Bebauungsplans lagen, aufkauften und festhielten: im Osten etwa die Lichtenberger und Rummelsburger Fluren; im Nordosten Weißensee und die Gemarkung Heinersdorf; im Westen ein breiter Streifen vor dem Grunewald, vom heutigen Kaiser- bis zum Hohenzollerndamm; im Süden Friedenau, Steglitz und Lichterfelde«, alles zu Dörfern der Umgebung gehörendes Acker- und Weideland. »Irgendwo auf freiem Feld, in der entlegensten Ecke, begann man mit dem Bau einer Mietskaserne; sofort schnellte der Bodenpreis hoch, und das Gelände war für die gedrängte Bauweise festgelegt.«

Schon 1872 stellte der Direktor des Königlich Preußischen Statistischen Büros, Ernst Engel, empört fest: »Auf zwei Meilen (15,6 Kilometer) im Umkreis von Berlin ist sämtliches Land in die Hand von Baustellen-Spekulanten übergegangen, ohne daß an eine Bebauung dieses Landes auf Jahre hinaus zu denken wäre.«

Später rechnete Engel, der dann in Ungnade fiel und den Staatsdienst verlassen mußte, der Regierung vor, daß in den »Gründerjahren« neue dichtbebaute Stadtteile projektiert wurden, die für eine Bevölkerung von mehr als 9 Millionen Menschen ausgereicht hätten.

Zwei Außenseiter unter den Terrainspekulanten, Heinrich Quistorp und (der dann von Wilhelm I. geadelte) August Wilhelm v. Carstenn, erwarben auch Grundstücke weit außerhalb des Bebauungsplans. Quistorp legte in der nur von wenigen Kiefern bewachsenen Sandwüste westlich von Charlottenburg die »Kolonie Westend« an; Carstenn parzellierte die von ihm erworbenen Rittergüter Lichterfelde, Wilmersdorf und Giesendorf, ließ dann in seinen »Kolonien«, die er Lichterfelde Ost und West, Friedenau, Halensee und Wilmersdorf nannte, Straßen anlegen und sie mit Bäumen bepflanzen, richtete einige Ausflugslokale – zum Beispiel das Landhaus Wilmersdorf – ein und sorgte sogar für Pferdeomnibus-Verbindungen zu den nächsten Vorortbahnhöfen.

Als dann der »Gründerkrach« kam, blieben die zum Käuferfang von Quistorp und Carstenn in Auftrag gegebenen »Musterhäuser« als »Krachruinen« stehen, die Grundstücke meist noch lange, zum Teil, wie die Kaiser-, die heutige Bundesallee, sogar ein Vierteljahrhundert lang, unbebaut. Während die »Gründer« verarmten, hielt sich der unverhoffte Reichtum der Schöneberger, Tempelhofer und Wilmersdorfer Bauern, die ihre Äcker verkauft hatten, etwas länger. Sie hatten zwar »nur« drei- bis fünfeinhalbtausend Taler für jeden Morgen ihres guten Ackerlands bekommen, die aber nicht auf Schuldscheine oder Wechsel, die beim »Gründerkrach« platzten, sondern in blanken Goldstücken. Sie waren nun »Millionenbauern« – wie Max Kretzer und Clara Viebig sie in ihren Romanen beschrieben haben –, und die »Wilmersdorfer Milchmädchen«, wie man die reichen Erbinnen nannte, heirateten dann reihenweise adlige Gardeoffiziere, Grafen und Barone.

In der Innenstadt fing man in den »Gründerjahren« damit an, die schlichten Bürgerhäuser abzureißen und sie durch protzige Neubauten zu ersetzen, die dem Bedürfnis nach »Repräsentation« entsprachen: »neugotische« und »Neurenaissance«-Bauten mit »altdeutschen« Türmchen, Giebeln und Erkern, mit riesigen Sandsteinquadern am unteren Teil der Fassaden »verblendet« und mit ebenso riesigen Sandsteinfiguren, die einen Sims als Scheinlast zu stützen hatten. Diese damals viel bewunderten Prachtfassaden färbten – wie Annemarie Lange es treffend beschrieben hat – »natürlich in billigster Imitation auf die Massenmietshäuser ab, in deren Vorderaufgängen – hinten wurde gespart – wir noch heute den Marmor aus Gips und die kitschigen bunten Treppenhausfenster bewundern dürfen«, von denen die Bombenangriffe des Zweiten Weltkriegs allerdings wenig übriggelassen haben.

Das Lieblingswort des Berliner Besitzbürgertums dieser Epoche war »kolossal«, und so fielen auch die Bauwerke aus, die damals errichtet wurden, sei es aus privaten oder aus öffentlichen Mitteln, wie beispielsweise das General-Postamt Leipziger Ecke Mauerstraße, das sogar, wie Besuchern stolz erklärt wurde, »aus echtem Stein« war, auch zahlreiche neue Kasernen für die stark vermehrte Garnison, die Kadettenanstalt in Lichterfelde oder das »kolossale« neue Gebäude für den Großen Generalstab am Königsplatz, dem heutigen Platz der Republik. Auf diesem Platz wurde damals auch die »kolossale« Siegessäule errichtet, auf der die unproportioniert riesige Statue der Viktoria Aufstellung fand, von der die Berliner sagten, sie wäre »det eenz'je Meechen ohne Vahältnis« weit und breit. (Die Siegessäule wurde übrigens erst während der Nazizeit, als sich Hitler von seinem »Generalbauinspekteur« Albert Speer Berlin als »künftige Welthauptstadt Germania« neu gestalten ließ, auf ihren heutigen Platz am Großen Stern verschoben und »aufgestockt«)

Damals entstand auch der Komplex der Strafanstalt Plötzensee. »Die Plötze«, wie sie schon bald genannt wurde, rundete die Vorbereitungen ab, die die von Bismarck geführte preußisch-deutsche Regierung für den von den Hohenzollern stets befürchteten Fall traf, daß es – so später Wilhelm II. bei der Einweihung einer Garde-Grenadier-Kaserne – »der Stadt Berlin einfallen sollte, sich jemals wieder gegen ihren Herrscher in frecher Unbotmäßigkeit zu erheben«.

Die Hohenzollern mieden, so gut es eben ging, ihre »Haupt- und Residenzstadt«, deren freche und respektlose Millionenbevölkerung ihnen unheimlich war. Kaiser Wilhelm I. pflegte die Sommermonate in Bad Ems oder in Wildbad Gastein zu verbringen, besuchte anschließend seine Tochter Luise von Baden, verbrachte den Herbst meist in Babelsberg und kam nur für einige Winterwochen zur Ableistung seiner Repräsentationspflichten nach Berlin, wo er es vorzog, nicht im mächtigen Barockbau des Schlosses am Lustgarten, sondern in seinem Palais neben dem Opernhaus zu wohnen.

Um die Mitte der 1870er Jahre, nachdem sich die rivalisierenden sozialdemokratischen Parteien, Lassalleaner und Eisenacher, am 14. Dezember 1874 in Berlin zusammengefunden und ein halbes Jahr später in Gotha für das ganze Deutsche Reich zur Sozialistischen Arbeiterpartei vereinigt hatten, erkannten Hof und Regierung, daß in dieser politischen Organisation der Arbeiterschaft dem Hohenzollernstaat eine weit größere Gefahr erwuchs als aus den beinahe ständigen Revolten der Obdach- und Arbeitslosen, bei denen es sich um unorganisierte Verzweiflungsausbrüche handelte. Die neue Partei und die ihr nahestehenden Gewerkschaften hatten nicht nur starken Zulauf, sondern boten auch durch ihr diszipliniertes Verhalten der Polizei keine Gelegenheit zum Eingreifen. Deshalb entschloß sich die Regierung, der Sozialdemokratie in Berlin mit anderen Mitteln den Garaus zu machen.

Als erstes bekam Berlin einen neuen Polizeipräsidenten: den als völlig skrupellosen »Rotenfresser« bekannten Guido v. Madai, von dem ein Zeitgenosse, der Amtsgerichtsrat Dr. Ludwig Herz, in seinen Erinnerungen berichtet: »Madai, genannt ›das Trüffelgrab‹, war ein berüchtigter Vielfraß. Er ging in die bürgerlichsten und unchristlichsten Häuser, wenn nur die Küche dort gut war; am selben Tag sogar mehrmals, wenn es sich zeitlich einrichten ließ. Er war unappetitlich; so dick er auch war, das Fett konnte die Brutalität seiner Gesichtszüge nicht ganz überwuchern.«

Sodann wurde der Staatsanwalt Hermann v. Tessendorf, der sich zuvor in Magdeburg als »schneidiger« Sozialistenverfolger einen Namen gemacht hatte, nach Berlin versetzt mit dem besonderen Auftrag, »mit äußerster Schärfe« gegen die Sozialdemokraten vorzugehen und dabei die Gesetze »voll auszuschöpfen«.

Was sich Tessendorf und Madai leisteten, um den Berliner Sozialisten jede politische Aktivität unmöglich zu machen, stellte alles in den Schatten, was es bis dahin in Preußen an Polizeiwillkür und drakonischer Strenge gegeben hatte. Mit Schikanen, Haussuchungen, Beschlagnahmen, Verhaftungen, Verboten und immer neuen Anklagen wüteten die beiden gegen alles, was ihnen verdächtig erschien – doch ohne Erfolg. Denn gerade die auch das liberale Bürgertum empörenden Amtsanmaßungen und Rechtsverdrehungen der übereifrigen »Sozialistenjäger« brachten den Verfolgten einen enormen Zuwachs an Sympathisanten und Anhängern. Am meisten imponierte den Berlinern der Einfallsreichtum, der Schneid und die Disziplin, mit der die Sozialdemokraten den Herren v. Madai und v. Tessendorf jedesmal ein Schnippchen schlugen, wenn diese glaubten, schon gewonnen zu haben. So hatten beispielsweise die sozialdemokratischen Wahlvereine um die Genehmigung einer sonntäglichen Kundgebung gegen das undemokratische Dreiklassenwahlrecht nachgesucht, die ihnen vom Polizeipräsidenten erwartungsgemäß verweigert worden war. Sodann war dafür gesorgt worden, daß v. Madais zahlreiche Lockspitzel ihrem Auftraggeber melden konnten, die Roten träfen trotz des Verbots Vorbereitungen für eine Massendemonstration, »wie sie Berlin noch nicht erlebt habe«. In den Zeitungen hieß es, der Berliner Westen müsse sich auf das Schlimmste gefaßt machen; ein »Sturm auf die Villen der Reichen« stehe bevor. Alle verfügbaren Polizeikräfte wurden zusammengezogen, die Regimenter der Garnison in Alarmzustand versetzt. Herr v. Madai erließ ein allgemeines Demonstrations- und Umzugsverbot, aber dann geschah, was er nicht verhindern konnte: Zehntausende von Arbeitern im Sonntagsstaat mit ihren Frauen und Kindern zogen in losen Gruppen in den Tiergarten. Der ganze Berliner Osten und Norden

war unterwegs, doch gegen sittsame Spaziergänger war die Polizei machtlos. Die nervöse Spannung, die im Westen geherrscht hatte, wich einem großen befreienden Gelächter, und »die Sozis« hatten nicht nur erreicht, was sie wollten, denn jeder wußte ja, daß sie gegen das reaktionäre Wahlrecht demonstrierten. Sie hatten überdies der höchst unbeliebten Polizei »eens ausjewischt« und durch diszipliniertes und friedliches Verhalten allen »mächtig imponiert«. Witz, souveräne Verachtung obrigkeitlicher Bevormundung und geschickte Organisation galten den Berlinern stets als Tugenden. Wer überdies mit einem Wink unübersehbare Menschenmassen in Bewegung setzen und zwanglos unter Kontrolle halten konnte, hatte ihre höchste Bewunderung. Bei den Reichstagswahlen im Krisenwinter 1876/77 konnten die Berliner Sozialdemokraten ihren Stimmenanteil gegenüber 1874 fast verdreifachen, und sie eroberten nicht nur den IV. und VI. Stimmbezirk schon im ersten Wahlgang, sondern erzielten auch in den Landwahlkreisen Teltow-Beeskow-Storkow und Niederbarnim, zu denen Weißensee, Rixdorf (das spätere Neukölln) und Lichtenberg gehörten, beachtliche Gewinne. Insgesamt fielen alle städtischen Stimmbezirke und die Hälfte der angrenzenden ländlichen Wahlkreise an die bürgerliche und sozialdemokratische Opposition. Fortschrittspartei und Sozialdemokratie hatten in und um Berlin zusammen fünfmal so viele Stimmen erhalten wie den die Regierung Bismarck stützenden Konservativen und Nationalliberalen zusammen zugefallen waren, und in der Nacht nach der Reichstagswahl feierten – so der »Börsen-Courier« – »nach polizeilicher Schätzung nicht weniger als zweiundzwanzigtausend Arbeiter« im Tivoli, »wo es zum Monument des Kreuzberges hinaufgeht«, ihren triumphalen Sieg. Sie riefen: »Tessendorf – das ist der größte Sozialist! Und Madai – das ist das Größte überhaupt!«
Ein Jahr später, im Hungerwinter 1877/78, als Lohnkürzungen, Entlassungen und Mieterhöhungen neue Revolten befürchten ließen, versuchten Hof und Regierung, die Opposition auf andere Weise zu lähmen und ihr das Wasser abzugraben: Zunächst wurde in Berlin ein mit erheblichen Geldmitteln ausgestatteter »Zentralverein für Sozialreform auf religiöser und konstitutioneller Grundlage« gegründet, bald darauf, im Januar 1878, als dessen politischer Arm eine »Christlich-Soziale Arbeiterpartei«. Die Gründer beider Organisationen waren die gleichen Leute: Rittergutsbesitzer, Fabrikanten und hohe Geistliche. Zu den Geldgebern gehörten – wie aus den später zugänglich gewordenen Polizeiakten hervorgeht – neben der Kaiserin und einigen Prinzen vor allem Berliner Bankiers und Großgrundbesitzer der Umgebung. An der Spitze der Christlich-Sozialen

Partei aber stand der Hof- und Domprediger Dr. Adolph Stoecker, der einerseits eine »sittlich-religiöse Erneuerung unseres Volkslebens« anzustreben vorgab, andererseits mit demagogischem Geschick die »Verjudung Berlins« als »die Wurzel allen Übels« anprangerte.

Mit Spannung erwarteten Hof und Regierung die Resultate dieser ersten judenfeindlichen Kampagne im politischen Leben Berlins. Würden die Arbeiter darauf hereinfallen? Würde zumindest der untere Mittelstand für die neue Partei gewonnen werden können? Doch schon am 22. April 1878 meldete Polizeipräsident v. Madai dem Innenminister, daß »der Zuwachs, welchen diese Partei infolge der Agitation erhalten, zum größten Teil aus Elementen besteht, welche keineswegs aus Anhänglichkeit an das Christentum oder aus Patriotismus derselben beigetreten sind, sondern nur, um in der Not des Augenblicks möglichst große persönliche Vorteile zu erlangen . . .«

Aus Madais weiteren Ausführungen geht hervor, daß sich die Berliner Anhänger der Fortschrittspartei und der Sozialdemokraten als immun gegen das von Stoecker geträufelte Gift erwiesen. Doch schon sehr bald ereignete sich etwas, das Hof und Regierung, vor allem Bismarck selbst, mit neuer Hoffnung erfüllte, nun endlich gegen die in Berlin übermächtige Opposition einen vernichtenden Schlag führen zu können: Am Nachmittag des 11. Mai 1878 gab ein Mann namens Max Hödel Unter den Linden auf den vorbeifahrenden Wilhelm I. drei Revolverschüsse ab, ohne den einundachtzigjährigen Kaiser zu treffen. Hödel, der einmal für kurze Zeit einem sozialdemokratischen Wahlverein angehört hatte, aber wegen Unterschlagung von Parteigeldern ausgeschlossen worden war, lieferte Bismarck den willkommenen Vorwand, sofort Ausnahmegesetze gegen die Sozialdemokratie zu verlangen. Noch ehe das Gerichtsverfahren gegen Hödel, der auch Flugblätter für den Hofprediger Dr. Stoecker verteilt hatte, in Gang gekommen war – er wurde dann im Eilverfahren abgeurteilt und hingerichtet –, legte Bismarck dem Reichstag einen Gesetzentwurf vor, den dieser jedoch wider Erwarten mit großer Mehrheit ablehnte.

Neun Tage später, am 2. Juni 1878 – Berlin war schon vom »Kongreßfieber« ergriffen, denn am 13. Juni begann der mit Spannung erwartete Berliner Kongreß, eine Konferenz der europäischen Mächte zur Regelung aller Streitigkeiten auf dem Balkan, zu der auch der Zar erwartet wurde –, fielen abermals Schüsse auf den Kaiser, wieder Unter den Linden, diesmal aus einer Schrotflinte. Wilhelm I. wurde leicht verwundet, der Attentäter, ein Dr. Nobiling, starb wenig später an den Verletzungen, die er sich selbst nach der Tat zugefügt hatte. Er war, wie spätere Ermittlungen ergaben, ein erklärter Gegner der Sozialdemokraten gewesen. Aber da er nichts mehr auszusagen vermochte, konnte die Regierung dreist behaupten, es sei erwiesen, daß Nobiling »ein Werkzeug der Partei der Kaisermörder« gewesen sei. Der Reichstag wurde aufgelöst, und die Neuwahlen erbrachten einerseits den Sozialdemokraten große Stimmengewinne, vor allem in Berlin, doch andererseits Bismarck die erhoffte Mehrheit für das seit langem vorbereitete »Gesetz gegen die gemeingefährlichen Bestrebungen der Sozialdemokratie«, kurz »Sozialistengesetz« genannt. Es trat am 21. Oktober 1878 in Kraft und gab den Behörden unter anderem die Befugnis, erforderlichenfalls den Ausnahmezustand zu erklären, verfassungsmäßige Rechte außer Kraft zu setzen und ihnen Verdächtige auf unbestimmte Zeit aus einem Stadt- oder Landkreis auszuweisen. Zeitungen konnten unbefristet verboten, Vereine aufgelöst, ihr Vermögen eingezogen werden.

Als erster machte Berlins Polizeipräsident v. Madai von seinen neuen Befugnissen Gebrauch: Er verhängte über Berlin und Umgebung den sogenannten Kleinen Belagerungszustand, was bedeutete, daß die Reichs- und preußische Hauptstadt, die Residenz der Hohenzollern, von nun an – und für zwölf lange Jahre, bis zum 30. September 1890 – gewissermaßen unter Kriegsrecht stand, und dies nicht etwa, weil ein äußerer Feind sie bedroht hätte, sondern weil die Bevölkerung Berlins als eine Gefahr für die Regierung angesehen wurde, der sie sich nur mit militärischen Mitteln zu erwehren vermochte!

Der Belagerungszustand – »der Kleine«, wie ihn die Berliner geringschätzig nannten – wurde von den Behörden rigoros gehandhabt; es hagelte Verbote, Haft- und Ausweisungsbefehle, und die Gerichte verhängten aus geringstem Anlaß drakonische Strafen. Dennoch wurde mit alledem nur das Gegenteil des von der Regierung Erhofften erreicht: Aus jeder Wahl, ob zur Stadtverordnetenversammlung oder zum Reichstag, ging die verfolgte Sozialdemokratie noch stärker hervor, und ihre größten Triumphe feierte sie in Berlin, so beispielsweise im Oktober 1883, als die verfolgte und verbotene Partei der wieder aufgeflammten Judenhetze der von der Regierung geförderten Christlich-Sozialen Partei des Hofpredigers Stoecker offen entgegentrat und den bis dahin öffentlich kaum hervorgetretenen jüdischen Fabrikanten Paul Singer zu ihrem hauptstädtischen Spitzenkandidaten machte. Singer siegte gleich zweimal: Er wurde, zusammen mit fünf weiteren Sozialdemokraten, in die Stadtverordnetenversammlung gewählt, und er eroberte den Reichstagswahlkreis Berlin IV Äußere Stadt Ost. Daraufhin wurde er aus Berlin ausgewiesen. Der Schlesische Bahnhof – der heutige

Ostbahnhof – wurde von einer Polizei-Hundertschaft abgeriegelt, als Singer am Vormittag des nächsten Tages abreiste. Aber dennoch gelang es seinen Genossen, ihm eine Abschiedskundgebung zu bereiten, wie sie weder dem Kaiser noch Bismarck je zuteil wurde: Alle Stadtbahnzüge und -bahnhöfe, die Singers Zug bei der Ausfahrt passierte, waren von Arbeitern besetzt, die donnernde Hochrufe auf ihren verbannten Abgeordneten ausbrachten. Zigtausende winkten aus den Fenstern, auf den Straßen, an den Bahnübergängen, und drei Jahre später, bei der nächsten Reichstagswahl, errang Paul Singer in seinem Berliner Wahlkreis, der die Bezirke Kreuzberg und Friedrichshain umfaßte, die höchste Stimmenzahl, die je ein Abgeordneter erzielen konnte.

In diesen Jahren der Sozialistenverfolgung und der sich verschärfenden Klassengegensätze stieg die Bevölkerung Berlins, erst recht die der Vorstädte und dörflichen Außenbezirke, in immer rascherem Tempo. Die eigentliche Stadt zählte um die Mitte der 1880er Jahre schon etwa 1,5 Millionen Einwohner, doch »etwas außerhalb«, an der Peripherie der Metropole, lebten weitere Hunderttausende. Ganz neue Fabrikbezirke wuchsen im Osten empor, an der Warschauer Straße, in Nieder- und Oberschöneweide, in Stralau und Lichtenberg und ebenso im Norden, in Moabit, in Reinickendorf und am Wedding. Chemische Fabriken, Mörtelwerke, eine ganze Industrie für Verpackungsmaterial, auch vier Großmühlen entstanden. Die Stralauer Palmkern- und Schwefelkohlenstoffwerke (später Viktoriamühle genannt) lieferten Rohstoffe für die Margarinefabriken. Josetti und Garbaty errichteten Zigarettenfabriken.

Im Einzelhandel begann ein harter Konkurrenzkampf, als immer neue Unternehmen und Branchen Filialbetriebe in und um Berlin eröffneten. Kaiser's Kaffeegeschäft startete damit in Spandau, Tengelmann errichtete ein »Kolonialhaus« in der Lützowstraße und eröffnete Dutzende von Filialen in allen Stadtteilen. Die Likörfabrik Mampe, Schokoladenfabriken wie Stollwerk und Hildebrandt & Sohn folgten dem Beispiel. Das Zigarrengeschäft von Loeser & Wolff überzog Berlin mit seinen Eckläden.

Die Konfektionsfirmen erweiterten sich, und es entstanden Spezialgeschäfte für Damen-, Herren- und Kinderkonfektion. Die großen Schuhfabriken wie Tack, dann auch Leiser und Salamander, richteten Filialgeschäfte ein. F. V. Grünfeld, Michels & Co und Leineweber eröffneten Textilkaufhäuser. Unaufhaltsam schob sich die »Möbelkonfektion« in den Vordergrund und fraß handwerkliche Kleinbetriebe auf.

»Unternehmerspekulation«, so berichtete Annemarie Lange, »zwang dem Bürgertum einen Wohn- und Lebensstil auf, der aber auch nichts mehr mit persönlichem Geschmack und der gediegenen Schlichtheit früherer Zeiten gemein hatte. Das Schlafzimmer mit ›Muschelaufsatz‹ kam auf, der ›Sofaumbau‹, das ›Herrenzimmer‹ ... Es war die Zeit der ›Makartbuketts‹, der üppig gerafften Samtportieren und Übergardinen, die jedes Zimmer verdüsterten, der Plüschmöbel mit Troddeln und Fransen, der dunklen, Leder vortäuschenden Tapeten. Überladenheit und schwülstiges Dekor in den Wohnungen der Bourgeoisie und billigste Imitation für die unbemittelten Volksklassen – alle diese vorgeblichen Bedürfnisse wurden geweckt und befriedigt.«

Aber inzwischen hielt auch die weit fortgeschrittene Technik in Berlin Einzug, die in seltsamem Kontrast zu dem die Vergangenheit nachahmenden Zeitgeschmack stand: 1880 nahm das erste von Siemens errichtete Elektrizitätswerk der Hauptstadt seinen Betrieb auf. Gleichzeitig wurde ein Siemenssches Projekt, den innerstädtischen und Vorortverkehr mittels elektrischer Hochbahnen zu betreiben, vom Magistrat abgelehnt. Dagegen konnte die Firma Siemens & Halske außerhalb Berlins, vom Bahnhof Lichterfelde (an der Berlin-Anhaltischen Bahn) zur Kadettenanstalt und zur Villenkolonie Seehof, die heute zu Teltow gehört, die erste elektrisch betriebene öffentliche Personenbahn der Welt bauen. 1881 fuhren dort die ersten »Elektrischen«, noch ohne Oberleitung, denn die Versuche damit auf der Pferdebahnstrecke Charlottenburg-Spandau verliefen nicht zufriedenstellend, sondern mit einer Stromschiene, aber immerhin schon mit einer Geschwindigkeit von vierzig Stundenkilometern.

1882 begann man mit der Beleuchtung einiger Straßen mit Siemensschem Bogenlicht, zunächst Unter den Linden und in der Leipziger Straße. Im selben Jahr wurde auch die Berliner Stadtbahn eröffnet. Sie fuhr noch ein halbes Jahrhundert lang mit Dampflokomotiven und wurde erst zwischen 1924 und 1930 nach und nach elektrifiziert.

Im Berliner Postwesen gab es geradezu revolutionäre Veränderungen: Begonnen hatten sie schon 1865 mit einer innerbetrieblichen Rohrpost des Hauptpostamts. Von 1876 an aber gab es eine öffentliche Rohrpost mit zunächst fünfzehn Stationen. Nun konnte man bei diesen über das Stadtgebiet verteilten Postämtern und bald auch in allen Vororten spezielle Rohrpostkarten und -briefe aufgeben, die innerhalb von wenigen Minuten mittels Druckluft zum jeweiligen Zustellpostamt befördert und dort sofort von »Rohrpostboten« ausgetragen wurden – eine enorme Beschleunigung des innerstädtischen Postverkehrs, von der im ersten Betriebsjahr bereits 1,4 Millionen Sendungen profitierten.

Schon vier Jahre später, 1880, richtete das Telegraphen-Betriebs-Bu-

Potsdamer Platz mit Blick in die Bellevuestraße (Foto um 1900).

reau des Reichspostamtes, Französische Straße 33c, einen Aufruf an
alle Berliner Interessenten für einen Fernsprechanschluß. Anfangs
meldeten sich nur acht Personen, doch als am 14. Juni 1880 das
»Verzeichnis der bei den Fernsprecheinrichtungen Beteiligten« erschien, wies dieses erste Telefonbuch der Welt bereits 187 private
Telefonanschlüsse auf. 1881 wurde das erste Berliner Fernsprech-
amt mit 220 Anschlüssen eröffnet. Die Teilnehmer waren Zeitungsredaktionen, Banken und einige große Geschäfte, wenige private
Haushalte, ein einziger Arzt. Die Behörden machten von der neuen
Einrichtung noch so gut wie gar keinen Gebrauch, zumal sie sehr
teuer war: Das handvermittelte Gespräch vom eigenen Anschluß
oder von einer der fünf bis 1882 errichteten öffentlichen Telefonzel-
len aus kostete die horrende Summe von 50 Pfennigen – was im
Kaufkraftvergleich mindestens 10 DM heutiger Währung entsprach! Kein Wunder, daß es noch zwei Jahrzehnte dauerte, bis sich
das – zwischenzeitlich verbilligte – Telefonieren durchsetzen
konnte. 1889, also erst neun Jahre nach der Einführung, gestattete
sich als erstes Berliner Krankenhaus die Charité einen Telefonan-
schluß.
Daß Berlin überhaupt so früh ein Fernsprechnetz erhielt, verdankte

die Stadt der Zähigkeit Emil Rathenaus, der gegen den anfangs heftigen Widerstand des Generalpostmeisters Heinrich v. Stephan die »neumodische Einrichtung« durchsetzen konnte. Emil Rathenau, ein gebürtiger Berliner aus jüdischem Bürgerhaus und ein Vetter des Malers Max Liebermann, hatte zunächst als Ingenieur bei Borsig gearbeitet, sich dann mit einer Maschinenfabrik selbständig gemacht, die aber dem »Gründerkrach« zum Opfer fiel. Nach einem längeren Aufenthalt in den USA, der zur Zusammenarbeit mit dem geschäftstüchtigen Erfinder Thomas Edison geführt hatte, war Rathenau in seine Heimatstadt zurückgekehrt und wurde dort, gleichrangig mit Werner v. Siemens, einer der Begründer der Berliner Elektroindustrie. 1882 gründete er in Berlin die Deutsche Edison-Gesellschaft, aus der schon bald die Allgemeine Elektrizitäts-Gesellschaft (AEG) hervorging. Dieses Unternehmen zählte bei Emil Rathenaus Tod im Jahre 1915 über siebzigtausend Beschäftigte.

Rathenaus AEG errichtete auch die beiden ersten städtischen Elektrizitätswerke Berlins in der Mauer- und der Markgrafenstraße, die im Winter 1885/86 ihren Betrieb aufnahmen. Sie boten auch den Haushaltungen die Versorgung mit elektrischem Strom zu Beleuchtungszwecken an, aber das elektrische Licht konnte die Gasbeleuchtung nur sehr langsam verdrängen, denn Leuchtgas kostete damals 16 Pfennig je Kubikmeter, eine Kilowattstunde Strom jedoch 40 Pfennig.

Ende 1889 lieferten die vier städtischen Gasanstalten und deren 19 Gasometer zusammen Leuchtgas für rund 18 500 öffentliche und 825 000 private Gasflammen. Gleichzeitig gab es in Berlin 826 elektrische Bogenlampen und 31 400 Glühbirnen, die von den städtischen Elektrizitätswerken gespeist wurden, dazu weitere 2800 Bogenlampen und 31 400 Glühbirnen, die aus privaten Anlagen Strom bezogen.

Noch 1930 wurden fast 85 Prozent aller Berliner Straßen mit Gaslaternen beleuchtet. Das »Auer-Gasglühlicht« lag jahrzehntelang in scharfer Konkurrenz zur elektrischen Glühbirne. Die Deutsche Gasglühlicht Auer-Gesellschaft am Warschauer Platz, die 1889 gegründet worden war, ging aber später dazu über, auch elektrische Glühbirnen herzustellen. (1919 gingen aus den Auer-Werken durch Fusion mit Siemens und AEG die Osram-Werke hervor, aus denen inzwischen der VEB Berliner Glühlampen-Werk geworden ist.)

Berlin war gegen Ende der 1880er Jahre bereits das größte Industriezentrum des europäischen Kontinents; fast siebzig Prozent der Bevölkerung waren Arbeiterinnen und Arbeiter, die sich, trotz des immer noch herrschenden Belagerungszustands und der unverminderten Verfolgung der »gemeingefährlichen Bestrebungen der So-

zialdemokratie«, der verbotenen Partei und den ihr nahestehenden Gewerkschaften anschlossen.
Berlin war aber auch zugleich der wichtigste Handels-, Bank- und Börsenplatz des Deutschen Reiches geworden, zählte auf engstem Raum die meisten Millionäre, hatte überhaupt die größte Bevölkerungsdichte aller Städte Europas und wurde überdies nun auch zum Zentrum des Fremdenverkehrs. Die Stadt übte eine magnetische Anziehungskraft aus – auf Landjunker und Geschäftsreisende, auf »Provinzler« aller Art, die sich die Riesenstadt einmal ansehen und sich bei dieser Gelegenheit amüsieren wollten, auf Gelehrte, Industrielle, Offiziere und Rentiers, Abenteurer und Aristokraten, auch in rasch zunehmendem Maße auf ausländische Besucher aus ganz Europa, vor allem aus England, Belgien und Holland, aber auch aus Übersee, vor allem aus den USA.
Berlin mußte sich darauf einrichten, da der Besucherstrom viel Geld einbrachte, und so entstanden in rascher Folge moderne Hotels wie der Kaiserhof am Wilhelmsplatz und das Centralhotel in der Friedrichstraße, aber auch Wiener Cafés, als erstes das samt seinem Cafetier direkt aus Wien importierte Café Bauer, das sich gegenüber dem Kranzler-Eck Unter den Linden Ecke Friedrichstraße etablierte.
Ebenfalls in der Innenstadt lagen die Schlemmerlokale: Borchardt in der Französischen Straße, Dressel Unter den Linden, Huster im Englischen Haus in der Mohrenstraße und Kempinski, zunächst als kleine Probierstube in der Friedrichstraße, dann als Luxusrestaurant in der Leipziger Straße.
Dagegen lag die spätere Prachtstraße des Westens, der Kurfürstendamm, noch »jott-we-de«, »janz weit draußen«. Noch um 1885 war, wie ein Aquarell des Berliner Malers Franz Skarbina zeigt, der Nollendorfplatz ein idyllisches Fleckchen, wo auf märkischem Sand Birken und Weiden standen. Von dort fuhr eine Dampfbahn nach Friedenau und Steglitz, eine andere vom Zoologischen Garten den noch weitgehend unbebauten Kurfürstendamm entlang nach Halensee, später bis zu dem beliebten Ausflugslokal am Hundekehlesee.
Der Kurfürstendamm, ursprünglich ein Feldweg, war in den »Gründerjahren« vom Charlottenburger Bauverein zur »repräsentativen Ausfallstraße« erkoren worden, die Berlin mit dem »Park Grunewald« verbinden sollte. Bismarck, der unbedingt einen Reitweg auf dem Kurfürstendamm angelegt haben wollte, setzte seine Verbreiterung von dreißig auf dreiundfünfzig Meter durch und wünschte sich »palastartige Bauten zu beiden Seiten«.
Nach dem »Gründerkrach« blieb ein Jahrzehnt lang alles liegen, und auch, nachdem von 1882 an die Villenkolonie Grunewald entstand,

ging die Bebauung des »Ku'damms« nur sehr langsam voran.
»... Es war wüst und leer auf dem Kurfürstendamm«, heißt es in einer während des Ersten Weltkriegs erschienenen, von Edmund Edel herausgegebenen Jubiläumsschrift über den Berliner Westen (eigentlich: Charlottenburger Südosten) der 1880er Jahre. »An der Ecke Fasanenstraße stand als Bollwerk gegen die Gemüse- und Obstplantagen und gegen die Terrainspekulation eine zweistöckige Villa, und dort, wo heute die Meineckestraße einschneidet, war eben der Zaun niedergerissen, hinter dem einige Jahre lang ein Hippodrom eine Art vorortliche Volksbelustigung darstellte. Überall in dieser trostlosen Einöde, die wie ein vorgeschobenes Bollwerk an der Peripherie der Stadt sich dehnte, klafften weitere Strecken unbebauten Landes, hie und da stak zwischen weggeworfenen Konservenbüchsen und anderem Müll eine Tafel: ›Dieses Grundstück ist zu verkaufen‹ ... So ein netter stiller Friede lag über diesem Stückchen Erde an der Ecke der Joachimsthaler Straße, wo ein zerfallener Bauzaun das gähnende Loch am Kurfürstendamm jahrelang umgab. Weit und breit kein Ort, wo lautes Leben dröhnte, kein Restaurant, kein Kaffeehaus. Nur einige Destillen mit Weißbier ... Eines Tages fiel der Zaun ..., und bald entstand ein stolzes Eckhaus, mit dem damaligen ›hochherrschaftlichen Komfort‹ ... Unten aber in diesem Haus tat sich ein Kaffeehaus auf ...« – das künftige »Café des Westens«, bald ein beliebter Treffpunkt von Künstlern, Intellektuellen, Bohemiens, Schickeria und was sich dafür hielt, weshalb dieses Lokal an der Ecke Joachimsthaler Straße und Kurfürstendamm bald auch »Café Größenwahn« genannt wurde.
Der gutbürgerliche Neue Westen, der etwa bis zur Kurfürstenstraße reichte, nahm von diesem ganz neuen Westen, auch »Wilder Westen« oder »WW« genannt, vorerst überhaupt keine Notiz, wie überhaupt jeder der vielen Stadtteile und Außenbezirke sein Eigenleben führte, jeder auf seine Art.
In Alt-Moabit oder im nahen »Beussel-Kietz« beschränkte sich die Geselligkeit auf eine abendliche »Klauweiße« mit Nachbarn und Freunden, sommers im »Gartenlokal«, das oft nur aus ein paar auf die Straße gesetzten Tischen und Stühlen sowie (»Aujust, stell den Jarten raus!«) der obligatorischen verstaubten Efeuwand bestand.
Das Industrieproletariat feierte seine eigenen Feste – ob als »Hoffest« mit Musik, Lampions und »Onkel Pelle« als Spaßmacher für die Kinder, das Ganze auf dem engen zweiten oder dritten Hinterhof einer Mietskaserne, oder ob als »Gartenfest« in den Bretterbuden einer neuen Laubenkolonie bei selbst hergestelltem Johannisbeerwein und Leierkastenklängen, zu denen getanzt und zur Melodie des Gasparone-Walzers gesungen wurde: »Mutta der Mann mit'n Koks

is da! Junge, halt Schnauze, ick seh et ja! Ick hab keen Jeld, du hast keen Jeld – wer hat bloß den Mann mit'n Koks bestellt?!«
Die Konfektionsjünglinge und die hart arbeitenden, miserabel bezahlten Heimarbeiterinnen der Berliner Textilindustrie, die Kommis der »Comptoirs« genannten Handelsfirmen, die Herrschaftsköchinnen und die Unteroffiziere der Garnison leisteten sich gelegentlich ein »Pläsiervergnügen«, vorzugsweise im neueröffneten, stets überfüllten Saal der »Neuen Welt« an der Hasenheide, am Fuße der Rixdorfer Höhe, wo zu schmetternder Militärmusik »jeschwooft« wurde und wo man zur Melodie des Petersburger Marsches »Denkste denn, denkste denn, du Berliner Flanze, denkste denn ick liebe di-hier, wenn ick mit dir tanze?« sang.
Die Kleinbürger des Südwestens machten schon mal einen abendlichen Ausflug »in't Jrüne« und kehrten »bei Schramm« am Wilmersdorfer See ein, wo es »'ne Molle zu soliden Preisen« und ebenfalls »Musike« und Tanz gab, wobei Polka, Rheinländer und Galopp am beliebtesten waren.
Für das gehobene Bürgertum, erst recht für die »Spitzen der Gesellschaft«, den Adel und das Offizierskorps, waren Besuche solcher »Bumslokale« wie überhaupt jegliche Berührung mit den »niederen Ständen« verpönt. Umgekehrt zeigte sich die arbeitende Bevölke-

»Hier können Familien Kaffee kochen«. Berliner Gartenwirtschaft um 1880 (Holzstich nach einem Gemälde von A. Blunck).

rung Berlins gänzlich uninteressiert an dem, worauf die »besseren Kreise«, bis weit ins liberale Bürgertum hinein, voller Faszination starrten: das Leben bei Hofe, »bei Kaisers«, wie die Arbeiter respektlos sagten.

Als im März 1888 Kaiser Wilhelm I. im Alter von einundneunzig Jahren starb und sein Sohn Friedrich als Todkranker die Nachfolge antrat, war – wie Max Eydt zu berichten wußte – »ganz Berlin auf den Beinen und lief zu Tausenden weinend herum«. Aber das traf gewiß nicht auf die Industriearbeiterschaft zu, die mehr als zwei Drittel der hauptstädtischen Bevölkerung ausmachte. Hingegen zeigte das Kleinbürgertum viel patriotische Trauer, doch »in den Ernst der Stunde mischte sich das Geschäft«. Zur feierlichen Beisetzung wurden »die Fenster um 500 Mark« vermietet, »ein Stuhl auf offener Tribüne um 60 Mark, ja ein Dachfenster, von dem aus man gar nichts sehen konnte, um 24 Mark!« Alle, die etwas auf sich hielten, »hüllten sich in schwarzen Krepp«, sogar die »etwas besseren« Damen der Berliner Halbwelt gingen ein paar Tage lang in tiefem Schwarz ihrem Gewerbe nach.

Nur neunundneunzig Tage lang war Friedrich I. dann Kaiser. Nach seinem Tod im Juni 1888 war sein Ältester, Wilhelm II., an der Reihe. Die Arbeiter der Berliner Großbetriebe, die aufgefordert wurden, am Krönungstag für ihn Spalier zu stehen, weigerten sich. Sie hätten »anderes zu tun«, erklärten sie. Die am Morgen nach der Thronbesteigung an allen Litfaßsäulen erschienene Proklamation des neuen Kaisers, worin es hieß, er wolle die von seinem Großvater und Vater eingeleitete Sozialreform weiterführen, jedoch die »Umsturzbewegung« auch »fürderhin energisch« mit Hilfe des Ausnahmegesetzes bekämpfen, wurde in ganz Berlin mit roten Streifen überklebt, auf denen stand: »Antwort: Hoch die Sozialdemokratie!«, und, in Abwandlung eines Bismarck-Worts von den Deutschen, die nur Gott, sonst nichts auf der Welt fürchteten: »Ihr fürchtet uns – wie nichts auf der Welt!«

Zehn Jahre Belagerungszustand hatten wenig geändert an der Abneigung, die die große Mehrheit der Berliner und die Hohenzollern füreinander empfanden.

DER »JUNGE HERR«
UND
»SEINE« STADT

Wilhelm II. war gebürtiger Berliner, nicht Potsdamer, wie sein ver-
storbener Vater, und erst neunundzwanzig Jahre alt, als er im Sommer 1888 den Thron bestieg. Konnten sich da nicht seine Heimatstadt und deren rund anderthalb (und rechnete man die Vorstädte
und -orte an der Peripherie hinzu, sogar schon knapp zwei) Millionen Einwohner von ihm etwas mehr Verständnis für die Probleme
der Metropole erhoffen als von seinen Vorgängern?
Doch die Berliner, und keineswegs nur die Arbeiterschaft, sondern
auch das meist liberale Bürgertum, blieben skeptisch und machten
sich, was den »jungen Herrn« betraf, der nun ihr Kaiser geworden
war, keine Illusionen. Schon als Kronprinz hatte er die feudalen
Potsdamer Garde-Kasinos jeder Begegnung mit den Repräsentanten
der Hauptstadt und ihres politischen, wirtschaftlichen und kulturellen Lebens vorgezogen. Seine Vorliebe fürs Militär war zu offen-
kundig, als daß sich die Bürger Berlins als »bloße Zivilisten« von
ihm »allerhöchstes Interesse« für ihre Sorgen und Nöte erhoffen
konnten.
Immerhin, so hatten sie erfahren, sollte »der junge Herr« für die
Kunst schwärmen, desgleichen für die Marine und für Deutschlands »Seegeltung«. Also beschlossen die Berliner Stadtväter, ihm
zur Thronbesteigung als Huldigungsgeschenk der Hauptstadt einen
gewaltigen, den Gott der Meere, Neptun, verherrlichenden Brunnen
zu schenken, verziert mit allerlei Seegetier, Zentauren und die großen Ströme Europas symbolisierenden Frauenfiguren. Mit der Ausführung dieses Neptun-Brunnens war bereits der Bildhauer Rein-
hold Begas, ein gebürtiger Berliner und Schüler von Rauch und
Schadow, vom Magistrat beauftragt worden.
Indessen empfing Wilhelm II. die Vertreter der Stadt Berlin, die ihm
das schöne Geschenk ankündigen wollten, höchst ungnädig. Weder
gab er dem alten, hochverdienten Oberbürgermeister Max v.
Forckenbeck die Hand noch ließ er sich die Herren der Deputation
vorstellen.

Forckenbeck war vom Hause Hohenzollern so schlechte Behandlung gewöhnt; Wilhelm I. hatte ihn, den Oberbürgermeister der Reichs- und Landeshauptstadt, fast ein Jahrzehnt lang zu keinem Empfang bei Hofe eingeladen und, wo Begegnungen unvermeidbar gewesen waren, stets übersehen. Die »allerhöchste Ungnade« hing damit zusammen, daß Berlin nie anders als in Opposition zur Krone und Regierung gestanden hatte und trotz des seit einem Jahrzehnt über die Stadt verhängten Belagerungszustands weiter und in steigendem Maße die dem Hof verhaßten Linksparteien – Freisinn, Fortschritt und Sozialdemokratie – favorisierte.

Bei den ersten Reichstagswahlen nach dem Regierungsantritt Wilhelms II. zeigte sich trotz allergnädigster kaiserlicher Erlasse, die den Arbeitern einen Ausbau der Sozialversicherung sowie Arbeiterschutzmaßnahmen in Aussicht stellten, in allen Berliner Wahlkreisen eine deutliche Zunahme der Freisinnigen und ein ihre eigenen kühnsten Erwartungen übertreffender Stimmengewinn der Sozialdemokraten.

Bei einer für die damaligen Verhältnisse sehr regen Wahlbeteiligung von etwa 80 Prozent wurden in den Berliner Wahlkreisen I bis VI zusammen rund 250 000 Stimmen abgegeben – wozu angemerkt sei, daß nur Männer, die das fünfundzwanzigste Lebensjahr vollendet hatten, keine Unterstützung aus öffentlichen Mitteln bezogen und keinen Wehrdienst ableisteten, wahlberechtigt waren –; davon entfielen auf die Sozialdemokraten mehr als 126 000, also die absolute Mehrheit, auf die Freisinnigen rund 75 000 Stimmen. Das Kartell der die Regierung Bismarck stützenden Konservativen und Nationalliberalen brachte es in ganz Berlin auf nur noch 34 700 Wählerstimmen.

Auch insgesamt waren diese Reichstagswahlen eine schwere Niederlage für die Regierung, erst recht für den Kaiser, wenn man bedenkt, daß er der Arbeiterschaft große Versprechungen gemacht und gleichzeitig erklärt hatte: »Für Mich ist jeder Sozialdemokrat gleichbedeutend mit Reichs- und Vaterlandsfeind!« Aber Wilhelm II. sah in dem Resultat nur eine Niederlage Bismarcks, den er loswerden wollte, weil er endlich allein zu regieren wünschte, und den er auch bereits am 14. März 1890 aus allen Staatsämtern entließ. Im übrigen maß er Wahlen wie dem ganzen »parlamentarischen Firlefanz« ohnehin wenig Bedeutung bei. Er hatte Wichtigeres zu tun, nämlich sich überall beliebt zu machen, und deshalb war er auch dauernd unterwegs.

Zwar mußten die Schulkinder damals ein Lied lernen und fleißig singen, das mit den Zeilen begann: »Der Kaiser ist ein lieber Mann, er wohnet in Berlin . . .«, aber in der Hauptstadt war Wilhelm II. in

Wahrheit äußerst selten anzutreffen. Wenn er nicht, wie meist, auf Reisen war, wohnte er, statt im alten Schloß an der Spree, lieber im Neuen Palais zu Potsdam, von wo aus er weite Ritte durch die Wälder unternehmen und sich dann im nahen Kasino der Offiziere des exklusiven Regiments Garde du Corps »ganz wie zu Hause fühlen« konnte.

Neben seinem Potsdamer Palais bevorzugte er längere Aufenthalte in Wiesbaden, Homburg vor der Höhe und Wilhelmshöhe bei Kassel, besuchte auch gern sein Mustergut Kadinen in Ostpreußen, ging auf die Jagd in der Rominter Heide oder in der lüneburgischen Göhrde, ließ sich von seinen Freunden, dem Grafen Dohna, dem Fürsten Pleß oder dem Fürsten zu Fürstenberg in Donaueschingen, zu Treibjagden einladen, unternahm alljährlich wochenlange Seereisen mit seiner Hochseemotoryacht, besuchte – oft als »Wilhelm Unverhofft« – alle in- und ausländischen Fürstenhöfe und ließ sich auch in keiner Stadt seines Reiches eine Jubelfeier, Grundsteinlegung oder Einweihung entgehen. War er mal für ein paar Tage in Potsdam, mußte sein Sonderzug am Bahnhof Wildpark Tag und Nacht unter Dampf stehen, weil er plötzlich auf den Einfall kommen konnte, im Salonwagen zu übernachten, bei Morgengrauen loszufahren und irgendeine ferne Garnison mit seinem Besuch zu überraschen. Nur seine Haupt- und Heimatstadt Berlin beehrte er äußerst selten mit seiner »allerhöchsten Anwesenheit«, und wenn, dann nur für ein paar Stunden.

Dafür gab er sich aber während seiner ganzen Regierungszeit die größte Mühe, Berlin zu verschönern und mit dem überreichlich auszustatten, was er für Kunst hielt, vor allem mit Denkmälern. In Berlin hatte es beim Regierungsantritt Wilhelms I. im Jahre 1858 nur achtzehn Monumente gegeben, darunter Schlüters Reiterstandbild des Großen Kurfürsten, Rauchs Friedrich der Große, der heute wieder Unter den Linden Aufstellung gefunden hat, und Schadows Quadriga auf dem Brandenburger Tor. Bis zum Tode Wilhelms I. waren in den dreißig Jahren bis 1888 siebzehn Monumente hinzugekommen, darunter die Siegessäule. Demgegenüber stellte eine satirische Statistik nach siebzehnjähriger Regierung Kaiser Wilhelms II. fest: »Nach dem Stande vom 1. Juli 1905, 6 Uhr morgens, gibt es in der Reichshauptstadt 165 Einzeldenkmäler, 232 Denkmäler überhaupt, darunter 716 Personen und 128 Tiere. Im Tiergarten allein wurden ... bis März 1905 enthüllt: 14 Tiergruppen, darstellend 36 Tierindividuen und 48 Denkmäler von Personen. Die Siegesallee zählt 214 Köpfe.«

Der »Simplicissimus« spottete unter der Überschrift »Strafe muß sein«:

»Nein, meine Herren, solange Berlin sozialdemokratisch wählt, ist nicht daran zu denken, daß mit der Errichtung von Denkmälern innegehalten wird.«

Olaf Gulbransson lieferte mit spitzem Bleistift die Zeichnung. Natürlich gab es etliches aus dieser Fülle, das den Berlinern gut gefiel, zum Beispiel jener ja nicht vom Kaiser, sondern von den Stadtvätern bestellte Neptunbrunnen. Zehn Meter hoch bis zum »Zacken« des Meeresgottes, mit achtzehn Meter breiter Schale und vier barocken »Meechen, die den Rand halten«, stand er ursprünglich mitten auf dem Schloßplatz. Heute steht die Brunnenanlage auf dem großen Freigelände zwischen der Marienkirche und dem sorgfältig wiederhergestellten Neorenaissancebau des »Roten Rathauses«.
Ebenfalls Anklang bei den Berlinern fand auch die von Emil Hundrieser 1889 anläßlich eines Monarchenbesuchs eilig geschaffene und auf dem Potsdamer Platz aufgestellte Kolossalstatue der »Berolina«. Diese üppige Frauengestalt galt der Bevölkerung als

neues Wahrzeichen ihrer Stadt, und der Magistrat ließ eine in Kupfer getriebene Nachbildung davon auf den Alexanderplatz stellen, während das Original – es war wohl nur aus Gips – wieder verschwand. Später wurde die »Berolina«, weil sie den Verkehr am »Alex« behinderte, von der Mitte auf die Seite verschoben, vor den Neubau des Warenhauses von Tietz. 1928 kam sie »vorübergehend«, weil man den Alexanderplatz umgestalten wollte, auf einen städtischen Abstellplatz und ist seitdem verschollen.

»Berolina« und Neptunbrunnen waren indessen, was ihre Popularität betraf, seltene Ausnahmen. Das meiste dessen, was sich während der Regierungszeit Wilhelms II. als »Denkmalssegen« über die Hauptstadt ergoß, erfreute sich keiner Beliebtheit bei der Bevölkerung. Sie bestaunte allenfalls die ungeheuren Ausmaße des riesigen, von Begas geschaffenen »Nationaldenkmals« Wilhelms I., »des Großen«, wie sein Enkel ihn genannt haben wollte; »Willem der Kolossalste«, spotteten deshalb die Berliner. Um einen würdigen Platz für das pompöse Monstrum zu schaffen, wurde die Häuserreihe der alten Schloßfreiheit vor dem Eosanderportal abgerissen. Fast ein halbes Jahrhundert lang saß der grimmige alte Herr auf seinem gewaltigen Schlachtroß und ließ sich von einer Siegesgöttin »anhimmeln«; unbetrauert verschwand das monumentale Denkmal bald nach dem Zweiten Weltkrieg.

Konnte das »Nationaldenkmal« die Berliner zumindest noch durch seine gewaltigen Dimensionen beeindrucken, so ergoß sich ihr ganzer Spott über ein Lieblingsprojekt des Kaisers, die »zur Verschönerung des Tiergartens« und »zur Erinnerung an die ruhmreiche Vergangenheit« angelegte »Siegesallee«. Sie sollte nach dem Willen Seiner Majestät Berlin »zur schönsten Stadt der Welt« machen.

Die »Siegesallee« verband den vom Kaiser ebenfalls gestifteten »Rolandbrunnen«, der die Bedeutung Berlins im Mittelalter versinnbildlichen sollte und auf dem Kemperplatz aufgestellt worden war, mit dem Königsplatz, dem späteren Platz der Republik, wo das gewaltige, nach den Plänen von Wallot in zehnjähriger Bauzeit, von 1884 bis 1894, im Stil der Hochrenaissance errichtete Reichstagsgebäude stand, davor das – ebenfalls von Begas geschaffene – Denkmal Bismarcks, das den Kanzler in Kürassieruniform, umgeben von zahlreichen allegorischen Gruppen, in ebenfalls »kolossaler« Größe zeigte.

Zu beiden Seiten der neuen »Siegesallee« reihten sich, von Taxushecken eingefaßt, die insgesamt zweiunddreißig (!) Marmorstandbilder aller, auch der fragwürdigsten, Markgrafen von Brandenburg. Hinter jedem dieser Askanier, Wittelsbacher oder Hohenzollern standen auf dem Marmorhalbrund Hermen zweier Zeitgenossen, wobei als Kuriosum erwähnt sei, daß für eine dieser Randfiguren, den Ritter Wedigo von Plotho, ausgerechnet der Kunststudent Heinrich Zille Modell gestanden hatte. »Wer hat das größte Kunstverständnis?« lautete die Scherzfrage, als die »Siegesallee« kurz vor Weihnachten 1901 endlich fertig war und feierlich eröffnet wurde, und die Antwort hieß: »Wer am schnellsten dran vorbeiläuft.« Wirkliche Freude an der »Puppenallee«, wie sie dann genannt wurde, hatten nur die Liebespaare: die zweiunddreißig Gruppen boten jeweils vier Pärchen Platz zu ungestörtem Schmusen in lauen Nächten. Thomas Theodor Heine aber zeichnete für den »Simplicissimus« ein am Sonntag die »Siegesallee« besichtigendes Arbeiter-Ehepaar, das lobend feststellt:

»Nee, wie schön hier allens is'! Sojar die Vogelscheuchen sin' von Marmor!«

Ein »Marmara-Meer des Schreckens« wurde die Siegesallee genannt, aber wer gehofft hatte, daß damit die »Verschönerung« des Tiergartens ein Ende gefunden hätte, sah sich getäuscht; Seine Majestät setzte die »Bestückung« des schönsten Parks von Berlin weiter fort. Von einem Werk der Bildhauerkunst, der von dem gebürtigen Berliner Louis Tuaillon geschaffenen Reitenden Amazone, die 1895 vor der Nationalgalerie Aufstellung fand (und dort heute noch steht), meinte Wilhelm II., daß es mit einem Exemplar dieses Kunstwerks für Berlin nicht genug wäre. Er ließ eine – natürlich stark vergrößerte – Kopie der Bronzestatue anfertigen und fand dafür auch noch einen Platz im Tiergarten (wo sie jedoch im Zweiten Weltkrieg zerstört wurde).

Indessen bedachte der Kaiser seine Hauptstadt nicht allein mit monumentalen Denkmälern, Brunnenanlagen und Standbildern aller Art, sondern auch mit sehr zahlreichen großen und »repräsentativen« Bauwerken, vorzugsweise mit Kirchen und Kasernen. In Tempelhof entstand eine ganze »Kasernopolis«, und in den ersten zwanzig Regierungsjahren Wilhelms II. bekam Berlin nicht weniger als vierunddreißig neue Kirchen. Den von Raschdorff in gewaltigem Neobarock erbauten – evangelischen – Dom am Lustgarten, dem der alte, schlichte Schinkel-Dom zum Opfer fiel, verspotteten die Berliner als »Seelengasometer«, und tatsächlich nahm er sich gegenüber dem streng klassizistischen Meisterwerk Schlüters, dem Alten Museum, nicht gerade vorteilhaft aus.

An sich bestand in Berlin kein Bedarf an immer neuen, riesigen Gotteshäusern, denn schon die vorhandenen waren sehr schwach besucht. Aber Wilhelm II. ließ es sich nicht nehmen, immer neue Kirchen errichten zu lassen. Das Geld dafür mußte der Oberhofmeister Graf Mirbach, genannt »der Glockenaugust«, bei reichen Bürgern sammeln. Ihm war jedes Mittel recht, der »Kirchennot« abzuhelfen, und vorzugsweise ging er reiche jüdische Bankiers und Geschäftsleute um Spenden an. Wie der spätere Reichskanzler Fürst Bülow in seinen Memoiren berichtet, scheute sich Mirbach nicht einmal, den jüdischen – und keineswegs reichen – Vorsitzenden der Sozialdemokratischen Partei, Paul Singer, persönlich anzubetteln.

Wilhelms II. »Hauptanliegen« war der Bau der – dem Andenken seines Großvaters gewidmeten – Kaiser-Wilhelm-Gedächtniskirche nahe dem Zoo, deren Errichtung ihm noch weit wichtiger war als die der Gnadenkirche im Invalidenpark und die der Kaiser-Friedrich-Gedächtniskirche im Hansaviertel am Tiergarten.

Der Architekt Franz Schwechten wurde damit beauftragt, die »zur Ehre Gottes und zum Gedächtnis Meines unvergeßlichen Großvaters« vom Kaiser bestimmte Gedächtniskirche am Anfang des Kurfürstendamms zu entwerfen. Er gestaltete sie in Anlehnung an die spätromanische Marienkirche in Gelnhausen und schuf einen mit reichem Mosaikschmuck und Glasgemälden ausgestatteten Zentralbau. Die Orgelempore bot Platz für achtzig Musiker und dreihundert Sänger. »Die dem Langschiff vorgelagerte Gedächtnishalle zeigte Reliefs aus der Geschichte der Hohenzollern. Otto Lessings Sandsteinrelief ›Sankt Georgs Kampf mit dem Drachen‹ krönte das Kaiserportal. Der 113 Meter hohe Westturm trug fünf Glocken, deren größte nur von der Kölner Domglocke übertroffen wurde«, heißt es in Alfred Grunows Reminiszenz »Der Kaiser und die Kaiserstadt«. Was Grunow nicht erwähnt: Über dem Kreuz auf der Spitze des Westturms strahlte jahrzehntelang eine Art Morgenstern – höchst ungewöhnlich für eine christliche Kirche.

Des Rätsels Lösung findet sich in Emil Ludwigs Biographie »Wilhelm der Zweite«. Ursprünglich war der Stern nur – »ein Architektenzeichen (Kreuzung zweier Kreisbogen), das auf dem ersten Plan über dem Kreuz auf dem Turm wie ein Stern wirkte und als solcher dem Kaiser wohlgefiel, auf der Ausführung später natürlich fehlte, ... vom Kaiser ärgerlich vermißt, denn gerade die Überladung, Kreuz und Stern, hatte ihn fasziniert. Herr Schwechten ... war zu servil, ihn aufzuklären.« Also wurde das »Versäumte« eilig nachgeholt: Das Kreuz auf der 109 Meter hohen Turmspitze bekam noch eine vier Meter lange Eisenstange samt »Morgenstern« aufmontiert, und nun »äußerte S. M. allerhöchste Zufriedenheit«.

Neben dem Kirchen- und Kasernenbau widmete sich Wilhelm II. aber auch der ständigen »Verschönerung« und Erweiterung nahezu aller sonstigen repräsentativen Bauten Berlins: »Für viele Millionen Mark wurde das Schloß auf ›kalte Pracht‹ ›modernisiert‹, wobei die Fundamente bedenklich erschüttert wurden«, berichtet Annemarie Lange. ».... Die Umgebung des Schlosses ›paßte‹ nicht mehr. Hofrat v. Ihne erbaute den Neuen Marstall.« Wo noch ein schlichter Schinkelbau, wie das (inzwischen in alter Schönheit wiederauferstandene) Schauspielhaus am Gendarmenmarkt, der »Verschönerung« harrte, wurde er, zumindest innen, zur Bonbonniere umgestaltet. Das Reichsbankgebäude, 1869 bis 1876 von Hitzig erbaut, wurde beträchtlich erweitert, die beiden Häuser des Landtags zwischen der Prinz-Albrecht- und der Leipziger Straße 1893 durch einen gewaltigen Neubau im Stil der italienischen Hochrenaissance ersetzt.

Von den weiteren Neubauten war mit Abstand am imposantesten das schon erwähnte Reichstagsgebäude, doch dieses fand Wilhelm II. den »Gipfel der Geschmacklosigkeit«, sei es, weil der Wallot-Bau schon vier Jahre vor seinem Regierungsantritt und ohne sein Zutun begonnen worden war, sei es, daß er sich darüber ärgerte, weil das so überaus prächtige und kolossale Bauwerk, das zweiundzwanzig Millionen Goldmark gekostet hatte, keinem edleren Zweck diente, als dem lästigen »Dreinreden« bloßer Volksvertreter in sein allerhöchstes Regiment. Viel schöner fand er den gewaltigen und pompösen Palast in der Neuen Friedrichstraße, den das Land- und Amtsgericht Berlin-Mitte von ihm bekam. Schon im Treppenhaus sollte dort »dem erschauernden Besucher die metaphysisch erhabene Großartigkeit des Rechts ins Bewußtsein treten«, heißt es bei Klaus Konrad Weber über dieses Bauwerk der Berliner Justiz.

Ins Maßlose gesteigert war auch das Treppenhaus des Moabiter Kriminalgerichts, das allerdings schon 1882 bis 1885 erbaut worden war. Von den neuen Bauwerken, die Wilhelm II. »Herzenssache« waren, sind noch das neobarocke Reichspatentamt, das Reichsversicherungsamt im Neorenaissancestil, das Generalstabsgebäude und die Bauten auf der Museumsinsel hervorzuheben, hier besonders das von seinem Lieblingsarchitekten Ernst v. Ihne erbaute Kaiser-Friedrich-Museum (heute Bode-Museum).

Das neue Polizeipräsidium, ein riesiger roter Backstein-Komplex am Südrand des Alexanderplatzes, war 1890 nach fünfjähriger Bauzeit gerade fertig geworden, da fielen überraschend das »Sozialistengesetz« und der Kleine Belagerungszustand, der seit zwölf Jahren über die Stadt verhängt war. Es hatte, kurz vor Bismarcks Entlassung, im Reichstag an der nötigen Regie gefehlt, als die Ausnahmegesetze turnusmäßig verlängert werden sollten, und so kam es zwischen den bürgerlichen Fraktionen zu Mißverständnissen. Die Konservativen stimmten gegen die Regierungsvorlage, weil sie auf Drängen der Zentrumspartei hin etwas gemildert worden war, gingen jedoch von der Annahme aus, das Zentrum würde in der Schlußabstimmung dem Gesetz zustimmen. Das war aber keineswegs der Fall, und so kam es zu keiner Verlängerung. Mit dem Ablauf des alten »Sozialistengesetzes« am 30. September 1890 endeten somit die Sonderbestimmungen und der Ausnahmezustand.

Für den Abend des 30. September mieteten die Sozialdemokraten die sieben größten Säle Berlins, um »das Begräbnis« zu feiern. Entgegen sonstigem Brauch war der »gemütliche Teil« zu Beginn der Veranstaltungen; die heimgekehrten Ausgewiesenen mit ihren Familien bildeten die Mittelpunkte eines lebhaften Austauschs der Erlebnisse. Dann, um Mitternacht, verstummten Gespräche und Musik. Eine Minute lang herrschte in allen Sälen Stille und gespannte Aufmerksamkeit. Punkt 24 Uhr schmetterten die Trompeten; die bis dahin verborgen gehaltenen roten Parteifahnen wurden entrollt, und im selben Augenblick erhob sich der die Versammlung überwachende Polizeileutnant und verließ, gefolgt von seinem Schutzmann, den Saal. Sobald sich die Tür hinter ihm geschlossen hatte, brach unbeschreiblicher Jubel aus.

Die »Sozialdemokratische Partei Deutschlands« (SPD), wie sie sich von nun an nannte, war jetzt wieder »legal«, aber sie traute dem Frieden nicht. Die Berliner »Wahlvereine« blieben bestehen; die Vertrauensmänner wurden weiterhin nicht auf offiziellen Versammlungen, sondern geheim gewählt und tagten auch als sogenannte »Korpora« nur dort, wo sie vor Polizeispitzeln sicher waren. Aber das von Paul Singer herausgegebene »Berliner Volksblatt«, das sich bis dahin den Anschein gegeben hatte, parteiunabhängig zu sein, wurde nun – unter dem neuen Namen »Vorwärts« und mit dem aus dem Exil nach Berlin zurückgekehrten Wilhelm Liebknecht als neuem Chefredakteur – vom 1. Januar 1891 an offizielles Organ der deutschen Sozialdemokratie.

In der Zeit des »Sozialistengesetzes« hatten übrigens auch einige bürgerliche Presseorgane, zumal die des Verlegers Leopold Ullstein, der 1877 mit der Übernahme der »Berliner Zeitung« – der späteren »B.Z. am Mittag« – begonnen und seinen Verlag mit großem Erfolg immer weiter ausgebaut hatte, den verfemten Sozialdemokraten publizistisches Asyl gewährt. Ullstein, der den Freisinnigen und Fortschrittsparteilern nahestand, war ein so überzeugter Demokrat, daß er an einer Unterdrückung der Meinungsfreiheit auch nicht indirekt beteiligt sein wollte – eine Haltung, die von weiten Kreisen des linksliberalen Bürgertums respektiert wurde, den Kaiser jedoch, der die harte Kritik der Ullstein-Feuilletons an Aufführungen der Königlichen Theater ohnehin als eine persönliche Kränkung ansah, noch mehr erbitterte.

Die Hoftheater, auf die Wilhelm II. so stolz war und wo er häufig bei den Proben erschien und eingriff, wenn ihm etwas mißfiel, waren eine ständige Zielscheibe bürgerlicher Kritik und derben Spottes. Einer der Lieblingsdichter des Kaisers – und damit auch des Hofs und der Königlichen Theater – war der illegitime Hohenzollernsproß Ernst v. Wildenbruch, dessen Verherrlichung des Sieges von Kurfürst Friedrich I. über die Quitzows Seine Majestät mit einem Schiller-Preis belohnte. Ein anderes Bühnenstück Wildenbruchs, »Heinrich und Heinrichs Geschlecht«, wurde vom entzückten Kaiser gleich mit zwei Schillerpreisen ausgezeichnet, wohl weil in diesem Stück gesagt wurde: »Treue zum König ist Deutschlands Religion!«

Dagegen lehnte Wilhelm II. die damalige Moderne, zumal den zu Beginn seiner Regierungszeit gerade aufkommenden Naturalismus, entschieden ab. Als das 1883 von Adolph L'Arronge gegründete, dann von Otto Brahm geleitete Deutsche Theater in der Schumannstraße 1894 erstmals Gerhart Hauptmanns soziales Drama »Die Weber« aufführte, kündigte der Kaiser erzürnt seine dortige Hofloge. Und als Hermann Sudermann 1891 mit seinem Berliner Vorder- und Hinterhausstück »Ehre« im Lessing-Theater Triumphe feierte, verbot Wilhelm II. allen Offizieren den Besuch dieser Aufführung. Stücke wie Henrik Ibsens »Gespenster«, Oscar Wildes »Salome« oder Sudermanns »Sodoms Ende« wurden auf Wunsch des Kaisers von dem für die Theaterzensur zuständigen Berliner Polizeipräsidenten v. Richthofen kurzerhand verboten. Als der Direktor des Lessingtheaters, dessen Premierenkarten für »Sodoms Ende« schon mit 80, 90 und sogar 100 Mark gehandelt wurden – das viergängige Menü im »Kaiserhof« oder im neuen »Hotel Adlon« am Pariser Platz war dagegen mit 2,50 Mark vergleichsweise billig –, beim Polizeipräsidenten um eine Begründung des Verbots bat, wurde ihm eine die ganze Arroganz der Macht enthüllende Antwort zuteil: »Die janze Richtung paßt uns nich!«

Die Bürger, denen wiederum das kaiserliche »Kulturregiment« nicht paßte, wußten sich zu wehren. Die verbotenen Stücke wurden in »privaten« Vorstellungen aufgeführt. Otto Brahm und seine Freunde gründeten bereits 1889 den Verein »Freie Bühne«, der »ohne Rücksichten auf Theaterzensur und Gelderwerb« Theateraufführungen veranstaltete und nicht nur Gerhart Hauptmann und Henrik Ibsen, sondern auch Leo Tolstoi zum Durchbruch verhalf.

Otto Brahm, so hat ihn Fritz Engel treffend beschrieben, »gehörte zu den wenigen Menschen, die in unerbittlicher Selbstdisziplin und unbeirrbarer Werkfreude bei ihrem künstlerischen Schaffen nur künstlerische Gesichtspunkte gelten ließen«. Im krassen Gegensatz zum Pomp und Pathos der Hofbühnen gaben seine Inszenierungen »das Letzte an Dämpfung, an Harmonie des ausgezeichneten Ensembles. Diesem wurde die Vorschrift Shakespeare-Hamlets, niemals über die Grenzen der Natur hinauszugehen, wie eine Fahne vorangetragen.« Brahm entdeckte auch Max Reinhardt für das Theater, der später entscheidend dazu beigetragen hat, daß Berlin zur Theatermetropole Europas, ja zur »ersten Theaterstadt der Welt« wurde.

Die »Freie Bühne« brach, allen Widerständen des Kaisers, des Hofs und der Regierung zum Trotz, der modernen Kunst im Bereich des Theaters Bahn. Aber das Proletariat, das nun in den – polizeilich verbotenen – »Webern« erstmals auf einer deutschen Bühne in seinem ganzen Elend gezeigt wurde, konnte an den »privaten« Aufführungen fortschrittlicher Bürger selbst nicht teilhaben – das verhinderte schon der mit 15 Mark sehr hohe Eintrittspreis beim Verein »Freie Bühne«.

Der aus Magdeburg nach Berlin gekommene Schriftsteller Bruno Wille, führend in der Freidenker-Bewegung, propagierte deshalb noch vor der Aufhebung des »Sozialistengesetzes« die Gründung einer »Freien Volksbühne«, die der Berliner Arbeiterschaft das Theater erschließen, dem Kunst- und Bildungsprivileg der Wohlhabenden den gleichen Anspruch des Proletariats entgegenstellen sollte.

Annemarie Lange berichtet darüber: »Der Aufruf fand ein unerwartet großes Echo. Die erste vorbereitende Versammlung im Böhmischen Brauhaus am Friedrichshain war derart überfüllt, daß der Saal polizeilich abgesperrt wurde. Sechshundert Anmeldungen wurden auf der Stelle abgegeben. Am 8. August 1890 konstituierte sich der Verein ›Freie Volksbühne‹. Der Mitgliedsbeitrag wurde mit monatlich 50 Pfennig im Winter und 25 Pfennig im Sommer festgesetzt, so daß er für jeden Arbeiter erschwinglich war. Die Vorstellungen fanden sonntags vormittags im gemieteten Ostend-Theater statt. Als erstes Stück wurde Ibsens gesellschaftskritisches Drama ›Die Stützen der Gesellschaft‹ gewählt.«

Zwar gab es bald Streit im Vorstand; Bruno Wille und einige seiner Freunde gründeten einen eigenen Verein, die »Neue Freie Volksbühne«, der aber mit der eigentlichen Volksbühnenbewegung bei weitem nicht Schritt halten konnte, die 1894 in Berlin bereits sechs Abteilungen mit je 1150 Mitgliedern zählte und deren Leitung der von den bürgerlichen Demokraten zur SPD übergegangene Schriftsteller Franz Mehring übernahm.

Doch nicht nur im Bereich des Theaters und der Literatur, wo in Berlin vom alten Fontane bis zum jungen Gerhart Hauptmann, der in der Charlottenburger Schlüterstraße wohnte, zu Beginn der neunziger Jahre alles, was Rang und Namen hatte, in Opposition zum kaiserlichen »Kulturregiment« stand, auch in der bildenden Kunst gärte es.

Wilhelms II. Lieblingsmaler war Anton v. Werner, seit 1875 Direktor der Berliner Akademie und Schöpfer jener Kolossalgemälde, die das Berliner Schloß schmückten. Das »Kolossalste« seiner Werke war die »Kaiserproklamation im Spiegelsaal zu Versailles« – 4,34 Meter hoch und 7,32 Meter breit, daher »die größte Kunst überhaupt«, wie die jungen Berliner Maler spotteten.

Werners detailgetreue, sehr pathetische Historienbilder erfreuten sich bei Hofe, aber auch in den kaisertreuen Kreisen des Adels und der Bourgeoisie größter Beliebtheit. Nachbildungen seines »Trompeters von Säckingen« sah man in den bunten Glasfenstern »hochherrschaftlicher« Treppenhäuser des Berliner Westens, und seine Fresken verschönten auch das Café Bauer Unter den Linden.

Von Anton v. Werner beraten, spielte sich Wilhelm II. gern als

Kunstkenner auf, ja maße sich auch auf diesem Gebiet Entschei-
dungsbefugnisse an. Niemand durfte ihm da widersprechen – ausgenommen der alte Menzel. Der gebürtige Breslauer, der seit seinem fünfzehnten Lebensjahr in Berlin lebte und in den neunziger
Jahren ein schrulliges, wegen seiner Grobheit gefürchtetes Berliner
Original war, das man, wenn er gnomenhaft an seinem Stammtisch
im Café Josty oder in der alten Weinstube von Frederichs hockte,
neugierigen Besuchern von auswärts zeigte, genoß als genialer
Künstler allgemein hohes Ansehen. Seine Autorität auch bei Hofe
beruhte indessen weniger auf seinem wirklich großen Können, sondern eher auf einem Zufall: Wäre sein erster Auftrag als junger Maler nicht die Illustrierung von Kuglers »Geschichte Friedrichs des
Großen«, sondern etwa die einer Napoléon-Biographie gewesen,
hätte er schwerlich in so hoher kaiserlicher Gunst gestanden. So
aber konnte er sich als einziger erlauben, Wilhelm II. offen zu sagen,
was er von dessen teuren Neuerwerbungen hielt: »Schund, Majestät, es ist und bleibt Schund!«
Vom alten Menzel ließ sich selbst der Kaiser Kritik gefallen, hielt er
ihn doch für den anerkannten Hofmaler des Hauses Hohenzollern.
Daß Menzel schon mit den frühen, kühn entworfenen Landschaften
oder der »Berlin-Potsdamer Eisenbahn« von 1849, erst recht mit dem
viel späteren »Eisenwalzwerk« den Impressionisten weit vorausgeeilt war, nahm man bei Hofe einfach nicht zur Kenntnis.
Nur wenige Zeitgenossen bemerkten, daß der vom »Kulturregiment« Wilhelms II. geächtete und als »Maler des Schmutzes« abge-
tane Max Liebermann mit seiner Kunst direkt an die Adolph v.
Menzels anknüpfte. Menzel selbst erkannte dies sofort und spendete Liebermanns von der offiziellen Kritik verspotteten, 1872 in einer Berliner Galerie gezeigten »Gänserupferinnen« hohes Lob.
Dem Kaiser mißfielen die Bilder des gebürtigen Berliners Liebermann, der als Sohn eines reichen Kattunfabrikanten zu den Nach-
fahren der 1671 eingewanderten Wiener Juden zählte. Mit den »Modernen« konnte der Kaiser nichts anfangen, auch nicht mit ihren bedeutendsten Vertretern wie dem 1892 von Norwegen nach Berlin
gekommenen Maler Edvard Munch. Die erste große Munch-Aus-
stellung im Berliner Künstlervereinshaus ließ Akademiepräsident
Anton v. Werner mit kaiserlicher Rückendeckung einfach schließen;
Munch mußte seine Bilder aus dem Haus in der Bellevuestraße entfernen und konnte sie nur noch in einem eilig gemieteten Hofraum
eines Privatbankhauses Unter den Linden zeigen. Als Wilhelm II.
dann auch noch die Bilder der »Modernen« als »Rinnsteinkunst« be-
schimpfte, setzten sich die Maler zur Wehr: 1898 vereinte Liebermann, unterstützt von den Berliner Kunsthändlern Paul und Bruno

Cassirer, die jungen Maler unterschiedlichster neuer Richtungen in der »Berliner Sezession«. Die Abtrünnigen schufen sich mit Hilfe wohlhabender Kunstfreunde ein eigenes Zentrum, das »Sezessionshaus« am Kurfürstendamm, und der »Simplicissimus«-Zeichner Th. Th. Heine zeichnete für die Eröffnungsausstellung der »Berliner Sezession« in Anspielung auf die kaiserliche Schmähung ein bald berühmt gewordenes Plakat, auf dem eine blasse Frau vom Rinnsteinrand eine Rose pflückt.

Wilhelm II. war empört. »Die Aufregung um die impressionistische Malerei«, berichtet Annemarie Lange, »galt letztlich der Tatsache, daß sich die bourgeoise Gesellschaft«, erst recht natürlich der Hof, »nicht mehr mit einem Glorienschein umwoben sah, auf den sie Anspruch zu haben glaubte. Die großartigen Porträts zum Beispiel, die Liebermann malte, fand man ›unmöglich‹ und ›häßlich‹, weil sie in keiner Weise heroisierten oder beschönigten. Dabei wollten sie gar nicht etwa anklagen. Das aber gab es bereits: daß Malerei und Dichtkunst sich als ›Gewissen‹ der Zeit verbanden, um gemeinsam aufzurütteln. Die besten Künstler zeichneten die Titelbilder für die Bücher der ›Jungen‹ oder schufen graphische Zyklen in ihren Dichtungen.

So entstanden Zeichnungen von Franz Skarbina und Fritz v. Uhde zu Kretzers Romanen, später Zilles Zeichnungen zu Romanen von Clara Viebig, und zwischen 1895 und 1898 Käthe Kollwitz' berühmt gewordene Radierungen zum Weberaufstand, durch Gerhart Hauptmanns ›Weber‹ angeregt. Maler porträtierten auch die Dichter . . .: Liebermann den greisen Fontane, Lovis Corinth den jungen Gerhart Hauptmann.«

Der Ostpreuße Corinth ließ sich erst 1900 in Berlin nieder und heiratete dann die Malerin Charlotte Berend, eine gebürtige Berlinerin. Auch der Maler Max Slevogt, mit Corinth und Liebermann ein Meister des deutschen Impressionismus und der »Berliner Sezession«, kam 1901 aus Bayern in die Reichshauptstadt. Der Maler und Graphiker Franz Skarbina war 1849 in Berlin geboren und bis 1893 Lehrer an der Akademie, mit der es zum Bruch kam, als er begann, in Freilichtmalerei das Straßenleben seiner Heimatstadt darzustellen. Mit zahlreichen Berliner Straßenbildern hervorgetreten war auch Lesser Ury, ein Sohn armer Juden aus Birnbaum in Posen, der von 1887 an in Berlin lebte und als Impressionist ebenso zur »Berliner Sezession« fand wie der gebürtige Bromberger Walter Leistikow, der seit 1886 vorzugsweise die Seen und Wälder der Umgebung Berlins malte.

Da war schließlich noch, von all diesen »Jungen« vom Kaiser am meisten verabscheut, die 1889 aus Königsberg nach Berlin gekommene Graphikerin Käthe Schmidt, die sich bald darauf mit dem Armenarzt vom Prenzlauer Berg, Hans Kollwitz, verheiratete. Wohnung und Praxis waren im Eckhaus Wörther und Weißenburger (heute Käthe-Kollwitz-)Straße.

Käthe Kollwitz begann zunächst, kaum bemerkt von der Öffentlichkeit, die Arbeiterfrauen zu zeichnen, die sie dort sah. Aufsehen erregte sie jedoch bereits mit ihrer ersten größeren Arbeit, dem Zyklus über den Weberaufstand. Die sechs Blätter wurden 1897 in den Ausstellungshallen am Lehrter Bahnhof erstmals der Öffentlichkeit vorgestellt. Der alte Menzel schlug dem Kaiser die junge Künstlerin für eine Goldmedaille vor, aber Wilhelm II. lehnte dieses Ansinnen entschieden ab. Dies sei »Aufreizung zum Aufruhr, zum Umsturz«, befand er, und damit war Käthe Kollwitz für den offiziellen Kulturbetrieb geächtet, um so angesehener jedoch bei allen, die sich bereits davon befreit hatten.

Damals, gegen Ende der neunziger Jahre, gab es in Berlin auch schon einen Künstler, dessen bevorzugte Modelle jene waren, die die bürgerliche Gesellschaft gern als »Abschaum« bezeichnete: den Zeichner Heinrich Zille, der dem Publikum, aber auch den meisten Berliner Künstlern noch gänzlich unbekannt war. Sein Brot verdiente sich Zille als Lithograph, aber jede freie Minute benutzte er dazu, alles zu zeichnen, was er auf den Straßen und Hinterhöfen, in den Spelunken und auf den Rummelplätzen, in den »Pennen« und Mietskasernen des »Milljöhs« der Proletariergegenden Berlins an Interessantem erblickte: das unsägliche Elend, aber auch »det bißken Jlück«.

»Mit neun Jahren kam ich aus Sachsen nach Berlin«, so erinnerte sich Zille später, »so um 1867. Am Anhalter Bahnhof kletterten wir aus dem Zug. Da hätten wir nun in der Gegend wohnen bleiben sollen. Denn die Leute siedelten sich damals an, wo sie mit der Bahn ankamen. Die Pommern und Kaschuben blieben am Stettiner Bahnhof, am Schlesischen Bahnhof wohnten die Ostpreußen und die Pollacken und am Görlitzer die Schlesier. Wir aber zogen in die Gegend am Schlesischen ... 1872 lernte ich Litograph und ging die Woche zweimal zum guten alten Professor Hosemann in die Kunstschule ... Der alte Hosemann ließ mich in seiner Wohnung in der Louisenstraße ganz gern seine Skizzen und Zeichnungen ansehen und auch abmalen, sagte aber: ›Gehen Sie lieber auf die Straße raus, ins Freie, beobachten Sie selbst – das ist besser als nachmachen‹ ...«
– ein Rat, den Zille dann sein Leben lang befolgte. Wie kein zweiter hat er die Welt der Proletarier des Berliner Ostens und Nordens mit scharfem Blick studiert und in Tausenden von Skizzen und Zeichnungen wie dieser festzuhalten:

»Der späte Schlafbursche: ›Nu mach man wieder Meck, Meck! Du kannst doch keen nackichten Mann een Bonbon ans Hemde kleben! Ich komme, wenn ick will!‹«

Kurz vor der Jahrhundertwende war das Selbstbewußtsein der Berliner durch mancherlei Ereignisse noch erheblich gestärkt worden. Zunächst hatte die Stadt einen enormen Bevölkerungszuwachs zu verzeichnen: Berlin innerhalb der Stadtgrenzen zählte bereits über 1,8 Millionen Einwohner, und nahm man die unmittelbar angrenzenden Vorstädte hinzu – zum Beispiel die Stadt Rixdorf mit über 150000 Einwohnern, Charlottenburg nebst Halensee und den Kolonien Grunewald und Westend mit zusammen fast 200000 Einwohnern oder die Stadt Schöneberg und das Dorf Deutsch-Wilmersdorf mit insgesamt rund 180000 Einwohnern –, so lebten im zusammenhängenden Stadtgebiet schon fast drei Millionen Menschen, einschließlich der in und um Berlin stationierten Regimenter, vornehmlich Garde-Infanterie und -Kavallerie, mit zusammen rund hunderttausend Soldaten zum Schutz von Hof und Regierung gegen den »inneren Feind«, die Berliner Arbeiterschaft.

Entsprechend den Bedürfnissen der Industrie und des Handels war der Verkehr enorm gewachsen. Berlin war Knotenpunkt von zwölf Eisenbahnlinien mit zehn innerstädtischen Fernbahnhöfen. Die »Weltstadt«, wie sich Berlin nun schon nannte, hatte seit 1892 auch schon eine Stadtbahn, die zunächst den Schlesischen (heute Ost-)

Bahnhof mit den westlichen Stadtteilen sowie mit Charlottenburg und dessen Vororten verband. Hinzu kam die 1891 eröffnete Wannseebahn, die einen Vorortverkehr nach Potsdam und sogar darüber hinaus unterhielt, auch als einzige Stadtbahn mit Wagen nicht nur dritter und zweiter (Holz- und Polster-)Klasse, sondern auch mit solchen erster Klasse ausgestattet war, denn den Offizieren der feudalen Potsdamer Garderegimenter war eine Beförderung »unter Stand«, bei der sie in Berührung mit gewöhnlichen Bürgern gekommen wären, nicht zuzumuten.

Eine mehrfach erweiterte Ringbahn mit einem Nord- und einem Südring von zusammen 68 Kilometern Länge umschloß nicht nur ganz Berlin und Charlottenburg, sondern verband auch die Vororte ringsum miteinander – von Gesundbrunnen im Norden bis Stralau-Rummelsburg im Osten, Tempelhof und Wilmersdorf-Friedenau im Süden sowie Westend und Jungfernheide weit im Westen.

Darüber hinaus war seit 1896 bereits eine elektrische Hoch- und Untergrundbahn im Bau, zunächst nur für das gutbürgerliche Publikum des Westens, nicht für die Arbeiter des Ostens und Nordens bestimmt. Auch der einzige elektrische Stadtbahnzug wurde »versuchsweise« auf der Strecke nach Zehlendorf eingesetzt und »Bankierszug« genannt, mit dem die Geschäftsleute des Villenvororts bequem in ihre Büros in der City gelangen konnten. Ein weiterer elektrischer S-Bahnabschnitt kam erst viel später hinzu – eigens für die Kadettenanstalt in Lichterfelde, weil die »jungen Herren« doch ab und zu abends in die Stadt, zum Beispiel in den »Wintergarten« im Central-Hotel in der Friedrichstraße fahren wollten, wo damals der Pankower Photograph Max Skladanowsky mit seinem selbstgebauten »Bioskop« die ersten Filmstreifen vorführte, oder in den »Admiralspalast« (das heutige Metropol-Theater), wo Varieté, Redoute, Eispalast und – Höhepunkt der Frivolität – das luxuriöse »Admiralsbad« lockten.

Die Hauptverkehrsmittel Berlins, die zahlreichen Pferdebahnen und -omnibusse, waren um die Jahrhundertwende schon weitgehend von den »Elektrischen« verdrängt worden. Die letzte Pferdebahn fuhr noch bis 1902 nach Dalldorf (heute Wittenau), wo sich die – offiziell so genannte – »Irren- und Idioten-Anstalt der Stadt Berlin« befand. (»Dalldorf!« empfahl der Kaiser mitunter in Randbemerkungen als geeigneten Verbringungsort für Leute, über die ihm in ministeriellen Berichten Ärgerliches mitgeteilt worden war, wogegen er Sozialdemokraten »wenn nötig per Blutbad« beseitigt wissen wollte.)

Nicht dem Kaiser, sondern dem Berliner Kaufhausbesitzer Rudolph Hertzog gehörte das erste, schon 1892 zugelassene Kraftfahrzeug der Reichshauptstadt, das daraufhin das amtliche Kennzeichen I A – 1 erhalten hatte. Wilhelm II., der sich erst Jahre später ein Daimler-Automobil zulegte, verlangte »seppvaständlich« die Nummer 1 für sich. Als Hertzog sie ihm nicht freiwillig überlassen wollte, strengte der Hof ein Verwaltungsgerichtsverfahren an und verlor prompt diesen Prozeß, über den sich ganz Berlin amüsierte. Die Klage wurde als unbegründet abgewiesen, da es »zweifellos weder zu den historisch-traditionellen Prärogativen des Monarchen noch zu dem ihm von der preußischen und der Reichsverfassung eingeräumten Vorrechten« gehöre, für sein Automobil eine besondere Zulassungsnummer zu erhalten. Ein solcher Anspruch ließe sich auch nicht auf dem Wege der Analogie herleiten, da keine der früher verwendeten Fahrzeuge, weder die des Kaisers noch die seiner Untertanen, je numeriert worden waren, ausgenommen die Berliner Miet-Droschken, die aber zum Vergleich nicht herangezogen werden könnten. Der Kaiser tröstete sich dann mit einem eigens für sein Auto angefertigten Bosch-Horn, das mit lautem Ta-tü-ta-taa (»Der Kaiser kommt!«) anzeigte, daß dieses Kraftfahrzeug die wirkliche Nummer Eins beförderte.

Indessen konnte sich das Auto als modernes Individual-Verkehrsmittel der Reichen anfangs gegen die eleganten Equipagen noch nicht durchsetzen, zumal seine Höchstgeschwindigkeit zunächst auf die einer von trabenden Pferden gezogenen Kutsche – etwa fünfzehn Stundenkilometer – polizeilich festgesetzt war. Erst als Wilhelm II. 1898 mit einem Daimler-Automobil und dem Doppelten der zulässigen Geschwindigkeit zur großen Parade auf dem Tempelhofer Feld erschien, stiegen die Auto-Zulassungen in Berlin sprunghaft an. Kurz vor der Jahrhundertwende waren schon etwa zweihundert Kraftfahrzeuge mit dem Kennzeichen »I A« zugelassen – im ganzen Deutschen Reich rund achthundert –, und von 1899 an gab es eine, im Jahr darauf zwei weitere »Kraftdroschken«, darüber hinaus auch schon einige »Kraftlastwagen«. Rasch populär wurde hingegen bereits vor der Jahrhundertwende das »Auto des kleinen Mannes«, das Fahrrad. Bald benutzten es auch die Arbeiter und radelten damit in dichten Scharen frühmorgens zu den Fabriken.

Die Radfahrer, ebenso die Chauffeure der »Kraftdroschken« und der Lastkraftwagen, lagen in ständigem Streit mit der Polizei, die in ihnen eine Gefahrenquelle erster Ordnung für den Straßenverkehr erblickte, weil ständig Pferde vor den unbekannten neuen Vehikeln scheuten. An die Fahrer der eleganten Limousinen wagten sich die Schutzleute nicht heran. Ihren Zorn über deren Motorenlärm, Gestank und Gehupe ließen sie dafür um so mehr an den Arbeitern aus. Dabei war Berlin, das größte Industriezentrum des Kontinents, doch in erster Linie eine Arbeiterstadt. »Am umfangreichsten ist die Bekleidungsindustrie, die ihren Sitz in der Gegend des Hausvogteiplatzes hat«, heißt es im damaligen »Meyers Konversationslexikon«. »Sie wird meist als Heimarbeit betrieben, . . . Ausgedehnt ist ferner die Maschinen- und Eisenindustrie, die in den nördlichen Stadtteilen, in Moabit und im Südosten Berlins heimisch ist, für die aber neuerdings große Werke in den Vororten (Oberschöneweide, Tegel usw.) errichtet sind.

Für die Metallwarenindustrie bildet die Ritterstraße den Mittelpunkt. Bedeutend ist auch der Bau von Eisenbahn-, Post- und gewöhnlichen Wagen, Nähmaschinen, Stahlfedern, feuerfesten Geldschränken, Chronometern, elektrischen Beleuchtungsanlagen, Motoren und Telegraphenapparaten, die Feinmechanik und die Bijouterie . . . 1895 waren 52,85 Prozent aller im Hauptberuf Erwerbstätigen Berlins in der Industrie, dem Gewerbe und Bauwesen beschäftigt.«

Dieser schon mehr als die Hälfte der Berufstätigen Berlins ausmachende Anteil der Industriearbeiterschaft stieg weiter an, wenn auch nicht mehr so steil wie in den Jahrzehnten zuvor. Dafür begann nun auch das Heer der kleinen Angestellten – der Kommis, Handlungsgehilfen, Laden- und Laufmädchen, Warenhausverkäufer und -verkäuferinnen – sich kräftig zu vermehren.

Das Gros dieser – zusammen mehr als zwei Drittel der Berufstätigen Berlins ausmachenden – Lohnabhängigen war gewerkschaftlich organisiert und wählte sozialdemokratisch, wobei die SPD in Berlin kurz vor der Jahrhundertwende an eingetragenen Mitgliedern allerdings nur etwa zehntausend zählte. Diese Kader, die im Handumdrehen Hunderttausende zu Protestaktionen auf die Beine bringen konnten, wurden vom Kaiser – bei der Parade zum Sedansfest am 2. September 1895 – als »eine Rotte von Menschen, nicht wert, den Namen Deutscher zu tragen«, bezeichnet. Seine Garden sollten sie, wie er bei anderer Gelegenheit forderte, »zu Paaren treiben, falls Berlin sich jemals wieder erdreisten sollte, gegen sein angestammtes Herrscherhaus aufzubegehren«.

Da es beinahe ständig in Berlin gärte, Zusammenstöße zwischen Arbeitern und Polizei an der Tagesordnung waren und nicht selten auch Militär eingesetzt wurde, wollte die Regierung erneut Vollmachten vom Reichstag, um wieder den Belagerungszustand über die Hauptstadt verhängen zu können. Als sie damit scheiterte, telegraphierte Wilhelm II. seinem Kanzler, nun blieben ihm nur noch »Feuerspritzen für gewöhnlich und Kartätschen für die letzte Instanz übrig«.

Des Kaisers Zorn galt jetzt vor allem den Freisinnigen, die im Berliner Bürgertum dominierten. Sie hatten jede neue Beschränkung der Presse-, Versammlungs- und Vereinsfreiheit im preußischen Abgeordnetenhaus kategorisch abgelehnt und damit seine Pläne durchkreuzt. In den folgenden Monaten versuchten Kaiser und Regierung, unterstützt von den Militärs und den Herren der Schwerindustrie, mit Hilfe einer »Politik der Sammlung« aller rechts von den Freisinnigen stehenden Kräfte eine Mehrheit zusammenzubringen, erst für eine preußische Vereinsrechtsnovelle, auch »Kleines Sozialistengesetz« genannt, dann bei den anstehenden Reichstagswahlen, den letzten im 19. Jahrhundert.

Aber das Abgeordnetenhaus ließ die Regierungsvorlage scheitern – »unter dem Druck der Straße«, wie der Kaiser wütend behauptete, denn in Berlin hatte die SPD vierzehn riesige Protestversammlungen organisiert, die Gewerkschaften weitere sechsunddreißig –, und die Reichstagswahlen vom Juni 1898 brachten der bürgerlichen und sozialistischen Linken keineswegs die vom Kaiser erhoffte Niederlage. Die SPD hatte vielmehr einen starken Stimmenzuwachs zu verzeichnen und wurde die mit weitem Abstand stärkste Partei; nur das raffinierte Wahlsystem verhinderte, daß sie nicht auch die stärkste Fraktion im Reichstag stellte und sich mit 56 der 397 Sitze begnügen mußte. Die bürgerliche Linke brachte 50 Mandate zusammen.

Das Wahlsystem im kaiserlichen Deutschland war für die Berliner besonders ärgerlich: Da es keine Listenwahl gab, sondern jeder Wahlkreis nur einen – im 1. Wahlgang mit absoluter, im 2. mit relativer Mehrheit zu wählenden – Abgeordneten entsenden konnte, kam der Wahlkreiseinteilung entscheidende Bedeutung zu.

Für Berlin und Umgebung hatte sich die Regierung etwas Besonderes ausgedacht: Die dichtbevölkerten Arbeitervorstädte und -siedlungen rings um Berlin waren so aufgeteilt und den zehn märkischen Wahlkreisen des Regierungsbezirks Potsdam zugeschlagen worden, daß die Rittergutsbesitzer hoffen konnten, mit den Stimmen ihrer »Leute« jeweils das Übergewicht zu haben. Innerhalb des Stadtgebiets aber sorgte die Einteilung in sechs Wahlbezirke dafür, daß im übervölkerten Norden und Osten Berlins zehnmal mehr Wählerstimmen nötig waren, einen Kandidaten durchzubringen, als im Zentrum und im gutbürgerlichen Westen. Eine Reihe weiterer Bestimmungen begünstigte eindeutig die Wohlhabenden, von denen sich das Regierungslager Unterstützung versprach. Dennoch fielen von den sechs Berliner Wahlkreisen je drei an die Freisinnigen und an die SPD, und bei einer Nachwahl konnten die Sozialdemokraten der bürgerlichen Linken ein Mandat wieder abnehmen, so daß sie nun in Berlin eine Zweidrittelmehrheit hatten, und von den zehn Potsdamer Wahlkreisen, die sich wie ein breiter konservativer

Gürtel um die Stadt legten, gewann die SPD auf Anhieb zwei, bei einer Nachwahl noch einen dritten hinzu.

»In des Kaisers und des Reiches Hauptstadt dominieren eindeutig die roten Reichsfeinde und ihre bürgerlich-demokratischen Verbündeten«, klagte die stockkonservative »Kreuzzeitung«. »Nur die königstreuen Märker haben es verhindert, daß nicht auch noch der wie ein Schutzwall die Reichshauptstadt umgebende Bezirk Potsdam in die Klauen der Opposition gegen Kaiser und Reich geriet. Die Undankbarkeit, welche Berlin seinem Kaiser und König bezeigt, kommt angesichts der zahlreichen der Hauptstadt erwiesenen Gnaden einer Majestätsbeleidigung gleich!«

»Die wer'n noch ville mehr baden jehn«, meinten die Berliner Arbeiter auf ihren Siegesfeiern im Hinblick auf die Empörung des konservativen Regierungslagers, und sie brachen dann in ein großes Gelächter aus, als die Zeitungen aus Stettin meldeten, die Kaiser-Rede zur Eröffnung des neuen Hafens hätte in der Feststellung gegipfelt: »Unsere Zukunft liegt auf dem Wasser!«

DIE GLANZZEIT
DER SCHON
»GESPALTENEN« KAISERSTADT

Der erste Tag des neuen Jahrhunderts sieht Unsere Armee, Unser Volk in Waffen, um seine Feldzeichen geschart, vor dem Herrn der Heerscharen knien . . .« So Wilhelm II. am Neujahrsmorgen 1900 in der »Ruhmeshalle« des Zeughauses Unter den Linden bei der Weihe neuer Fahnen und Standarten des Gardekorps.

Der damals sechzehnjährige Sohn eines der zu der Feier zugelassenen Fotografen, der seinem Vater das schwere Stativ tragen und aufstellen half, dann das Magnesiumpulver für die Blitzlichtaufnahme anzünden durfte, erinnerte sich später:

»Wir wagten kaum zu atmen, so beeindruckt waren wir von der Ansprache. Der Kaiser war wirklich ein glänzender Redner, und wie er bei der Erwähnung des ›Herrn der Heerscharen‹ den Blick nach oben, zur Decke, richtete – es hätte uns nicht verwundert, wenn dort Gottvater zu sehen gewesen wäre, natürlich in preußischer Uniform, und Wilhelm II., seinen Stellvertreter auf Erden, mit dem Marschallstab gegrüßt hätte . . .«

Die Fotografie des bei der Fahnensegnung knienden Kaisers erschien tags darauf in allen bürgerlichen Zeitungen – »die Jahrhundertkniebeuge«, spotteten die »sozialdemokratisch verseuchten« Berliner, wogegen das elegante Publikum bei Kranzler und in den Luxushotels und -restaurants Unter den Linden von »S. M.« wieder einmal »einfach hingerissen« war.

»Berlin ist eine sehr eindrucksvolle, außerordentlich vitale Stadt, und das Merkwürdige ist, daß sie zwei verschiedene Welten in sich vereinigt, die kaum oder gar nichts miteinander zu tun zu haben scheinen«, berichtete im Jahre 1900 der amerikanische Zeitungskorrespondent Christopher C. Curtis von seinem ersten Aufenthalt in der Metropole an der Spree. »Das eine ist die Welt, die der Kaiser repräsentiert und als einzige zu kennen scheint: die Welt der adligen Offiziere und höheren Beamten, der sehr aktiven Industriellen und Bankiers, Professoren, wohlhabenden Geschäftsleute und bei Hofe geschätzten Künstler, auch die Welt der eleganten Frauen, mindestens so chic wie in Paris oder Rom, und der sportlichen Gentlemen, die morgens im Tiergarten reiten, Tennis spielen, auf dem Wannsee mit ihren Segelyachten Regatten und auf der Chaussee nach Potsdam Automobilrennen veranstalten. Man trifft sie nachmittags zum Fünf-Uhr-Tee in der Halle des neuen Hotels am Pariser Platz vor dem Brandenburger Tor, das der vom Kaiser protegierte Herr Adlon, ein gelernter Tischler und später sehr erfolgreicher Gastronom, mit fast exzessiver Pracht und modernstem Komfort ausgestattet hat oder auch im nicht minder luxuriösen ›Esplanade‹ in der Bellevuestraße am Potsdamer Platz, das von der Carlton-Ritz-Gesellschaft betrieben wird und wo die führenden Industriellen sich häufig zu Herrenabenden versammeln, an denen auch Seine Majestät gern teilnimmt. Dieses Berlin der Wohlhabenden und Reichen hat natürlich auch sein zahlreiches, ihm applaudierendes Publikum, Kleinbürger zumeist, sein Heer von Domestiken – es gibt fast hunderttausend davon in der Stadt – und seine Schutztruppe: 15 Garderegimenter in der Stadt selbst, fast hunderttausend Soldaten, wenn man die Garnisonen der näheren Umgebung und von Potsdam mit einbezieht; Abertausende von bewaffneten Schutzleuten und Geheimpolizisten. Dieses Berlin hat eine Fülle von – meist erst in den letzten zehn Jahren errichteten – repräsentativen öffentlichen und privaten Gebäuden, breite und gepflegte, nachts beleuchtete und

Vornehmes Publikum beim Pferderennen im Hoppegarten (Foto 1902).

bewachte Straßen und Alleen. Das Angebot an Luxuswaren in Geschäften und Kaufhäusern ist überwältigend. An Schlemmerrestaurants, eleganten Cafés und Konditoreien, vornehmen Weinstuben und mondänen Nachtlokalen, Varietés und Ballhäusern ist Berlin reicher als New York oder London, aber auch als alle anderen Städte des Kontinents, ausgenommen Paris, dem es den Rang abzulaufen im Begriff steht. Dieses Berlin, das als Hauptstadt eines jungen, aber immer mächtiger werdenden Reiches innerhalb einer Generation eine grandiose und beispiellose Entwicklung genommen hat, zählt an die dreißig große Bühnen, deren Aufführungen Weltruf genießen, zumal die der Königlichen Oper, wo Enrico Caruso und Claire Dux häufiger gastieren als irgendwo sonst. Es ist eine Stadt soliden Reichtums, von deren Bankpalästen aus nicht nur die Wirtschaft des Deutschen Reichs kontrolliert wird, sondern auch Anleihen an den Zaren, das Bagdadbahn-Projekt und die Ausbeutung der Bodenschätze Afrikas und Lateinamerikas finanziert werden. Diese Stadt und ihr Herr, der Kaiser, sind felsenfest davon überzeugt, daß es weiter und in noch rascherem Tempo aufwärts gehen und daß die Welt bald ihnen gehören wird.

Aber es gibt noch ein zweites Berlin, das ich erst kennenlernte, als ich an einem ruhigen Sonntagvormittag im August den mir als einzigartig gerühmten Zoologischen Garten besuchen wollte. Ein Trauerzug kam von Charlottenburg her die Kantstraße entlang, voran eine zweihundert Mann starke Musikkapelle. Dem Wagen mit dem Sarg, der ganz mit roten Nelken bedeckt war, und etlichen weiteren Wagen mit Blumenspenden und Kränzen, folgte eine unübersehbare Menschenmenge, so daß ich zunächst annahm, es handelte sich um das Begräbnis einer sehr populären Fürstlichkeit. Doch im Trauergeleit war keine einzige Uniform zu sehen, und niemand trug Orden. Die Menschen zeigten Ergriffenheit, viele weinten.

Nachdem etwa eine Stunde lang etwa zwanzigtausend Menschen an mir vorübergezogen waren, ohne daß ein Ende des Zugs abzusehen gewesen wäre, sah ich eine leere Droschke und forderte den Kutscher auf, mich zur Spitze des Zuges zu bringen. Fünf Kilometer weiter östlich, am Alexanderplatz, hätten wir sie fast erreicht, aber es war kein Durchkommen durch die Menge, die sich dort versammelt hatte, denn Zigtausende waren von Norden und Süden ebenfalls herangezogen und warteten auf dem großen Platz, bis sie sich dem Trauergeleit anschließen konnten, das inzwischen über die Große Frankfurter Straße und die Frankfurter Allee weiter gen Osten zog. Weit vor dem Frankfurter Tor, etwa acht Kilometer östlich vom Alexanderplatz, erreichten wir wieder die Spitze des Zu-

ges, die von der Frankfurter Chaussee nach Südosten, nach Friedrichsfelde, abbog, wo die Begräbnisstätte war, der Sozialistenfriedhof, wie der Kutscher ihn nannte. Jetzt, weit außerhalb des Stadtgebiets von Berlin, wehten Hunderte von roten Fahnen ...«
An der Beisetzung des im August 1900 verstorbenen Reichstagsabgeordneten Wilhelm Liebknecht, denn um diese handelte es sich, nahmen hundertzwanzigtausend Menschen teil. Der Zug von Liebknechts Haus in der Charlottenburger Kantstraße zum Friedhof Friedrichsfelde dauerte fast sechs Stunden, wurde von einem großen Polizeiaufgebot begleitet und verlief beim An- wie beim Abmarsch ohne den geringsten Zwischenfall.
»Was mich am meisten beeindruckte«, heißt es noch in dem Bericht des amerikanischen Journalisten, »war die stolze, selbstbewußte Haltung der riesigen Menge, ihre strikte Disziplin, ihre eiserne Ruhe, an der alle kleinen Schikanen und provozierenden Zurufe der die Straßen säumenden Polizei wirkungslos abprallten. Rechnet man nicht nur die Menschen im schier endlosen Trauergeleit, sondern auch die Unzähligen, die vom Straßenrand her, aus den Fenstern der häßlichen grauen Mietskasernen, mit schwarzem Trauerflor und roten Nelken ihre Anteilnahme bekundeten, so nahm an diesem Tag gewiß mehr als die Hälfte der Einwohner Berlins Abschied von dem Mann, den der Kaiser als seinen und des Reiches Feind bezeichnet hatte. Nun wußte ich, daß Berlin aus zwei sich feindlich gegenüberstehenden Lagern besteht, die wenig Berührungspunkte miteinander haben; daß es hier nicht nur *ein* Machtzentrum gibt, das kaiserliche Schloß, sondern noch ein zweites: In der Lindenstraße, zwischen dem Zeitungsviertel und dem Halleschen Tor, im vierten Stock eines Wohnhauses, in dessen Erdgeschoß der sozialdemokratische Reichstagsabgeordnete Fritz Zubeil eine Gastwirtschaft betreibt – im Reichstagshandbuch ist sein Beruf als Tischler und Zeitungsexpedient angegeben –, hat der Vorstand der stärksten Partei im Deutschen Reich, die in Berlin über die absolute Mehrheit verfügt, ein größeres Zimmer und neuerdings noch zwei kleinere zu seiner Verfügung. Die Männer, die dort ihre einfachen Schreibtische haben, der Drechslermeister August Bebel und der aus jüdischem Bürgerhaus stammende Mäntelfabrikant Paul Singer, regieren nicht ›von Gottes Gnaden‹ mit Hilfe eines gewaltigen, auf sie vereidigten Militär-, Polizei-, Justiz- und Verwaltungsapparats. Sie sind vielmehr die gewählten, vom Vertrauen ihrer Millionen Anhänger getragenen Repräsentanten einer mächtigen Volksbewegung, und sie halten ›ihr‹ Berlin ebenso fest in der Hand wie der Kaiser seines. Wenn sie es beschließen, stehen in Berlin, ja in sämtlichen Industriezentren Deutschlands, ›alle Räder still‹ ...«

Tatsächlich waren jedoch für organisierte Arbeitsniederlegungen nicht die Männer im SPD-Vorstand, sondern die Gewerkschaften zuständig, deren Organisationsspitze, die »Generalkommission«, ihren Sitz ebenfalls in Berlin hatte. 1902 bezog sie ein eigenes stattliches Gewerkschaftshaus am Engelufer (der heutigen Fritz-Heckert-Straße, hart an der Grenze zu West-Berlin, südlich des Übergangs Prinzen- bzw. Heinrich-Heine-Straße am Spreeufer). »Unser Schloß« nannten die Berliner Gewerkschafter voller Stolz dieses Bauwerk, das dem Zeitgeschmack entsprechend etliche Stilelemente vergangener Epochen, bis hin zur Backstein-Gotik, in sich vereinigte. Im Haus am Engelufer herrschte damals beinahe ständig Hochbetrieb, denn es verging keine Woche, in der nicht irgendwo gestreikt wurde. Besonders stark machten sich um die Jahrhundertwende die Berliner Bauarbeiter, die sich in harten Arbeitskämpfen den Neunstundentag und Mindeststundenlöhne von 55 Pfennig erkämpft hatten. Sie duldeten keinen Unorganisierten mehr an den Baustellen und legten beim geringsten Versuch, ihre Arbeitsbedingungen zu verschlechtern, sofort die Arbeit nieder. Häufig entwickelten sich Massenstreiks aus geringfügigstem Anlaß. In einem Metallbetrieb am Wedding wurde im Jahre 1902 einem einzelnen Arbeiter, Vater von sieben Kindern, der Akkordlohn um einen Pfennig gekürzt. Er beschwerte sich beim Arbeiterausschuß des Betriebes, dessen Vertrauensmann wurde zum Unternehmer geschickt und hielt diesem vor, er hätte sich doch gerade erst für 20000 Goldmark vier edle Pferde angeschafft – wie könnte er da den Hungerlohn eines Familienvaters kürzen? Daraufhin sollte der Vertrauensmann fristlos entlassen werden, doch kaum wurde dies bekannt, legten alle Beschäftigten des Betriebs sofort die Arbeit nieder. Als die Unternehmensleitung den Streikenden mit Kündigung drohte und mit der Anwerbung von Streikbrechern begann, riefen die Belegschaften benachbarter Betriebe, auch anderer Branchen, sogar die der städtischen Müllabfuhr zu Proteststreiks auf. Die kräftigen Müllkutscher standen Posten vor dem bestreikten Metallbetrieb, wo sie sich, wie sie bieder erklärten, »der Streikbrecher annahmen«. Erst nach vierzehn Tagen, in denen am ganzen Wedding die Arbeit ruhte, lenkte die Leitung des Metallbetriebs ein und stellte den alten Zustand wieder her.

Häufig mußte die zentrale Berliner Streik-Kontrollkommission zu Geldsammlungen aufrufen, weil die eigenen Mittel der streikenden Organisationen nicht mehr ausreichten. Bei dem besonders heftigen und langwierigen Arbeitskampf der Berliner Holzarbeiter der Möbel- und Klavierfabriken wurde zur Unterstützung der Streikenden und der noch zahlreicheren Ausgesperrten die nun wirklich »kolossale« Summe von einer Million Goldmark gespendet – von Männern und Frauen, deren Stundenlöhne zwischen 21 und 65 Pfennig betrugen!

Das durchschnittliche Monatseinkommen eines Berliner Facharbeiters lag in den ersten Jahren des 20. Jahrhunderts – bei 65 Wochenstunden und einem Stundenlohn von 53 Pfennig – um 90 Mark. Viele, besonders die Heimarbeiterinnen der Konfektionsbetriebe, hatten weit weniger, nur wenige etwas mehr.

Beispielsweise erhielt um 1902 ein Hilfsarbeiter in den Hauptwerkstätten der Großen Berliner Straßenbahngesellschaft am Gesundbrunnen in den ersten sechs Jahren nur einen Stundenlohn von 27 Pfennig, danach maximal 35 Pfennig, was dem Anfangslohn eines Facharbeiters entsprach, der es in vierzehn Jahren glücklich auf 42 Pfennig Stundenlohn bringen konnte. Als sich im Mai 1902 die dortigen Arbeiter über die zu niedrigen Löhne, die schlechten Arbeitsbedingungen und den mangelnden Abzug gesundheitsschädlicher Dämpfe beschwerten, erklärte ihnen der Leiter der Werkstätten, ein Ingenieur Wilke – laut Bericht der »Berliner Morgenpost« vom 27 Mai 1902 –, bessere Ventilation sei »schädlich und unpraktisch«, und wem es im Betrieb nicht passe, der könne ja gehen. »Chinesische Kulis z. B. stellten niemals Lohnforderungen, arbeiteten für 8 Pfennig die Stunde, seien ebenso intelligent und ausdauernd wie hiesige Arbeiter und lebten dabei sehr glücklich!« Angemerkt sei, daß das berichtende Blatt keine SPD-nahe Zeitung, sondern ein weitverbreitetes bürgerliches Organ war, daß dem linksliberalen Verlag Ullstein gehörte.

Bei der AEG wurden damals folgende Stundenlöhne bezahlt: Ungelernte und Transportarbeiter bekamen 30, Schraubendreher 45 Pfennig, Maschinenhilfsarbeiter bis zu 45, Maschinenschlosser 46 Pfennig, und nur Werkzeugmacher und Mechaniker erhielten Spitzenlöhne zwischen 59 und 65 Pfennig.

Die Löhne bei anderen Berliner Großunternehmen, beispielsweise bei Siemens und Borsig, lagen im allgemeinen noch um ein bis zwei Pfennig darunter, bei hochqualifizierten Facharbeitern jedoch um drei bis vier Pfennig darüber. Es gab indessen bei beiden Großunternehmen auch Leute, deren Stundenlöhne nicht in Pfennigen, sondern nur in mehrstelligen Markbeträgen angegeben werden können. Geheimrat Wilhelm v. Siemens in Charlottenburg, Berliner Straße 36, einer der Hauptaktionäre der Siemens & Halske AG, versteuerte damals ein Jahreseinkommen von 1,3 Millionen Mark, und er war nur einer von drei Brüdern, die zusammen mit ihren drei verheirateten Schwestern am Familienunternehmen maßgeblich beteiligt waren.

Kommerzienrat Ernst v. Borsig, in Reihenwerder bei Tegel wohnhaft, hatte zusammen mit seinem Bruder Conrad und beider Mutter, Frau Anna verwitweter Borsig geborene Gutiker in Berlin, Alt Moabit 86, ein Jahreseinkommen von fast drei Millionen Mark.

Das höchste Jahreseinkommen in Berlin aber war natürlich das des Kaisers, das rund 22 Millionen Mark betrug. Das entsprach – bei einem angenommenen zehnstündigen Arbeitstag und fünfundzwanzig Werktagen im Monat – einem Stundenlohn Seiner Majestät von rund 7200 Mark, soviel wie zwölftausend Berliner Facharbeiter zusammen verdienen konnten.

Indessen brauchte der Kaiser für die vielen Schlösser, die er mit seiner Familie und zahlreicher Dienerschaft abwechselnd bewohnte, keine Miete zu bezahlen. Dagegen mußten die Lohnarbeiter Berlins zwischen 25 und 33 Prozent ihres kärglichen Einkommens für die bescheidene Wohnung aufwenden, die meist nur aus Wohnküche und Schlafkammer bestand, Wasseranschluß und Klosett außerhalb, im Treppenhaus oder im Hof, und als Heizung nur den Küchenherd hatte.

Eine solche typische Arbeiterwohnung konnte indessen sehr häufig nicht vom Hauptmieter und dessen Familie allein bewohnt werden. Weil der Verdienst von Mann und Frau nicht ausreichte, um bei ständig steigenden Mieten den Lebensunterhalt der Familie zu bestreiten, war es üblich, gegen Entgelt noch Schlafburschen und -mädchen aufzunehmen. Oft wurde auch das elterliche Ehebett tagsüber an Arbeiter vermietet, die von der Nachtschicht kamen, wenn die Wirtsleute das Haus verließen – der Mann zur Frühschicht in der Fabrik, die Frau zum Reinemachen irgendwo in der Innenstadt, zum Zeitungsaustragen oder zu einem anderen Nebenverdienst, etwa als Waschfrau bei »Herrschaften« im vornehmen Westen der Stadt.

Dort wohnten das Bürgertum, die höheren Beamten und der Adel in Fünf- bis Zwölfzimmerwohnungen nebst Küche, Bad und WC, und jeder der »nach vorn«, zur Straße, gelegenen Räume – durch breite Schiebetüren, die bei Festen und Gesellschaften geöffnet wurden, verbundene Wohnzimmer, Eß- und »Herrenzimmer«, Musiksalons mit obligatorischen Bechstein- oder Steinway-Flügeln – war mit fünfzig und mehr Quadratmetern größer als die typische Fabrikarbeiterwohnung im Osten der Stadt. Nach hinten, zum Hof, lagen die Schlaf-, Kinder- und Gästezimmer, ganz am Ende, mit Außentür zum Hinteraufgang, die Küche, durch einen langen Korridor mit dem Eßzimmer verbunden, oft noch ergänzt durch eine geräumige Anrichte, und neben der Küche waren die Dienstmädchenkammern. Die Vorderaufgänge dieser »hochherrschaftlichen« Häuser ähnelten

– von den überreich verzierten Portalen über die Marmorstufen und -wandplatten der Eingangshalle und dem breiten, mit roten Läufern ausgelegten Treppenhaus bis zum elektrischen Fahrstuhl in schmiedeeisernem Gehäuse – denen der Luxushotels, nur daß es keinen livrierten Portier gab, sondern meist eine – von den Haus- und Küchenmädchen »die Portjehsche« genannte – Hausmeistersfrau, die streng darüber wachte, daß nur »Herrschaften« den Vordereingang benutzten; daß keine Bettler eindrangen und die wohlhabenden Mieter belästigten und daß die »Herrschaftskinder« keine Spielkameraden von der Straße mit ins Haus brachten, die ihren hohen Ansprüchen nicht genügten, was teure Kleidung, Sauberkeit und gute Manieren betraf.

Berlin hatte einen ständig sinkenden Geburtenüberschuß, was darauf zurückzuführen war, daß die jungen Ehepaare im vornehmen Westen meist nur ein bis zwei Kinder hatten, wogegen im übervölkerten Norden und Osten die Säuglingssterblichkeit bei fast dreißig Prozent lag, darüber hinaus annähernd zwanzig Prozent der Kinder vor dem achtzehnten Lebensjahr starben, besonders häufig an der »Schwindsucht« genannten Tuberkulose. Wenn Berlins Bevölkerung dennoch stürmisch anstieg – von 1871 bis 1900 um knapp 150 Prozent, bis 1905 um abermals 8 Prozent, wobei die weit stärkere Bevölkerungszunahme in den nicht zu Berlin gehörenden angrenzenden Stadt- und Landgemeinden nicht berücksichtigt ist –, so lag das am Zuzug, vor allem aus den Ostprovinzen.

Wer als höherer Beamter oder Offizier nach Berlin versetzt, wer als Wissenschaftler oder Künstler einem Ruf in die Hauptstadt gefolgt war oder wer als wohlhabender Rentier aus der Enge einer Provinzstadt heraus und am abwechslungsreichen Leben der Metropole teilhaben wollte, zog in den Westen und Süden der Stadt. Wer indessen hoffte, in Berlin besser bezahlte und leichtere Arbeit zu finden als auf den riesigen Rittergütern Ostelbiens, wo der Tagelohn für zehnstündiges Rübenhacken für Männer eine Mark, für Frauen fünfzig Pfennig betrug, der kam vierter Klasse Bummelzug für zwei Pfennig je Kilometer von Kukoreiten an der Grenze nach Russisch-Litauen oder von Jastrzemb an der oberschlesisch-mährischen Grenze in die Lichterstadt an der Spree, suchte sich eine Schlafstelle in der Nähe des Ankunftbahnhofs und wurde im Handumdrehen ins hauptstädtische Proletariat integriert, gleich ob er Christ war oder Jude, ob Deutsch seine Muttersprache war, Litauisch oder »Wasserpolnisch«, Slowakisch oder Kassubisch. Innerhalb kürzester Zeit »berlinerten« sie alle.

Überhaupt war der Berliner Dialekt eines der wenigen Bindeglieder zwischen Alteingesessenen und Zuzüglern, Armen und Reichen,

Gebildeten und gänzlich Ungebildeten. Selbst Wilhelm II. zeigte gern, daß er Berliner war – obwohl er seine Geburts- und Hauptstadt, erst recht ihre Bewohner, sonst bei jeder Gelegenheit »mies machte«. Nach einer Aufführung des »Rosenkavalier« seines Hofkapellmeisters Richard Strauß erklärte er seinem verdutzten Gefolge: »Also, nee, die Musike jefällt ma nich – Strauß is 'ne scheene Schlange, un ick hab se mir an mein'n Busen jeneehrt!«

Das gebildete Bürgertum, zumal die alteingesessenen Juden und Hugenotten, legten Wert auf ein korrektes und reines Hochdeutsch, konnten es aber, wenn sie wollten, im »Berlinern« mit jedem Droschkenkutscher aufnehmen. Von Max Liebermann wird erzählt, er habe einmal in bewegten – hochdeutschen – Worten ein farbenprächtiges Ölgemälde Cézannes gepriesen. Der Düsseldorfer Professor und »Kunstpapst« Eduard v. Gebhardt, der das Bild zuvor abgelehnt hatte, weil Cézannes »Junger Mann mit roter Weste« einen nach den Regeln der Anatomie zu langen rechten Arm hat, widersprach Liebermann heftig und steigerte sich so in Wut, daß er ihn anschrie: »Das ist doch keine Kunst! Das ist eine *escroquerie* (Hochstapelei), falls Sie verstehen, was ich meine – der Arm ist viel zu lang!«

Liebermann, der das *Collège,* das Berliner Französische Gymnasium, absolviert hatte, blieb ganz ruhig, wechselte nun aber ins Berlinische über: »Nu rejen Se sich ma nich so uff, sonst kriejen Se noch 'n Kadoches, falls Se wissen sollten, wat det is – der Arm is einfach jut, da kanna janich lang jenuch sint«, wozu anzumerken ist, daß »Kadoches« ein ostjüdischer, in Berlin allenfalls in der Mulackstraße, im finstersten Scheunenviertel, gebräuchlicher Jargonausdruck für ein hitziges Fieber oder einen Schlaganfall war. Liebermann übernahm ihn von Heinrich Zille, der ihn dort aufgeschnappt hatte.

Auch das vornehmste und eleganteste Berlin verfiel bei passender Gelegenheit in eine Sprache, wie sie die große Mehrheit der Bevölkerung Berlins ständig benutzte. So einmal 1904 bei einem Reit- und Springturnier, bei dem zur Enttäuschung des Publikums Deutschlands damals populärster Herrenreiter, Rittmeister v. Kramsta, fehlte. Statt seiner trat ein Gardeoffizier v. Kékulé an. Als er vor der Ehrentribüne salutierte, rief eine elegante junge Frau »Kulicke, wat willste uff so'n scheenen Jaul – laß doch Kramstan ruff!«

Die Klassenschranken, auch die zwischen Berlin W, wo – so der gebürtige und gelernte Berlin-Kenner Kurt Tucholsky, auch er ein Absolvent des Französischen Gymnasiums am Reichstagsufer – man allenfalls »ze tun hat«, während Berlin O »uff Arbeet jehn« mußte, konnten neben dem Dialekt und dem schlagfertigen Witz auch die Schlager überwinden.

»Was einschlug und populär wurde, stand nicht gerade auf den Höhen der Kunst«, berichtet Annemarie Lange. »Die ›Schlager‹ waren teils Einsprengsel in den großen Ausstattungsrevuen des Apollo-Theaters, das Paul Lincke leitete, oder des Metropols, wo Giampetro und die Massary ihre Glanzrollen hatten – beides bedeutende Künstler. Das große Publikum kannte sie aber nur in ihren Glanzrollen, Giampetro etwa in seinem ›Donnerwetterlied‹, eine – halb im ›Simplicissimus‹-Stil, halb bewundernde – Satire auf den Hochmut und Adelsstolz der Berlin-Potsdamer Gardeoffiziere, oder der Massary gurrende Stimme in ›Madame Dubarry‹ – ›Ach Joseph, ach Joseph, was bist du so keusch / das Küssen macht so gut wie kein Geräusch‹ – . . . Oder das berühmte ›Es war in der Leipziger Straße . . .‹ (›Erst kamen die Blusen und Kleider / und dann die Jupons voller Pli . . .) in Nelsons kleinem Kabarett am Nollendorfplatz . . .«

Paul Lincke war gebürtiger Berliner. Er schrieb die Musik für das Metropol-Theater (die heutige Komische Oper in der Behrenstraße) und dirigierte dort seine großen Revuen, wie zuvor im eigenen Apollo-Theater, im nachtblauen Frack und mit weißen Glacéhandschuhen. Am populärsten wurde sein »Glühwürmchen«, das jeder Leierkastenmann dudelte, in Berlin W ebenso wie in N und S und O, das die »Jnädije« ebenso summte wie ihr Dienstmädchen.

Walter Kollo – er hieß eigentlich Kollodziezski und stammte aus Masuren – schrieb die Musik zu den frechen, sehr volkstümlichen Texten von Hermann Frey – »Komm, hilf mir mal die Rolle drehn / Du bist so dick und stramm«, auch zu dem bekanntesten Schlager, der ein volles Jahr lang im »Tingeltangel« von Buggenhagen am Moritzplatz den Saal füllte und den ganz Berlin sang: »Und dann schleich ich still und leise / immer an der Wand lang . . .«

Der dritte sehr populäre Komponist war Jean Gilbert – der eigentlich Max Winterfeld hieß und aus Hamburg stammte –, der am Thalia-Theater das Orchester dirigierte und – eigens für Joseph Giampetro – »In der Nacht / in der Nacht / wenn die Liebe erwacht« komponierte, ebenfalls »Puppchen, du bist mein Augenstern« und viele andere Schlager, die zuerst in Berlin, dann in ganz Deutschland populär wurden.

Schließlich noch einer, über den der junge Kurt Tucholsky schrieb: »Am Klavier: Rudolf Nelson. Die wippenden, gleitenden, koketten Refrains dieser Lieder ›perlen‹ über die Tasten, kaum bewegen sich seine Finger, aber da, wo der Kehrreim einzusetzen hat, spürt man seine Freude an dem Schlager . . .«

Von den Sängern und Sängerinnen dieser leichten Muse, der Operette, der Revue und des Kabaretts, waren die in Berlin berühmtesten zweifellos Giampetro, Fritzi Massary (aus Wien) und Guido

Thielscher (aus dem oberschlesischen Königshütte). Thielscher, berühmt geworden als »Charley's Tante«, spielte von 1906 an ständig am Metropol-Theater.

»Und dann«, heißt es bei Annemarie Lange, »schneite eines Tages 1906 in das neueröffnete Kabarett ›Roland von Berlin‹ in der Potsdamer Straße eine kleine untersetzte Person mit brandrotem Wuschelkopf und Stummelpfeife, von Kollo am Flügel begleitet, mit einem Schlager von Hermann Frey und einem so ›urkomischen‹ Entenwakkeltanz herein, daß noch in der Nacht die Plakate neu gedruckt werden mußten – Claire Waldoff. Sie fand und traf den richtigen Berliner Ton (›Wenn der Bräutjam mit de Braut so mang die Felder jeht‹) und eroberte die Herzen im Sturm. Sie war und blieb der Liebling der Berliner, drei Jahrzehnte lang.«

Von Klaus Budzinski stammt diese Charakterisierung: »Claire Waldoff brachte Liebeslust und -leid der Berliner Hinterhöfe so entwaffnend elementar auf die Bühne, daß keine Peinlichkeit aufkommen konnte. Sie rührte und erheiterte zugleich wie sie – stämmig und kurz – da oben stand . . . Sie konnte grölen, daß ›die Wand wakkelte‹, und im nächsten Augenblick brach ihre Stimme und hing dünn und wehmutsvoll im Raum . . . Und die Waldoff war es auch, die für Tucholskys Gedicht ›Mutterns Hände‹ den rechten Volkston fand. Indessen hielt sich das Volk, aus dessen Mitte Tucholsky dichtete und Claire Waldoff sang (obwohl sie beide ›Intellektuelle‹ waren), mehr an die handfesten Sachen wie ›Wer schmeißt denn da mit Lehm?‹ oder ›Hermann heeßt er‹ . . .« Übrigens, die Waldoff, diese typische »Berliner Pflanze«, die wie keine Zweite »Zille-Typen« glaubhaft darstellte, ist geradezu das Paradebeispiel für berlinische Total-Assimilation eben erst Zugereister: Sie stammte aus Gelsenkirchen. Und überdies wohnte sie, wie auch ihr großer Bewunderer, der gebürtige Sachse Heinrich Zille, gar nicht in Berlin, sondern in Charlottenburg.

Die selbständige Stadt Charlottenburg, von den Berlinern als »Schlorrndorf« verspottet, entwickelte sich von etwa 1900 an mit rasender Geschwindigkeit. Es gab dort neben älteren Landhaus- und Villenvierteln zum Grunewald hin und »hochherrschaftlichen« Mietshäusern am und um den Kurfürstendamm und die Uhlandstraße herum auch ausgedehnte Proletarierviertel, die Charlottenburg bis 1910 zu einer der beiden am dichtesten bevölkerten Städte der Welt machten. Heinrich Zille wohnte in der Sophie-Charlotten-Straße 88, vier Treppen hoch, »da, wo das Volk lebte«, und dabei war der »vornehme« Kaiserdamm gleich um die Ecke.

Charlottenburg war stolz auf seine neue Technische Hochschule, das neue Schiller-Theater, das neue Aquarium am Zoo, der ebenfalls

Eingang zu den Mietskasernen des Rauleshofes
(Foto um 1908).

zu Charlottenburg gehörte, obwohl die Berliner so taten, als hätten sie ihn und jedes neue Tier darin selbst erfunden. Am Charlottenburger »Ku'damm« wurde alljährlich die Ausstellung der – dem Kaiser verhaßten – »Berliner Sezession« eröffnet, und der Charlottenburger Oberbürgermeister Schustehrus nahm daran als einziger offizieller Repräsentant in vollem Amtsornat teil – in der berechtigten Hoffnung, Kaiser und preußische Regierung würden sich mächtig darüber ärgern. In der Gegend um den Zoo, in der Joachimsthaler und der späteren Budapester Straße – noch hieß sie Kurfürstendamm und bildete dessen Anfang –, eröffneten täglich neue Cafés, Bars, Restaurants und Hotels. Das Hotel Eden pries sich an als »das Neueste und Vollkommenste, was Berlin W zu bieten hat«, und dabei lag es in der Stadt Charlottenburg.

Zwar waren die Grenzen Charlottenburgs, ebenso die von Schöneberg und Deutsch-Wilmersdorf, nur noch auf dem Stadtplan erkennbar. Aber der Lokalpatriotismus der Eingesessenen dieser und anderer Vorstädte war mindestens so groß wie noch heute der vieler alter Spandauer, die deutlich zu unterscheiden wissen zwischen »der Stadt«, also ihrer, und dem fernen Berlin.

Jedes der zur selbständigen Stadt erhobenen Dörfer baute sich eilig ein pompöses Rathaus, »auf Zuwachs«, wie die Berliner spotteten, als das Schöneberger Rathaus kurz vor dem Ersten Weltkrieg endlich fertiggestellt war (wobei sie ja nicht ahnen konnten, wie sehr der Berliner Westen es einmal brauchen würde). Als sich selbst die kleine Kolonie Wilhelmsruh hoch im Norden ein Rathaus zulegte, obwohl dort eine Volksschule viel dringender benötigt worden wäre, ließ dies auch ältere Städte der näheren Umgebung Berlins nicht mehr ruhen. So meinte der Magistrat von Köpenick, es sich, den 22 000 Einwohnern der Stadt und der Welt schuldig zu sein, ihr historisches Rathaus aus dem Mittelalter abzureißen und sich ein prächtiges neues bauen zu lassen: ein neogotisches Backsteingebäude mit 54 Meter hohem Turm, das 1904 feierlich seiner Bestimmung übergeben werden konnte, ohne daß man davon in Berlin oder gar anderswo in der Welt Notiz nahm. Erst zwei Jahre später wurde dieses Rathaus, ja ganz Köpenick, mit einem Schlag weltberühmt, nämlich nach dem 16. Oktober 1906.

In den Wochen zuvor hatte Wilhelm II. wieder zahlreiche markige Reden gehalten und kräftig mit dem Säbel gerasselt, war herumgereist, hatte Paraden abgenommen und seinen »Onkel Eduard«, den englischen König, empfangen, der hinterher dem französischen Außenminister Delcassé gegenüber erklärte: »Durch seine unglaubliche Eitelkeit fällt mein Neffe auf alle Speichelleckereien seiner Umgebung herein . . .«

Beim Empfang König Eduards hatte der Kaiser – er liebte solche Verkleidungen über alles – die Uniform eines anglo-indischen Regiments getragen, dessen »Chef« er ehrenhalber war; zum nachmittäglichen Gegenbesuch in der britischen Botschaft legte Wilhelm II. »natürlich« britische Admiralsuniform an, zum abendlichen Besuch der Königlichen Oper – es gab den »Fliegenden Holländer« – trug er, »passenderweise«, wie er fand, deutsche Admiralsuniform, zum anschließenden Souper erschien er in der des Regiments Garde du Corps, des »ersten Regiments der Christenheit«. Onkel Eduard hingegen trug seinen Frack, und der Kaiser fand, der englische König hätte ausgesehen wie ein ganz gewöhnlicher Zivilist; erst die Uniform, erklärte er, »verschafft die erforderliche Autorität!«

Der 16. Oktober 1906 in Köpenick sollte ihm voll und ganz recht geben: Der Schuster Wilhelm Voigt, fast sechzig Jahre alt, von denen er knapp die Hälfte in Zuchthäusern verbracht hatte – bereits als Siebzehnjähriger war er wegen Urkundenfälschung und Betrugs, wobei es nur um ein paar Mark ging, zu zwölf Jahren Zuchthaus verurteilt worden –, hatte sich bei einem Trödler eine komplette Hauptmannsuniform besorgt, eine vorbeimarschierende Korporalschaft einfach seinem Befehl unterstellt, mit den Soldaten die Fahrt nach Köpenick angetreten und sie das dortige neue Rathaus besetzen, den Bürgermeister verhaften und nach Berlin bringen lassen, die Stadtkasse beschlagnahmt und die herbeigeeilte Köpenicker Polizei vor dem Rathaus »für Ordnung« sorgen lassen – alles eigentlich nur zu dem Zweck, sich einen gültigen Reisepaß zu verschaffen, den die Behörden ihm verweigert hatten, denn er wollte, wie er sagte, »ins Ausland machen, wo mir keener schief ankiekt, und uff meene ollen Dage 'n ehrlichet Leben bejinnen«. Aber im Rathaus gab's keine Pässe; dafür war das Landratsamt zuständig.

Ganz Berlin, ganz Deutschland, ja die ganze Welt lachte, als der Streich bekannt wurde. Ein alter Schuster, an Leib und Seele gebrochen, hatte den wilhelminischen Militarismus samt Uniformfimmel und Kadavergehorsam ad absurdum geführt! Keiner hatte auch nur aufzumucken gewagt, als er seine Befehle erteilte.

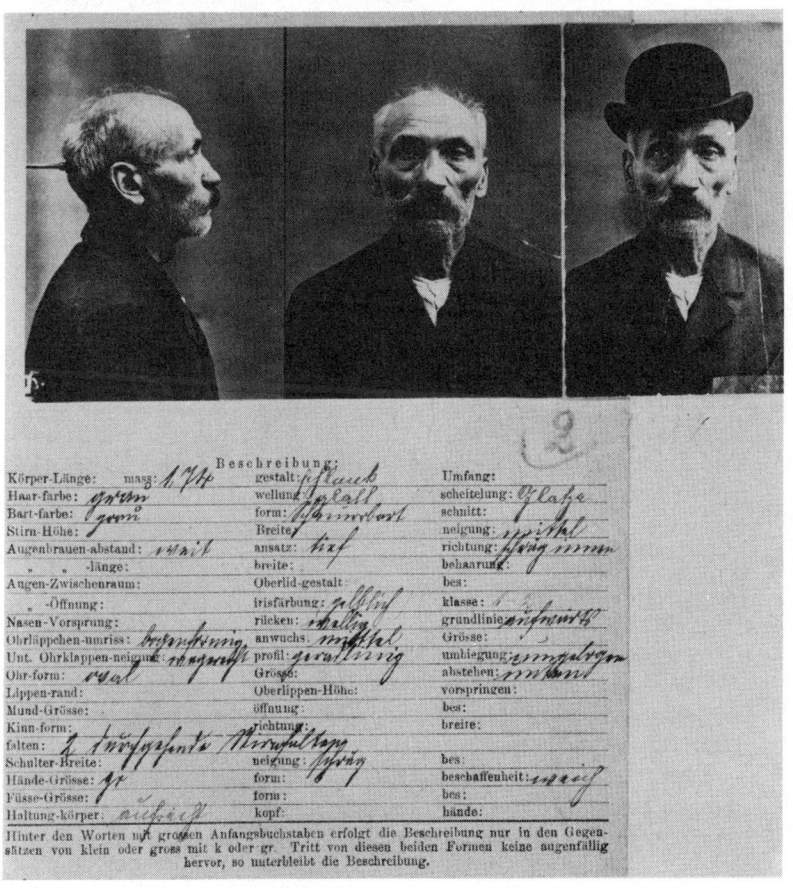

Erkennungsdienstliche Erfassung des Wilhelm Voigt vom 26. Oktober 1906.

Wilhelm Voigt wurde dann gefaßt, weil ihn frühere Mithäftlinge denunzierten, und zu vier Jahren Zuchthaus verurteilt. Der Staatsanwalt warf ihm vor, »den ganzen Staatsapparat in Trümmer geschlagen« zu haben. Voigt hielt ihm entgegen, er hätte sich leicht einen gefälschten Paß »in der nächstbesten Kaschemme« besorgen können, es aber vorgezogen, »alles ordentlich zu machen«. Wilhelm II. soll sehr zufrieden gewesen sein, als er von der »Köpenickiade« erfuhr, ließ sie doch erkennen, »wie fabelhaft die Leute zu parieren gelernt haben!«

Doch die Reichstagswahlen vom Januar 1907 zeigten ihm, daß in Wahrheit die Opposition gegen sein Regiment noch stärker geworden war: Die SPD als die Partei mit den mit weitem Abstand meisten Wählern hatte ihren Stimmenvorsprung weiter ausbauen können, allerdings aufgrund des seltsamen, sehr undemokratischen Wahlrechts Mandate verloren; die zur Fortschrittlichen Volkspartei vereinigte bürgerliche Linke hatte ebenfalls Stimmen hinzugewonnen, auch erheblich mehr Mandate erhalten – allerdings nicht in Berlin. Denn dort hatten die Sozialdemokraten nunmehr fünf der sechs Wahlkreise erobern können. Nur noch Berlin-Mitte entsandte einen Fortschrittsparteiler in den Reichstag.

Dabei hatte Berlin-Mitte noch etwa ganze dreitausend Einwohner! Zwischen Spittelmarkt und Hackeschem Markt, in der Friedrich- und in der Leipziger Straße wohnten in den meisten Häusern nur noch die Hausmeister mit ihren Familien. »Eine Handvoll Portiers hat verhindern können«, schrieb der »Börsen-Courier« über das Wahlergebnis der Hauptstadt, »daß auch noch der I. Berliner Wahlkreis einen Sozialdemokraten in den Reichstag schickt.« Für Kaiser und Regierung war dies ein schwacher Trost, denn die Männer der Fortschrittlichen Volkspartei waren ihnen beinahe ebenso verhaßt wie die »Roten«, deren Parlamentarier sich längst nicht mehr so revolutionär gebärdeten wie noch zwanzig Jahre zuvor, dafür aber gelernt hatten, die Regierung mit immer neuen Vorschlägen für Reformen und Verbesserungen in Verlegenheit zu bringen, deren Ablehnung kaum noch vernünftig zu begründen war.

Ebenfalls 1907 waren Stadtverordnetenwahlen in Berlin, bei denen die Sozialdemokraten jedoch nur 35 der 126 Sitze erobern konnten. Nach den abgegebenen Stimmen hätten der SPD 96 Sitze zufallen müssen, also die Dreiviertelmehrheit. Das besonders reaktionäre preußische Dreiklassenwahlrecht aber kehrte dieses Verhältnis beinahe um, und so erhielt die bürgerliche Linke fast 90 Sitze, obwohl sie nur etwa ein Viertel der Wähler hinter sich hatte.

Wählen durfte damals in Preußen ohnehin nur, wer gebürtiger Preuße und mindestens zwei Jahre im Wahlbezirk »in eigener Wirtschaft« ansässig war, was Untermieter, Schlafburschen und alle, die erst in den letzten beiden Jahren zugezogen waren – sei es von weiter her, sei es aus Charlottenburg oder Schöneberg, sei es aus einem anderen Berliner Wahlbezirk – automatisch ausschloß. Eine weitere Voraussetzung war, daß man regelmäßig eine Mindestsumme an Gemeindesteuern bezahlt haben mußte. Wer auch nur für kurze Zeit ohne Arbeit, wer beim städtischen Armenarzt oder auf Gemeindekosten im Krankenhaus gewesen war und der Stadtkasse noch nicht alle Auslagen voll zurückerstattet hatte, verlor sein Wahlrecht – und ein Tag im Krankenhaus kostete 2,50, soviel wie die Vollpension in einem Hotel der gehobenen Preisklasse. Doch mit alledem nicht genug, es gab ja auch noch die Wählereinteilung nach Steuerklassen. In Berlin wählten 1907 durchschnittlich 7212 Wähler der dritten Klasse einen Stadtverordneten, 693 Wähler der zweiten Klasse ebenfalls einen, und in der ersten Klasse der Großverdiener genügten zur Wahl eines Kandidaten schon 34 Stimmen. Unter diesen Umständen war es kein Wunder, daß gut die Hälfte aller Wahlberechtigten auf eine Beteiligung an solcher Farce verzichtete. Von den rund 115 000 eingeschriebenen Wählern Berlins der dritten Abteilung gaben nur 52 000 ihre Stimme ab, davon 41 427 für einen Kandidaten der SPD, 8863 für den der Fortschrittspartei.

Ein weiteres Kuriosum dieses Wahlrechts, das mit Demokratie so gut wie nichts zu tun hatte: Ein Mandat konnte nur erringen, wer das dreißigste Lebensjahr vollendet hatte, und die Hälfte aller Kandidaten jeder, auch der untersten Abteilungen mußten »volle« Hausbesitzer sein; bloßer Teilbesitz schloß vom passiven Wahlrecht aus. Um diese Klippe zu umschiffen, hatte sich Paul Singer etwas einfallen lassen: Er kaufte ein tiefes Grundstück in der Prinzenallee, nördlich des Bahnhofs Gesundbrunnen gelegen, errichtete darauf sechs kleine Häuser mit je zwei Wohnungen und überließ fünf davon Kandidaten seiner Partei, die nunmehr zu den »Hausbesitzern« zählten. Einer davon war »Dr. jur. Karl Liebknecht, Rechtsanwalt, wohnhaft Alt Moabit 109, Eigentümer des Hauses Prinzenallee 46f«. Der Sohn von Wilhelm Liebknecht konnte auf diese Weise schon bald auch ins preußische Abgeordnetenhaus, schließlich sogar in den Reichstag gewählt werden.

Das antiquierte preußische Dreiklassenwahlrecht sorgte dafür, daß »alles beim alten« blieb, verhinderte so manche längst überfällige Reform, auch und gerade im kommunalen Bereich, und half den Behörden, wie es der seit 1909 amtierende neue Polizeipräsident Traugott v. Jagow treffend ausdrückte, »den Pöbel in Zucht zu halten«. Nicht zu verhindern war, daß die Berliner und ihre Stadt von Jahr zu Jahr moderner wurden. 1910 gab es bereits – gegen heftigen polizeilichen Widerstand, der durch einen langwierigen Verwaltungsgerichtsprozeß gebrochen werden mußte – die ersten Lichtreklamen in der neuen Weltstadt Berlin. Den Anfang machte eine für »Manoli«-Zigaretten in einem in bunten Farben leuchtenden und sich drehenden Kreis. Schon am nächsten Tag hatte der Berliner Volksmund eine neue Bezeichnung für absonderliches Verhalten, auch und gerade allerhöchster Herrschaften: »Der is manoli!«

»UFFJEPLUSTERT,
RINJESCHLIDDERT,
RAUSJEHUMPELT . . .«

Um 1910 waren die Berliner – Wilhelm II. und seine Umgebung
eingeschlossen – wie von einem Fieber ergriffen: Ihre Stadt sollte,
wenn sie es nicht schon war, auf allen Gebieten »vorneweg« und
überhaupt die größte und imponierendste Metropole der Welt werden.
Dabei dachten der Kaiser, die Militärs und die Herren der Industrie-
und Bankwelt an ein nach großen militärischen Eroberungen zur
Führungsmacht der Welt aufgestiegenes Deutsches Reich, dessen
Macht- und Schaltzentrale dann Berlin sein würde, und entsprechend repräsentativ mußte es schnellstens gestaltet werden. Das
Bürgertum, zumal sein in Berlin dominierender linksliberaler Flügel, nahm die Großmannssucht und das ständige Säbelrasseln Wilhelms II. nicht sehr ernst und witzelte sogar darüber, wenn er »am
deutschen Wesen die Welt genesen« lassen wollte. Aber auch die
Bürger hofften auf eine Führungsrolle Berlins, vor allem auf kultu-
rellem, wissenschaftlichem und künstlerischem Gebiet, sowie als
Zentrum des Handels und Verkehrs, des technischen Fortschritts,
der Mode und des Sports. Was aber die breite Mehrheit der Berliner, die Masse der »kleenen Leute« betraf, so sahen sie sich als Pioniere im Kampf um politische Befreiung und soziale Gerechtigkeit,
auch dem Sieg ihrer Sache schon zum Greifen nahe.
Immer häufiger kam es zu machtvollen Demonstrationen, vor allem
gegen das reaktionäre Dreiklassenwahlrecht, gegen den Militarismus und die Kriegsvorbereitungen, aber auch schon für die Gleichberechtigung der Frauen. Die Streikbereitschaft hatte ebenfalls stark
zugenommen, besonders bei den – bis dahin als nahezu rechtlos angesehenen – vierzehn- bis sechzehnjährigen Arbeitern. Als
erste setzten die »Rollmöpse«, die jugendlichen Beifahrer der Roll-
oder Speditionswagen, eine Erhöhung ihres Wochenlohns von 9
auf 12 Mark durch. 1910 streikten sämtliche »Bollejungen« von
»Bimmel-Bolle«, der die Milchversorgung Berlins beherrschenden
Meierei, die bisher den Dreizehn- bis Fünfzehnjährigen, die um 3 Uhr

*»Bollewagen«: Links zwei Bollejungen mit Milchkannen und »Bimmel«
(Foto um 1909).*

früh zum »Dienst« antreten mußten, ganze 3,90 Mark Wochenlohn
bezahlt hatte.

In Moabit legten einige Kohlenträger die Arbeit nieder, um eine Erhöhung ihres kärglichen Lohns zu erzwingen; als der Chef daraufhin Streikbrecher einsetzte, ergriff ganz Moabit Partei für die Streikenden. Sogar die Läden und Warenhäuser plakatierten: »Streikbrecher werden hier nicht bedient!« Es kam dann zu schweren Zusammenstößen mit der Polizei, bei denen es auf seiten der Arbeiter zwei
Tote und etwa hundertfünfzig Verletzte gab. Polizeipräsident v. Jagow erließ ein allgemeines Verbot aller Versammlungen unter
freiem Himmel und schloß seine Bekanntmachung mit der später
dann zum geflügelten Wort gewordenen Drohung: »Ich warne Neu-
gierige.«

Doch mit polizeilichen Mitteln war gegen die gutorganisierte Arbeiterschaft Berlins auf Dauer nichts auszurichten.

An der Beisetzung des am 31. Januar 1911 verstorbenen »Paule« Singer – im langen Zug von seinem Hause in der Brücken- (heute Bart-
nings-)allee, nahe dem S-Bahnhof Bellevue, zum »Sozialistenfriedhof« in Friedrichsfelde – nahmen nach amtlichen Schätzungen mehr
als eine Million Menschen teil.

Angesichts solcher Massen, wie sie zuvor noch nie in den Straßen
Berlins zusammengekommen waren, verzichtete Polizeipräsident v.

Jagow auf jede Präsenz seiner Schutzmannschaft und überließ es den Ordnern der sozialistischen Organisationen, für einen ungestörten Ablauf der feierlichen Beisetzung zu sorgen, von der es dann in der Presse hieß: »Niemals ist einem Mächtigen dieser Welt die Ehre einer solchen Bestattung zuteil geworden . . . Was hinter diesen Demonstrationen steht, läßt sich nicht mit Gewehrkugeln niederknallen . . .«

Der letzte Satz – er stand in der der Zentrumspartei nahestehenden »Kölnischen Zeitung« – war eine deutliche Warnung an Wilhelm II., der an Silvester 1905 an den Reichskanzler v. Bülow telegraphiert hatte: ». . . Erst die Sozialisten abschießen, köpfen und unschädlich machen – wenn nötig per Blutbad – und dann Krieg nach außen«, – was nun von aktueller Bedeutung war, denn das Jahr 1911 brachte die europäischen Mächte bereits hart an den Rand eines Krieges.

Doch zunächst war von den drohenden Gefahren in Berlin noch nichts zu spüren, und das Interesse der Bürger war von ganz anderen Dingen gefesselt: Da war beispielsweise um die Jahreswende 1910/11 in der Potsdamer Straße 72–72a der Sportpalast eröffnet worden, der »größte Eispalast der Welt«, wie die Reklame ihn anpries, doch er hatte, nachdem die erste Neugier der Berliner befriedigt war, mit der Pleite zu kämpfen – bis ein Manager auf den Gedanken kam, »Sechstagerennen« zu veranstalten, die für genügend »Sensation« und »Stimmung« sorgten.

Eine weitere Attraktion entstand am Ende des Kurfürstendamms, am Halensee. Ursprünglich hatte es eine »Deutschlandhalle« für patriotische Festspiele werden sollen, doch am Ende wurde der »Lunapark« daraus, der größte »Rummel« von Charlottenburg und Berlin WW.

Ebenfalls im Januar 1911 kreuzte – wie schon zuvor ein starres Luftschiff des Grafen Zeppelin – ein halbstarrer »Parseval« über Berlin, abends mit großen Projektionsapparaten angestrahlt, die bunte Reklame für Zigaretten und Fahrräder auf die Hülle dieses Luftschiffs »zauberten« – auch das eine »Sensation sondergleichen«!

Das größte sportliche Ereignis des Jahres 1911 aber waren die von Ullsteins »B. Z. am Mittag« veranstalteten Flugwochen in Johannisthal, bei dem es um den »B.Z.-Preis der Lüfte« ging. Halb Berlin war auf den Beinen, um sich dieses Schauspiel nicht entgehen zu lassen. Lange Jahre hindurch hatten die Berliner über Flugversuche nur mitleidig gelächelt, obwohl Berlin die Geburtsstadt der Fliegerei war: Schon 1882 hatte der Maler Arnold Böcklin auf dem Tempelhofer Feld seinen selbstgebastelten Doppeldecker vorgeführt, und der erste, dem es 1891 tatsächlich gelang, mit seinem Flugzeug einen Luftsprung von fünfzehn Metern durchzuführen und in den folgen-

*Der Kohlenarbeiterstreik in Moabit löste auch handfeste
Auseinandersetzungen mit der Polizei aus.*

den Jahren rund zweitausend erfolgreiche Gleitflüge bis zu 450 Meter Länge zu absolvieren, war der Berliner Ingenieur Otto Lilienthal, der dann 1896 bei einem dieser Versuche tödlich verunglückt war. Kaum jemand hatte von seinen erfolgreichen Bemühungen Notiz genommen, aber inzwischen war der Aeroplan – der »Eierplan«, wie die Berliner ihn nannten – populär geworden, und auch die Militärs interessierten sich nun dafür.

Für beinahe ebenso viel Aufregung wie der »B.Z.-Preis der Lüfte« selbst sorgte eine Episode am Rande dieses Ereignisses, die Arthur Bernstein, der Leitartikler der »Berliner Morgenpost«, folgendermaßen geschildert hat:

»Zum ersten Male seit dem Walten einer königlich preußischen Bahnpolizei entzog sich das Volk ihrer Befehlsgewalt und Obhut. Die in aller Frühe eingelegten Züge nach Johannisthal waren so überfüllt, daß die Bahnsteige der Zwischenstationen gesperrt werden mußten. Die Wagen waren nicht nur bis auf den letzten Platz besetzt, sondern auch ihre Trittbretter und Dächer waren voller Menschen. Die Bahnbeamten protestierten vergebens, weissagten Tod und Verderben oder wenigstens Arretierung und Strafmandat. Aber Protest und Weissagungen gingen fehl. Nirgends Tod und Verderben, und ein Strafmandat kann man erst an den Mann bringen, wenn man ihn hat. Kein einziger Unfall trat ein . . . Es war eine höchst vergnügliche Fahrt . . . Nachdenkliche Leute aber meinten nachher, ob es nach dieser Erfahrung mit einer minder stürmischen Fürsorge der Polizei für das Wohl der Untertanen fortan nicht auch getan sei?«

Dabei machte sich die Berliner Polizei gerade daran, etwas mit strenger Hand zu regeln, das bislang frei von amtlicher Beaufsichtigung gewesen war: Sie begann, sehr zum Ärger der Bürger, mit der Ordnung des Straßenverkehrs. 1911 tauchte zum erstenmal der Begriff »Einbahnstraße« auf, zunächst für den Nord-Süd-Verkehr in der Friedrich- und in der Charlottenstraße, jeweils zwischen Behren- und Dorotheenstraße, dann auch für die beiden Fahrbahnen Unter den Linden. An den drei verkehrsreichsten Punkten der Innenstadt, nämlich am »Kranzler-Eck« Unter den Linden/Friedrichstraße, an der Kreuzung Leipziger und Friedrichstraße sowie am Potsdamer Platz, regierten fortan berittene Verkehrspolizisten mit Trillerpfeifen. Am Potsdamer Platz wurden zusätzliche Beamte zu Fuß eingesetzt, die den Fußgängern zum sicheren Überqueren der Straßen verhalfen und »Damen« – wie es in der Dienstanweisung ausdrücklich hieß – »den Arm zu bieten« hatten, was nun wiederum den Beifall der Berliner fand.

Als sich die Berliner Polizei der Regelung des Straßenverkehrs bemächtigte, hatte sie den jahrelangen »Krieg um die Freibäder« bereits verloren. Bis 1908 waren in jedem Sommer Hunderte von berittenen Schutzleuten damit beschäftigt gewesen, die Badelustigen von sämtlichen Seeufern der Umgebung zu vertreiben, vor allem von den Grunewaldseen, dem Wannsee und dem Müggelsee. Trotz unzähliger Schilder mit der Aufschrift »Baden polizeilich verboten!« hatten sich die zu Zigtausenden an den Seen Erholung und Abkühlung suchenden Berliner nie davon abhalten lassen, ins Wasser zu gehen. Sobald die aufgestellten Wachposten mit schrillen Pfiffen und dem Ruf »Polente!« das Nahen der Ordnungshüter ankündigten, schwammen alle guten Schwimmer so weit vom Ufer weg, daß sie für die Berittenen unerreichbar waren, alle anderen aber gingen brav am Strand auf und ab, und wer noch pitschnaß war und deshalb von den Wachtmeistern zur Rede gestellt wurde, behauptete dreist, er hätte sich, da das Baden ja leider verboten wäre, »'ne Brause jeleistet – mit Himbeerjeschmack, Herr Schandarm!«

Da die Polizei der Lage nicht Herr werden konnte, gab sie, um ihre Würde zu wahren, schließlich auf. Ein Seeufer nach dem anderen wurde neu beschildert. Nun lautete die Aufschrift: »Öffentliche Badeanstalt«. 1912, als am nordwestlichen Müggelsee das »Strandbad Rahnsdorf« eröffnet wurde, hatten die Berliner auf der ganzen Linie gesiegt und zahlten bereitwillig die an den nunmehr eingezäunten Freibädern geforderten zehn Pfennig Eintritt.

Ein anderer Kampf war 1912 noch nicht entschieden: der um den Märchenbrunnen am Friedrichshain. Die sozialdemokratischen Stadtverordneten hatten schon Jahre zuvor gefordert, den Arbeiterkindern des Berliner Ostens ein großes Planschbecken, dazu Wasserspiele und eine Ausschmückung mit Figuren aus den Märchen der Brüder Grimm zu schenken. Sie waren mit ihrem Antrag durchgedrungen, die Entwürfe der Brunnenanlage lagen vor, und das Geld für die Ausführung war bereitgestellt – nur verweigerte der Berliner Polizeipräsident die Genehmigung, und zwar »auf allerhöchste Weisung« Wilhelms II., der erklärt hatte, entweder sollte dort »etwas Patriotisches« aufgestellt werden – oder gar nichts. Erst 1913 gelang es dem Magistrat, durch ein Verwaltungsgerichtsurteil die kaiserliche Einmischung in innerstädtische Angelegenheiten zu unterbinden, und der Friedrichshain bekam seinen Märchenbrunnen, dessen Einweihung als Volksfest gefeiert wurde.

Das kaiserliche Veto gegen den Märchenbrunnen – von dessen Brunnenfiguren übrigens ein Zwerg deutlich die Züge Adolph v. Menzels trägt – war nur einer von etlichen kleinlichen Racheakten, mit denen sich Wilhelm II. revanchierte für etwas, das er – vielleicht sogar zu Recht – für eine persönliche Kränkung hielt: am 12. Januar

1912 war wieder ein neuer Reichstag gewählt worden, und diesmal hatten die sozialdemokratischen »Reichsfeinde« einen so überwältigenden Sieg errungen, daß sie trotz ihrer starken Benachteiligung durch das Wahlsystem nun mit hundertundzehn Abgeordneten die mit Abstand stärkste Fraktion bildeten.

Von den sechs Berliner Reichstagswahlkreisen waren erneut fünf von der SPD erobert worden, der sechste, Berlin-Mitte, wieder von der Fortschrittlichen Volkspartei, die sich auf »die paar Portiers« verlassen konnte. Außerdem war es aber diesmal der bürgerlichen und sozialdemokratischen Opposition gelungen, die Mehrzahl der zehn Potsdamer Wahlkreise rund um Berlin für sich zu gewinnen und den konservativen Junkern eine Niederlage zu bereiten. Sogar im bislang regierungstreuen »Kaiser-Wahlkreis« Potsdam-Spandau-Osthavelland hatte sich erstmals ein »Roter« durchgesetzt: der Sohn Karl des verstorbenen Arbeiterführers Wilhelm Liebknecht.

Dr. Karl Liebknecht, Rechtsanwalt von Beruf und bekannt als Verteidiger in zahlreichen politischen Prozessen, galt als der entschiedenste Antimilitarist und Antimonarchist der Partei. »Ich verfolge den Zweck«, hatte er 1907 vor dem Reichsgericht erklärt, daß ihn dann wegen Vorbereitung zum Hochverrat zu anderthalb Jahren Festungshaft verurteilte, »die Entscheidung über Krieg und Frieden aus dem Dunkel der Kabinette und Diplomatenschleichwege herauszuholen . . . an das Licht der Öffentlichkeit . . . Ich will, daß die Entscheidung über Krieg und Frieden dem Willen des ganzen Volkes unterstellt werde . . . Ich will schließlich, daß unser Heer nicht gegen den ›inneren Feind‹, zum Bürgerkrieg, verwendet werde!«

»Du bist der einzige, auf den ich meine Hoffnung setze!« hatte August Bebel 1908 an den Festungsgefangenen Dr. Liebknecht geschrieben, und ausgerechnet der hatte nun, was von niemandem für möglich gehalten worden war, den »Kaiser-Wahlkreis« erobert! In den folgenden Monaten und Jahren erwarb sich der Reichstagsabgeordnete Dr. Karl Liebknecht bei der Berliner Arbeiterschaft ein noch höheres Ansehen – und zog sich zugleich noch mehr den Haß der Rechten zu –, denn er wandte sich am schärfsten gegen die Kriegstreiberei, die schon im Gange war, und enthüllte im Reichstag die kriminellen Praktiken des Krupp-Konzerns, das Zusammenspiel der internationalen Rüstungskonzerne und der Militärs sowie die massiven Bestechungen, mit denen sich die »Kanonenkönige« immer neue Aufträge zu verschaffen verstanden, und dies alles 1913, dem Jahr, das Wilhelm II. sein »Jubeljahr« nannte.

Der Kaiser feierte 1913 nicht nur die fünfundzwanzigste Wiederkehr seines Krönungstags, er verheiratete auch seine einzige Tochter Viktoria Luise mit dem Herzog Ernst August zu Braunschweig und

Lüneburg, ein Anlaß, zu dem zahlreiche gekrönte Häupter sich in Berlin versammelten, und schließlich war auch noch der hundertste Jahrestag der Leipziger Völkerschlacht mit großem Pomp zu begehen. Daneben gab es, außer den üblichen Kaisergeburtstags-, Sedan- und sonstigen Feiern, Manövern, Paraden, Grundsteinlegungen und Denkmalenthüllungen, ein beträchtliches Pensum an feierlichen Einweihungen für den Kaiser zu absolvieren, darunter die des »Deutschen Stadions« im Grunewald, wo die nächsten Olympischen Spiele ausgetragen werden sollten, die aber dann nicht stattfanden, denn im Jahr darauf begann der längst vorbereitete Erste Weltkrieg.

Ehe es soweit war, starb im August 1913 August Bebel, dem die Ärzte Höhenluft verordnet hatten, in dem kleinen Kurort Parsugg in der Schweiz. Überall in Berlin wurden Gedächtnisfeiern für diesen unumstrittenen Führer der deutschen Arbeiterbewegung abgehalten, der fast ein halbes Jahrhundert lang an der Spitze der Sozialdemokratischen Partei gestanden und sie in allen Krisen energisch zusammengehalten hatte.

In der Berliner Arbeiterschaft mischte sich in die Trauer um den von allen verehrten Bebel auch schon die Sorge, wie es ohne ihn weitergehen würde. Die in und um Berlin starke Parteilinke war in der Reichstagsfraktion und in den obersten Entscheidungsgremien der Partei und der Gewerkschaften nur noch schwach vertreten. Sie fürchtete, ohne Bebel, Singer und Wilhelm Liebknecht könnten der alte Elan und die Prinzipientreue verlorengehen. Um so energischer ging die Berliner Organisation nun daran, Massendemonstrationen gegen den Militarismus und die Kriegstreiberei durchzuführen.

Hauptredner auf diesen Veranstaltungen waren Karl Liebknecht und eine Frau, die sich bei den Berliner Arbeitern hohes Ansehen erworben hatte: Rosa Luxemburg. Sie lebte seit 1898 in Berlin, erst in Friedenau, Cranachstr. 58, später in Südende, war Redakteurin und Mitarbeiterin der wichtigsten Parteiorgane, seit 1907 auch die einzige weibliche, von allen sehr geschätzte Lehrkaft an der Parteischule in der Lindenstraße (als deren Sekretär seit 1910 ebenfalls ein Linker, der aus der Niederlausitz stammende Wilhelm Pieck, fungierte). Der Wahlverein des Reichstagswahlkreises Potsdam 10 – Teltow, Beeskow, Storkow – wählte Anfang Juni 1914 sein Mitglied Dr. Rosa Luxemburg in den Zentralvorstand der Groß-Berliner Parteiorganisation, die zu diesem Zeitpunkt fast 117 000 eingeschriebene Mitglieder zählte, darunter 21 563 Frauen. Rosa Luxemburgs Ansehen war in letzter Zeit noch gestiegen, nachdem sie im Februar 1914 wegen ihrer antimilitaristischen Reden zu einem Jahr Gefängnis verurteilt worden war (wobei man ihr »Haftaufschub« gewährt hatte in der Hoffnung, sie würde sich »bessern«). Ein weiterer Prozeß, den der preußische Kriegsminister v. Falkenhayn gegen sie angestrengt hatte, nachdem sie weiter öffentlich gegen den Militarismus aufgetreten war, sollte im Juni 1914 stattfinden, wurde aber auf einen Wink von oben hin vertagt und später eingestellt.

Der Frühsommer 1914 war in Berlin nicht nur vom Wetter her ruhig und schön, auch politisch hatte sich die Lage allem Anschein nach entspannt. Der Kaiser war in Potsdam und ganz mit seinem neuesten Hobby, dem Ordnen seiner Ausgrabungen auf Korfu, beschäftigt. Die Bürger des Berliner Westens bereiteten sich schon auf ihre Ferienreisen an die See oder ins Gebirge vor. Die Arbeiter des Nordens und Ostens, die keinen Urlaub kannten, planten bereits sonntägliche Ausflüge, Laubenkolonie- und »Hoffeste«.

Mitte Juni wurden der Berliner Westen und die großen Bürohäuser der Innenstadt sommerlich leer. Dagegen hatten nun die Hotels und Pensionen Hochsaison, denn Zehntausende von Besuchern, vor allem aus dem Ausland, auch immer mehr Amerikaner, strömten jeden Sommer nach Berlin, machten Stadtrundfahrten (mit »Käse's gläsernen Omnibussen« zu 5 Mark pro Person), besichtigten die Siegesallee sowie »die Stelle im Tierjarten, wo noch keen Denkmal steht«, bestaunten das Reichstagsgebäude ebenso wie das neue Kaufhaus von Wertheim in der Leipziger Straße, erst recht das »KaDeWe« am Kurfürstendamm, und ließen sich abends auch »Berlin bei Nacht« zeigen: das Maxim in der Jägerstraße und sein »elegantes Halbweltniveau«, die Marmor- und Mosaikenpracht des Piccadilly, das sich »das pompöseste Tanzcafé Berlins« nannte und wo zur Verblüffung der Fremden nicht mehr Walzer oder Polka getanzt wurden, sondern Boston, Tango und Maxixe (von den Berlinern »Matschitsche« genannt).

Im »Zoo« herrschte Hochbetrieb, die Börse war ruhig, im Zeitungsviertel an der Koch-, Zimmer- und Jerusalemer Straße genoß man die »Saurejurkenzeit«, da fuhr in die sommerliche Beschaulichkeit wie ein Blitz aus heiterem Himmel die Nachricht: »Österreichs Thronfolger in Sarajevo ermordet!« (Es war übrigens nicht die »B.Z. am Mittag«, die sich schon 1913 stolz als »Die schnellste Zeitung der Welt« bezeichnen konnte, weil sie mit den ersten Kursnotierungen der Berliner Börse von 12.10 Uhr bereits um 12.18 Uhr auf den Straßen war, die mit den ersten Extrablättern herauskam, sondern die – ebenfalls nun bei Ullstein erscheinende – älteste und betulichste, immer noch »Tante Voß« genannte Zeitung Berlins, die »Vossische«).

Berlin hielt den Atem an. War das der Krieg?

Aber die Erregung klang bald wieder ab. »Wird schon noch ma jut jeh'n«, versicherte man sich gegenseitig, und wer Ferien machen konnte und wollte, reiste nun in die Sommerfrische. Auch die meisten Reichstagsabgeordneten, sogar die führenden Männer der SPD, fuhren in Urlaub, Ebert nach Rügen, Scheidemann nach Mittenwald. Erst am 25. Juli, als sich die internationale Lage deutlich zugespitzt hatte, gab Hugo Haase, einer der beiden neuen SPD-Parteivorsitzenden, der als »Stallwache« in der Lindenstraße zurückgeblieben war, einen Aufruf heraus, worin es hieß: »Wir fordern Euch zu Massenversammlungen auf!... Der Weltkrieg droht!... Wir wollen keinen Krieg! Nieder mit dem Kriege! Hoch die internationale Völkerverbrüderung!«

Schon die ganze letzte Juniwoche hatte es in Berlin Massendemonstrationen, vor allem der Jugend, »gegen die Kriegshetzer« gegeben. Der Aufruf Hugo Haases, eines Königsberger Rechtsanwalts, der erst 1912 nach Berlin übergesiedelt war, kam also reichlich spät und bezweckte vor allem, den Protest in geordnete Bahnen zu lenken – von der Straße weg, wo es schon zu heftigen Zusammenstößen mit der Polizei und mit chauvinistischen Demonstranten gekommen war, in geschlossene Veranstaltungen in den traditionellen Sälen. Zweiunddreißig überfüllte Versammlungen fanden am Abend statt – in den Arminhallen in der Kommandantenstraße, in den großen Brauereifestsälen am Tempelhofer Berg und am Friedrichshain, im Charlottenburger Volkshaus, im Köpenicker Stadttheater, im Reinikkendorfer Schützenhaus, in den Kurfürsten-Sälen in Pankow, im »Gesellschaftshaus des Westens« in der Schöneberger Hauptstraße und in der »Urania« sowie in zwei Dutzend weiteren Riesensälen. Gleichzeitig gingen die Straßendemonstrationen weiter. Berittene Polizei versuchte, die Bannmeile um das Schloß zu verteidigen. »Trotzdem«, so berichtet Annemarie Lange, »gelang es einzelnen Zügen – die sich mit lärmenden Gegenkundgebungen nationalistisch verhetzter studentischer und bürgerlicher Jugend kreuzten –, bis Unter die Linden durchzubrechen und eine Friedenskundgebung abzuhalten.«

»Die Sozen machen Antimil. Umtriebe in den Straßen, das darf nicht geduldet werden, jetzt auf keinen Fall«, schrieb Wilhelm II. am 29. Juli an den Rand einer Akte. »Im Wiederholungsfalle werde Ich Belagerungszustand proklamieren...!«. Am Mittag des folgenden Tages schrien die Berliner Zeitungshändler bereits das neue Extrablatt »Mobilmachung in Deutschland!« aus. Unter den Linden versammelte sich im Nu eine riesige Menschenmenge, »vorwiegend aus gebildeten Ständen«, wie der Polizeibericht stolz vermerkt, schwenkte die Hüte und sang abwechselnd »Die Wacht am Rhein« und »Siegreich woll'n wir Frankreich schlagen . . .!« Im Berliner Osten und Norden, aber auch auf dem Hermannplatz in Neukölln, kam es zu Zusammenstößen zwischen Antikriegsdemonstranten und Militär. Am Abend glich Berlin einem Hexenkessel. »Alles brandete durcheinander: Kriegstaumel, Hochstimmung, Ernst und Bestürzung . . .«, berichtet ein Augenzeuge. »Im Pschorrbräu herrschte eine an Delirium grenzende Stimmung. Wenn ein Offizier das Lokal betrat, brüllte die Meute ›Hoch‹ und sang stehend das Deutschlandlied. Da wir als . . . Kriegsgegner nicht aufstanden, schrien diese Idioten: ›Das ist ein Russe!‹, und nur mein deutscher Militärpaß rettete mich . . .«

Am nächsten Morgen, dem 31. Juli 1914, wurde über Berlin und die Provinz Brandenburg der Belagerungszustand verhängt. Der militärische »Oberbefehlshaber in den Marken« übernahm die vollziehende Gewalt, setzte die die Vereins- und Versammlungsfreiheit und andere Grundrechte garantierenden Verfassungsartikel außer Kraft und traf Vorbereitungen zur Verhaftung aller bekannten SPD- und Gewerkschaftsfunktionäre, wie es die geheimen Mobilmachungspläne vorsahen.

Aber die Haftbefehle blieben in den Schubladen. Die Generalkommission der Gewerkschaften hatte in aller Eile »Burgfrieden« mit der Regierung und dem Generalstab geschlossen. Auch die SPD-Führung entschloß sich nach kurzem Zögern, den Widerstand gegen die Kriegsvorbereitungen aufzugeben. Die Regie der deutschen Regierung hatte dafür gesorgt, daß das deutsche Volk glaubte, die anderen hätten sein Vaterland angegriffen und wollten es niederringen. Vor allem der Hauptfeind, Rußland und sein verhaßtes zaristisches Regime, wollten – so meinten nun selbst viele Arbeiter – »uns unter die Knute bringen«. Noch vor Ablauf des Ultimatums an Rußland hatte Reichskanzler v. Bethmann Hollweg bereits die Kriegserklärung formulieren lassen und auf die Frage nach dem Grund für diese hektische Eile geantwortet: »Sonst kriege ich die Sozialdemokraten nicht mit!« Nun bekam er sie mit.

Am 4. August, nachdem Deutschland bereits Frankreich und Rußland den Krieg erklärt hatte und in das neutrale Belgien eingefallen war, was noch am selben Abend zur Kriegserklärung Großbritanniens führte, trat der Reichtag in Berlin zusammen. Die Volksvertretung sollte nachträglich, durch die Bewilligung von Kriegskrediten, der verhängnisvollen Politik der Herrschenden ihren Segen geben. Die Fraktion der SPD beriet, wie sie sich verhalten sollte, und kam mit großer Mehrheit – gegen nur 14 Stimmen der Linken – zu dem Ergebnis, angesichts der Tatsache, daß Deutschland nun gegen eine Welt von Feinden zu kämpfen hatte, durfte das Vaterland nicht im Stich gelassen, konnte den Streitkräften nicht das Geld verweigert werden. Also stimmte die SPD im Plenum geschlossen, denn es herrschte strenger Fraktionszwang, *für* die beantragten Kriegskredite.

Tags darauf hielt Wilhelm II. vom Schloß herab eine flammende Rede, entrüstete sich über den »feigen Überfall« der Feindländer auf das friedliche Deutschland, schwor, das Schwert nicht eher in die Scheide zu stecken, bis alle Feinde zerschmettert am Boden lägen, und rang sich dann auch noch – der Kanzler hatte ihn angefleht, jetzt ein versöhnliches Wort für die Sozialdemokraten zu finden – die Versicherung ab: »Ich kenne keine Parteien mehr, ich kenne nur noch Deutsche!«

Das bürgerliche Berlin jubelte, im Norden und Osten der Stadt nahm man Wilhelms Erklärung erstaunt und mit der gebotenen Skepsis zur Kenntnis. Protestdemonstrationen unterblieben jedoch. Dafür sorgte der Belagerungszustand, und zudem hatten die Militärbehörden die Großbetriebe »ausgekämmt«: Alle »roten Scharfmacher«, die der Wehrpflicht unterlagen, waren bereits einberufen worden. Außerdem hatte die politische Polizei ein wachsames Auge auf diejenigen, die sie für mögliche Rädelsführer bei Streik oder Aufruhr hielt.

Bereits nach einigen Wochen ließ die Kriegsbegeisterung, von der die bürgerlichen Schichten, selbst Intellektuelle und Künstler und sogar ein großer Teil der Berliner Arbeiterschaft, zunächst erfüllt gewesen waren, allmählich nach. Erste Zweifel kamen auf, ob die Soldaten wirklich schon, wie anfangs fest versichert und geglaubt worden war, »spätestens zu Weihnachten« wieder zu Hause sein würden – als Sieger natürlich. Der Alltag kehrte in Berlin ein, grau und trübe, vor allem für die Soldatenfrauen aus der Arbeiterschaft, die mit Unterstützungssätzen, die weit unter dem letzten Arbeitslohn der einberufenen Ehemänner lagen, sich und ihre zahlreichen Kinder durchzubringen hatten. Außerdem machten sich die ersten Schwierigkeiten bei der Lebensmittelversorgung bemerkbar, und auch die trafen als erste die Arbeiterfrauen.

Der Großraum Berlin, in zwei Dutzend Stadt- und Landgemeinden zersplittert, hatte keinerlei Vorsorge dafür getroffen, daß der wachsende Bedarf des Militärs an Lebens- und Transportmitteln die Versorgung der großstädtischen Bevölkerung gefährden würde. Berlins Oberbürgermeister seit 1912, Adolf Wermuth, stellte erbittert fest, daß die hauptstädtische Verwaltung nicht einmal insoweit von der Mobilmachung und anderen militärischen Maßnahmen auch nur unterrichtet worden war, als es die dringendsten Erfordernisse der Berliner Bevölkerung betraf, ja daß Berlin von Regierung und Militärs »von Anfang an wie eine feindliche Stadt behandelt« wurde. Ein halbes Jahr nach Kriegsbeginn, im Februar 1915, griff die Stadt Berlin zur Selbsthilfe und führte als erste deutsche Stadt die Brotkarte ein, und diesmal kam unter dem Zwang der schon herrschenden Not etwas zustande, was zuvor nie erreicht worden war: Unter Wermuths Vorsitz schlossen sich zwanzig Stadt- und Landgemeinden zur »Brotkartengemeinschaft Groß-Berlin« zusammen. Wermuth ersuchte die Polizei, »sich für Unruhen bereitzuhalten«, und bat die Gewerkschaftsbüros, die Arbeiterschaft zu beschwichtigen. Indessen erregte nicht die Brotrationierung die Gemüter der arbeitenden Bevölkerung, sondern die Tatsache, daß das Brot immer schlechter und die Zuteilungen von Woche zu Woche um ein paar Gramm geringer wurden. Schon im Frühjahr 1915 machten die Brotrationen keinen Schwerarbeiter mehr satt, und zudem enthielten sie mehr Kartoffeln, Kleie und andere »Streckmittel« als Getreidemehl.

Noch im Mai 1915 verbreitete das »Berliner Tageblatt« Zweckoptimismus: »In den Kaffeegärten Berlins herrscht heiterstes Friedensgedränge, kein Stuhl ist frei. Statt der Kellner tragen freundliche Mädchen das Bier und die Apfeltorte mit Schlagsahne aus . . .« – und dabei standen vor den Buttergeschäften die Frauen in langen Schlangen an und schimpften, weil das halbe Pfund bereits 1,25 Mark kostete, fast das Doppelte des Vorkriegspreises.

In den Zeitungen erschienen immer mehr Todesanzeigen von Gefallenen, und in den Leitartikeln war nun schon häufiger vom »Völkerringen« die Rede – ein Wort von anderem Klang als die übermütigen, frisch-fröhlichen Phrasen, mit denen im August 1914 die verlustreichen Kämpfe im Westen und Osten beschönigt worden waren. Immer öfter wurden nun auch in den schwach beheizten und spärlich beleuchteten Kneipen des Berliner Nordens und Ostens Stimmen laut, die die Heeresberichte recht kritisch kommentierten. An einen raschen Sieg glaubte schon keiner mehr. Von den Herrschenden hieß es nun: »Erst hammse sich mächtig uffjeplustert und sint rinjeschliddert – ma' seh'n, wie lang's dauern wird, bis se wieda rausjehumpelt komm' . . .«

». . . WENN AUJUSTE
NACH KARTOFFELN STEHT . . .«

Je länger der Weltkrieg andauerte, desto tiefer wurde die Kluft zwischen Berlin W und den Arbeitervierteln des Nordens und Ostens, und dabei spielte die unterschiedliche Ernährung eine wesentliche Rolle. Gewiß, die »amtlichen Tagesrationen« waren für alle gleich: Ende 1916 gab es im »Versorgungsgebiet Groß-Berlin« für jeden Erwachsenen täglich 270 Gramm Brot, 35 Gramm Fleisch, 25 Gramm Zucker, 11 Gramm »Streichfett«, dazu alle zwei Wochen ein Ei und, soweit vorhanden, zehn Pfund Kartoffeln.

Indessen hatten diese Mengenangaben und Lebensmittel-Bezeichnungen für die große Mehrheit der Bevölkerung Berlins allenfalls symbolische Bedeutung: Das Brot bestand überwiegend aus Rübenschnitzeln, die Fleischration zur Hälfte aus Knochen und »Zadder«. Die als »Streichfett« bezeichnete Margarine enthielt vielerlei, hauptsächlich aber Wasser, und anstatt Zucker gab es häufig Saccharin. Die Milchversorgung war völlig zusammengebrochen, seit August 1916 gab es auch keinen Käse mehr, und an Stelle von Kartoffeln wurden bald nur noch Kohlrüben ausgegeben. Das Schlimmste aber war, daß die Frauen, die die Arbeit der im Felde stehenden Männer verrichteten und täglich zehn Stunden in den Rüstungsbetrieben Granaten drehten oder in Dienstleistungsbereichen, selbst bei der Müllabfuhr, eingesetzt waren, an den Ausgabestellen dieser kärglichen Rationen auch noch stundenlang »Schlange stehen« mußten, und nicht selten am Ende vergebens.

Deshalb ließen sich anfangs viele Arbeiterinnen des Berliner Ostens und Nordens lieber aus den »Volksküchen« versorgen, die der Berliner Magistrat eingerichtet hatte. Dort erhielten sie gegen Abgabe ihrer Lebensmittelkarten täglich einen Liter Eintopf für 40 Pfennig. Bis zu 180000 Portionen wurden an jedem Werktag ausgegeben, aber die Qualität der Suppen nahm bis zum Herbst 1916 so stark ab, daß sie bald niemand mehr essen wollte, obwohl die Menschen wahrlich nicht anspruchsvoll waren.

Längst gab es für alles und jedes nur noch »Ersatz«: Es gab »Gulasch-Ersatz« und »Salatöl-Ersatz«, letzterer zu 98,5 Prozent aus Wasser bestehend, »Kunsthonig«-, Ei- und »Butterstreck«-Pulver, und erst recht natürlich »Kaffee« aus Bucheckern und Zigaretten aus märkischem Laub. »Kein Dreck, aus dem man nicht noch wenigstens ›Kunstpfeffer‹ machen könnte«, ließ sich im Mai 1916 selbst das »Berliner Tageblatt« vernehmen.

Solche Kritik bewegte sich jedoch schon hart an der Grenze des Erlaubten, denn das für alle Zeitungsredaktionen verbindliche »Zensurbuch« schrieb vor, daß Presseäußerungen, die auf Unzufriedenheit mit der Ernährungslage schließen ließen, zu unterbleiben hätten, und ferner: »Verboten sind Darstellungen und Mitteilungen über Ernährungsfragen, die die Eintracht unter verschiedenen Volksschichten zu stören geeignet sind.«

Das war eine sehr vorsichtige Andeutung, die Tatsache betreffend, daß es auch Leute gab, denen es an nichts fehlte, denn zu horrenden Preisen war nahezu alles zu bekommen. »Eine kleine städtische Minderheit«, so erinnerte sich später Hellmut v. Gerlach, ein bürgerlich-demokratischer Politiker, »hatte das Geld und kannte die Wege, um sich hintenherum alles zu beschaffen. Für sie gab es die geheimen Speisekarten . . ., es war alles da. Vorn in den Läden hingen Krähen, Eichkatzen, Bussarde, Spechte und Wiedehöpfe. In den Hinterräumen der feinen Lokale aber aß man Gänsebraten und Erdbeeren mit Schlagsahne wie in Friedenszeiten . . .«

Tatsächlich gab es 1916/17 in Berlin im Angebot der Wild- und Geflügelhandlungen bereits Nebel- und Saatkrähen zu Preisen zwischen 2,30 und 2,90 Mark das Stück, auch gewöhnliche Spatzen, aus denen »Sperlingssuppe« bereitet wurde. (»Die Sperlinge werden sauber wie junge Tauben zugerichtet, in ein wenig Butter gebräunt und mit Suppengrün und Zwiebeln ganz weichgekocht. Salz, ein Lorbeerblatt und Petersilie erhöhen den Wohlgeschmack, wie auch ein Glas Weißwein. Auf einen Sperling für die Person rechnet man ¼ Liter Wasser.«)

Indessen waren gebratene Krähen und Sperlingssuppe allenfalls für bürgerliche Patrioten eine willkommene Abwechslung angesichts der zu drei Vierteln aus Steckrüben bestehenden »amtlichen Zuteilung«. Die großen und kleinen Kriegsgewinnler, die sich mit Heereslieferungen die Taschen füllten, hatten höhere Ansprüche, und sie waren es, die durch ihr protziges Auftreten und ungeniertes Schlemmen dafür sorgten, daß sich im armen Osten und Norden Berlins der Haß auf »die im Westen« von Monat zu Monat steigerte. Denn natürlich brachten die Frauen, die als Küchenhilfen, Garderoben-, Toiletten- oder Reinemachefrauen das Wohlleben der Reichen beobachten konnten, die Kunde davon unters Volk.

So gut wie nichts hörten die Berliner jedoch von Wilhelm II., denn seit Kriegsbeginn war der Kaiser aus Berlin verschwunden. War er zuvor ohnehin nur vornehmlich zur Einweihung von Kasernen und Denkmälern in der Hauptstadt gewesen, so sahen und vernahmen die Berliner nun gar nichts mehr von ihm. Offiziell hieß es, er sei »im Felde«, doch in Wahrheit reiste er herum. »Wenn man sich in Deutschland einbildet, daß ich das Heer führe«, hatte er schon am 6. November 1914 seinem Vetter Prinz Max von Baden in einem Brief erklärt, »so irrt man sich sehr. Ich trinke Tee und säge Holz und gehe spazieren, und dann erfahre ich von Zeit zu Zeit, das und das ist gemacht . . .«

»Dabei war er keineswegs untätig«, heißt es dazu in den »Berlinischen Reminiszenzen« von Alfred Grunow, »Der Kaiser und die Kaiserstadt«. »Er besichtigte Truppen, inspizierte Flotteneinheiten und Werften, zeigte sich im Oberkommando Ost in Pleß, sprach wohl auch einmal in Berlin mit dem Reichskanzler . . . – aber es ließ sich nicht verheimlichen, daß er als ›Oberster Kriegsherr‹ kaltgestellt war . . . Wilhelm II. atmete auf, als die unruhigen Berliner Tage hinter ihm lagen. Er besuchte die Ostfront . . , fuhr nach Kurland und Ungarn, nach Bulgarien und zum Bosporus.« Vergeblich warnte ihn Admiral von Müller, der Chef seines Militärkabinetts, »vor dem unsteten Hin und Her . . .« Und am 2. September 1916 notierte sich der Admiral: »Der Kaiser gehört nach Berlin. Die Volksstimmung ist sehr schlecht.«

Kein Wunder, daß die Stimmung der unterernährten, dennoch Schwerstarbeit leistenden Frauen und Männer Berlins miserabel war und daß sie noch schlechter wurde, als im »Steckrübenwinter« 1916/17 zum Hungern auch noch das Frieren kam, denn nachdem die Brennstoffversorgung Berlins zusammengebrochen war, konnten selbst die Rüstungsbetriebe ihre Werkstätten kaum noch heizen. Nun verschwand auch, Brett für Brett, das gewaltige hölzerne Gerüst vor der Siegessäule am Königsplatz, das den »Eisernen Hindenburg von Berlin« umgab, und wanderte in die Herde und Öfen der frierenden Arbeiterfamilien.

Im Spätherbst 1914 war ein zwölf Meter hohes Standbild des siegreichen Feldherrn aus russischem Erlenholz angefertigt und mit diesem hohen Gerüst umgeben worden. »Hindenburg sollte, ein barbarischer Einfall, ›benagelt‹ werden«, heißt es in Paul Weiglins Bericht »Berlin im Glanz«. »Eiserne, silberne und goldene Nägel für eine, für fünf, für hundert Mark zu wohltätigem Zweck wurden angeboten . . . Die Figur ist nie vollständig benagelt worden, und je länger der Krieg währte, um so spärlicher wurden die Treppen zu dem Gerüst benutzt, das sie umgab.« Später, berichtet Weiglin, »wurde das

Gerüst gestohlen. Das Denkmal selbst hatte ein beklagenswertes Schicksal. Die Tiergartenverwaltung kündigte ihm den Platz. Niemand wollte den Koloß übernehmen. In der Zeit der Weimarer Republik verkamen die einundzwanzig Blöcke, aus denen die Figur bestand, in einem Schuppen von Berlin N und wurden als Brennholz benutzt ...« 1938 fand man auf einem Lagerplatz den Kopf Hindenburgs, wollte diesen ins Märkische Museum schaffen, doch der zwei Meter hohe Klotz ging durch keine Tür, und so landete er in einer Luftfahrtausstellung am Lehrter Bahnhof.

Die Demontage, zunächst des hölzernen Gerüsts, dieses »Eisernen Hindenburg« am Königsplatz war einesteils auf die im Februar 1917 in Berlin herrschende Kälte – bis zu –22 Grad Celsius – und die fehlende Brennstoffversorgung zurückzuführen, andernteils aber auch auf die nun wiedererwachte Aufsässigkeit der Berliner Arbeiterschaft, die jede Gelegenheit nutzte, es »denen da oben« zu zeigen.

Vor allem die Frauen, die jetzt überall »ihren Mann standen« – sie fuhren nun auch die Straßenbahnen, Omnibusse und Lieferwagen, fegten nicht nur die Straßen, sondern auch die Schornsteine, arbeiteten im Straßen- und Gleisbau und sogar im Hafen und im Schlachthof –, hatten dabei ein Selbstbewußtsein entwickelt wie nie zuvor und ließen sich nichts mehr gefallen. Sie riskierten »'ne kesse Lippe«, und ihr Sarkasmus verschonte weder die führenden Militärs noch das Kaiserpaar, dem der Spottvers galt: »Wenn Willem im Zylinder jeht, Aujuste nach Kartoffeln steht, denn is der Kriech zu Ende.«

Im Februar 1917, nachdem in Rußland die Revolution das Zarenregime schon beseitigt hatte, kam es in zahlreichen Berliner Betrieben, wo überwiegend Frauen beschäftigt waren, zu ersten Warnstreiks, dann auch zu Protestdemonstrationen vor den für die Lebensmittelverteilung zuständigen Ämtern. Es kam auch zu Zusammenstößen mit der Polizei, die dabei den kürzeren zog, und erst einige Zugeständnisse an die erbitterten Arbeiterinnen konnten die Ruhe wiederherstellen.

Indessen und trotz aller Bemühungen der Gewerkschaftsführung und des von »vaterländisch« gesinnten Rechten beherrschten SPD-Vorstands, die gemeinsam zur Mäßigung und zum »Durchhalten« aufriefen, breitete sich in der Berliner Arbeiterschaft eine zunehmend revolutionäre Stimmung aus. Ein Spitzelbericht an das Berliner Polizeipräsidium vom Februar 1917 meldete: »Es sind zur Zeit fast alle Verbandsfunktionäre des Deutschen Metallarbeiterverbandes (Obmänner und Vertrauensmänner), die in den Fabriken als tonangebend für die gesamte Arbeiterschaft gelten, in politischer Hinsicht Anhänger der Opposition und zum größten Teil Anhänger der sogenannten Spartakusgruppe«, die Anfang 1916 von Karl Liebknecht und Rosa Luxemburg gegründet worden war. »Im Laufe des letzten Jahres (1916) haben auf Betreiben dieser Funktionäre eine große Anzahl Betriebsversammlungen in Groß-Berlin stattgefunden, in denen Forderungen unverschämtester Art aufgestellt und teilweise durch Arbeitseinstellungen erreicht worden sind ... Die Forderungen werden aber weiter fortgesetzt. So schwebt gegenwärtig eine Lohnforderung von zirka 700 Schlossern und Drehern der Berliner Maschinenbau AG vormals Schwartzkopff, Scheringstraße 13–28. Dieselben fordern bis zu 30 Pfennig pro Stunde Lohnerhöhung! ...«

Die Pfennigbeträge, die sich die Arbeiter erstreiken mußten, standen im krassen Mißverhältnis zu den hohen Dividenden, die die Rüstungsbetriebe ihren Aktionären ausschütten konnten, erst recht zu den Profiten der Schieber, die mit allen Mangelwaren handelten, und bei denen die Tausendmarkscheine bündelweise den Besitzer wechselten. Die sogenannten »Sehhändler« – »Ick koofe, wat ick seh ...« – kauften, oft unbesehen, alles, was knapp und begehrt war, was sich, meist in obskuren Cafés, etwa so abspielte: »Ick hab' een Wajong Pyramidon an Hand ...« – »For wieviel?« – »Zweeeinhalb.« – »Sarense zweezwee und ick nehm'n.« – »Jeht in Ordnung.« – »Sarense, wat is det eejentlich: Pyramidon?«

»Auf den Endbahnhöfen der Vorortbahnen«, berichtet Annemarie Lange, »entwickelte sich eine wilde Nahrungsmittelbörse. Ströme von Berlinern ergossen sich aufs Land, überboten sich gegenseitig in den Preisen und schleppten nicht nur für sich heran, was sie ergattern konnten, sondern betrieben einen üppigen Handel. ›Neureiche‹ Kriegsgewinnlerfamilien hielten sich ihre ständigen Agenten, die alle Gelegenheiten zum ›Hintenherum‹-Einkaufen ausbaldowern mußten. Und Kriegsgewinnler, große und kleine, gab es wie Sand am Meer.« Im Frühjahr 1917 kostete ein Pfund Butter auf Karten mehr als das Doppelte des Vorkriegspreises, nämlich 2,50 bis 2,70 Mark, und die Wochenration eines Erwachsenen war auf 50 Gramm festgesetzt. Auf dem Schwarzen Markt wurde zur selben Zeit mehr als das Zehnfache, 27 bis 30 Mark je Pfund Butter, bezahlt, für ein Hühnerei 1,50 Mark. Und auf den Tischen der Wohlhabenden – wenn sie nicht, wie es das alteingesessene Bildungsbürgertum Berlins, Christen wie Juden, aus Anstand tat mit den Armen hungerten – fehlte es an nichts. Erst recht natürlich litten die Herrschenden keinen Mangel. Zwei Speisekarten aus dem Hauptquartier Ost, vom 27. und vom 30. August 1916, boten den Generalen und ihren Stabsoffizieren: »*Kraftbrühe mit Einlage, 1911er Weinheimer Riesling, 1907er*

Haut Brion, Eierspeise mit feinem Champignonragout, 1904er Niersteiner Auslese, Rehrücken mit jungen Gemüsen umlegt, Sahnentunke, Müller Extra, Birnen nach Regentenart, 1881 Burgunder, Warme Käseschnitte, Ungarwein uralt, Kaffee.« Und: *»Klare Ochsenschwanzsuppe, alter Sherry, Hecht gebraten, 1904er Deidesheimer Hofstück, Kalbsrücken mit jungem Gemüse, Burgeff grün, Obst, Kaffee.«*

Am 16. April 1917 – gerade hatten die USA Deutschland den Krieg erklärt, und in Berlin war es dem Privatdozenten Friedenthal gelungen, aus Baumrinden eine »schmackhafte Brotbeigabe« herzustellen – tafelte Wilhelm II. mit den Herren der Obersten Heeresleitung in Bad Kreuznach *»Crème von Steinpilzen, Salat von Hummerschwänzen, Putenbrust mit Gemüsebeilagen, Ochsenfilet mit Sauce Béarnaise, Champagner-Sorbet, Kaffee und kleines Gebäck«*, dazu drei erlesene Weine. Als dem Kaiser gemeldet wurde, rund zweihunderttausend Berliner Rüstungsarbeiter seien in den Streik getreten, zeigte sich Seine Majestät empört: »Immer dieses Berlin! Meine Herren, ich erwarte drastische Gegenmaßnahmen!«

Tatsächlich hatten, nachdem am Tag zuvor die winzigen Brotrationen um nochmals ein Viertel gekürzt worden waren, in 319 Berliner Betrieben etwa 220 000 von insgesamt 270 000 dort Beschäftigten die Arbeit niedergelegt. Sie forderten sofortigen Frieden ohne Annexionen, eine ausreichende Lebensmittelversorgung und ein demokratisches Wahlrecht auch zum preußischen Landtag.

Zwar brach dieser erste Massenstreik bald wieder zusammen, weil die Gewerkschaftsführung sich ihm widersetzte und die Militärs Zwangsmaßnahmen androhten, aber in der Berliner Arbeiterschaft breitete sich eine Stimmung aus, die von den Behörden als »gefährlich defätistisch und revolutionär« bezeichnet wurde.

Inzwischen hatte sich Anfang April 1917 auch die Unabhängige Sozialdemokratische Partei Deutschlands (USPD) von der SPD abgespalten, deren »Burgfriedenspolitik« sie nicht mehr mitmachen wollte. An der Spitze der USPD standen die Reichstagsabgeordneten Hugo Haase, Georg Ledebour und Wilhelm Dittmann sowie einige führende Theoretiker. Während im Reich die USPD fast überall gegenüber den »Mehrheitssozialisten« der SPD in der Minderheit blieb, schlossen sich im Großraum Berlin die meisten Sozialdemokraten der neuen oppositionellen Partei an, so auch die »Spartakusgruppe« um Karl Liebknecht und Rosa Luxemburg. Rund 70 000 USPD-Mitglieder in der Reichshauptstadt gegen nur noch etwa siebentausend, die Ebert und Scheidemann treu blieben – das schien das Ende des gemäßigten Kurses im »roten Berlin« anzukündigen.

Wenige Tage vor dem großen Streik, am 12. April 1917, war der Stettiner Bahnhof von frühmorgens bis zum Nachmittag militärisch abgeriegelt gewesen – niemand wußte, warum. Auch hier schien sich etwas vorzubereiten, das mit der revolutionären Stimmung in Zusammenhang stand, die im Norden und Osten Berlins herrschte. Tatsächlich ging es bei dieser Absperrung um einen Zug, dessen Insassen – Wladimir Iljitsch Lenin und dessen engste Kampfgefährten – keinesfalls in Berührung mit der Berliner Bevölkerung kommen sollten. Der Zug umfuhr dann in weitem Bogen den Berliner Norden und rollte weiter in Richtung Saßnitz-Trelleborg. Von Stockholm aus reisten Lenin und seine Begleiter dann über Finnland nach St. Petersburg – die deutsche Oberste Heeresleitung hatte ihnen die Rückkehr aus dem Exil ermöglicht in der Hoffnung, daß Rußland bald bolschewistisch werden und aus dem Kreis der Kriegsgegner ausscheiden würde . . .

Noch hatten die Militärbehörden in Berlin »alles fest im Griff«: Zweihundert »Rädelsführer« des Streiks wurden sofort zum Militär eingezogen und an die Front geschickt. Vorsichtshalber holte man sie gleich mit Polizei aus den Betrieben. Die bekanntesten Führer der Linken standen ohnehin unter ständiger Beobachtung. Rosa Luxemburg, die nach einjähriger Haft im »Weibergefängnis Barnimstraße« nahe dem Friedrichshain im Februar 1916 entlassen worden war, hatte man schon fünf Monate später erneut verhaftet und hielt sie seitdem auf der Festung Wronke in Posen gefangen. Karl Liebknecht, der am 1. Mai 1916 eine Antikriegsdemonstration auf dem Potsdamer Platz organisiert hatte, war deshalb zu vier Jahren und einem Monat Zuchthaus verurteilt worden, die er in Luckau verbüßte, und hatte auch sein Reichstagsmandat verloren. Doch obwohl sich beide Führer der »Spartakus«-Gruppe im Gefängnis befanden, meldete im Juli 1917 ein Agentenbericht, daß deren leitende Köpfe »sämtlich in Groß-Berlin« seien, was darauf schließen ließ, daß sie auch hinter Gittern starken Einfluß auf die Berliner Organisation nehmen konnten. Jedenfalls, so die Spitzelmeldung an das Polizeipräsidium, »hängt das radikale Großberlinertum mit unzertrennlicher Anhänglichkeit an seinen Führern, deckt, versteckt, verteidigt sie, verbreitet musterhaft die Flugblätter und bereitet der Polizei mit Freuden jegliche Schwierigkeit«, was nun wirklich den Tatsachen entsprach.

Am 17. Juli 1917 fand in Berlin abermals eine große Friedensdemonstration der Arbeiterschaft statt, und bald darauf verbreitete sich in der Hauptstadt das Gerücht, daß die Matrosen der deutschen Hochseeflotte einen Aufstandsversuch unternommen hätten, um den Krieg zu beenden. Zwar war die Revolte gescheitert, aber nun gab es kaum noch Zweifel, daß das Kaiserreich ins Wanken geraten war. Zwei Berliner Arbeiter, die Matrosen Max Reichpietsch und Albin

Köbis, hatten der Militärdiktatur die Grenzen ihrer Macht gezeigt, »des Kaisers Kulis« waren in den Streik getreten, um dem sinnlosen Gemetzel an den Fronten ein Ende zu machen. Gewiß, die beiden Rädelsführer waren sofort zum Tode verurteilt und erschossen worden, aber die Meuterei hatte signalisiert, daß selbst auf Wilhelms II. »liebstes Spielzeug«, die Hochseeflotte, kein Verlaß mehr war.

In Berlin kam es im Herbst 1917 zu immer neuen Protestdemonstrationen gegen die Fortsetzung des Kriegs und die wachsende Hungersnot. Nachdem schon 1916 eine Grippeepidemie, vor allem bei der unterernährten Arbeiterschaft Berlins, zahlreiche Opfer gefordert hatte, grassierten nun Typhus und Ruhr, und wieder gab es massenhaft Todesfälle. Geschlossene Möbelwagen sammelten in den frühen Morgenstunden die Leichen ein, da die Bestattungsinstitute längst nicht mehr in der Lage waren, den Anforderungen nachzukommen.

»Die Berliner Bevölkerung bekommt von Woche zu Woche mehr ein mongolisches Aussehen«, notierte sich der Ordinarius für soziale Hygiene an der Berliner Universität und Vorsteher der Sozialhygienischen Abteilung der Stadtverwaltung, Alfred Grotjahn. »Die Backenknochen treten hervor, und die entfettete Haut legt sich in Falten . . . Die Allgemeinsterblichkeit steigt jetzt stark, und die Berliner fangen an, zu ihren bereits vorhandenen Gramfalten und schlaffer Gesichtshaut auch noch kalkweiß auszusehen . . .«

Kein Wunder, daß es nun immer häufiger zu Zusammenstößen mit Polizeibeamten kam, besonders vor Lebensmittelgeschäften und auf den Wochenmärkten. Die Schutzleute schossen dabei rücksichtslos in die Menge, und beinahe täglich gab es Tote und Verletzte. Aber noch hatten die Behörden, wie der Polizeipräsident dem die vollziehende Gewalt in Berlin und Umgebung während des andauernden Belagerungszustands ausübenden »Oberbefehlshaber in den Marken«, Generaloberst v. Kessel, meldete, »alles fest im Griff«.

Völlig unberührt vom Elend der Berliner Bevölkerung tagte in seinem Sitzungssaal im Südostturm des Reichstagsgebäudes der Bundesrat, das Kollegium der Vertreter aller Bundesstaaten des Deutschen Reiches. Nachdem am 18. Januar 1918 General Hoffmann in Brest-Litowsk den sowjetischen Vertretern bei den Friedensverhandlungen Deutschlands Gebietsforderungen präsentiert hatte – Polen, Litauen, halb Estland, die Ukraine und weite Teile von Bjelorußland –, zankten sich die deutschen Fürsten um die Beute. »Der württembergische Herzog von Urach«, berichtet der frühere kaiserliche Reichskanzler Bernhard v. Bülow in seinen »Erinnerungen«, wollte mit Hilfe des ihm befreundeten (Zentrumsführers) Matthias Erzberger König von Litauen werden . . .

Der Prinz Friedrich Karl von Hessen, ein Schwager des Kaisers, bewarb sich um die Krone von Finnland. Kaiser Wilhelm, dem man von den prächtigen Auerochsen (?) in den Wäldern von Kurland gesprochen hatte, wünschte für sich selbst als Hausgut und Jagdgrund das Herzogtum Kurland. Der Kaiser zeichnete recht hübsch und hatte schon das Wappen entworfen, das er als Herzog von Kurland führen wollte ...«

So beschäftigt, verpaßte die mit Blindheit geschlagene deutsche Führung ihre letzte Chance, den Krieg, der mit Deutschlands vollständiger Niederlage enden mußte, zu noch erträglichen Bedingungen zu beenden. Seit dem Scheitern der ersten großen Westoffensive an der Marne im Frühherbst 1914 wußten die Militärs ohnehin, daß sie sich verrechnet hatten.

Seitdem waren Millionen Soldaten in einem mörderischen Schützengrabenkrieg getötet oder zu Krüppeln geschossen worden, hatten die Arbeiter, vor allem die Frauen, schwerste Opfer bringen müssen, war das deutsche Volk Tag für Tag getäuscht, belogen und in Siegeszuversicht gehalten worden, und die Herrschenden, obwohl sie eigentlich wissen mußten, daß der Krieg längst verloren war, erhoben jetzt in völliger Verblendung immer wahnwitzigere Forderungen. Ihre Habgier kannte keine Grenzen mehr: Rußland bis zu den Ölfeldern von Baku, der ganze Balkan, der Nahe Osten, halb Afrika, Stützpunkte in aller Welt, aber auch ganz Nordfrankreich, Belgien, Holland und Skandinavien sollten teils annektiert, teils in vollständige Abhängigkeit gebracht werden, sollten als Deutschlands Vasallen Rohstoffe liefern und als Absatzmärkte dienen. Von Berlin aus sollte künftig die Welt regiert werden.

Aber die arbeitende Bevölkerung von Berlin hatte, wie in diesen Januartagen 1918 überall zu hören war, »die Schnauze voll«. Am Montag, dem 28. Januar, begann ein Streik, wie ihn die Hauptstadt noch nie erlebt hatte. »Dicker Nebel in den Straßen Berlins«, so war tags darauf im »Vorwärts« zu lesen. »Aus den Fabriken im Nordwesten, wo ich vorbeikomme, klirrt die Arbeit; nichts ist von der Möglichkeit zu spüren, die seit den letzten Tagen in der Luft liegt. Kurz vor 9 Uhr habe ich mein Ziel, eine der größten Fabriken, erreicht. Zu sehen ist ja nichts, aber unermüdliche Tätigkeit lärmt durch den Nebel. Dann wird es stiller. Frühstückspause? Streik? Da wird das Tor geöffnet. Drei Arbeiter treten heraus, gleichmütig, den Kaffeekrug unter dem Arm. Einer gibt dem anderen Feuer für die Zigarette. Das Tor hat sich unwillig hinter ihnen geschlossen – nicht lange ... Jetzt kommt schon ein ganzer Trupp ... Einer sagt: ›Es kommen alle.‹ ...«

An diesem Montagmorgen wurde in der gesamten Berliner Industrie die Arbeit eingestellt. Die Streikenden wählten Arbeiterräte, und die 414 Gewählten bestimmten einen elfköpfigen Aktionsausschuß für Groß-Berlin, beschlossen einstimmig die Streikforderungen: Sofortiger Friedensschluß ohne Annexionen, Aufhebung des Belagerungszustands, Freilassung aller politischen Gefangenen, durchgreifende Demokratisierung des ganzen Staatswesens, bessere Lebensmittelversorgung.

Organisiert wurde dieser Massenstreik, dem sich fast fünfhunderttausend Berliner Arbeiterinnen und Arbeiter anschlossen, von den Revolutionären Obleuten des Metallarbeiterverbands, aber die USPD, dann auch die SPD, sagten ihre volle Unterstützung zu. Die Militärbehörden verhängten den »verschärften Belagerungszustand« und verstärkten die Berliner Polizei durch fünftausend Unteroffiziere des Heeres aus Provinzgarnisonen sowie durch Feldgendarmerie. ». . . Beritten und zu Fuß suchte sie der Masse Herr zu werden«, heißt es in den Erinnerungen Richard Müllers, des Führers der Revolutionären Obleute. »Es gelang ihr nicht. Hatte sie einen Platz oder eine Straße ›gesäubert‹, staute sich die Masse an anderen Orten. Die Wut der Streikenden richtete sich nicht mehr allein gegen die Polizei, sondern auch gegen die wenigen Straßenbahner, die als Streikbrecher den Betrieb notdürftig aufrechtzuerhalten suchten. Bald lagen überall umgeworfene Straßenbahnwagen, besonders in den Zugangsstraßen zum Alexanderplatz. Das war nicht mehr ein Demonstrationsstreik, das war der kritische Punkt, wo eine Massenbewegung zum Bürgerkrieg umzuschlagen droht . . .«

Aber noch einmal gelang es den Militärbehörden, der Lage Herr zu werden. Die wichtigsten Berliner Rüstungsbetriebe, darunter A. Borsig in Tegel, die AEG-Betriebe in Henningsdorf und die Deutschen Waffen- und Munitionsfabriken in Wittenau, kamen unter militärische Leitung, die Arbeiter wurden zwangsverpflichtet und mit schwersten Strafen bedroht, sollten sie den Gehorsam verweigern. Alle bekannten Streikführer, darunter Reichstagsabgeordnete, wurden verhaftet und von Kriegsgerichten zu langen Freiheitsstrafen verurteilt oder als Soldaten an die Westfront geschickt. Am 3. Februar 1918 beschloß der Aktionsausschuß unter dem Einfluß der regierungsloyalen Gewerkschafts- und SPD-Führer, den Streik abzubrechen. Am 5. Februar wurde in allen Berliner Betrieben wieder gearbeitet, und angesichts des verschärften Belagerungszustands fanden auch keine Demonstrationen mehr statt.

Doch die Ruhe, die während des Frühjahrs und Sommers in Berlin herrschte, war trügerisch. Die Revolutionären Obleute, die der Verhaftungswelle entgangen waren, zogen die Lehre aus dem erfolglosen Streik und begannen mit der Bewaffnung ihrer Vertrauensmänner in den Betrieben. Aus den Fabriken verschwanden immer mehr Handfeuerwaffen und Munition; immer häufiger wurden Polizei- und Militärstreifen überfallen und ihrer Pistolen und Karabiner beraubt, meist von Trupps in Berlin untergetauchter Deserteure, deren Anzahl vom Polizeipräsidium zunächst auf dreißigtausend Mann geschätzt wurde.

Den ganzen Sommer hindurch war die Propagandamaschine auf Hochtouren gelaufen und hatte der Bevölkerung die gescheiterte letzte Offensive im Westen und den Rückzug der deutschen Truppen auf breiter Front als »großartige militärische Erfolge« dargestellt, ihnen den »Endsieg« als in greifbare Nähe gerückt verheißen. Um so überraschter waren die Berliner, als sie am 1. Oktober 1918 aus den Zeitungen erfuhren, daß der Kaiser »angesichts des Ernstes der Lage« bürgerliche Demokraten, Zentrumsführer und sogar zwei führende Sozialdemokraten in die Regierung berufen und das Dreiklassenwahlrecht abgeschafft habe!

Was sie noch nicht erfuhren: General Ludendorff, der allmächtige Militärdiktator, war abgelöst worden. Zuvor hatte er den Krieg für verloren erklärt und verlangt, die neue Regierung sollte die Feindmächte sofort um Waffenstillstand bitten. Keine Minute wäre zu verlieren, denn die Westfront wanke bereits. Österreich-Ungarn war schon zusammengebrochen, und im Osten begannen die deutschen Soldaten sich mit den Bolschewiki zu verbrüdern.

Ludendorff, der nun als Zivilist in einer Pension nahe dem Kurfürstendamm wohnte und bald darauf, als ihm die Lage in Berlin allzu brenzlich wurde, mit angeklebtem Bart und blauer Brille getarnt, mit einer Militärmaschine gen Norden entwich und in Schweden um Asyl bat, hatte indessen gut vorgesorgt: Was er und seinesgleichen Deutschland eingebrockt hatten, sollten nun andere auslöffeln, aber als erster sollte Wilhelm II. geopfert werden.

Während der Kaiser – so Gustav Stresemann in seinen Memoiren – »in Berlin auf den Knien liegt und betet«, berieten die Vertreter von Hochfinanz und Großindustrie mit führenden Sozialdemokraten, wie Wilhelm II. zur Abdankung bewogen, die Monarchie aber erhalten werden könnte. »Die Firma«, so Friedrich Ebert Ende Oktober 1918 bei einem »Arbeitsessen«, »kann und muß erhalten bleiben.« Indessen war die »Firma«, die Hohenzollern-Monarchie, bereits pleite. Nur weigerte sich der Kaiser, dies zur Kenntnis zu nehmen. Er lehnte es ab, mit seinem Vetter, dem neuen Reichskanzler Prinz Max von Baden, über einen Thronverzicht und eine eventuelle Regentschaft zu verhandeln. »Sechs Wochen habe ich in diesem verdammten Berlin dagesessen, vollkommen nutzlos. Keiner hat mich auch nur um meine Meinung gefragt. Meine Abdankung kommt überhaupt nicht in Frage! Das Heer und das Volk im Reich stehen fest zu mir! Die ganze Sache geht nur von diesem Berlin aus!«

Aber da irrte er sich. Ausnahmsweise gaben nicht die Berliner den Anstoß zu dem, was folgte. Am 3. November 1918 – Wilhelm II. war vier Tage zuvor ins Große Hauptquartier nach Spa in Belgien abgereist, froh darüber, nicht länger in seiner ihm so verhaßten Hauptstadt ausharren zu müssen – meuterten in Kiel die Matrosen der Hochseeflotte, diesmal erfolgreich. Lawinenartig breitete sich der Aufstand über das ganze Reich aus. In München wurde bereits am 7. November – von dem Berliner Sozialisten Kurt Eisner – die bayerische Republik proklamiert. Erst am Morgen des 9. November brach auch in Berlin die Revolution aus.

Es war eine seltsame Revolution, fast ohne Gewaltanwendung, ohne mehr Blutvergießen als an jedem anderen Tage in dieser Millionenstadt. Alle Berliner Betriebe streikten, und vom Nordwesten, Norden, Nordosten, Osten und Südosten her zogen schier endlose Züge zur Innenstadt, weit mehr Frauen als Männer, ohne Gesang, nur von wenigen bewaffneten Arbeitern begleitet, anfangs noch ohne rote Fahnen, aber mit der vorangetragenen Losung: »Jetzt ist Schluß! Nieder mit dem Krieg!« sowie mit vielen Schildern, auf denen »Brüder! Nicht schießen!« stand, denn noch war es gänzlich ungewiß, wie sich die Soldaten der Berliner Garnison, vor allem die der Garderegimenter, verhalten würden.

Am späten Vormittag aber war Berlin fest in der Hand der revolutionären Massen. Alle Regimenter gingen zum Volk über, sogar die als absolut kaisertreu geltenden, »Maikäfer« genannten Gardefüsiliere. Nur an ganz wenigen Stellen kam es zu kurzen Feuergefechten, meist mit Offizieren, so am Schloß und an der Universität. In der Wilhelmstraße, dem Sitz der noch amtierenden kaiserlichen Regierung, lief eine Hiobsbotschaft nach der anderen ein: Auch die als »zuverlässig« geltenden Jägerbataillone, die zur Sicherung des Schlosses bereitstehenden Panzerwagenbesatzungen und sogar die vor Berlin liegende »Nordreserve«, die vom Kriegsministerium sehnlichst erwarteten Naumburger Jäger und die Jüterboger Artillerie, weigerten sich, gegen die Volksmassen vorzugehen. Nach dem Vorbild der Industriearbeiterschaft bildeten sie Soldatenräte, die mit den Arbeiterräten zusammenarbeiteten. Die meisten politischen Gefangenen waren bereits befreit worden, auch zweihundert Kieler Matrosen, die am frühen Morgen schon an den Bahnhöfen abgefangen und verhaftet worden waren. Jetzt wurden sie überall gefeiert, und mit umgehängten Gewehren begleiteten sie die Demonstrationszüge.

Im Reichskanzlerpalais wartete unterdessen Prinz Max von Baden voller Ungeduld auf die Mitteilung aus Spa, daß der Kaiser abgedankt hätte. Er sagte sich, so heißt es in seinen Erinnerungen, »die Revolution ist im Begriff, siegreich zu sein; wir können sie nicht niederschlagen, vielleicht aber ersticken. Jetzt heraus mit der Abdankung, mit der Berufung Eberts, mit dem Appell an das Volk, durch die Verfassunggebende Nationalversammlung seine eigene Staatsform zu bestimmen . . . Dann besteht noch eine schmale Hoffnung für die Monarchie. Vielleicht gelingt es, die revolutionären Energien in die legalen Bahnen zu lenken.« Also gab er kurz nach 12 Uhr mittags die Nachricht heraus, die eine Dreiviertelstunde später bereits von der »B. Z. am Mittag« überall verbreitet wurde: »Der Kaiser hat abgedankt. Thronverzicht des Kronprinzen. Ebert wird Reichskanzler. Einberufung einer Nationalversammlung.« Am Nachmittag reiste er zurück nach Baden.

Die sensationellen Nachrichten wurden überall in den Straßen von Berlin mit ungeheurem Jubel aufgenommen. Fast übersah man dabei die weit wichtigere Meldung: »Das Eintreffen der Waffenstillstandsbedingungen in Berlin kann stündlich erwartet werden.«

Im Reichstagsrestaurant, wo Ebert und Scheidemann – an getrennten Tischen, denn sie mochten einander nicht – zur selben Stunde ihre Kartoffelsuppe löffelten, wurden beide bestürmt, der riesigen Menschenmenge, die sich draußen versammelt hatte, etwas Aufmunterndes und Beruhigendes zuzurufen; die Berliner erwarteten dies. Ebert lehnte mürrisch ab, doch Scheidemann trat an ein Fenster, öffnete es und rief der Menge zu: »Das Volk hat auf der ganzen Linie gesiegt! Es lebe die deutsche Republik!«, wofür er dann von Friedrich Ebert gleich darauf wütend angebrüllt wurde: »Du hast kein Recht, die Republik auszurufen!« (Wilhelm II., der in Spa ebenfalls beim Mittagessen saß, erfuhr von seiner angeblichen, in Berlin bereits bekanntgegebenen Abdankung zwischen dem Fisch- und dem Fleischgang, schrie »Verrat! Schamloser, empörender Verrat!« und schimpfte auf Prinz Max. Am nächsten Morgen aber flüchtete er ins neutrale Holland.)

Um 13.25 Uhr kapitulierte der seit vier Jahren kraft des über Berlin verhängten Belagerungszustands die vollziehende Gewalt ausübende »Oberbefehlshaber in den Marken« vor der Revolution, denn er besaß keine Truppen mehr, die er gegen die Berliner hätte einsetzen können. Als letztes Bollwerk hielt sich noch das Polizeipräsidium am Alexanderplatz, wo mehrere hundert politische Gefangene eingekerkert waren. Alle Demonstrationszüge wurden deshalb in den frühen Nachmittagsstunden dorthin gelenkt, und man machte sich auf einen harten Kampf gefaßt. Die mächtige rote Klinkerbastion war stärker mit Maschinengewehren bestückt als alle an-

B·Z· am Mittag

Nr. 263
Berliner Zeitung
42. Jahrgang

Verlag Ullstein & Co. Redaktion: Berlin SW 68, Kochstr. 22–26.
Bezugspreis: Mk. nz. 1.2 50Pf. (une Sonntags-Ausgabe), in Berlin frei ins Haus. Außerhalb bei der Post. Einzelnummer 10 Pfennig; unter Streitband 10 Pfennig, nach dem Russland 15 Pfennig.

Anzeigen: Zeile 1 Mark und 40%, Teuerungszuschlag. Reklamezeile 7.50 M. Keine Verbindlichkeit für Aufnahme in eine bestimmte Nummer. Annahmeschluß 6 Uhr abends vor Erscheinungstag. Fernspr.-Zentrale: Ullst n & Co., Ulst. 11300 – 11850. Telegramm-Adresse: Berol Berlin.

1 Uhr
Sonnabend,
9. November 1918.

Der Kaiser hat abgedankt.

Thronverzicht des Kronprinzen — Ebert wird Reichskanzler — Einberufung einer Nationalversammlung

Nach Rücktritt der Sozialdemokraten.

Sämtliche sozialdemokratischen Mitglieder, Staatssekretär Scheidemann und die Unterstaatssekretäre Dr. David, Bauer, Schmidt und August Müller, sind, wie wir erfahren, heute vormittag aus der Regierung ausgetreten.

Damit ist eine völlige Umwertung der innenpolitischen Lage eingetreten. Das geltern bis Montag verlängerten Feiertagen wird nicht eingehalten, bis Regierung bleibt als »Rumpf« zurück. Der Grund davon dürfte sein, daß die Arbeiterschaft nicht mehr aufzuhalten ist. Die Folgen sind vorläufig nicht abzusehen.

Arbeitseinstellungen in Berlin.

Während im Laufe des Freitag nach den übereinstimmenden Berichten der großen Berliner Gewerkschaften in den Groß-Berliner Betrieben eine Bewegung nach nicht viel zu spüren war, ist im Laufe des gestrigen Abends und des heutigen Morgens ein jäher Umschwung eingetreten.

Gestern abend und heute morgen fiedelten um Gerüchte, nach denen unabhängige Führer und die Führer der Mehrheitssozialisten, Ebert, verhandelt werden lesen. Wie weit die Arbeiterschaft in umgekehrte Erregung versetzt. Doch sind diese seltsamen Gerüchte selbstverständlich nicht die einzigen Ursachen der Bewegung. Unter der Asche hat auch in Berlin das Feuer immer geglommen.

Bei den Daimlerwerken in Marienfelde wurde die Arbeit vormittag 9 Uhr die Arbeit in künstlichen Betrieben niedergelegt. Kein Arbeiter wollte in den Fabrikräumen verlassen, so wurden in den großen Arbeitshallen Versammlungen abgehalten.

Auch bei Schwartzkopff wurde um 9 Uhr vormittags die Arbeit eingestellt. Die gesamte Arbeiterschaft ist in Ruhe und Ordnung ihre Arbeitsplätze. Der Betrieb ruht augenblicklich völlig.

Bei der A.E.G. in Henningsdorf, in der Brunnenstraße, ist die Arbeiterschaft in der Brunnenstraße, wo die Turbinenfabrik der Firma arbeitet, ist bereits abgestellt, in den frühen Vormittagsstunden zogen Arbeiter mit roten Fahnen in der Brunnenstraße nach dem Bureau und verschaften auch die kaufmännischen Angestellten zur Arbeitsniederlegung zu bewegen.

7000 bis 8000 Arbeiter, die in der Fabrik der A.E.G. in der Volksstraße beschäftigt sind, legten um 9 Uhr die Arbeit nieder und formierten sich sofort zu einem Zuge, der nach dem Zentrum der Stadt strebt. Dem Zuge wurden Pappschilder vorangetragen mit der Aufschrift »Brüder! Nicht schießen!«

Berlin, 9. November.

Amtlich durch W.T.B.

Der Kaiser und König hat sich entschlossen, dem Throne zu entsagen.

Der Reichskanzler bleibt noch so lange im Amte, bis die mit der Abdankung des Kaisers, dem Thronverzicht des Kronprinzen des Deutschen Reiches und von Preußen und die Einsetzung der Regentschaft verbundenen Fragen geregelt sind.

Er beabsichtigt, dem Regenten die Ernennung des Abgeordneten Ebert zum Reichskanzler und die Vorlage eines Gesetzentwurfes wegen der sofortigen Ausschreibung allgemeiner Wahlen für die verfassunggebende deutsche Nationalversammlung vorzuschlagen, der es obliegen würde, die künftige Staatsform des deutschen Volkes einschließlich der Volksteile, die ihren Eintritt in die Reichsgrenzen wünschen sollten, endgültig festzustellen.

Der Reichskanzler
Max, Prinz von Baden.

Bei Clemens & Halske sind um 10 Uhr die ersten Arbeitseinstellungen erfolgt. 500 Mann der Blockwerk sind nach der Stadt abmarschiert.

In der Urpns-Motoren-Fabrik in Weißenschacht treffen um 10 Uhr 200 Mann, bei Gbad, Motorrpflug-Fabrik in Niederschöneweide, 200 Mann. Ferner wird geistellt bei Gbad, Köpenicker Straße, Knorr (Bremse) und in einer großen Reihe kleiner Betriebe.

Von einem vom Kriegsamt eingesetzten Stadt-Vertrauensrate für 12 Uhr zu einer Sitzung eingeladen.

Einigung der Sozialisten.

Seit heute morgen finden neue Einigungsverhandlungen zwischen den mehrheitssozialistischen und den unabhängigen Sozialisten statt. Die Sitzungen der entsendeten Delegierten dauern bereits mehrere Stunden, doch ist noch kein Ergebnis bekannt geworden.

Millionenstreik der Berliner Fabrikarbeiter.

Die politischen Vorgänge der letzten Tage sind von einer äußersten Organisation der Berliner Fabrikarbeiter gefolgt. Die sozialdemokratischen Vertrauensmänner in den Berliner Großbetrieben haben gestern eine Verabredung abgeschlossen, in der das Ultimatum der sozialdemokratischen Partei an den Reichskanzler besprochen und über die Stellung der Arbeiterschaft in den großen Betrieben zu den Vorgängen im Reich beraten wurde. Zur Stimmung wurde solgerilich beschlossen, einen fünfzehn Personen bestehenden Aktionsausschuß zu bilden, der sofort in Tätigkeit treten soll. Dieser Ausschuß soll auch verhindern, daß die einzelnen Betriebe auf politischen Vorgängen wirst eindeutlich handeln und dadurch die Sache der Arbeiterschaft gefährden. Heute vormittag fand eine zweite Besprechung von Vertrauensleuten der Gewerkschaften statt.

Für 3/12 Uhr wurde eine interfraktionelle Besprechung im Reichstage angeseht.

Teilweise Aufnahme des Eisenbahn-fernverkehrs.

Der Eisenbahnfernverkehr ist in verschiedenen Netze wieder aufgenommen worden. Von Berlin fahren vereinzelte Züge ab, ebenso treffen einzelne Züge in Berlin ein. Ein bestimmter Fahrplan kann nicht eingehalten werden. Es wird, den Nachrichten aus dem Reiche entsprechend, sofort stündlich umgeändert.

Der Waffenstillstands-Kurier.

Amtlich durch W.T.B.

Berlin, 9. November.

Der mit der Überbringung der Waffenstillstandsbedingungen beauftragte Kurier suchte heute nach durch Offlnurm, doch in die Linien nicht passieren künne, so daß die Deutschen das Feuer nach nicht eingestellt hätten.

Zu dieser Annahme wurde er anscheinend durch den Umstand veranlaßt, daß auf deutscher Seite ein Munitionsdepot in Brand geraten war und mit fortgesetzten Detonationen in die Luft flog.

Der Kurier wurde durch Funkspruch hierüber aufgeklärt und erhielt die Anweisung, die Linien sofort zu überschreiten.

Das Eintreffen des Waffenstillstandsbevollmächtigten in Berlin kann stündlich erwartet werden.

Die Verhandlungen in Sedan?

Straßburg
Basel, 9. November.

Sedan ist von den Verbandstruppen eingenommen worden, dort werden auch die Waffenstillstandsverhandlungen geführt werde

---

Im Großen Hauptquartier.

Der Staatssekretär des Auswärtigen Amtes, Dr. Solf, und der Vizekanzler Dr. v. Delbrück treffen, wie wir hören, heute vormittag im Großen Hauptquartier ein. Der Zweck will sich mit der Waffenstillstandsberatung soweit in nähere Fühlung setzen. Die Notwendigkeit der Anwesenheit Dr. v. Delbrücks im Hauptquartier ergibt sich aus den schwebenden wichtigen Fragen.

Staatssekretär v. Waldow hat sich, entgegen einer anderslautenden Ankündigung, nicht ins Hauptquartier begeben, sondern ist in Berlin.

Deutsche Republiken.

Mit einem Schlage, über Nacht, und scheinbar mühe- und reibungslos sind in Deutschland, wo man die kaiserlichen Neunbonus hatte, eine Reihe von Republiken entstanden. Im Schleswig-Holstein, in den Elbherzogtümern ohne Herzog mit dem Range verschiedener Provinzen, hat man die Republik ausgerufen, aber noch nicht konstituiert. In Bayern, dem ältesten Königreich der Wittelsbacher, hat man in Berlin in allen Schichten des Volkes vernehmt. In Braunschweig hat mit dem Herzog die Kaisertochter durch einen Federstrich ihren Thron verloren.

Besonders republikanisch — das scheint der größte vom Revolutionsbegehren in Deutschland. Der Vater und sein »Kini« — Prinzregent — treibt die Vollspartei aus dem Königtum. Aber schon die Bayern geben zu, daß die länger Zeit in König Ludwig. Aber jetzt, der längere Zeit in der Bayern geleht hat, wird, daß die schon lange nur noch die Christlich-sozial seiner Tradition nur. Die Bayern geduchten von der zweiten Dynastie, sich ihm langen der, König Ludwig nur der Söhne, wie nimmer Morgenrot von Bayern, der nun »Herzog« Republik. Darin war Johan, auf getreue bald, Ahlbeckschaltung mwe Königsarbeiten. Der Prinzregent wer noch befehlt, aber der Kampf- und Rheinmittelbure-König, dessen politische Schwierigkeit in Wittelsfuß mit seinem beschlafnen Hosen-Riesb, uns es wird mehr.

In ihrem Unmut verbannt Wittelsbach letzten Endes wohldenkünftel. — Krupp. Ohne dem Zuzug der neuen Krupp-Arbeiter, die in Essen Münchens in Freimuten eine ganze Stadt geschaffen haben, wären in dem schon lange stillstellenden allgemeinen Wünschen die neuen Ideen nicht so schnell durchgedrungen. Der neue Ministerpräsident Bayerns, Kurt Ei...

---

deren Machtzentren des untergehenden Regimes. Doch alles, was die Besatzung nach kurzer Belagerung mehr erbat als forderte, war freier Abzug. Die Polizisten lieferten bereitwillig ihre Waffen ab und schlichen eilig davon, sechshundertfünfzig Gefangene wurden befreit, und bewaffnete Arbeiter besetzten das Gebäude. Karl Liebknecht, den die Militärbehörden schon ein paar Tage früher freigelassen hatten, rief alsdann der Menge zu: »Mir nach zum Schloß!«, und fuhr in einem Auto voran. Inzwischen hatten sich die Arbeiter aus den Kaufhäusern am Alexanderplatz rotes Tuch geholt. Bald wehten überall, auch auf dem Rathausturm, rote Fahnen. Das Schloß, vor dem sich eine riesige Menschenmenge versammelt hatte, wurde unter nicht endenwollendem Jubel ebenfalls rot beflaggt, und Liebknecht hielt von dem Balkon aus, von dem Wilhelm II. bislang zu seinen »Untertanen« gesprochen hatte, eine kurze Rede: »Arbeiter! Soldaten! Endlich ist das Raubritterschloß der Hohenzollern in unserem Besitz ... Es lebe die freie sozialistische Republik Deutschland!«

Genau vierhundertsiebzig Jahre nach der gewaltsamen Beendigung des »Berliner Unwillens« durch die Hohenzollern und dem Beginn des Baus ihrer Zwingburg an der Spree hatten die Berliner sich endlich von der feudalabsolutistischen Herrschaft befreit. Am Abend wurde ein »Rat der Volksbeauftragten« gebildet, paritätisch besetzt mit den Führern der SPD, USPD und der Revolutionären Obleute, wie es dem Wunsch der breiten Mehrheit der Berliner Arbeiterschaft durchaus entsprach, die Frieden nach außen, aber auch Einigkeit, ein Ende des Bruderstreits innerhalb der deutschen Sozialdemokratie wollte. Im »Berliner Tageblatt« schrieb am 10. November 1918 der Chefredakteur Theodor Wolff, einer der führenden Publizisten der damaligen Zeit: »Die größte aller Revolutionen hat wie ein plötzlich losbrechender Sturmwind das kaiserliche Regime mit allem, was oben und unten dazugehörte, gestürzt. Man kann sie die größte aller Revolutionen nennen, weil niemals eine so fest gebaute, mit so soliden Mauern umgebende Bastille so in einem Anlauf genommen worden ist ...«

Dies war indessen, wie die Berliner zu sagen pflegten, »een falscha Irrtum«. Friedrich Ebert und die rechte Sozialdemokratie hatten die Revolution nicht gewollt, auch nicht die Republik und schon gar nicht die von Liebknecht proklamierte »sozialistische Republik«. Sie wollten bürgerliche Demokratie und soziale Reformen, und beides setzten sie auch unverzüglich in die Tat um. Daß die Mehrheit der Berliner Arbeiterschaft »das kaiserliche Regime mit allem, was oben und unten dazugehörte«, restlos beseitigt wissen wollte, gehörte nicht zu Eberts Programm, im Gegenteil. Verwaltung, Polizei und

März 1919: bewaffnete Spartakisten auf dem Brandenburger Tor.

Justiz arbeiten nach kurzer Unterbrechung weiter wie bisher, ohne große personelle Veränderungen. Was aber das Militär betraf, die stärkste Säule des Hohenzollern-Staats, so sah die Regierung Ebert in ihm einen Verbündeten zur Wiederherstellung der Staatsautorität und von »Ruhe und Ordnung«. Indessen ging mit diesem Militär eine entscheidende Veränderung vor sich: Nach vier Jahren eines mörderischen Kriegs wollte die große Mehrzahl der Soldaten und zumal alle diejenigen, die mit der Revolution sympathisiert und sie so ohne großes Blutvergießen ermöglicht hatten, nichts anderes mehr als nach Hause, und dorthin gingen sie auch so rasch wie möglich. Übrig blieben die Landsknechte – Offiziere, Unteroffiziere und ein Rest an Mannschaften, die die Revolution haßten und nur darauf warteten, ihr den Garaus zu machen.

Die ersten Versuche, mit Hilfe des Militärs der bewaffneten Revolutionäre Herr zu werden, scheiterten kläglich. Die Divisionen, die im Dezember von der Westfront nach Berlin verlegt wurden, lösten sich im Handumdrehen auf, ehe sie eingesetzt werden konnten. Ein Angriff auf die im Marstall einquartierten Matrosen der »Volksmarinedivision« mit aus Potsdam herangeführter Artillerie mißlang ebenfalls, nicht zuletzt, weil die Bevölkerung, vor allem Frauen und Kinder, Partei für die Matrosen ergriffen und die Arbeiterschaft alarmierten, die aus den Betrieben bewaffnete Trupps zur Hilfe schickte. Aber Anfang Januar 1919 hatte die Regierung, aus der die USPD-Führung unter Protest ausgetreten war, die Reste der kaiserlichen Garderegimenter so weit verstärkt, daß sie ans »Aufräumen« gehen konnte.

»Die Entscheidung fiel in den Tagen vom Donnerstag, dem 9., bis zum Sonntag, dem 12. Januar 1919«, heißt es in Sebastian Haffners glänzender Darstellung der »Verratenen Revolution«. »In diesen Tagen wurde auf Befehl Eberts die Revolution in der Hauptstadt zusammengeschossen. Berlin hörte nun Tag für Tag, wie bisher nur am 24. Dezember, die Kanonen donnern, und eine buntscheckige Truppenschar – die schon immer besonders konservativen ›Maikäfer‹, das neugebildete Ebert-treue ›Regiment Reichstag‹, das in den Weihnachtstagen aufgestellte, rechtsradikale Freiwilligenregiment Reinhard und schließlich die am Weihnachtsabend so blamabel geschlagenen, seitdem reorganisierten Potsdamer Bataillone unter Major v. Stephani – eroberte in schweren Straßen- und Häuserkämpfen die besetzten Gebäude eins nach dem andern zurück, zuletzt, am Sonntag, das Polizeipräsidium . . . Am 12. Januar waren die Kämpfe in Berlin beendet. Die Revolution war niedergeworfen.«

Die Arbeiterschaft Berlins verfolgte mit Empörung und Abscheu diesen blutigen Kampf, dem zweiundneunzig Revolutionäre zum Opfer fielen. Die Arbeiter, so Sebastian Haffner, »wollten immer noch . . . die Einigung aller sozialistischen Parteien und die Abschaffung des alten feudal-bürgerlichen Staats zugunsten eines neuen Arbeiterstaats. Ebert . . . hatte es nie gewollt; er wollte von Anfang an die Erhaltung des alten Staats. Das war es, was die Berliner Arbeiter zwischen November und Januar begriffen hatten.«

Bei den Wahlen zur Nationalversammlung am 19. Januar 1919 wählte Berlin N und O dennoch die SPD, in geringerem Maße die USPD. Die »Gruppe Spartakus« unter Führung Karl Liebknechts und Rosa Luxemburgs, die sich um die Jahreswende 1918/19 auf einem Kongreß im preußischen Abgeordnetenhaus in der Leipziger Straße von der USPD abgespalten und als Kommunistische Partei Deutschlands (KPD) konstituiert hatte, nahm an den Wahlen zur Nationalversammlung nicht teil. Diese, ebenso die Wahlen zum Stadtparlament und zum Landtag – brachten der SPD und der USPD in Berlin eine breite Mehrheit. Das war aber keineswegs ein Vertrauensbeweis für Ebert und Scheidemann, vielmehr ein Bekenntnis zur Revolution und ihren ersten Errungenschaften: ein wirklich demokratisches Wahlrecht, jetzt auch für Frauen und Jugendliche, den Achtstundentag, Arbeitslosenunterstützung, Aufhebung des Belagerungszustandes und der Zensur, volle Meinungs-, Informations-

und Koalitionsfreiheit sowie die Beseitigung der Adelsvorrechte. Anfang Januar hatte Eberts neuer »Volksbeauftragter« für Militärangelegenheiten, Gustav Noske, in der Umgebung von Berlin frisch angeworbene Freikorps bereitgestellt. Am 11. Januar 1919 zog das erste, das »Landesjägerkorps« unter Führung des Generals Maercker, in Berlin ein. Von Lichterfelde über Steglitz und Schöneberg zum Potsdamer und weiter zum Dönhoffplatz, und in Berlin W begrüßten »die Berliner Bürger diese famose, tadellose, disziplinierte Truppe und ihre Führer« – so die konservative »Post« – mit begeisterten Hochrufen. Was das Blatt seinen Lesern verschwieg: Dieser schwerbewaffneten Landsknechtstruppe voraus marschierte ein langer, bebrillter Zivilist: Gustav Noske.

Am 15. Januar 1919 folgte die Hauptmacht: die neugebildete »Garde-Kavallerie-Schützendivision«. Sie besetzte den ganzen Süden und Westen Berlins samt Charlottenburg sowie die Innenstadt. Im feudalen Eden-Hotel in der Budapester Straße schlug sie ihr Hauptquartier auf, das »Generalkommando Lüttwitz«, so benannt nach dem Kommandierenden General Walther v. Lüttwitz, und noch am selben Tag erfüllte sie kalt und skrupellos ihren ersten Auftrag: die Ermordung von Karl Liebknecht und Rosa Luxemburg.

Die beiden – auf Befehl Noskes seit Anfang Dezember auf Schritt und Tritt überwacht – wurden aus ihrem Unterschlupf Mannheimer Straße 53, nahe dem Fehrbelliner Platz in Wilmersdorf, von einem Trupp Soldaten »abgeholt« und zum Eden-Hotel gebracht, mit Kolbenschlägen empfangen, beschimpft und bespuckt, nach erneuten Mißhandlungen in schon bereitstehende Autos gezerrt und mit Pistolenschüssen »erledigt«. Den toten Liebknecht brachten sie dann als »Unbekannten« ins Leichenschauhaus; Rosa Luxemburgs Leiche fand man später im Landwehrkanal.

»Der Mord vom 15. Januar 1919 war ein Auftakt«, schließt Sebastian Haffner seinen Bericht, »der Auftakt zu den tausendfachen Morden in den folgenden Monaten der Noske-Zeit, zu den millionenfachen Morden der folgenden Jahrzehnte der Hitler-Zeit. Er war das Startzeichen für alle anderen. Und gerade er ist immer noch uneingestanden, immer noch ungesühnt und immer noch unbereut. Deswegen schreit er immer noch zum deutschen Himmel. Deswegen schickt er immer noch sein sengendes Licht in die deutsche Gegenwart wie ein tödlicher Laserstrahl.«

Die Morde an Rosa Luxemburg und Karl Liebknecht waren tatsächlich erst der Auftakt. Während Berlin W sich nun ganz der Freude hingab, daß der Krieg vorbei war und die Revolution das Privateigentum nicht angetastet hatte, »säuberten« Noskes Freikorpstruppen im März den Berliner Osten und Norden, entwaffneten die

Arbeiterschaft und »erledigten« dabei – so Gustav Noskes eigene, gewiß nicht übertriebene Schätzung – noch »rund zwölfhundert« Berliner, die sich ihnen »verdächtig« gemacht hatten, später auch noch zweiunddreißig Matrosen der »Volksmarinedivision«, die unbewaffnet zur Löhnungsausgabe gekommen waren.

Doch zu dieser Zeit war Berlin schon nicht mehr das Zentrum der Ereignisse. Fern der Hauptstadt, im stillen Weimar, wo es keine Proletariermassen gab, die ihr gefährlich hätten werden können, tagte die Nationalversammlung, die die innenpolitischen Weichen stellte und in der die »Weimarer Koalition« aus SPD, katholischem Zentrum und linksliberalen Demokraten eine Dreiviertelmehrheit hatten; Noskes Freikorps »räumten auf« im Ruhrgebiet, in Thüringen und in München – Abertausende an Toten und Verletzten gab es dabei auch dort unter der Arbeiterschaft –, und in Versailles tagte vom 18. Januar 1919 an, dem Jahrestag der Bismarckschen Reichsgründung und am selben Ort, die Friedenskonferenz der Siegermächte, die dem besiegten Deutschen Reich die Bedingungen diktierte.

Erst ein Jahr später, im Frühjahr 1920, wurde Berlin wieder zum Mittelpunkt des Geschehens, nachdem am 10. Januar der Friedensvertrag von Versailles in Kraft getreten war, der dem Deutschen Reich eine Reduzierung seiner Streitkräfte auf hunderttausend Mann auferlegte. Das bedeutete, daß rund dreihunderttausend Freikorpsleute zu entlassen waren, die aber ganz und gar nicht gewillt schienen, die Waffen abzulegen, die Uniform auszuziehen und sich ihren Lebensunterhalt durch Arbeit zu verdienen.

Der ganze Februar 1920 war erfüllt von Gerüchten über einen bevorstehenden Putsch der rund um Berlin liegenden Freikorps mit General v. Lüttwitz an der Spitze. Ausgelöst wurde er dann, als Ebert und Noske nach langem Zögern Ende Februar befahlen, die fünftausend Mann starke Brigade des Korvettenkapitäns Ehrhardt, die auf dem Truppenübungsplatz Döberitz bei Berlin in Bereitschaft stand, sofort aufzulösen. Die »Brigade Ehrhardt«, Noskes »Feuerwehr«, bestand aus extrem republikfeindlichen Offizieren und Unteroffizieren. Als Zeichen ihrer ultrarechten, »völkischen« Gesinnung trugen ihre Angehörigen schon das Hakenkreuz am Stahlhelm und marschierten unter den Fahnen der gestürzten Monarchie.

Lüttwitz weigerte sich, dem Befehl der Regierung nachzukommen, stellte unverschämte Bedingungen und ließ, als diese nach langen Verhandlungen abgelehnt worden waren, die Brigade Ehrhardt am Sonnabend, dem 13. März 1920, nach Berlin marschieren und das Regierungsviertel besetzen. Sodann mobilisierte er seine Verbündeten: Ludendorff reiste an; der stramm-»völkische« ostpreußische Landschaftsdirektor Wolfgang Kapp wurde von ihm kurzerhand zum neuen Reichskanzler ernannt; etliche Freikorps-Offiziere, unter ihnen der mit der Ausführung des Mordes an Rosa Luxemburg und Karl Liebknecht betraut gewesene Major Waldemar Pabst, einige kaiserliche Generale und hohe Beamte, auch der frühere Berliner Polizeipräsident Traugott v. Jagow, besetzten alle Schlüsselstellungen, und von den Gütern der Junker Ostelbiens rückten Verstärkungen an. Als auch der Chef der Reichswehr, Generaloberst v. Seeckt, erklärte, seine regulären Streitkräfte würden dem Putsch keinen Widerstand leisten – »Truppe schießt nicht auf Truppe«, soll er geäußert haben –, auch die verfassungsmäßige Regierung nicht schützen, schien der konterrevolutionäre Coup bereits gelungen, und wer Berlin beherrschte, der konnte von diesem Machtzentrum aus auch ganz Deutschland unter seine Kontrolle bringen.

Reichspräsident Ebert, Reichskanzler Gustav Bauer und alle sozialdemokratischen Minister waren bereits aus Berlin geflüchtet – erst nach Dresden, dann, als der dortige Reichswehr-Befehlshaber, Noskes »bewährter« General Maercker, sie verhaften wollte, weiter nach Stuttgart. Schon glaubten sich die ultrarechten Putschisten fest im Besitz der Macht, da mußten sie feststellen, daß sie ihre Rechnung ohne die Berliner gemacht hatten.

Bereits in den Mittagsstunden des Sonnabends, als die Putschisten gerade die Innenstadt besetzt hatten, begannen die Vorbereitungen für eine Gegenaktion. Vom Abend an bis zum frühen Sonntagmorgen liefen die Apparate der bislang verfeindeten Linksparteien und Gewerkschaften auf Hochtouren. Bei Morgengrauen des 14. März trafen in der rasch improvisierten Zentrale die ersten Rückmeldungen ein: »Wir sind bereit! Es kann losgehen!« Motorradfahrer holten bei den Druckereien Stapel von in der Nacht gedruckten Flugblättern ab. Neugierig lasen sie, was sie da zur Verteilung bringen sollten.

»Menschenskinder!« rief einer. »Ja, jibt's denn sowat?! Na, det wird denen aber det Monokel aus'm Ooge hau'n . . .!«

Und damit sollte er recht behalten.

». . . UND DENN BEKOMMT MAN EENE KLEENE DICKE . . .«

Schon am Morgen nach dem Putsch, am Sonntag, dem 14. März 1920, mußten die ultrarechten Putschisten feststellen, daß sie zwar das Regierungsviertel erobert hatten, aber nicht die Macht. Die Berliner hatten ihnen buchstäblich den Hahn abgedreht. Ein Generalstreik war proklamiert worden, und ganz Berlin befolgte den Aufruf in beispielloser Einmütigkeit: Schon am Sonntag ruhte der gesamte Verkehr, auch bei Bahn und Post. Gas, Wasser, Strom und Telefon wurden abgeschaltet. Am Montag früh lagen alle Betriebe still, auch alle Büros der Innenstadt, alle Banken und Warenhäuser waren geschlossen, und gleichzeitig dehnte sich der Generalstreik, zu dem das Gewerkschaftskartell sowie SPD, USPD und KPD gemeinsam aufgerufen hatten, auf ganz Deutschland aus.

Trotz erheblicher Bedenken hatte sich die ganze Berliner Linke, von den bürgerlichen Demokraten bis zu den Kommunisten, zur Abwehr der Militärdiktatur und zur Rettung der Republik noch einmal zusammengefunden. Der damalige Leiter der Berliner KPD-Zentrale, der spätere Regierende Bürgermeister von West-Berlin, Ernst Reuter, hatte zunächst zwar erklärt: »Keinen Finger rühren für die in Schmach und Schande untergegangene Regierung der Mörder von Karl Liebknecht und Rosa Luxemburg!« Aber unter dem Druck der Basis, die eine Einheitsfront gegen die Putschisten bilden wollte, gaben USPD- und KPD-Führung nach, ein breites Bündnis entstand, und binnen weniger Tage brach der Kapp-Lüttwitz-Putsch zusammen.

Am Widerstand der Berliner, gegen den auch das mit den Republikfeinden liebäugelnde Militär und höhere Beamtentum nichts auszurichten vermochte, war der erste Sturm auf die Republik gescheitert. Die geflüchtete Regierung konnte nach Berlin zurückkehren, doch anstatt nun die Putschisten zur Rechenschaft zu ziehen, ließ sie sie unbehelligt. Die »Brigade Ehrhardt« wurde vom Reichswehrchef v. Seeckt sogar für ihr »vaterländisches, vorbildlich diszipliniertes Verhalten« belobigt, und mit Gesang (»Hakenkreuz am Stahlhelm, schwarz-weiß-rotes Band . . .«) kehrte sie nach Döberitz zurück. Zuvor schoß sie am Brandenburger Tor rasch noch einmal in die unbewaffnete Menge und ließ auf dem Pariser Platz zwölf Tote und dreißig Schwerverletzte zurück.

Danach kehrte in Berlin wieder Ruhe ein. Aber anderswo in Deutschland wurde noch wochenlang Militär gegen die Arbeiterschaft eingesetzt, der Widerstand der Linken brutal gebrochen. Im weiten Umkreis um Berlin – in der Mark, in Mecklenburg, West- und Ostpreußen und in Schlesien – nahmen die adligen Rittergutsbesitzer die dann nicht mehr benötigten Söldnerscharen auf und boten ihnen Waffenverstecke und Übungsplätze für den nächsten Versuch, der verhaßten Republik den Garaus zu machen. Auch in Bayern, das sich als konservative »Ordnungszelle« verstand, bildeten sich unter wohlwollender Duldung der Landesregierung ultrarechte Kampfverbände, bereit zum »Marsch auf Berlin« bei nächster Gelegenheit.

Dort aber verabschiedete der preußische Landtag vier Wochen nach dem Kapp-Putsch ein Gesetz, das die verwaltungsrechtlichen Konsequenzen aus einer jahrzehntelangen Entwicklung zog, zugleich die Berliner noch selbstbewußter machte: Aus der bereits 1,9 Millionen Einwohner zählenden Stadtgemeinde Berlin wurde durch umfassende Eingemeindungen endlich Groß-Berlin mit nunmehr knapp vier Millionen Einwohnern und einem Stadtgebiet von fast neunzigtausend Hektar. Die bisher selbständigen Städte Charlottenburg, Spandau, Deutsch-Wilmersdorf, Schöneberg, Neukölln, Lichtenberg und Köpenick sowie 59 Landgemeinden und 27 Gutsbezirke gingen in diesem Groß-Berlin auf. Die kleinste der Neuerwerbungen, der Gutsbezirk Pichelswerder, hatte nur 27 Einwohner, die größte, die Stadt Charlottenburg, weit über dreihunderttausend. Eine der Landgemeinden, die hinzugekommen waren, nämlich Mahlsdorf im äußersten Osten, zählte 6022 Einwohner – soviel wie die ganze Stadt Berlin erst zweihundertfünfzig Jahre zuvor. Neukölln, das einstige Böhmisch-Rixdorf, brachte knapp 270 000 Einwohner in den Großverbund ein – soviel wie Berlin vor einem Menschenalter, um 1835, gezählt hatte.

Groß-Berlin war von nun an in zwanzig Verwaltungsbezirke aufgeteilt: Mitte, Tiergarten, Wedding, Prenzlauer Berg, Friedrichshain, Kreuzberg, Charlottenburg, Spandau, Wilmersdorf, Zehlendorf, Schöneberg, Steglitz, Tempelhof, Neukölln, Treptow, Köpenick, Lichtenberg, Weißensee, Pankow und Reinickendorf.

Diese Einteilung gilt noch heute und bildete nach dem Zweiten Weltkrieg die Grundlage für den verwirrenden Verlauf der Sektorengrenzen.

Das Eingemeindungsgesetz vom 27. April 1920 machte Berlin mit einem Schlage zur zweitgrößten Metropole Europas, flächenmäßig zu einer der größten Städte der Welt und als solche einzigartig, was den Reichtum an Seen, Flüssen, Wiesen und Wäldern innerhalb des Stadtgebiets anging, von den zahlreichen Park- und sonstigen Grünanlagen ganz zu schweigen.

Zur Zeit des Zusammenschlusses von Berlin mit den umliegenden Stadt- und Landgemeinden war die Bevölkerung der vergrößerten Hauptstadt noch immer zu mehr als der Hälfte zur Industriearbeiterschaft zu rechnen, doch ging deren Anteil schon langsam zurück, wogegen der der Angestellten und Beamten stetig zunahm.

Nach ihrem religiösen Bekenntnis gehörten drei Viertel der Berliner protestantischen, meist lutherischen, in geringerem Maße reformierten Kirchengemeinden an. Etwa zehn Prozent waren römisch-katholisch, genau 172 672 oder 4,3 Prozent der Bevölkerung waren als Juden Mitglieder einer Reihe von Synagogengemeinden, und schließlich gab es rund fünfzigtausend russisch- oder griechisch-orthodoxe Christen, Moslems und Angehörige sonstiger Bekenntnisse mit eigenen Kirchen, Moscheen, Tempeln oder Bethäusern. Etwa 310 000 Berliner gehörten keiner Religionsgemeinschaft an. Bei den orthodoxen Christen wie auch bei einem kleinen, ebenfalls orthodoxen Teil der Juden Berlins handelte es sich um Flüchtlinge aus dem ehemaligen Zarenreich sowie um Armenier aus der Türkei, denn noch immer war Berlin eine bevorzugte Zufluchtsstätte und bot allen Verfolgten Asyl.

Zeitweise lebten in den frühen zwanziger Jahren annähernd eine halbe Million »Russen« in der Reichshauptstadt – vor der Roten Armee geflüchtete Aristokraten, Offiziere der geschlagenen Weißen Armee, baltische Barone, ukrainische Politiker, die mit den Deutschen kollaboriert hatten, Kaufleute aus Odessa und Tiflis, Aserbeidschaner, Armenier, Kirgisen, Karelier, vor allem aber Flüchtlinge aus dem ehemaligen Russisch-Polen, darunter auch zahlreiche, meist sehr arme Juden –; für neunzig Prozent dieser Menschen war Berlin nur eine Zwischenstation auf dem Weg nach Westeuropa und Amerika, aber etwa jeder zehnte von ihnen wurde in der Reichshauptstadt ansässig.

Gleichzeitig aber zog die von den Fesseln des hohenzollernschen Obrigkeitsstaats befreite Hauptstadt, kaum daß nach dem Hexentanz der Inflation wieder stabile wirtschaftliche und politische Verhältnisse herrschten, dank ihrer Vitalität und Weltoffenheit zahlreiche Gelehrte und Künstler von überall her geradezu magnetisch an, so beispielsweise Boris Pasternak, den späteren Literatur-Nobelpreisträger; Ilya Ehrenburg, der damals einige Jahre in Berlin lebte; den amerikanischen Romancier Thomas Wolfe ebenso wie den aus

Ostgalizien stammenden, in Wien aufgewachsenen Schriftsteller Manès Sperber; den aus Budapest gebürtigen Mathematiker Hans v. Neumann, der bis 1933 an der Berliner Universität lehrte, dann als Jude in die USA emigrierte, dort 1943 – für die Atomforscher von Los Alamos – den ersten Großrechner baute und damit zum »Computer-Vater« wurde, oder den Holländer Peter Debye, der in Berlin Direktor des Kaiser-Wilhelm-Instituts für Physik wurde, 1936 den Chemie-Nobelpreis erhielt und dann in die USA auswanderte. In den zwanziger Jahren wurde Berlin zu einem geistigen, wissenschaftlichen und kulturellen Zentrum, mit dessen internationaler Bedeutung sich in diesem Jahrzehnt keine andere Weltstadt messen konnte.

An dieser grandiosen Blüte hatten Berliner Juden, alteingesessene und zugewanderte, einen unverhältnismäßig hohen, häufig entscheidenden Anteil. Das hing wesentlich damit zusammen, daß sich Begabungen anderswo nicht so frei entfalten konnten wie in Berlin, wo es seit altersher keine religiösen, nationalen oder gar »rassischen« Vorurteile gab, weder in der breiten Unterschicht der Industriearbeiterschaft, die in überwältigender Mehrzahl »rot« war und selbst aus aller Herren Länder stammte, noch gar im alteingesessenen Bürgertum, denn dieses war ja seiner Herkunft nach im wesentlichen jüdisch oder hugenottisch. Wer als begabter junger Künstler oder Wissenschaftler anderswo, etwa im nahen Polen, aber auch in der »Ordnungszelle« Bayern oder in den früher zur k.u.k. Donau-Monarchie gehörenden Ländern als Jude berufliche Schwierigkeiten hatte, der ließ sich an der Spree nieder, wo ihn keiner scheel ansah. So waren beispielsweise mehr als die Hälfte aller in Berlin praktizierenden, auch über die Hälfte der an der Universität lehrenden, an den Instituten der Stadt forschenden oder als Chefärzte in den Krankenhäusern und Kliniken Berlins tätigen Mediziner jüdischer Herkunft. Als eigentlicher Begründer der modernen Chemotherapie war der an der berühmten Charité arbeitende Paul Ehrlich (1854–1915) als erster Berliner Arzt mit dem Nobelpreis für Medizin ausgezeichnet worden. In den zwanziger Jahren wurde drei weiteren jüdischen Ärzten Berlins dieser Preis zuteil: dem Bakteriologen August v. Wassermann und den Physiologen Otto H. Warburg und Otto Meyerhof.

Weitere jüdische Nobelpreisträger dieser glanzvollen Epoche Berlins waren Fritz Haber, Leiter des Kaiser-Wilhelm-Instituts für physikalische Chemie in Berlin-Dahlem; Richard Willstätter, Ordinarius für Chemie an der Berliner, dann an der Münchner Universität; Gustav Hertz, Ordinarius für Physik an der Technischen Hochschule Berlin-Charlottenburg, und der aus Ulm gebürtige, seit 1914 in Berlin lebende Physiker und Mathematiker Albert Einstein. Auch der 1917 verstorbene Chemiker Adolf v. Baeyer, mütterlicherseits aus der alteingesessenen jüdischen Familie Hitzig stammend, war schon 1905 mit dem Nobelpreis ausgezeichnet worden.

Ganz ähnlich wie im medizinischen und naturwissenschaftlichen Bereich, wo damals noch eine ganze Reihe weiterer jüdischer Forscher in Berlin tätig waren, die erst später, im Exil, mit dem Nobelpreis ausgezeichnet wurden, lagen die Dinge auch bei den Geisteswissenschaften, der Jurisprudenz und der Nationalökonomie sowie auf dem Gebiet der technischen Forschung: Berlin war damals führend in der Welt, und daran hatten jüdische Wissenschaftler einen maßgebenden Anteil. Man hätte meinen können, daß sich bei den deutschen Juden nach Jahrhunderten der Unterdrückung und Diskriminierung durch die Kirche, die Fürsten und die Junker jetzt die großen Begabungen geradezu eruptiv Bahn brachen; daß Berlin, wo es im Gegensatz zu anderen deutschen Hauptstädten seit einem Vierteljahrtausend weder ein Getto noch gar ein Pogrom gegeben hatte, nun dafür mit einer kulturellen Blüte sondergleichen belohnt wurde.

Denn wie in der Wissenschaft, so war es auch in der Kunst: Berlin hatte sich schon in wilhelminischer Zeit – und in Opposition zur offiziellen Kunstauffassung – als Theaterstadt Weltruf erworben. In den zwanziger Jahren nahm sein Ruhm auf diesem Gebiet noch zu, und wiederum waren daran Juden wesentlich beteiligt, neben Max Reinhardt vor allem Viktor Barnowsky, der das Theater in der Königgrätzer Straße und das Komödienhaus leitete, und Leopold Jessner, der 1919 die Leitung der Berliner Staatlichen Schauspielhäuser übernommen hatte. Auch nicht wenige der berühmtesten Schauspieler jener Zeit, die damals in Berlin auftraten, waren Juden: Fritz Kortner, Rudolf und Josef Schildkraut, Ernst Deutsch, Grete Mosheim, Elisabeth Bergner, Fritzi Massary, Julius Falkenstein, Irene Triesch, Max Pallenberg, Conrad Veidt, Lucie Mannheim, Eleonore v. Mendelssohn, Albert Bassermann, Otto Wallburg, Rosa Valetti, Curt Bois, Lilli Palmer, Adolf Wohlbrück, Felix Bressart, Franziska Gaal, Therese Giehse, Peter Lorre und Kurt Gerron, um nur zwei Dutzend zu nennen, desgleichen die Sängerinnen Gitta Alpar und Erna Sack, die Tenöre Jan Kiepura, Richard Tauber und Josef Schmidt.

Auch im ungewöhnlich reichen Musikleben Berlins der zwanziger Jahre spielten die jüdischen Künstler eine große Rolle. Bruno Walter, zum Beispiel, ein gebürtiger Berliner, der schon als junger Mann an der Königlichen Oper dirigiert hatte, kam über Wien, München und London 1926 zurück nach Charlottenburg; als er 1933 emigrieren mußte, nahm ihn die New Yorker »Met« mit Freuden auf. Otto Klemperer, Opern- und Generalmusikdirektor, zuletzt an der Staatsoper Unter den Linden, dirigierte dann im Exil das Los Angeles Symphony Orchestra. Leo Blech, seit 1913 am Dirigentenpult der Berliner Staatsoper, wo ihn Hermann Göring (»Wer Jude ist, bestimme *ich*!«) bis 1936 zu halten vermochte, wurde anschließend Hofkapellmeister in Stockholm. Arnold Schönberg war bis 1933 Professor einer Meisterklasse an der Berliner Hochschule für Musik und emigrierte dann in die USA, wohin auch Kurt Weill ins Exil ging, der zuvor in Berlin als Komponist der »Dreigroschenoper« und anderer Werke Bertolt Brechts Triumphe gefeiert hatte.

Ebenfalls im Berlin der zwanziger Jahre wirkten Arthur Schnabel, der Meisterpianist und bedeutendste Beethoven-Interpret seiner Zeit; Leonid Kreutzer, aus Rußland gebürtig und durch jahrzehntelange Konzert- und Lehrtätigkeit mit dem Berliner Musikleben verbunden, und Hanns Eisler, der damals Chorkantaten für Berliner Chöre schrieb. Auch sie waren Juden, ebenfalls zahlreiche damals in Berlin tätige Komponisten der Operette, der Revue, des Chansons und des Films wie Oscar Straus, Jean und Robert Gilbert, Emmerich Kálmán, Leo Fall, Paul Abraham, Victor und Friedrich Holländer, Rudolf Nelson, Willi Rosen und Mischa Spoliansky.

Die Berliner Filmproduktion der zwanziger Jahre war führend in der Welt und nach Umfang und Qualität auch Hollywood weit überlegen. Wiederum waren es vorwiegend jüdische Produzenten und Regisseure, die daran maßgeblichen Anteil hatten, zum Beispiel Erich Pommer, der Produktionschef der »Ufa«, deren Ruhm er begründet und für die er viele der bedeutendsten deutschen Spielfilme der zwanziger Jahre produziert hatte – von »Dr. Mabuse« über das Monumentalwerk »Die Nibelungen« bis zu »Der blaue Engel« und »Der Kongreß tanzt«. Auch Fritz Lang, E. A. Dupont und Ernst Lubitsch arbeiteten als sehr erfolgreiche Filmregisseure in Berlin, bis sie alle – wie auch Erich Pommer – nach Hollywood emigrierten. Von den jüngeren – sämtlich jüdischen – Filmregisseuren Berlins der zwanziger Jahre seien noch die wichtigsten erwähnt: Max Ophüls, Robert Siodmak, Billy Wilder (der 1931 in den Ufa-Studios in Neu-Babelsberg Erich Kästners »Emil und die Detektive« verfilmte, später in Hollywood mit »Ninotschka«, »Lost Weekend«, »Sunset Boulevard« und »Zeugin der Anklage« Weltruhm erwarb), Alexander Korda (der von Berlin nach London emigrierte, mit »Heinrich VIII.« viele Preise errang und sogar geadelt wurde), Josef v. Sternberg aus Wien, damals noch fast unbekannt, schließlich Paul Czinner, der mit seiner Ehefrau, der Schauspielerin Elisabeth Bergner, nach Hollywood emigrierte.

Der Anteil jüdischer Künstler am kulturellen Leben Berlins der zwanziger und frühen dreißiger Jahre war auch in allen anderen Bereichen ungewöhnlich groß; eine einigermaßen umfassende Übersicht würde Bände füllen. So seien nur einige repräsentative Namen genannt, für die Malerei neben Max Liebermann, dem Ehrenbürger Berlins und – von 1920 bis 1933 – Präsidenten der preußischen Akademie der Künste, zumindest noch Lesser Ury, Emil Orlik und Marc Chagall, der bis 1922 in Berlin lebte.

Führend in der modernen Architektur war der seit 1914 in Berlin ansässige Erich Mendelsohn. Und auf dem Gebiet der Literatur seien aus einer langen Liste bedeutender Lyriker, Romanciers und Essayisten sowie einer noch längeren, die auch die Unterhaltungsliteratur, die Reportage und die Kritik mit einschließt, nur anderthalb Dutzend Namen herausgegriffen, die für diese kulturell glänzendste Epoche Berlins von Bedeutung sind, etwa Alfred Döblin (»Berlin Alexanderplatz«), Alice Berend, Walter Mehring, Nelly Sachs (gebürtige Berlinerin, die 1965 als erste Frau des deutschen Sprachkreises den Nobelpreis für Literatur erhielt), Walter Benjamin, Georg Hermann, Vicky Baum, Gabriele Tergit (»Käsebier erobert den Kurfürstendamm«), Walter Hasenclever, Kurt Hiller, Richard Katz, Willy Haas, Siegfried Jacobsohn (Herausgeber der »Weltbühne« bis zu seinem Tode im Jahre 1926), Alfred Kerr, der nicht nur Berlins bedeutendster Kritiker, sondern auch Lyriker war, Julius Bab, Salomo Friedländer (»Mynona«), Mascha Kaléko, Hermann Kesten, Egon Erwin Kisch, der bis 1933 in Berlin lebte, und schließlich Kurt Tucholsky, der schärfste und kritischste Beobachter der Weimarer Republik und der – wenn man so sagen darf – berlinischste Essayist und Lyriker dieser Epoche.

In seinem Gedicht »Ideal und Wirklichkeit«, das er 1929 in der »Weltbühne« veröffentlichte, schloß er mit den Zeilen: »... Wir dachten unter kaiserlichem Zwange / an eine Republik. Und nun ist's die! / Man möchte immer eine große Lange, / und dann bekommt man eine kleine Dicke – / Ssälawih –!« (wobei das letzte Wort eine phonetische Umschreibung von *c'est la vie*, so ist's nun mal im Leben, war).

Tucholsky war tief enttäuscht von dieser 1929 bereits zehn Jahre alten Republik, die gegenüber ihren Todfeinden von der äußersten Rechten fast blind und von unbegreiflicher Milde war, wogegen sie Justiz, Polizei und Militär erbarmungslos gegen die Linke einsetzte. Diese Weimarer Republik, deren rasch wechselnde Regierungen überwiegend von Mitte-Rechts-Koalitionen, häufig unter Ausschluß der Sozialdemokraten, getragen wurden, ließ sich dennoch von der Rechten als »marxistisch« oder als »Judenrepublik« verteufeln. Dabei war der einzige bedeutende jüdische Politiker dieser Epoche mit Regierungsverantwortung, Außenminister Walther Rathenau, bereits im Sommer 1922 der ultrarechten Mordhetze zum Opfer gefallen. Auf der Königsallee in Grunewald war er im offenen Wagen durch Pistolenschüsse ermordet worden. Die Täter gehörten der geheimen, 1920 von Korvettenkapitän a. D. Ehrhardt kurz nach dem gescheiterten Kapp-Putsch in München gegründeten »Organisation Consul« (OC) an, die von der bayerischen Regierung Rückendeckung erhalten hatte. Kurz nach dem Attentat erlebte Berlin die größte Protestkundgebung seiner Geschichte: Mehr als achthunderttausend Berliner zogen zum Lustgarten und demonstrierten gegen den Terror und die antisemitische Hetze der Ultrarechten. Ein strenges Republikschutzgesetz, wie es die Gewerkschaften, SPD, USPD und KPD nun forderten, sah die Auflösung aller republikfeindlichen Kampfverbände und strenge Maßnahmen zur Unterbindung weiterer Aktivitäten vor. Zwar wurde das Gesetz, das die Zustimmung aller Republikaner fand, mit einigen Abschwächungen verabschiedet – wobei im Reichsrat acht preußische Provinzen sowie als einziges Bundesland der Freistaat Bayern die Zustimmung verweigerten –, aber die Praxis sah anders aus, zumal in München, wo die von Wilhelm Frick, Hitlers späterem Reichsinnenminister, geleitete Politische Polizei die Vorbereitungen der sich dort um die Hakenkreuzfahne sammelnden ultrarechten Fanatiker zum »Marsch auf Berlin« augenzwinkernd deckte. Dieser Marsch endete allerdings, als Hitler und seine Spießgesellen am 9. November 1923 putschten, bereits an der Feldherrnhalle, weil innerhalb der Konspiration, an der auch der bayerische Staatskommissar v. Kahr beteiligt war, Uneinigkeit bestand, und so kam es nicht – rückblickend gesehen: leider! – zu dem geplanten Angriff der Hitler-Putschisten auf die ihnen so verhaßte Reichshauptstadt, der mit Sicherheit ebenso am entschlossenen Widerstand der Berliner gescheitert wäre wie zuvor der Kapp-Putsch, was ein frühes Ende der Hitler-Bewegung bedeutet hätte.

Denn noch war Berlin das stärkste Bollwerk der Republik. Das zeigte sich, als 1925 die Frage akut wurde, was mit den Vermögen der ehemals regierenden deutschen Fürstenhäuser zu geschehen hätte. Die gesamte Linke, ausnahmsweise einig, leitete ein nach der Weimarer Verfassung zulässiges Referendum ein, zunächst ein Volksbegehren, dann einen Volksentscheid mit dem Ziel, das gesamte Vermögen der entthronten Fürstenhäuser entschädigungslos und zugunsten der sozial Schwächsten zu enteignen. Wie angesichts der konservativen Mehrheiten in weiten Teilen Deutschlands nicht anders zu erwarten war, verfehlte der Volksentscheid – nicht zuletzt seiner radikalen Forderung wegen – sein Ziel; statt der erforderlichen 20 Millionen Stimmen kamen nur 14,45 Millionen zusammen. Aber in Berlin stimmten 63,3 Prozent der Wahlberechtigten für den Antrag. »Nimmt man an«, heißt es in Friedrich Stampfers Rückblick auf »Die vierzehn Jahre der ersten deutschen Republik«, »daß in Berlin nicht nur alle sozialdemokratischen und kommunistischen Wähler, sondern auch alle Wähler der Mitte« – womit linke und rechte Liberale sowie die Zentrumspartei gemeint waren – »mit Ja gestimmt hatten, so blieb immer noch ein Überschuß von zweihunderttausend Stimmen, die nur von bisherigen Nichtwählern oder von deutschnationalen Wählern stammen konnten.« Mit anderen Worten: In Berlin war damals selbst die bürgerlich-konservative Rechte sogar bei extremen Enteignungsforderungen mit der Linken weitgehend einig, wogegen in den preußischen Provinzen und in den meisten anderen Bundesländern nicht einmal alle Wähler der Linksparteien für die Fürstenenteignung zu stimmen wagten, denn der Gang zum Wahllokal blieb ja nicht geheim, und so gab es anderswo, beispielweise in Pommern, Ostpreußen und in der Rheinpfalz, weniger als zwanzig Prozent Beteiligung und noch weniger Ja-Stimmen.

Das »rote Berlin«, das im Reich nur wenige Verbündete hatte – vor allem das »rote Sachsen« und Thüringen sowie einige Großstädte wie das damals noch zu Preußen gehörende Altona –, war zwar noch imstande, die Republik wirksam zu verteidigen, aber an den Mehrheitsverhältnissen in Deutschland vermochte es nichts zu ändern. Umgekehrt war es den Feinden der Republik seit dem gescheiterten Kapp-Putsch klar, daß Deutschland nicht regiert werden konnte, wenn die Berliner entschlossenen Widerstand leisteten. Wer, wie die aufkommende Nazi-Bewegung, eine faschistische Diktatur errichten wollte, mußte erst einmal innerhalb der Bastion Berlin Fuß fassen, die verhaßte gegnerische Hauptstadt von innen her zernieren und sturmreif machen. So schickte Hitler, der in München sein Hauptquartier hatte, sich vom dortigen Großbürgertum und von rheinischen Großindustriellen aushalten ließ und aus den Resten der Freikorps seine braunen und schwarzen »Kampfverbände« aufbaute, im Herbst 1926 seinen besten Propagandisten »mit besonderen Vollmachten« nach Berlin: Dr. Josef Goebbels.

Der damals neunundzwanzigjährige Goebbels stammte aus fromm katholischem Kleinbürgermilieu des Rheinlands, war wegen seiner schwächlichen Konstitution und eines verkrüppelten Fußes vom Kriegsdienst befreit gewesen, hatte bei dem – jüdischen – Literaturhistoriker Friedrich Gundolf in Heidelberg promoviert, kurze Zeit, da er als Philologe keine Anstellung finden konnte, im Bankfach und als Ausrufer an der Börse gearbeitet, war dann als Sekretär Gregor Strassers mit den Nazis in Berührung gekommen, Ende 1924 der NSDAP beigetreten und hatte sich noch Anfang 1926 über die »Münchner Bonzen« lustig gemacht und in Hannover gefordert, »daß der kleine Bourgeois Adolf Hitler aus der nationalsozialistischen Partei ausgeschlossen« werde. Aber dann lernte er Hitler, seinen Wohlstand, seine Hausmacht näher kennen, entdeckte dessen demagogisches Talent, wie umgekehrt Hitler sofort die propagandistischen Fähigkeiten des jungen Goebbels richtig einschätzte.

Das Programm, mit dem »der kleine Doktor« aus Rheydt als »Gauleiter« an die Spitze der winzigen, völlig zerstrittenen Berliner Parteiorganisation der Nazis trat, hat er selbst so beschrieben: »Eiskalt dem Gegner auf den Pelz rücken, ihn abtasten, auskundschaften, wo seine verwundbare Stelle ist, überlegsam und berechnend den Speer schärfen, ihn wohlgezielt in die lecke Blöße des Feindes hineinjagen . . .«

Indessen ging er in Wahrheit ganz anders vor: Um zunächst einmal ins Gerede zu kommen, öffentliche Aufmerksamkeit zu erregen und Schlagzeilen zu machen, inszenierte er Krawalle, blutige Schlägereien, Überfälle auf gegnerische Versammlungen und Schießereien. Die dafür geeigneten Rabauken und eine Leibgarde ihm treu ergebener, weil gut bezahlter Galgenvögel hatte er sich mitgebracht. »Das Blut, das der Aufstieg auch auf eigener Seite kostete«, heißt es dazu in Joachim C. Fests »Das Gesicht des Dritten Reiches«, »wurde (von Goebbels) primär nicht als das unumgängliche Opfer im Einsatz für eine politische Überzeugung betrachtet, sondern zielbewußt als Mittel einer Agitation investiert, die erkannt hatte, daß Blut allemal die wirksamsten Schlagzeilen macht.«

Sein Glanzstück war die Glorifizierung des Opfers einer – in der großstädtischen Unterwelt fast alltäglichen – Auseinandersetzung zwischen rivalisierenden Zuhältern wegen eines Straßenmädchens, bei der es allenfalls am Rande auch um Politik ging. Der Ermordete, der aus Bielefeld stammende Pfarrerssohn Horst Wessel, ein verbummelter Korpsstudent, war indessen – für Goebbels: glücklicherweise – nicht nur ein Profi des Dirnenmilieus, sondern nebenher auch in der SA, wo er es als gefürchteter Schläger zum Führer des Sturms 5 in Berlin-Friedrichshain gebracht hatte – Grund genug, ihn zum »Blutzeugen der nationalsozialistischen Bewegung«, zum »Märtyrer der großen Idee des Führers« zu verklären, um so mehr, als der Ermordete als Verfasser eines Liedes galt, das zu einer älteren Melodie von der Berliner SA gern gesungen (und von den Nazis später zur zweiten deutschen Nationalhymne erhoben) wurde: »Die Fahne hoch, die Reihen fest geschlossen, SA marschiert mit ruhig festem Schritt . . .«

Goebbels bezeichnete sich gern als »Angehöriger der Frontgeneration«, wandte sich dreist an sein Publikum mit der – seinen Klumpfuß zur Kriegsverwundung verfälschenden – Formel: »Wir Zerschossene des Weltkriegs«, nicht zuletzt, weil er von 1930 an in Berlin einen Rivalen hatte, einen weiteren »Beauftragten des Führers in Berlin«, der tatsächlich ein hochdekorierter Frontoffizier gewesen war: den Fliegerhauptmann a. D. Hermann Göring, der aus dem oberbayerischen Rosenheim stammte und schon am Münchner Hitler-Putsch von 1923 teilgenommen hatte. Görings Auftrag war, für Hitler bei den Herren der Industrie und der Großbanken um Sympathien (und Spenden) zu werben und ihnen klarzumachen, daß die Nazis den Kapitalismus schützen und fördern, die Gewerkschaften und die Arbeiterparteien zerschlagen, eine stramme Diktatur errichten und eine massive Wiederaufrüstung betreiben würden, an der sich glänzend verdienen ließe.

Während Göring in den Salons der Großbourgeoisie für Hitler Reklame machte, wandte sich Goebbels propagandistisch vor allem an das von sozialem Abstieg bedrohte Kleinbürgertum, das sich nach dem Verlust seiner Ersparnisse in den Jahren der Inflation nun in seiner wirtschaftlichen Existenz gefährdet sah und sich zurücksehnte zur schwarz-weiß-roten Monarchie. Diesen Kleinbürgern verkündete Goebbels, schuld an allem Unglück seien die Juden, die sich im Kriege feige gedrückt und, während die »Frontgeneration« tapfer im Felde kämpfte, auf Kosten des nun verarmten Mittelstandes bereichert hätten. Die Arbeiterbevölkerung des Berliner Ostens und Nordens war – wie schon zu Zeiten der vergeblichen antisemitischen Propaganda des Hofpredigers Stoecker – weitestgehend immun gegen solche Hetze. Doch beim unteren Mittelstand fand Goebbels zunehmend Glauben für seine infamen Lügen, zumal er sie ständig wiederholte, ohne daß ihm jemand energisch genug widersprach. Schließlich veröffentlichte der »Reichsbund jüdischer Frontsoldaten« eine amtlich beglaubigte Liste der rund zwölftausend jüdischen Gefallenen des Weltkriegs 1914–1918. Mit Namen, Dienstgrad, Truppenteil, Geburts- und Todesdaten waren sie aufgeführt, unterteilt nach ihren Heimatorten, allein aus Berlin fast zweitausend. Exakt, bis auf die zweite Stelle hinter dem Komma, entsprachen die prozentualen Anteile jüdischer Kriegsteilnehmer, Verwundeter, Gefallener und Vermißter denen der Gesamtbevölkerung.

Aber Goebbels kam es ja nicht auf die Wahrheit an, sowenig wie auf den Anstand. »Wenn einer zu mir sagt: ›Eure Propaganda hat ja kein gesittetes Niveau‹, dann brauche ich mich mit ihm gar nicht erst zu unterhalten«, erklärte er seinen jubelnden Zuhörern. »Es kommt nicht darauf an, daß eine Propaganda Niveau hat, sondern darauf, daß sie zum Ziele führt!«

Indessen war er damals, wie es schien, von diesem Ziel, der Eroberung Berlins, noch sehr weit entfernt. Bei den Reichstagswahlen vom 20. Mai 1928 hatte die NSDAP in ganz Deutschland nur 2,6 Prozent der Wählerstimmen und damit – es gab noch keine Fünf-Prozent-Hürde – ganze zwölf Mandate errungen, keins davon in Groß-Berlin und Umgebung. Nur in Franken, Oberbayern und Südhannover-Braunschweig hatten die Nazis örtliche Erfolge erzielt. In Groß-Berlin, aber auch in Potsdam I und II, hatten SPD und KPD zusammen jeweils die absolute Mehrheit.

Indessen setzte im folgenden Jahr, im Herbst 1929, die Weltwirtschaftskrise ein. Von New Yorks Wall Street ausgehend, traf sie Deutschland und hier vor allem Berlin besonders hart. Die Anzahl der Arbeitslosen in der Reichshauptstadt erreichte 1930 den Rekordstand von 450 000. Goebbels war begeistert: »Not und Verzweiflung – das sind die besten Voraussetzungen für unsere Propaganda«, erklärte er seinen Mitarbeitern, und in seinem Berliner Kampfblatt, »Der Angriff«, startete er eine neue Kampagne, diesmal gegen »die reichen Juden«, die sich auf Kosten des Volkes mästeten.

Nun gab es gewiß eine Anzahl sehr reicher Juden in Berlin – Industrielle wie die Familien Friedländer-Fuld, Loewe oder Rathenau, Bankiers wie die v. Mendelssohns und v. Bleichröder, Zeitungsverleger wie die Familien Ullstein und Mosse oder Warenhausbesitzer wie die Familien Tietz und Wertheim. Aber auch hier entsprach der Anteil jüdischen Reichtums ziemlich genau dem der Juden an der Gesamtbevölkerung. Die breite Mehrheit der Juden Berlins war wirtschaftlich um keine Spur besser gestellt als die nichtjüdische Einwohnerschaft der Hauptstadt. Zwar gab es, wie schon erwähnt, sehr zahlreiche jüdische Mediziner, darunter auch viele keineswegs wohlhabende Armenärzte. Die meisten Juden Berlins aber waren Unselbständige: Angestellte, Lehrer, auch Kellner, Dienstboten, Krankenpfleger, Eisenbahner oder Industriearbeiter. Und bei denen, die sich stolz als »Selbständige« bezeichneten, bedeutete dies meist auch nur, daß sie Provisionsvertreter, Handwerker, Inhaber kleiner Läden, Restaurants oder Kinos waren, häufig nur von der Hand in den Mund lebten und sich näher am proletarischen Elend befanden als die Unselbständigen.

Wer das nicht glauben wollte, der brauchte sich nur die Gegend nördlich des Alexanderplatzes anzusehen, wo ein hoher Prozentsatz der 172 000 Juden Berlins (und ein noch höherer der in der Hauptstadt ansässigen rund 40 000 ausländischen Juden) damals lebte. »Wie viele darunter Ostjuden waren«, heißt es in einer Studie von

Eike Geisel, »das übertreibt der Polizeipräsident und untertreibt die Jüdische Gemeinde, wie viele davon im Scheunenviertel wohnten, übertreibt das städtische Wohnungsamt und untertreibt das jüdische Arbeiterfürsorgeamt ... Hier soll die Feststellung genügen, daß einige Tausend hinter dem Alexanderplatz gewohnt haben« – in unbeschreiblichem Elend. »Die in die billige Abbruchgegend ... ziehen, dem ukrainischen Hetman entkommen oder von polnischer Soldateska nur ausgeplündert, verwechseln vor lauter Dankbarkeit den Schlesischen Bahnhof mit den Piers von Manhattan ... Weil das Geld für die Passage nicht reicht, halten sie das Scheunenviertel für Klein-Brooklyn, und so spricht sich die Grenadierstraße bis in die entlegensten Dörfer Galiziens herum als sagenhafte erste Stufe zum Paradies ...« Dabei war sie doch nur eine der verkommensten Straßen eines Slums im Herzen Berlins, an Armseligkeit und Schmutz nur noch übertroffen von der noch etwas weiter nördlich gelegenen Mulackstraße, der »Mulackei«.

Indessen war das Scheunenviertel kein Getto, vielmehr eine Arme-Leute-Gegend, in der auch die »arische« Unterwelt ihre Quartiere hatte. Dort tagten in trüben Kneipen die Zuhälter- und Schränker-Vereinigungen mit altfränkisch-biederen Namen wie »Immertreu« und »Felsenfest«, von hier aus kommandierten »Ring-« und »Spar-Vereine« Tausende von Strichmädchen, und aus diesem Milieu rekrutierten sich auch die braununiformierten Schlägertrupps, die die aus der Provinz mitgebrachte Knüppelgarde des Dr. Goebbels unterstützten, wenn es galt, täglich aufs neue »Rabatz« zu machen, um in den Schlagzeilen zu bleiben.

Die schon im Zeichen der Weltwirtschaftskrise und Massenarbeitslosigkeit stehenden Reichstagswahlen vom 14. September 1930 machten Hitlers NSDAP mit einem Schlage von einer unbedeutenden Splittergruppe zu einer Massenpartei: Statt mit nur zwölf Abgeordneten zog sie nun mit 137 »Alten Kämpfern« in den Berliner Reichstag ein. Aber in Berlin selbst hatten die Nazis nur einen bescheidenen Erfolg: Von den zwanzig Mandaten, die die Reichshauptstadt zu vergeben hatte, konnte die NSDAP nur zwei erobern, eins für Dr. Goebbels und eins für Hermann Göring. Die Kommunisten gewannen acht der Berliner Reichstagssitze und waren nun die stärkste Partei der Hauptstadt, die SPD war mit nur noch sechs Berliner Abgeordneten auf den zweiten Platz verwiesen. Die bürgerlichen Parteien – Demokraten, Zentrum und Deutschnationale – teilten sich die restlichen vier Berliner Mandate. Der Stimmengewinn der Nazis war eindeutig zu Lasten des bürgerlichen Lagers gegangen, die Linke hatte im Ganzen erheblich zugenommen, vor allem die Kommunisten auf Kosten der Sozialdemokraten. Bei einem

Kräfteverhältnis der Nazis gegenüber den Arbeiterparteien von 1 zu 7 stand fest: Berlin bleibt rot!

Indessen war von dieser politischen Polarisierung, von den fast täglichen Krawallen und Schießereien zwischen den Nazis auf der einen, den republikanischen und kommunistischen Kampfverbänden auf der anderen Seite, von der weiter ansteigenden Arbeitslosigkeit und der daraus resultierenden Not in den Arbeitervierteln kaum etwas zu spüren, wenn man nicht am Wedding, am Friedrichshain oder am Prenzlauer Berg, in Neukölln oder in den nördlichen und östlichen Außenbezirken wohnte, sondern am Kurfürstendamm und in seinen vornehmen Seitenstraßen, im Grunewald, in Dahlem oder Zehlendorf.

Am »Ku-'damm« gab es jetzt noch mehr elegante Geschäfte, Cafés und Bars. Die nun schon 58 Theater der Stadt, die ungezählten Kabaretts und Kleinkunstbühnen, fast alle im Westen gelegen, waren Abend für Abend gut besucht. Die zahlreichen teuren Nachtlokale, teils im Westen, teils an der Friedrichstraße, die sich gegenseitig mit allerlei frivolen Attraktionen zu überbieten suchten – »vor allem im Nepp«, wie die Berliner fanden –, machten glänzende Geschäfte, und der Fremdenverkehr erreichte Rekordhöhen. Monatlich besuchten etwa 180 000 Ausländer, davon rund 36 000 Amerikaner und etwa 15 000 Briten, die Metropole an der Spree, und auch im benachbarten Ausland, vor allem in Polen, der ČSR und in Schweden, fand man schon damals, daß Berlin eine Reise wert wäre.

Die Stadt hatte ein weiteres Wahrzeichen bekommen: den gerade fertiggestellten, 137 Meter hohen Funkturm, dazu zahlreiche moderne Messehallen und ein »Haus des Rundfunks«, alle am Westrand Charlottenburgs, an der Einfahrt zur Avus gelegen, und Woche für Woche gab es »Ereignisse«, bei denen »man« unbedingt dabeigewesen sein mußte, gleich ob es sich um eine Vernissage am Kurfürstendamm, ein Sechstagerennen im Sportpalast, eine Modenschau im Eden-Hotel, ein Gastspiel der Tiller-Girls in der »Scala«, eine neue Reinhardt-Inszenierung oder die Vorstellung eines Elefantenbabys im Zoo handelte. Vor lauter Trubel und Hast, von den Berlinern stolz »Tempo« genannt, übersahen die meisten die Zeichen der Zeit. Dabei hätte es die Berliner eigentlich stutzig machen müssen, daß die bürgerlichen Parteien, auch die Demokraten, ja sogar die SPD, im Frühjahr 1932 für die Wiederwahl des Reichspräsidenten v. Hindenburg eintraten, dessen erste Wahl sie 1925 noch so heftig bekämpft hatten. Jetzt priesen sie den kaiserlichen Feldmarschall a. D., an dessen reaktionärer Gesinnung kein Zweifel bestehen konnte, als »das kleinere Übel«, denn der Gegenkandidat, dessen Sieg es zu verhindern galt, hieß – Adolf Hitler.

Die neue Kranzler-Ecke Kurfürstendamm, Ecke Joachimstalerstraße.

Also gaben die Berliner mehrheitlich Hindenburg seufzend ihre Stimme. Er siegte dann auch im zweiten Wahlgang, hatte aber nichts Eiligeres zu tun, als seinen treuesten Wahlhelfer, den Zentrumskanzler Brüning, zu entlassen, ein »Kabinett der Barone« mit dem ebenso eitlen wie intriganten Rittmeister a. D. Franz v. Papen an der Spitze einzusetzen, den Reichstag aufzulösen und dem neuen Kanzler diktatorische Vollmachten einzuräumen, die dieser auch sofort benutzte: Papen verhängte über Groß-Berlin den Belagerungszustand, erklärte die legale, sozialdemokratische Regierung Preußens für abgesetzt und drohte – ganz wie zu Kaisers Zeiten! – mit dem Einsatz des Militärs, falls es zu Unruhen käme.

Doch es blieb ruhig in Berlin. SPD-Führung und Gewerkschaften wagten angesichts der herrschenden Massenarbeitslosigkeit keinen Generalstreik zu proklamieren, wie die Berliner Arbeiter es erwarteten. Und da sie einen Bürgerkrieg fürchteten, sich auch so wenig mit den Kommunisten verbünden wollten wie diese sich mit ihnen, erklärten sie lediglich: »Wir führen den Kampf für die Erhaltung der Republik mit dem Stimmzettel!«

Die Reichstagswahlen bescherten den Nazis am 31. Juli 1932 den erwarteten triumphalen Erfolg – allerdings wiederum nicht in Berlin: Dort fielen von den diesmal sechzehn Direktmandaten sechs an die

Kommunisten, fünf an die SPD. Die Nazis errangen in der Reichshauptstadt nur vier Sitze – auf Kosten des bürgerlichen Lagers, das nun zusammengeschmolzen war auf nur noch einen – deutschnationalen – Abgeordneten.

Weniger gut für die Linke sah es hingegen diesmal in den beiden Potsdamer Wahlkreisen aus: Hier fielen von 36 Mandaten 14 an die Nazis, zwei an Deutschnationale, einer an das Zentrum. Die KPD errang acht, die SPD zehn Mandate. Während also in Berlin selbst noch eine – wenngleich unter sich keineswegs einige – »rote« Zweidrittelmehrheit bestand, hatten im breiten Ring um die Reichshauptstadt die Nazis fast 40 Prozent der Wähler für sich gewonnen. In diesem ländlichen Ring um Berlin war bereits bei der Reichspräsidentenwahl die SA zum Sturm auf die verhaßte Hauptstadt angetreten – rund 30000 Mann waren dazu in Nord- und Süddeutschland mobilisiert worden –, und bald, so hatten die braununiformierten Arbeitslosen geprahlt, die aus der gutgefüllten Parteikasse der NSDAP besoldet worden waren, würde es »richtig« losgehen. Dann würden in Berlin »die Köpfe rollen!«.

Aber als im November nochmals ein neuer Reichstag gewählt wurde – es war der vierte Urnengang in diesem Krisenjahr, die Landtags- und Kommunalwahlen gar nicht eingerechnet –, da erlitt die Hitlerpartei einen deutlichen Rückschlag: Sie verlor im ganzen Reich 4,3 Prozent der Stimmen. In Berlin errangen – von insgesamt 17 Direktmandaten – die KPD sieben, die SPD fünf, die NSDAP vier und die Deutschnationalen eins. Die »rote« Mehrheit war also durch weitere Zugewinne der Kommunisten noch stärker geworden, und die Berliner Arbeiterschaft war wieder zuversichtlich. Die braune Gefahr schien gebannt, und auch wirtschaftlich zeigte sich bereits der »erste Silberstreif am Horizont«. Erstmals seit Jahren war die Arbeitslosigkeit nicht mehr gestiegen, sondern sogar schon etwas zurückgegangen. Der allen verhaßte Papen hatte einem neuen Kanzler Platz machen müssen: einem Reichswehrgeneral mit Monokel: Kurt v. Schleicher. Zu Weihnachten erfuhren die Berliner, daß dieser neue Reichskanzler ein breites Bündnis anstrebe, das die »gemäßigten, mehr sozialistischen« Nazis um Gregor Strasser, der mit Hitler gebrochen hatte, ebenso einschließen sollte wie die SPD-nahen Gewerkschaften. Die Berliner Arbeiter nahmen dies gelassen zur Kenntnis, neugierig, aber wie immer skeptisch.

»Na, denn prost!« konnte man am Silvesterabend 1932 in vielen Kneipen einen zum anderen sagen hören. »Jetz' mußde schon froh sint, det du det benagelte Kriejadenkmal jewählt has', un' det 'n Jeneral mit'm Scherben im Ooge Kanzler is' – Menschenskinder, wat sind wa uff'n Hund jekomm' ... Wenn det ma jut jeht!«

»MAN KANN JANICH'
SO VILLE ESSEN,
WIE MAN KOTZEN MUSS ...«

Es ging nicht gut. Schon Mitte Januar wurde deutlich, daß sich die Schwerindustriellen, die Großbankiers und die ostelbischen Junker mit Hindenburg, dessen Umgebung und der Reichswehr geeinigt hatten: Entweder sollte die Republik in eine Militärdiktatur als Übergang zur Monarchie verwandelt werden, oder aber man müßte Hitler freie Hand geben, mit seinen SA- und SS-Rabauken einmal gründlich aufzuräumen. Die Entscheidung fiel in Berlin, aber nicht in der Wilhelmstraße. Am Abend des 22. Januar 1933 stahlen sich Hindenburgs – »in der Reichsverfassung nicht vorgesehener« – Sohn Oskar und Staatssekretär Meissner aus dem Reichspräsidentenpalais. Vor dem Hintereingang wartete ein Taxi, »weil das« – so später Meissner – »weniger auffällig war«. Sie fuhren hinaus in den vornehmen Villenvorort Dahlem, zum Haus eines bis dahin wenig bekannten Nazis, des gerade erst der NSDAP beigetretenen Gatten der Sektkellerei Henkell-Erbin, Joachim v. Ribbentrop. Dort erwarteten sie nicht nur der Hausherr und dessen Kriegskamerad, Ex-Kanzler v. Papen, sondern auch führende Nazis: Hitler, Himmler, Göring und Frick, die – so Meissner – über die hintere Gartenmauer geklettert und in die Villa geschlichen waren.

Hitler und Oskar v. Hindenburg hatten ein einstündiges Gespräch unter vier Augen; auf der Rückfahrt in die Stadt sagte der Präsidentensohn zu Meissner, nun helfe alles nichts mehr – die Nazis müßten jetzt mitregieren.

In den nächsten Tagen schwirrten tausend Gerüchte durch Berlin. Am 25. Januar 1933 zogen noch einmal lange Kolonnen von Arbeitern mit roten Fahnen in die Innenstadt – vom Wedding und aus Siemensstadt, von Borsig und Osram, vom Osthafen und von der Knorr-Bremse, sogar vom Stahl- und Walzwerk Henningsdorf, von allen Betrieben, die im weiten Bogen um Berlin lagen, von Spandau bis Köpenick, Gewerkschafter, Kommunisten und Sozialdemokraten. In der Innenstadt schlossen sich die Drucker und Setzer der großen Zeitungsverlage und der Reichsdruckerei ihnen an, auch die

Straßenbahnschaffner und Omnibusfahrer. Halb Berlin war auf den Beinen, bei 18 Grad Kälte und eisigem Wind demonstrierten die Massen ein letztes Mal gegen die dreiste Herausforderung der alten Geld- und Machtelite, die eine braune Diktatur installieren wollte. Es war ein vergebliches Aufbegehren.

Am Sonnabend, dem 28. Januar, entließ Hindenburg den Reichskanzler v. Schleicher; bis zum Sonntagabend zögerte er noch, Hitler zum Nachfolger zu berufen – nicht etwa, weil er besorgt war um die Verfassung, auf die er vereidigt war, oder um die Menschenrechte, die von den Nazis, wie jedermann wußte, mit Füßen getreten werden würden, sondern weil ihm der Parvenü Hitler, dieser »böhmische Gefreite«, nicht fein genug war. Dabei wartete Hitler schon nebenan, im Hotel Kaiserhof, und hatte seinen Frack bereits angezogen.

Am Montagmittag, dem 30. Januar 1933, war es dann soweit: Hitler wurde zu Hindenburg gerufen, bekam seine Ernennung zum Kanzler, stellte seine Minister vor, wurde auf die Verfassung vereidigt, hielt seine erste Kabinettsitzung ab, setzte die Auflösung des – erst drei Monate zuvor gewählten – Reichstags durch und nahm am Abend vom erleuchteten Fenster der Reichskanzlei aus den stundenlangen Vorbeimarsch seiner begeisterten Anhänger ab.

»Ganz Berlin bringt dem Führer und Reichskanzler seine Ovation dar«, triumphierte Goebbels. »Der Jubel der Berliner kennt keine Grenzen mehr!« Er versuchte der Welt und auch den Berlinern selbst zu suggerieren, das »rote Bollwerk« hätte längst kapituliert, seine Verteidiger wären mit fliegenden Fahnen zu den Nazis übergegangen.

Die Wahrheit sah indessen anders aus: Aus der Mark Brandenburg, aus Mecklenburg und Pommern, aus Schlesien und der Grenzmark Posen-Westpreußen, sogar aus Schleswig-Holstein, aus Südhannover-Braunschweig und aus Thüringen waren in aller Eile sämtliche verfügbaren SA- und SS-Verbände zusammengeholt worden, um gemeinsam mit den Berliner Nazis den stundenlangen Vorbeimarsch durchzuführen, an dem auch die deutschnationalen Organisationen, der »Stahlhelm« und der »Kyffhäuserbund«, teilnahmen. Die »jubelnden Berliner« waren also in Wahrheit nur zum Teil Einwohner der Reichshauptstadt, doch der Eindruck, nicht zuletzt auf das Ausland, war genau der, den Goebbels zu erwecken suchte, und das war schließlich die Hauptsache.

Am nächsten Tag, dem 31. Januar 1933, notierte sich Goebbels: »In einer Unterredung mit dem Führer legen wir die Richtlinien im Kampf gegen den roten Terror fest. Vorläufig wollen wir von direkten Gegenmaßnahmen absehen. Der bolschewistische Revolutionsversuch muß erst einmal aufflammen. Im geeigneten Moment werden wir dann zuschlagen . . .«

Sie waren noch sehr unsicher, die neuen Inhaber der Staatsmacht, wußten noch nicht so recht, wie weit sie jetzt mit der Zerstörung der Republik, der Beseitigung der Demokratie und des Rechtsstaats würden gehen können. Die Riesenstadt Berlin war ihnen fremd. Kein einziger von ihnen, die jetzt das »Kabinett Hitler« bildeten, war Berliner, auch keiner der führenden Nazis, die vorerst noch kein hohes Staatsamt übernommen hatten, stammte aus der Reichshauptstadt oder auch nur aus der näheren Umgebung: Göring, Frick, Röhm, Himmler und ein Dutzend weiterer Naziführer waren Bayern, Goebbels und v. Ribbentrop stammten aus dem Rheinland, Rudolf Heß, der neue »Stellvertreter des Führers«, war im ägyptischen Alexandria geboren und hatte seit 1919 in Bayern gelebt, ebenso der Chefideologe Alfred Rosenberg, der aus Reval stammte. Nur Graf Helldorff, SA-Gruppenführer von Berlin-Brandenburg, der dann Berliner Polizeipräsident wurde, war zwar aus Merseburg gebürtig, kannte sich aber in Berlin schon ganz gut aus. Er wurde zu Rate gezogen und empfahl, mit der großen »Abrechnung« noch etwas zu warten, noch mehr SA aus anderen Teilen Deutschlands nach Berlin zu verlegen und »die Roten« so lange zu provozieren, bis sie etwas unternahmen, das sich als Vorwand zum Losschlagen verwenden ließ.

Und so geschah es: Tausende von linken Funktionären, Flugblattverteilern und Plakatierern wurden verhaftet und brutal mißhandelt, mindestens 51 erschlagen. Am 23. Februar ließ Göring das Karl-Liebknecht-Haus, die – längst geräumte – Zentrale der KPD, besetzen und durchsuchen – vergeblich: Außer ein paar Stapeln alter Zeitungen, die noch im Papierkeller lagerten, fanden sie nichts, und es nutzte wenig, daß Goebbels erklärte, in den »Katakomben« der Kommunisten wären »unwiderlegbare Beweise« für einen geplanten Aufstand »sichergestellt« worden.

Dann aber, endlich, am Abend des 27. Februar 1933, stand das Reichstagsgebäude in Flammen und brannte aus. Sofort erklärten die Nazis, die Brandstifung wäre das Werk der Kommunisten und das Signal zum Aufstand – wobei es dahingestellt bleiben kann, ob sie, wofür vieles spricht, das Feuer selbst gelegt haben oder ob ihnen ein Wirrkopf den höchst willkommenen Vorwand für ihr weiteres Vorgehen geliefert hat. Denn nun ließen sie jede Rücksicht auf Gesetz und Recht fallen. »Ich habe keine Gerechtigkeit auszuüben, sondern nur zu vernichten und auszurotten!« brüllte der neue preußische Ministerpräsident Göring. Abertausende wurden sofort verhaftet und eingesperrt, gleich ob Kommunisten, Sozialdemokraten, christliche Gewerkschafter oder andere den Nazis Mißliebige. Hunderte erlagen den Mißhandlungen, noch ehe man sie irgendwo »einlieferte« – in Gefängnisse, Zuchthäuser, dann, als diese nicht mehr ausreichten, in eilig errichtete »Schutzhaftlager« oder, wie in Berlin, ins Columbia-Haus am Potsdamer Platz, das sich die SA zu ihrer »Abrechnungsstelle« erkoren hatte und wo sie ihre Häftlinge auf schrecklichste Weise folterte.

Die Terrorwelle, die erst über Berlin, dann über ganz Deutschland hinwegging und ungezählte Opfer forderte, war indessen nur der Anfang und diente der Vorbereitung der Reichstagswahlen, die am 5. März 1933 stattfanden. Die eingeschüchterten Wähler sollten Hitler zu einer Zweidrittelmehrheit verhelfen, und neben dem Terror erlebte Deutschland in dieser Woche eine »Propagandaschlacht« sondergleichen, bei der sich Goebbels auch des Rundfunks bemächtigte und ihn kurzerhand zum Parteiinstrument der Nazis machte, während die gegnerische Presse verboten, Wahlveranstaltungen der Linken gesprengt, KPD- und SPD-Politiker mißhandelt und verschleppt wurden. Aber die Wahlen fielen dennoch anders aus, als Hitler es sich erhofft hatte: Die NSDAP verfehlte mit nur 43,9 Prozent Stimmenanteil die absolute Mehrheit, und in Berlin erhielten die Nazis sogar nur sechs der 19 Mandate. Die KPD errang ebenfalls sechs, die SPD fünf Reichstagssitze, und je einen Berliner Abgeordneten stellten das Zentrum und die Deutschnationalen, so daß es in der Reichshauptstadt, allem Terror zum Trotz, nach wie vor eine breite Mehrheit von Nazigegnern gab.

Indessen wußte sich Hitler die für die Scheinlegalität seiner Diktatur erforderliche Majorität im Reichstag dadurch zu verschaffen, daß er die KPD verbot und ihren Abgeordneten das Mandat aberkannte. Was aber das »rote Berlin« betraf, so begann nun das, was Kurt Daluege, ein Oberschlesier, der seit 1928 die Berliner SS befehligte, zynisch »das Großreinemachen« nannte. Daluege, neun Jahre später verantwortlich für die Vernichtung von Lidice und deshalb 1946 in Prag hingerichtet, wurde zu Beginn des »Dritten Reiches« Befehlshaber der preußischen Polizei. Mit einer Brutalität sondergleichen ließ er ausgewählte Hundertschaften, zur Hälfte aus – zu »Hilfspolizisten« ernannten – SA- und SS-Rabauken bestehend, die Arbeitergegenden »durchkämmen« und – so Göring prahlerisch – »den Marxismus in Berlin mit Stumpf und Stiel ausrotten, damit ein für allemal Schluß machen!«

Nahezu alle Partei- und Gewerkschaftsfunktionäre der Linken, soweit sie nicht noch rasch »untertauchen« oder – meist über die grüne Grenze in die Tschechoslowakei – ins Ausland flüchten konnten, wurden verhaftet, mißhandelt, nicht selten ermordet. Weil für die zahlreichen, allein in Preußen über 25 000 »Schutzhäftlinge« dieser März- und Aprilwochen nirgendwo mehr Platz zu finden war, errichteten die Nazis in der Umgebung Berlins die ersten Konzentrationslager: Königs Wusterhausen, Bornim und das besonders gefürchtete KZ Oranienburg, aus dem sich später als ständige Einrichtung des SS-Staates das – zuletzt mit fast dreißigtausend Häftlingen belegte KZ Sachsenhausen entwickelte.

Während Goebbels als neuer »Reichsminister für Volksaufklärung und Propaganda« immer schrillere Töne anschlug, mit Abscheu erregenden Maßnahmen – wie dem Boykott aller jüdischen Geschäfte am 1. April und der öffentlichen Bücherverbrennung vor der Universität am 10. Mai 1933 – Deutschland, vor allem aber Berlin, in internationalen Verruf brachte, die Presse »gleichschaltete« und alle Kulturbereiche von »Nichtariern« und Marxisten »reinigte«, begann nun ein Exodus der »Unerwünschten«, der das bislang so rege geistige und kulturelle Leben Berlins binnen kurzem veröden ließ. Der 86jährige Max Liebermann, befragt von eifrigen Journalisten, was er zum »nationalen Aufbruch« des Frühjahrs 1933 zu sagen hätte, erklärte kurz und bündig: »Man kann janich so ville essen, wie man kotzen muß!« Er blieb in Berlin bis zu seinem Tode im Jahre 1935, von Goebbels mit Malverbot belegt.

Zum 1. Mai 1933 trommelten die Nazis mit einiger Mühe rund hunderttausend Menschen zur traditionellen Maifeier zusammen, die sie »Feiertag der nationalen Arbeit« nannten. Tags darauf stürmte die SA die Gewerkschaftshäuser. Sämtliche Organisationen der Arbeiterschaft wurden verboten, ihr Vermögen beschlagnahmt. An die Stelle freier Gewerkschaften trat die »Deutsche Arbeitsfront« mit dem Leutnant a. D. Robert Ley, einem Rheinländer, an der Spitze. Das Streikrecht wurde abgeschafft, das »Führerprinzip« galt nun auch in den Betrieben, was bedeutete, daß die »Betriebsführer« zu befehlen, die Arbeiter und Angestellten zu gehorchen hatten.

Zur gleichen Zeit tobten sich SA und SS in ganz Berlin in einer Weise aus, die ein amerikanischer Beobachter, Allan Bullock, so beschrieben hat: »Die Straße hatte die Herrschaft über die Machtmittel eines großen, modernen Staates angetreten, der Pöbel war an die Macht gekommen.« Aber es waren – um der Ehre Berlins willen sei dies festgestellt – fast ausnahmslos keine Berliner, die den in der Reichshauptstadt wie überall in Deutschland nun waltenden Terror organisierten und lenkten, einen Terror, der – um nur ein einziges grausiges Beispiel zu nennen – allein in Berlin-Köpenick binnen sieben Tagen, der »Köpenicker Blutwoche«, 91 Nazigegnern, die zuvor entsetzlich mißhandelt worden waren, das Leben kostete.

Die Verantwortlichen für die 1933 in Berlin errichtete, zwölf Jahre während Schreckensherrschaft der Nazis waren von Anfang an bis zum bitteren Ende durchweg im Zivilberuf gescheiterte Existenzen aus anderen Gegenden Deutschlands, so beispielsweise alle in Groß-Berlin kommandierenden SA- und SS-Führer – mit der einen Ausnahme des am 30. Juni 1934, als er gerade seine Hochzeitsreise antreten wollte, von der SS verhafteten, noch am selben Tag, zusammen mit vielen anderen angeblichen Verschwörern, im Hof der Kadettenanstalt Berlin-Lichterfelde erschossenen SA-Führers Karl Ernst. Auch in der Gestapo-Zentrale in der Prinz-Albrecht-Straße waren alle wichtigen Positionen mit Nicht-Berlinern besetzt; der erste Chef dieser gefürchteten Geheimpolizei, der abgehalfterte Marineoffizier Reinhard Heydrich aus Halle, hatte vorzugsweise Beamte aus der Politischen Polizei Münchens nach Berlin geholt, unter ihnen auch seinen Nachfolger in der Leitung, Heinrich Müller, genannt »Gestapo-Müller«. Sogar beim Aufbau des Reichssicherheitshauptamts (RSHA), der Terror-Zentrale des »Dritten Reiches«, die zunächst in der Wilhelmstraße 102 residierte, wählte Heydrich – wie später auch sein Nachfolger, der Österreicher Ernst Kaltenbrunner – vorzugsweise Akademiker aus der Provinz für die Besetzung der Schlüsselpositionen aus, keine Berliner: Reinhard Höhn aus Thüringen, Walter Schellenberg aus Saarbrücken, Werner Best aus Darmstadt, Otto Ohlendorf aus Niedersachsen, Hermann Behrends aus Wilhelmshaven, Hermann Mehlhorn aus Sachsen, Gunter d'Alquen aus Essen und ein halbes Dutzend weitere Kreaturen, unter ihnen Adolf Eichmann aus Solingen, der sich in Österreich den Nazis angeschlossen und von dort zum SD gemeldet hatte – sie bildeten Heydrichs Kerntruppe, zu der später ein einziger Berliner stieß: Arthur Nebe, Oberleutnant a. D. und Kriminalkommissar, der mit der Eingliederung der Kripo in das RSHA dort Chef des Amts V (Kriminalpolizei) wurde und als Beteiligter an der Verschwörung vom 20. Juli 1944 noch kurz vor Kriegsende unter dem Fallbeil starb. Und wie bei Gestapo und SD, so war es auch bei den übrigen Partei-, SS- und sonstigen Nazi-Führern: Unter tausend Prominenten und Hauptverantwortlichen gab es nicht mehr Berliner, als man an den Fingern einer Hand abzählen kann, und dabei hätten es doch, geht man von dem Anteil der Berliner an der Gesamtbevölkerung des Deutschen Reiches aus, erheblich mehr sein müssen, nämlich mindestens vierzig, wenn man die fast 100 Millionen Einwohner des »Großdeutschen Reiches« zur Berechnungsgrundlage nimmt, und etwa 62, wenn man sich auf die Reichsbevölkerung von 1933, rund 65 Millionen, beschränkt. Entweder mißtraute die Nazi-Führung denen, die in Berlin geboren und aufgewachsen, an freie Luft, unverblümte Kritik und ein hohes Maß an religiöser wie nationaler Toleranz gewöhnt und zudem bekannt waren für ihre Respektlosigkeit gegenüber jedweder Obrigkeit. Oder aber es gab in der Reichshauptstadt nicht genügend bewährte »Alte Kämpfer«, die für Kommandostellen in Frage kamen.

Wie dem auch sei, jedenfalls bekam Berlin von 1933 an wieder Abertausende von Zuzüglern von überall her, nur waren es diesmal keine Verfolgten, sondern Verfolger, die ihrerseits zahllose alteingesessene Berliner zu unterdrücken und zu vertreiben begannen. Die ersten, die dem Terror zum Opfer fielen oder ihm gerade noch durch Flucht ins Ausland entkommen konnten, waren die politischen Gegner der Nazis, vor allem Kommunisten, Sozialdemokraten und Gewerkschafter, aber auch zahlreiche bürgerliche Demokraten. Doch sobald deren Organisationen zerschlagen waren, begannen die Maßnahmen, deren Ziel es war, den Juden den Verbleib in ihrer Heimatstadt unmöglich zu machen. Systematisch wurden sie ihrer Existenzmöglichkeiten, ihrer staatsbürgerlichen und menschlichen Rechte beraubt.

Die Judenverfolgung traf indessen nicht allein die Berliner jüdischen Glaubens, sondern auch die zahlreichen »Nichtarier«, die, obwohl sie Christen waren oder keiner Religionsgemeinschaft angehörten, ihrer jüdischen Vorfahren wegen als ebenfalls »fremdrassig« galten. (Daß Juden einer fremden Rasse angehörten, gehörte zu den Glaubensartikeln der Nazis. Die Absurdität, daß es kein einziges anderes »Rasse«merkmal der »Nichtarier« gab als ihre oder ihrer Vorfahren Zugehörigkeit zu einer Religionsgemeinschaft, schien sie nicht zu stören.) Von den »Rasse«gesetzen mitbetroffen waren auch die »arischen« Familienmitglieder eines »Nichtariers« sowie »Mischlinge 1. und 2. Grades« – in Berlin insgesamt fast dreihunderttausend Menschen.

Schon 1933 emigrierten etwa 20 000 Berliner Juden, darunter viele mit Berufsverbot belegte Freiberufler und entlassene Beamte und Offiziere mit ihren Familien, aber gleichzeitig setzte ein Zustrom von Juden ein, die aus Dörfern und Kleinstädten, wo sie besonders gefährdet waren, nach Berlin flüchteten, das ihnen sicherer erschien und wo es zunächst noch ein reges Gemeindeleben und einen »Jüdischen Kulturbund« gab, dessen Theateraufführungen, Konzerte und sonstige Veranstaltungen sie besuchen konnten, wogegen ihnen die Teilnahme am allgemeinen kulturellen Leben verboten war.

Die Diskriminierung der jüdischen Bürger Berlins ging so weit, daß im Sommer 1935 alle Parkbänke der Stadt mit der Aufschrift »Nur für Arier« versehen wurden; einige wenige gelbangestrichene Bänke mit dem Hinweis »Nur für Juden« wurden an abgelegenen, wenig einladenden Orten aufgestellt.

Indessen verschwanden diese und andere deutliche Merkmale der Diskriminierung und Entrechtung aus dem Straßenbild Berlins für einige Wochen, als im Sommer 1936 die XI. Olympischen Spiele in Berlin ausgetragen werden. Die Welt sollte von Deutschland und seiner Hauptstadt den allerbesten Eindruck bekommen, und so wurde den fast zwei Millionen Besuchern aus dem In- und Ausland, die in der letzten Juliwoche und der ersten Augusthälfte nach Berlin kamen, etwas vorgegaukelt, das der Berliner Volksmund schon damals mit der schnoddrigen Formel »Friede, Freude, Eierkuchen« belegte.

Immerhin, für die Nazis lohnte sich der gigantische Aufwand. Die Ausländer waren beeindruckt, nicht nur von der vorbildlichen Anlage des riesigen Olympia-Stadions nördlich der Heerstraße und den dazugehörigen Einrichtungen, der glänzenden Organisation und dem reibungslosen Ablauf der Spiele, sondern auch von der Friedlichkeit und Freundlichkeit ihrer Gastgeber. Was sie nicht bemerkten, war die Wut Hitlers, als ausgerechnet ein schwarzer Amerikaner, Jesse Owens, nach Nazibegriffen ein »Untermensch«, der erfolgreichste Sportler dieser Olympiade wurde, bei der er in sechs Tagen vier Goldmedaillen gewann; daß beim Florettfechten der Damen Gold, Silber und Bronze an je eine österreichische, ungarische und deutsche »Nichtarierin« fielen – letztere war »die blonde He«(lene) Mayer –, und daß ein Kommunist, der Deutsche Meister im Ringen, Werner Seelenbinder, der zuvor bei einer Siegerehrung den Nazigruß verweigert hatte, die Spiele dazu benutzte, den ausländischen Sportlern ein ungeschminktes Bild Berlins und des dort herrschenden Terrors zu zeigen. (Seelenbinder kam später ins KZ und wurde 1944 hingerichtet.)

Kaum waren die Olympischen Spiele vorbei, da begannen im Herbst 1936 wieder die alten und einige neue Bedrückungen der Juden Berlins, die zwei Jahre später, in der Nacht vom 9. zum 10. November 1938, ihren brutalen ersten Höhepunkt erreichten: Ein von der Naziführung angeordneter, von SA-Rabauken in »Räuberzivil« durchgeführter Pogrom vernichtete binnen weniger Stunden alles, was der jüdischen Gemeinde Berlins und ihren Mitgliedern an Besitz noch verblieben war. Läden und Büros wurden verwüstet und geplündert, Synagogen niedergebrannt, Wohnungen gestürmt, Möbel und Hausrat ebenso zertrümmert wie die Einrichtung von Arztpraxen, auch die Altersheime nicht verschont.

Bleich und verängstigt sahen die Nachbarn dem Zerstörungswerk zu oder blickten beschämt zu Boden und beeilten sich wegzukommen. Kaum einer wagte, seine Empörung laut werden zu lassen. An der brennenden Synagoge in der Charlottenburger Fasanenstraße

schrie eine Frau aus der Menge: »Det soll Volkszorn sint? Det sin'
dieselben, wo schon den Reichstach anjesteckt ham ...!« Einer
raunte ihr zu: »Seinse doch still – det kann Sie den Kopp kosten!«
Darauf die Frau, weithin hörbar: »Wieso denn? Beim Reichstach wa-
rens doch die Kommenisten – oda?«

Nach diesem – verniedlichend »Reichskristallnacht« genannten –
Exzeß eines staatlich organisierten Terrors, bei dem auch mehrere
tausend Juden Berlins in Konzentrationslager verschleppt und mißhandelt, nicht wenige auch ermordet wurden, errichtete die Gestapo
in Berlin eine »Zentralstelle für jüdische Auswanderung«. Fast die
Hälfte der Berliner Juden konnte bis zum Sommer 1939 die Stadt
noch verlassen und unter Zurücklassung fast aller Habe ins Ausland
flüchten. Im August 1939 gab es in Berlin noch 82 788 von den Behörden »erfaßte Nichtarier (Volljuden)«.

Am 1. September 1939 verkündete Hitler in einer für 10 Uhr in die
Kroll-Oper einberufenen Sitzung des Reichstags, dessen Gebäude
die Nazis seit dem Brand nicht wiederhergestellt hatten, daß der
Krieg gegen Polen begonnen habe. Die Abgeordneten, ausnahmslos
dazu ernannte Nazi-Größen, brachen in Jubelstürme aus.

In Berlin aber bejubelte niemand den Beginn des Zweiten Weltkriegs. »Ich ging an die Ecke Wilhelmstraße/Unter den Linden in
der Erwartung, riesige Menschenmengen zu sehen und Szenen zu
erleben, wie man sie mir vom Kriegsausbruch 1914 geschildert
hatte«, erinnerte sich der amerikanische Journalist William L. Shirer,
damals Korrespondent in Berlin. »Aber heute verschwanden die
Menschen rasch ..., und die paar, die stehenblieben, bewahrten
tiefstes Schweigen ... Es war die auffallendste Kundgebung gegen
den Krieg, die ich je erlebte. Dann ging ich zur Reichskanzlei, wo
Hitler auf einem Balkon stand, um den Vorbeimarsch abzunehmen.
Dort standen kaum zweihundert Menschen. Hitler machte eine fin-
stere Miene, wurde sichtlich ärgerlich und verschwand bald nach
drinnen ...«

Nach der Reichstagssitzung verließ er eilig die Stadt, angeblich »auf
dem Weg zur Front«. Er hielt sich ohnehin nur in der Reichshauptstadt auf, wenn seine Anwesenheit dort unerläßlich war, und verbrachte die meiste Zeit auf seiner festungsartigen Besitzung auf
dem Obersalzberg bei Berchtesgaden.

Zwar hatte Hitler seinen Lieblingsarchitekten Albert Speer beauftragt, Berlin weitgehend umzugestalten. Die Ost-West-Achse sollte
mit Kolossalbauten gesäumt und mit einem riesigen Triumphbogen
versehen werden. Zur Neuen Reichskanzlei und zum schon fertigen
Reichsluftfahrtministerium wünschte er sich noch eine »Große Halle«,
290 Meter hoch und mit Platz für 150 000 Menschen, die alle

»Reichskristallnacht«: die von den Nazis angezündete Synagoge in der Oranienburger Straße.

anderen Gebäude winzig erscheinen lassen würde. Aber er war bereits entschlossen, nach dem erhofften »Endsieg« nicht Berlin, sondern das oberösterreichische, damals erst 120 000 Einwohner zählende Linz zur neuen Hauptstadt »Germania« des Weltreichs zu machen, das er sich zu erobern gedachte.

Berlin hatte für Hitler, wie schon für die Hohenzollern, immer etwas Unheimliches, Feindseliges und Beklemmendes. Vielleicht spürte er den stummen Haß, den die Mehrheit der Berliner ihm entgegenbrachte. Er fühlte sich jedenfalls in dieser Stadt niemals sicher, trotz aller Vorkehrungen zu seinem Schutz, trotz der dreifachen Postenkette, mit der ihn seine SS-»Leibstandarte«, die er sich aus München mitgebracht hatte, stets umgab. Der Bayer Sepp Dietrich befehligte diese ständig vergrößerte, erst in der Alexander-Kaserne, dann in der ehemaligen Kadettenanstalt Lichterfelde untergebrachte Leibgarde, die auch das »Führer-Begleitkommando« für seine häufigen Reisen stellte.

Das »rote Berlin«, das Hitler nach Möglichkeit mied, schien zwar vom Terror gelähmt, aber die täglichen Lageberichte des Reichssicherheitshauptamts (RSHA) machten deutlich, daß dieser Schein trog. Trotz drakonischer Strafen, die der 1934 errichtete »Volksgerichtshof« über Regimegegner verhängte, trotz strengster Überwachung aller Lebensbereiche durch Gestapo, SD und beider Spitzel, hielt der Widerstand der Berliner gegen die braune Diktatur unvermindert an. Kaum hatte die Gestapo ihn an einer Stelle ausgelöscht, flackerte er anderswo wieder auf. Zahlreiche größere und kleinere Gruppen – von der Bekennenden Kirche, die der längst amtsenthobene und ins KZ gesperrte Dahlemer Pfarrer Martin Niemöller ins Leben gerufen hatte, bis hin zu dem illegalen Apparat der KPD – hielten die Fahnder des RSHA ständig in Atem. Keine Stadt im »Großdeutschen Reich« erforderte für jeweils tausend Einwohner so viele uniformierte und zivile Sicherheitskräfte wie Berlin, nirgendwo wurden mehr illegale Flugblätter verteilt, nirgendwo mehr »staatsfeindliche« Witze und Redensarten geboren und verbreitet.

Schuld daran, daß sich Berlin dem Nazi-Regime so beharrlich verweigerte, waren nach Hitlers Überzeugung »natürlich die Juden«. Mit dem Kriegsausbruch schwanden seine letzten Rücksichten auf das Ausland: Sogleich wurden alle arbeitsfähigen »nichtarischen« Männer und Frauen als Zwangsarbeiter in den Rüstungsbetrieben eingesetzt. Am Versöhnungsfesttag, im Herbst 1941, wurde dem Rabbiner Leo Baeck mitten in der Predigt von eingedrungenen Gestapobeamten eröffnet, daß alle »abkömmlichen« – nicht in der Rüstungsindustrie und zu anderen Dienstleistungen verwendeten – Juden Berlins »evakuiert« würden. Nun begannen die Deporta-

Der Hof der Neuen Reichskanzlei.

tionen – nach Riga, Minsk, Kowno, Lodz, Lublin, dann in die Konzentrationslager, vor allem nach Auschwitz. Rund 15 000 Berliner Juden, meist alte Leute, wurden in das Getto von Theresienstadt geschafft. Am 16. Juni 1943 verkündete die offizielle Propaganda, Berlin wäre nun »endlich judenrein«. Indessen gab es noch etwa 9000, wovon knapp zwei Drittel mit »arischen« Ehepartnern verheiratet waren, einige wenige, meist am Jüdischen Krankenhaus tätige »Nichtarier« sowie etwa dreitausend – meist bei »arischen« Freunden – »Untergetauchte«, die die Naziherrschaft überlebten. Von den Deportierten, annähernd 70 000, kamen zwischen 90 und 95 Prozent ums Leben; die meisten wurden ermordet, starben als Sklavenarbeiter an völliger Entkräftung oder begingen Selbstmord.

Daß von den am Anfang der Nazi-Diktatur noch 172 000 Berlinern jüdischen Glaubens und den schätzungsweise 50 000 »Nichtariern«, die keiner jüdischen Gemeinde angehörten, überhaupt noch einige übrigblieben, verdankten sie, neben ihrem eigenen Mut, vor allem dem ihrer »arischen« Freunde und Nachbarn. Wie sonst hätten sie als »Untergetauchte« ohne Papiere, ohne Lebensmittelkarten und ohne Wohnung die Kriegsjahre in Berlin überleben können? Dieser unerschrockenen Mitbürger, die in den Schreckensjahren unter ständiger Lebensgefahr den so grausam Verfolgten Obdach und Hilfe boten, sollten sich die städtischen Behörden endlich erinnern;

sie verdienten es, gewiß mehr als hohenzollernsche, die Bürger Berlins einst drangsalierende Militärs, daß man Straßen und Plätze nach ihnen benennt. Großen Mut und beispielhafte Standhaftigkeit bewiesen auch die rund 4800 »arischen« Berlinerinnen, die allen Drohungen und Verlockungen der Behörden zum Trotz ihre »nichtarischen«, zur Zwangsarbeit dienstverpflichteten Ehemänner nicht im Stich ließen. Am 27. Februar 1943 fand unter Leitung des berüchtigten »Judenkommissars« Alois Brunner, eines nach Berlin abkommandierten österreichischen Eichmann-Gehilfen, eine sogenannte »Fabrikaktion« statt: Die jüdischen Männer »arischer« Frauen wurden direkt vom Arbeitsplatz abgeholt und sollten nach Auschwitz deportiert werden. »Die Gestapo ließ uns in ein Gewahrsam in der Rosenstraße bringen«, erinnerte sich Heinz Ullstein, der zu den Verhafteten gehörte. »Da griffen unsere Frauen ein. Bereits in den Morgenstunden des nächsten Tages hatten sie den Aufenthalt ihrer Männer aufgespürt, und wie auf Verabredung, wie auf einen Ruf hin, erschienen sie in Massen vor dem improvisierten Gefängnis. Vergeblich bemühten sich die Beamten der Schutzpolizei, die Demonstrantinnen, etwa sechstausend, abzudrängen. Es gelang ihnen nicht. Acht Tage lang demonstrierten diese Frauen. Mußten welche zur Arbeit, kamen andere an ihrer Stelle. Wir waren drinnen nur etwa zweitausend Männer. Bis heute weiß ich nicht, wie unsere Frauen es fertigbrachten, soviele andere, Freundinnen und Kolleginnen, zu mobilisieren. Unbekümmert um die Drohungen der Gestapo, sie zusammenschießen zu lassen, hielten sie durch, bildeten Sprechchöre, forderten unablässig unsere Freilassung. Dann versuchte es die Gestapo mit Versprechungen – wir würden freigelassen, sobald sie nach Hause gingen. Sie ließen sich darauf nicht ein. Erst als wir tatsächlich freigelassen wurden, zogen sie mit uns ab. Sie hatten gesiegt und uns das Leben gerettet . . .«
Diese – noch dazu erfolgreiche – öffentliche Demonstration gegen den Gestapo-Terror, mitten in Berlin, war die einzige ihrer Art in den zwölf Jahren der Nazi-Diktatur. Ebenfalls in Berlin fand – am 18. Mai 1942 – eine Aktion statt, die weithin sichtbar machte, daß der Widerstand gegen das Unrechtsregime in der Reichshauptstadt noch keineswegs erloschen war.
Zu dieser Zeit hatte das Goebbelsche Propagandaministerium im Berliner Lustgarten eine Zeltstadt errichtet, worin den Berlinern das »jüdisch-bolschewistische Untermenschentum« anhand manipulierter Schaubilder vor Augen geführt werden sollte. Später sollte die Propagandaschau als Wanderausstellung im ganzen »Großdeutschen Reich« gezeigt werden, aber daraus wurde nichts. Acht junge Leute einer jüdisch-kommunistischen Widerstandsgruppe, angeführt von

dem Elektriker Herbert Baum und dessen Frau Marianne, steckten die Ausstellung in Brand, und sie wurde vollständig zerstört.

Die Nazis nahmen fürchterliche Rache: Fünfhundert unbeteiligte Berliner Juden wurden als »Geiseln« festgenommen, zweihundertfünfzig sofort erschossen, die anderen in einem KZ ermordet. Dann spürte sie auch zwei der tatsächlich für den Anschlag verantwortlichen Männer der »Gruppe Baum« auf und fand nach wochenlangen Folterungen dieser Gefangenen die übrigen Mitglieder. Etwa siebzig junge Kommunisten und Sozialdemokraten, darunter zahlreiche jüdische Zwangsarbeiter der Berliner Siemens-Betriebe, wurden nach schwersten Mißhandlungen »polizeilich hingerichtet« oder in den Selbstmord getrieben.

Ebenfalls im Mai 1942 verurteilte ein Berliner Sondergericht den Dompropst von St. Hedwig, Bernhard Lichtenberg, einen Schlesier, der seit 1900 in Berlin die katholische Arbeiterschaft betreute, zu zwei Jahren Gefängnis. Lichtenberg hatte seit Beginn der Naziherrschaft immer wieder mutig Partei für die Verfolgten ergriffen, öffentlich für »alle wegen ihrer Weltanschauung in Gefängnisse und Konzentrationslager Verschleppten« gebetet und zur tätigen Nächstenliebe gegenüber den jüdischen Mitbürgern aufgerufen. Lichtenberg starb, fast siebzig Jahre alt, auf dem Transport von Tegel ins KZ Dachau. Stellvertretend für die evangelischen Christen, die in Berlin den Nazis Widerstand leisteten und sich für die entrechteten Juden einsetzten, sei der Pfarrer Heinrich Grüber genannt. In Berlin-Kaulsdorf leitete er den Hilfsdienst der Bekennenden Kirche, deren Mitbegründer er war, und verhalf zahlreichen »rassisch« Verfolgten zur Flucht ins Ausland. 1937 erstmals verhaftet, kam er 1940 für drei Jahre ins Konzentrationslager, überlebte die Haft in Sachsenhausen und Dachau und wurde 1945 von den Sowjets zum Bürgermeister von Kaulsdorf ernannt. Im Mai 1961 war Grüber, nunmehr Propst zu Berlin und Pfarrer von St. Nikolai und St. Marien, der einzige deutsche Zeuge im Eichmann-Prozeß in Jerusalem.

Nachdem schon im Februar 1942 etwa zweihundert Mitglieder der illegalen kommunistischen Parteiorganisation in den Berliner Rüstungsbetrieben von der Gestapo mit einem Schlag verhaftet worden, teils zu Tode gefoltert, teils – wie der Führer dieser Gruppe, der Werkzeugdreher Robert Uhrig 1944 im Zuchthaus Brandenburg – hingerichtet worden waren, gelang ihr im Herbst 1942 ein weiterer Schlag gegen die Widerstandsbewegung in Berlin: Etwa hundertdreißig Angehörige des deutschen Zweiges der »Roten Kapelle« wurden verhaftet. An der Spitze dieser Geheimorganisation, die zahlreiche Flugblätter gegen die Nazityrannei hergestellt und verbreitet, aber auch die Sowjetunion vor dem bevorstehenden Überfall der Wehrmacht gewarnt hatte, stand in Berlin der Referatsleiter in der Nachrichtenabteilung des Luftfahrtministeriums, Harro Schulze-Boysen. Er und seine Frau Libertas sowie weitere führende Mitglieder wie Arvid Harnack und dessen Frau Mildred wurden nach schwersten Folterungen in Berlin-Plötzensee hingerichtet. Nach und nach spürte die Gestapo noch etwa fünfhundert Mitglieder der Schulze-Boysen-Harnack-Gruppe auf, von denen mindestens 31 Männer und 18 Frauen in Plötzensee unter dem Fallbeil starben.

Am 18. Februar 1943, nachdem die Wehrmacht bei Stalingrad und El Alamein schwerste Niederlagen erlitten hatte, proklamierte Goebbels im Berliner Sportpalast vor sorgfältig ausgewähltem Publikum den »totalen Krieg«. Die Rede, die über alle deutschen Sender übertragen wurde, war ein demagogisches Meisterstück: ». . . Ich frage euch: Glaubt ihr mit dem Führer und mit uns an den endgültigen und totalen Sieg des deutschen Volkes? Ich frage euch: Seid ihr entschlossen, dem Führer in der Erkämpfung des Sieges durch dick und dünn und unter Aufnahme auch der schwersten persönlichen Belastung zu folgen? . . . Ich frage euch: Seid ihr und ist das deutsche Volk entschlossen, wenn der Führer es befiehlt, zehn, zwölf und wenn nötig auch vierzehn und sechzehn Stunden täglich zu arbeiten und das Letzte herzugeben für den Sieg? . . . Ich frage euch: Wollt ihr den totalen Krieg? Wollt ihr ihn, wenn nötig, totaler und radikaler, als wir ihn uns heute überhaupt vorstellen können . . .?«

Die fanatisierte Zuhörerschaft tobte vor Begeisterung. Der Rundfunk übertrug noch eine halbe Stunde lang den frenetischen Beifall. Goebbels genoß seinen Triumph. Wenig später aber sagte er zu seiner Begleitung: »Diese Stunde der Idiotie. Hätte ich ihnen gesagt, sie sollen aus dem dritten Stock des Columbia-Hauses springen, sie hätten es auch getan . . .«

Als erste Maßnahme des »totalen Krieges« wurden in Berlin zahlreiche Restaurants, Vergnügungslokale, Kabaretts und Warenhäuser geschlossen, um zusätzliche Arbeitskräfte für die Rüstungsindustrie zu gewinnen. Die Normalarbeitszeit wurde auf sechzig Wochenstunden festgesetzt. Die Soldaten, die die Flakbatterien rund um Berlin bedienten, kamen größtenteils zum Fronteinsatz, und an ihrer Stelle mußten nun Schüler und Lehrlinge an die Geschütze.

Zu Beginn des Krieges hatte Göring, Oberbefehlshaber der Luftwaffe, öffentlich geprahlt: Wenn in diesem Krieg auch nur eine Bombe auf deutsches Gebiet oder gar auf die Reichshauptstadt fiele, wollte er »Meyer« heißen. Bereits elf Monate später wurde Berlin von britischen Bombern angegriffen; es gab einige Tote und zahlreiche Verletzten. Inzwischen hatten sich die Berliner schon daran gewöhnen müssen, daß »Meyers Flak« und Nachtjäger ihre Stadt nicht wirksam zu schützen vermochten; daß sie immer häufiger einige Nachtstunden in Luftschutzkellern und öffentlichen Bunkern verbringen mußten, und daß sie dann mit einer »Sonderzuteilung von 50 Gramm Bohnenkaffee« – »Zittermokka« genannt – rechnen konnten. Aber noch war Berlin, im Gegensatz zu den meisten anderen größeren Städten und Industriezentren Deutschlands, verhältnismäßig glimpflich davongekommen. Doch das änderte sich nun gründlich: Schon wenige Tage nach Goebbels' Proklamation des »totalen Krieges«, am 1. März 1943, legte ein nächtlicher Angriff britischer Bomber erstmals ganze Straßenzüge der Berliner Innenstadt und des Westens in Schutt und Asche. In den darauffolgenden Wochen verstärkte die Gestapo ihren Terror, denn die Nazis befürchteten angesichts der wachsenden Erbitterung einen spontanen Ausbruch des Volkszorns, der dann leicht zum Aufstand und Bürgerkrieg hätte führen können. Allein im März 1943 wurden in Berlin 2663 »Politische« verhaftet. Der »Volksgerichtshof«, seit einigen Monaten unter einem neuen Präsidenten, dem aus Celle gebürtigen Roland Freisler, verhängte Todesurteile am laufenden Band, im Tagesdurchschnitt dieses Jahres vier bis fünf, die sofort vollstreckt wurden.

In den Nächten vom 22. bis 24. November 1943 flogen rund achthundert britische Bombenflugzeuge die bislang schwersten Angriffe gegen Berlin, die über viertausend Tote und knapp zehntausend Schwerverletzte forderten. 8700 Gebäude wurden völlig zerstört, 48500 stark beschädigt. 417000 Berliner verloren ihre Wohnung.

Inzwischen hatten die Nazis mit der Evakuierung aller Zivilpersonen begonnen, die nicht dienstverpflichtet waren. Annähernd eine Million Berliner wurden in den folgenden Monaten aus der Stadt in »sichere« Gegenden abtransportiert – auch in besetzte polnische und tschechische Gebiete.

Um die Jahreswende 1943/44 entdeckte die Gestapo, daß sich auch in konservativen Adels- und Großbürgerkreisen oppositionelle Gruppen gebildet hatten, so um Frau Anna Solf, Witwe eines kaiserlichen Staatssekretärs. Mit »Frau Solfs Teegesellschaft« im Berliner Tiergartenviertel, die dann aufflog, wobei Massenverhaftungen und zahlreiche Hinrichtungen die Folge waren, gelang der Gestapo der erste große Schlag gegen die konservative Opposition, dem bald weitere, noch sehr viel härtere Schläge folgten, die schwersten nach dem mißlungenen Attentat auf Hitler in dessen ostpreußischem Hauptquartier »Wolfsschanze« durch Oberst Claus Graf v. Stauffenberg am 20. Juli 1944.

Nun bekam auch der vornehme Berliner Westen und die dort lebende alte Führungsschicht den Gestapo-Terror mit voller Wucht zu spüren. Insgesamt wurden etwa siebentausend Männer und Frauen verhaftet, größtenteils adlige Offiziere und hohe Beamte sowie deren Angehörige. Einhundertsiebzig von ihnen wurden, zumeist nach schweren Folterungen, in Berlin-Plötzensee hingerichtet. Einige hohe Offiziere, darunter Graf Stauffenberg, waren bereits am 20. Juli im Hof des OKW-Blocks in der Bendlerstraße füsiliert worden. Auch die Verbindungsmänner der Arbeiterbewegung zu den oppositionellen Konservativen, die Sozialdemokraten Julius Leber, Wilhelm Leuschner und Adolf Reichwein sowie die Führer der kommunistischen Widerstandsorganisation, Anton Saefkow und Franz Jacob, waren der Gestapo schon Anfang Juli 1944 in die Hände gefallen und wurden wenige Wochen später exekutiert. Saefkow, gebürtiger Berliner, der seit Beginn der Nazidiktatur fast ununterbrochen in KZ- oder Zuchthaushaft gewesen war, hatte dennoch immer wieder den zerschlagenen Apparat seiner Partei, von deren Mitgliedern bis dahin annähernd zwanzigtausend dem Terror zum Opfer gefallen waren, erfolgreich wiederaufzubauen vermocht.

Am 25. Juli 1944, fünf Tage nach dem gescheiterten Putschversuch, verfügte Hitler die »totale Mobilmachung« Berlins. Nun wurden auch alle Theater, Museen, die meisten Verlage und alle sonstigen »nicht kriegswichtigen« Einrichtungen geschlossen. Am 25. September 1944 proklamierte er die »Bildung des deutschen Volkssturms«, des letzten Aufgebots.

Die Berliner, die mehrheitlich davon überzeugt waren, daß Hitler den von ihm angezettelten Krieg längst verloren hatte, ergingen sich angesichts der von den Parteibonzen zusammengekratzten »Krüppeljarde« in bitterem Spott. Mit Galgenhumor ermunterten sie sich zwar noch gegenseitig, durchzuhalten – »Kann ja nich mehr lange dauern, Aujust – det meeste is ja nu schon parterre . . .« –, aber die Männer und Frauen, die sich in den Rüstungsbetrieben abrackerten, waren bereits am Rande der Verzweiflung. Die Sechzigstundenwoche, der beinahe allnächtliche Fliegeralarm, die bangen Stunden in Kellern und Bunkern, die sich mehrenden Großangriffe mit Luftminen von enormer Sprengkraft und Phosphorkanistern, die Flächenbrände entfachten, waren zermürbend. Inzwischen war auch die Ernährung nicht mehr gesichert. Immer häufiger konnten die stark gekürzten Rationen nicht ausgegeben werden, weil die Anlieferungen stockten. Längst waren alle Grünflächen, sogar der Alexanderplatz, in Kohlfelder und Kartoffeläcker umgewandelt worden. »Daß wir hier bauen, verdanken wir dem Führer!« – mit solchen und ähnlichen Propagandasprüchen auf Transparenten aus der Frühzeit der braunen Diktatur wurden die Anbauflächen mitunter heimlich ge-

Kartoffelernte im Tiergarten im Herbst 1946.

schmückt, was die Gestapo in einige Verlegenheit brachte, ebenso Papptafeln mit der Aufschrift »Heil Hitler!«, mal auf diesem, mal auf jenem Trümmerberg.

Hitler ersparte sich solche Anblicke. Er hielt sich fern von Berlin in den »Führerbunkern« des einen oder anderen Hauptquartiers auf. Die letzten Wochen des Jahres 1944 verbrachte er, nachdem er die von der anrückenden Roten Armee bedrohte »Wolfsschanze« in Ostpreußen geräumt hatte, im »Adlerhorst« nahe Bad Nauheim. Erst als der letzte deutsche Großangriff, die Ardennen-Offensive, gescheitert war, kehrte er am 16. Januar 1945 nach Berlin zurück. Von den Tiefbunkern seiner zerstörten Neuen Reichskanzlei aus versuchte er, den Rückzug der Reste seiner geschlagenen Armeen aufzuhalten – zumindest im Osten, wo Ende Januar die sowjetischen Streitkräfte schon bis an die Oder vorgestoßen waren. Ihre Panzerspitzen standen nun weniger als hundert Kilometer vor Berlin.

Noch am 20. April 1945, seinem siebenundfünfzigsten Geburtstag, den er eigentlich auf dem Obersalzberg hatte feiern wollen, saß er in seinem Tiefbunker in der Wilhelmstraße und versicherte seinen Generalen, die es besser wußten, die Russen würden sich »vor Berlin die blutigste Niederlage« holen. Die Militärs beschworen ihn, Berlin zu verlassen. In spätestens zwei Tagen würden die Sowjets die letzte Lücke im Ring um die Reichshauptstadt, durch die man noch nach

Süden »ausweichen« könne, schließen. Aber Hitler fürchtete, ohne seine Anwesenheit würde die Wehrmacht Berlin aufgeben. Er aber wollte die Hauptstadt verteidigen lassen »bis zum letzten Mann«, wobei er entschlossen war, auch Frauen und Kinder zu bewaffnen und gegen die vordringende Rote Armee einzusetzen. Also blieb er, während seine Spießgesellen sich eilig davonmachten, Göring mit einer Lastwagenkolonne, beladen mit seinen wertvollsten Schätzen.

Schon am 20. April lag das Berliner Stadtzentrum unter sowjetischem Artilleriefeuer. Am 21. April drangen die Panzerspitzen der Roten Armee an einzelnen Stellen über die Stadtgrenzen vor. Am 24. April war Berlin von den Sowjets vollständig eingeschlossen. Während Hitler und Goebbels die Verteidigung jeder Straße, jedes Häuserblocks befahlen und »fliegende Standgerichte« jeden, den sie als Deserteur ansahen, gleich ob vierzehnjährige Hitlerjungen oder Volkssturmmänner im Rentenalter, an der nächsten Laterne aufhängen ließen, drang die Rote Armee bereits in die Berliner Innenstadt ein.

Am 26. April lag der »Führerbunker« schon unter direktem Artilleriebeschuß, aber noch hielten dessen 2,80 Meter dicke Betondecken den Granaten stand. Am 29. April war Groß-Berlin zu neun Zehnteln in sowjetischer Hand; in vielen Vororten, so in Zehlendorf, Mahlsdorf und Weißensee, hatten die Sowjets bereits deutsche Antifaschisten als Bürgermeister eingesetzt. Nur im Zentrum, wo sich die Stoßtrupps der Roten Armee dem »Führerbunker« bereits auf fünfhundert Meter genähert hatten, wurde noch erbittert gekämpft.

Hitler hoffte noch immer auf – in Wahrheit gar nicht existierende – »Entsatz«-Armeen und erwartete ungeduldig ihr Eingreifen am südlichen Stadtrand. Erst am 30. April nach dem Mittagessen, gegen 14.30 Uhr, sah der »Gröfaz« – wie die Berliner nach dem Vorbild der bei den Militärs beliebten Abkürzungen den »größten Feldherrn aller Zeiten« nannten – endlich ein, daß es keinerlei Aussicht auf Entsatz mehr gab. Die sowjetischen Stoßtrupps waren über die Saarland- und Wilhelmstraße schon bis ans Reichsluftfahrtministerium vorgedrungen, am Potsdamer wie am Pariser Platz hatten Panzer der Roten Armee Stellung bezogen, als Hitler und Eva Braun ihrem Leben ein Ende machten. Fast gleichzeitig hißten sowjetische Soldaten auf der Kuppel der Reichstags-Ruine die rote Fahne.

Noch dreißig Stunden dauerte es, bis überall in der Stadt die Waffen schwiegen. In der Nacht vom 1. zum 2. Mai 1945, um 0.40 Uhr, unterzeichnete der letzte Kampfkommandant der »Festung Berlin«, General Weidling, die Kapitulationsurkunde und befahl den Resten seiner Soldaten, sich zu ergeben. Der neue sowjetische Stadtkommandant, Generaloberst Nikolai Bersarin, hatte bereits zwei Tage zuvor mit dem »Befehl Nr. 1« die Nazi-Partei samt allen ihren Gliederungen für aufgelöst erklärt und die noch etwas über zwei Millionen Einwohner Groß-Berlins zur »Wiederaufnahme friedlicher Arbeit« aufgefordert.

Nun, da nirgends mehr gekämpft wurde und die ganze Reichshauptstadt fest in sowjetischer Hand war, wehte auch auf dem Brandenburger Tor, an den Resten von Schadows Quadriga, eine rote Fahne.

»Is ihr ja nich neu«, meinte dazu ein hohlwangiger alter Arbeiter, der einen Handwagen mit allerlei Gerümpel über den Pariser Platz zog. »Im November '18 warse ooch so jeschmückt, aba nich lange – dißmal könnts aba een bißken länga wer'n . . .«

»DET SOLL DOCH WOHL
NICH SO BLEI'M?
ALSO, DENN WOLL'NWA MA!«

Nun krochen sie aus ihren Verstecken: Bleich und hungrig, elend und krank, kamen die Überlebenden der »Schlacht um Berlin« aus Luftschutzkellern und U-Bahn-Schächten wieder ans Tageslicht. Nach Jahren des Luftbombardements, nach wochenlangem Artilleriebeschuß und erbitterten Straßenkämpfen bot Berlin ein Bild des Grauens und der Verwüstung. Es gab weder Trinkwasser noch Strom oder Gas, keine Zeitung, keinen Rundfunk, keine Verkehrsmittel, vor allem aber: kaum noch etwas zu essen. Die Lebensmittelvorräte waren von der SS größtenteils vernichtet worden. Der »Führer« hatte es so befohlen. Berlin war ihm immer verhaßt gewesen, deshalb sollte es mit ihm untergehen. Soweit es in Hitlers Macht gestanden hatte, war alles getan worden, diesen Untergang herbeizuführen: 128 der 226 Brücken waren gesprengt worden, die 87 Pumpwerke der Stadt standen still. Ein Viertel der U-Bahn-Schächte stand unter Wasser, auf Hitlers Befehl hin überflutet. Abertausende, die darin Schutz gesucht hatten, waren ertrunken, als die SS die Sprengung der Schutzvorrichtungen am Landwehrkanal vorgenommen hatte.

Einige beherzte Arbeiter hatten das Kraftwerk Klingenberg und das Wasserwerk Johannisthal vor der Zerstörung bewahrt, andere die SS daran gehindert, noch intakte Pumpstationen, Bahnanlagen und Brücken zu sprengen. Nur durch solche mutigen Eingriffe war nicht restlos alles vernichtet worden, aber dennoch sah die Bilanz erschreckend aus: Von den 1,5 Millionen Wohnungen der Vorkriegszeit waren nur noch etwa 370000 bewohnbar, von ehedem 33000 Krankenhausbetten noch knapp 8500 vorhanden, und ähnlich war es in nahezu allen Bereichen.

Außer von Hunger war Berlin vor allem von Seuchengefahr bedroht. Berge von Leichen und Tierkadavern lagen noch in den Straßen und unter den Trümmern; die Kanalisation war zerstört, und es fehlte an Desinfektionsmitteln ebenso wie an Medikamenten.

»... Die sowjetische Besatzungsmacht hätte Berlin nur wenige Tage

seinem Schicksal zu überlassen brauchen, und die Bevölkerung
wäre vor Hunger umgekommen«, heißt es in den Erinnerungen des
SPD-Stadtrats im ersten Berliner Nachkriegsmagistrat, Josef Orlopp. Indessen hatte das sowjetische Oberkommando schon am 23.
April 1945 angeordnet, daß die Zivilbevölkerung Berlins nach den
bisherigen Rationierungssätzen versorgt werden müßte, und dazu
Lebensmittel aus der Heeresreserve zur Verfügung gestellt. Feldkü-
chen der Roten Armee gaben bereits warmes Essen an die hungernden Berliner aus, als in der Innenstadt noch heftigste Kämpfe im
Gange waren.

Eine der ersten Anordnungen des neuen Stadtkommandanten Bersarin betraf die sofortige Inbetriebnahme und Öffnung von Lebensmittelgeschäften, Bäckereien und – Frisörläden. »Der Krieg ist zu
Ende«, erklärte er, »wir sollten doch nun versuchen, auch wieder etwas menschlicher auszusehen . . .«

Generaloberst Bersarin gab seinen Kommandeuren auch Anweisung, bei den sowjetischen Fronttruppen unverzüglich wieder strik-
teste Disziplin herzustellen, nachdem sie im eroberten Berlin zunächst kräftig Gebrauch von dem gemacht hatten, was sie als ihre
»Siegerrechte« ansahen – von der Aneignung alles dessen, was ihnen gefiel, besonders von Uhren, Fahrrädern und Fotoapparaten, bis
zum berüchtigten »Frau, komm«, mit dem sie die Berlinerinnen in
Angst und Schrecken versetzten.

Daß sich auch die Fronttruppen der Westmächte bei der Eroberung
West- und Süddeutschlands mitunter kaum anders aufgeführt
hatten, ja daß beispielsweise Freudenstadt im Schwarzwald von
dem das Kommando führenden französischen General drei Tage lang
zur Plünderung ausdrücklich freigegeben worden war, hätte für
die von Ausschreitungen sowjetischer Soldaten betroffenen Einwohner Berlins auch dann nichts Tröstliches bedeutet, wenn es ihnen
bekannt gewesen wäre. Indessen wußten sie nichts davon, denn sie
waren ja von allen Nachrichtenverbindungen abgeschnitten, und
so nahmen sie an, daß gerade sie als die Bewohner der Hauptstadt
des untergegangenen, aber von ihnen doch mehrheitlich abgelehn-
ten Naziregimes ungerechterweise die schwerste Strafe getroffen
hätte für alle von den Deutschen in Rußland verübten Greuel und
Verbrechen.

Indessen taten die Befehle Bersarins ihre Wirkung. Die Übergriffe
der Soldaten nahmen rascher ab als erwartet und hörten bald ganz
auf unter dem Eindruck der drakonischen Strafen, mit denen die
Disziplin in der Roten Armee wiederhergestellt wurde.

Bereits am 12. Mai ließ sich Generaloberst Bersarin die Mitglieder
des neuen Magistrats vorstellen. An dessen Spitze war als Oberbür-

germeister der siebzigjährige Ingenieur Dr. Arthur Werner aus Lichterfelde berufen worden, ein parteiloser Demokrat, der als aufrechter Nazigegner in der Zeit des »Dritten Reiches« mancherlei Schikanen ausgesetzt gewesen war. Stellvertretender Bürgermeister wurde Karl Maron, ein zweiundvierzigjähriger gebürtiger Berliner und gelernter Schlosser, der 1934 als verfolgter Kommunist in die Sowjetunion emigriert und Ende April 1945 mit der »Gruppe Ulbricht« nach Berlin zurückgekehrt war. Mit Walter Ulbricht, dem ehemaligen KPD-Reichstagsabgeordneten und Politischen Leiter des KPD-Parteibezirks Berlin-Brandenburg, war auch Otto Winzer nach Berlin zurückgekommen, ein gebürtiger Berliner und gelernter Schriftsetzer, der bis 1935 illegale Arbeit in Berlin geleistet hatte, dann über die Tschechoslowakei, Frankreich und Holland 1939 in die Sowjetunion geflüchtet war. Winzer wurde nun Stadtrat für Volksbildung, der Sozialdemokrat Josef Orlopp Abteilungsleiter für Handel und Handwerk. Der Zentrumspolitiker Andreas Hermes, in der Weimarer Republik wiederholt Ernährungs- oder Finanzminister, im Zusammenhang mit dem Putschversuch vom 20. Juli 1944 zum Tode verurteilt und dem Henker noch gerade entgangen, übernahm die Leitung des Haupternährungsamts. Professor Ferdinand Sauerbruch, der berühmte Chirurg der Charité, ein Konservativer, der mit dem 20.-Juli-Kreis in engem Kontakt gestanden hatte, wurde mit der Leitung des städtischen Gesundheitswesens betraut. Professor Hans Scharoun, ein bekannter Architekt, wurde neuer Stadtrat für das Bau- und Wohnungswesen, und Pfarrer Peter Buchholz von der Bekennenden Kirche trat als Beirat für kirchliche Angelegenheiten der neuen Stadtverwaltung bei.

Etwa zur selben Zeit kam auch – es grenzte an ein Wunder – bereits der Verkehr wieder in Gang. Noch während im Zentrum gekämpft wurde, hatte der U-Bahnfahrer Wilhelm Müller aus Neukölln damit begonnen, alle erreichbaren Arbeiter und Angestellten der Berliner Verkehrsbetriebe (BVG) zum Noteinsatz zu mobilisieren. »Die Tunnel und Bahnhöfe standen . . . bis zu den Decken unter Wasser, die Zugänge waren mit Steinen, Eisenträgern und Holzbalken verschüttet. Wir begannen sofort mit der Freilegung der Eingänge . . . Dann wurden Pumpen angesetzt, und nach und nach wurde die Strecke (Tempelhof – Tegel) trockengelegt. Jetzt konnte mit der Freilegung der Bahnhöfe begonnen werden. Sie lagen völlig im Dunkeln. Es gelang uns, vier Lampen und Karbid zu organisieren. Da unsere Belegschaft 200 Mann betrug, reichten diese vier Lampen natürlich bei weitem nicht aus. Kollegen und Kolleginnen waren es, die aus ihren Hausbeständen Petroleumlampen mitbrachten. Zugleich war es notwendig, die Tunnelanlagen nach Munition, Waffen . . . und Leichen abzusuchen und die Tunnelsperren zu beseitigen . . . Endlich wurde das Ziel, Kochstraße, erreicht . . .«

Am 14. Mai 1945 fuhr der erste U-Bahn-Zug, am 16. Mai der erste Omnibus von Weißensee ins Zentrum. Am 20. Mai verkehrten die ersten Straßenbahnen, zunächst in den Außenbezirken. Ende Mai waren knapp dreißig Prozent der U-Bahn-Strecken wieder befahrbar, etwa 170 000 Fahrgäste wurden täglich befördert. Insgesamt transportierte die BVG noch im Mai mit Bussen, Straßen- und U-Bahnen etwa 2,5 Millionen Fahrgäste – eine enorme Wiederaufbauleistung angesichts der Zerstörungen, deren Ausmaß jetzt erst im vollen Umfange sichtbar wurde: 75 Millionen Kubikmeter Schutt und Trümmer, so hatte der neue Magistrat errechnen lassen, galt es jetzt zu beseitigen – genug, um damit einen 35 Meter breiten, 5 Meter hohen Damm von Berlin bis ins Ruhrgebiet zu bauen!

Um so erstaunlicher war es, wie rasch die Stadt dennoch wieder zum Leben erwachte: Mitte Juni konnten bereits wieder 33 000 Wohnhäuser, mehr als tausend Bäckereien, 5 Gas- und 51 Wasser- und Entwässerungswerke mit Strom versorgt werden. Bis Ende Juli

1945: Blick zum KaDeWe.

wurde in sechshundert – von ehedem vierzigtausend – Betrieben wieder gearbeitet. Zu dieser Zeit standen auch schon 92 Krankenhäuser mit rund 32 000 Betten zur Verfügung, daneben Kinderkliniken, Entbindungsstationen, Ambulanzen und 146 Apotheken. Alle noch verfügbaren Autos und Lastwagen waren im Einsatz, und weil Benzin nicht zur Verfügung stand, hatte man sie auf Holzgasbetrieb umgestellt. Bei Siemens & Halske wurden nun Öfen, Eimer, Schubkarren und Pflüge hergestellt, die Wittenauer Zweigwerke der Deutschen Waffen- und Munitionsfabriken produzierten aus Stahlhelmen Kochtöpfe, aus Kartuschenhülsen Milchkannen und Kasserollen. Am 29. Juni wurde die Weißenseer Messe eröffnet, wo gezeigt wurde, wie aus Rüstungsgütern und Schrott die dringend benötigten Gebrauchsgegenstände hergestellt werden könnten.

Am 10. Juni 1945 wurde mit dem »Befehl Nr. 2« die Tätigkeit demokratisch-antifaschistischer Parteien und Gewerkschaften gestattet. Als erste konstituierte sich die KPD, gefolgt von der SPD. Ende Juni kamen die CDU, die sich zum »Sozialismus aus christlicher Verantwortung« bekannte, Anfang Juli die Liberal-Demokratische Partei Deutschlands (LDPD) hinzu.

Früher als das politische erwachte das kulturelle Leben Berlins: Nachdem schon Mitte Mai die noch intakten Kinos wiedereröffnet hatten, wobei Filme aus sowjetischer Produktion unsynchronisiert gezeigt worden waren, darunter »Professor Mamlock« nach Friedrich Wolfs Drama über die Judenverfolgung im »Dritten Reich«, spielten Ende Mai erstmals die Berliner Philharmoniker Beethoven-Symphonien. Das Berliner Kammerorchester und das Orchester der Städtischen Oper hatten bereits am 13. und 18. Mai ihre ersten Konzerte gegeben, und am 27. Mai war – nach zweimaliger Verschiebung wegen Stromausfall – das Renaissance-Theater als erste Berliner Bühne wiedereröffnet worden; unter der Regie von Ernst Legal wurde »Der Raub der Sabinerinnen« aufgeführt. Im Haus des Berliner Rundfunks, der seine Sendungen Mitte Mai wiederaufgenommen hatte, wurde am 3. Juli 1945 der »Kulturbund zur demokratischen Erneuerung Deutschlands« gegründet; der Dichter Johannes R. Becher, der Schauspieler Paul Wegener, der Schriftsteller Bernhard Kellermann und der Maler Carl Hofer riefen alle Künstler und Intellektuellen zur Mitarbeit auf.

Als die Nachrichten über das »Berliner Tempo« ins übrige Deutschland drangen und sich die Meldungen über die rasche Wiederbelebung Berlins häuften, war man voller Bewunderung. »Die Stadt ist schon weiter als Deutschland«, schrieb die »Frankfurter Rundschau«, »sie ist auf dem Wege zum Leben. Berlin ist nicht nur ›nicht ohne Hoffnung‹, sondern darüber hinaus voller Hoffnungen.«

Am 5. Juni 1945 trafen die alliierten Oberbefehlshaber im besetzten Deutschland – Eisenhower, Schukow, Montgomery und de Lattre de Tassigny – eine Vereinbarung über die Aufteilung des untergegangenen Deutschen Reiches in vier Besatzungszonen. Die Amerikaner und Briten räumten daraufhin vier Wochen später Westsachsen, Thüringen und Mecklenburg, die der Sowjetischen Besatzungszone zugeschlagen wurden, und in Berlin rückten erst amerikanische, dann britische, Ende Juli auch französische Truppenteile ein und übernahmen je einen »Sektor« der Stadt: Die Amerikaner bekamen Zehlendorf, Steglitz, Schöneberg, Kreuzberg, Tempelhof und Neukölln, die Briten Charlottenburg, Tiergarten, Spandau und Wilmersdorf, die Franzosen Wedding und Reinickendorf. Zusammen mit dem sowjetischen Stadtkommandanten bildeten die drei Kommandanten der von den Westmächten besetzten Sektoren die Alliierte Kommandantur, die dem »Kontrollrat« (für das ganze besetzte Deutschland) unterstand und »für die Anleitung und Kontrolle der Berliner Selbstverwaltungsorgane verantwortlich« war.

Mit dieser seltsamen Regelung begann eine Entwicklung, die die fünfundzwanzig Jahre zuvor geschaffene Verwaltungseinheit Groß-Berlin wieder zunichte machte und im Widerstreit der Interessen aller Beteiligten jenes heillose Durcheinander schuf, das mit höchst unterschiedlichen Fakten, Ansprüchen, Vorbehalten und wahrgenommenen, aber von den Vertragspartnern bestrittenen Rechten mal zur Groteske wurde, mal hart an den Rand des Dritten Weltkriegs und letztlich zur Teilung der Stadt führte.

Die Sowjets stellten sich auf den Standpunkt, daß sie in ihrer Besatzungszone, deren Hauptstadt Berlin war, die oberste Gewalt ausübten, so wie es die Westmächte in ihren jeweiligen Zonen taten; daß folglich *ganz Berlin* ein Bestandteil der sowjetischen Zone sei und bliebe. Nur solange und soweit Berlin der Sitz des Alliierten Kontrollrats für das ganze besetzte Deutschland wäre, hätte die Alliierte Kommandantur in Berlin für die gemeinsame Kontrolle der Stadtverwaltung zu sorgen und jede der vier Mächte in ihrem Sektor die Aufsicht.

Deshalb verblieben – auch nachdem sich der Kontrollrat im Gebäude des einstigen preußischen Kammergerichts in der Lindenstraße, die Berliner Kommandantur im ehemaligen Stadtbezirksgericht Dahlem eingerichtet hatten und die Sektorengrenzen festgelegt worden waren – die gesamten Anlagen der Reichsbahn, das S-Bahnnetz eingeschlossen, in ganz Berlin unter alleiniger sowjetischer Zuständigkeit, ebenso das gesamte Berliner Wasserstraßennetz sowie alle Fernstraßen, Wasser- und Schienenwege zwischen Berlin und den Westzonen.

Die Berliner, seit eh und je an die kuriosesten Aufteilungen ihres geschlossenen Wohngebiets und das Nebeneinander unterschiedlicher Kommunen gewöhnt, nahmen den neuen Wirrwarr gelassen
hin. Zum einen schien es zunächst keine Konflikte zwischen den
vier Besatzungsmächten zu geben, zum anderen hatten diese – und
erst recht die Berliner selbst – vorerst ganz andere als bloße Status-
sorgen. Jeder einzelne und alle gemeinsam waren voll in Anspruch
genommen von einer Fülle schier unlösbarer Aufgaben, die sich aus
der weitgehenden Zerstörung der Stadt, der Entnazifizierung und
Neubesetzung der gesamten Verwaltung, vor allem aber aus dem
Mangel an Nahrung, Kleidung, Heizmaterial, Strom, Treibstoff und
Gebrauchsgütern aller Art ergaben. Die Anwesenheit von nunmehr
vier Besatzungsmächten schien, zumindest dem Bürgertum im Westen der Stadt, eine hinreichende Garantie dafür zu sein, daß der private Grundbesitz, vielleicht sogar das Privateigentum an den noch
intakten Produktionsmitteln, respektiert werden und der starke Einfluß der – überwiegend kommunistischen – Antifaschisten in der
neuen Verwaltung und Polizei etwas eingedämmt werden würde.
Mit Erleichterung beobachtete das Besitzbürgertum in den Westsektoren, daß die Schilder an den von den Arbeitern wieder ingangge-
brachten Fabriken mit der Aufschrift »Dieser Betrieb ist Eigentum
des Volkes« wieder verschwanden und daß die Amerikaner in Dahlem und Zehlendorf etliche von den Sowjets eingesetzte Funktionäre aus dem Osten der Stadt gegen ungleich bourgeoisiefreundli-
chere Beamte austauschten.
Indessen schienen sich ansonsten die Vertreter der vier Besatzungsmächte weitgehend einig zu sein. In der Berliner Kommandantur
und im Kontrollrat faßten sie jedenfalls im Laufe des Jahres 1945
insgesamt 209 einstimmige Beschlüsse, und nur in neun Fällen kam
keine Einigung zustande.
Allgemein empfanden es die Berliner als eine Bereicherung, daß es
jetzt neben dem mageren Angebot, das bislang nur aus sowjetischen
Beständen auf den sich wieder bildenden Schwarzen Markt gekommen war, nun eine Fülle von britischen, französischen und vor allem
amerikanischen Marketenderwaren gab, die sich auf die eine oder
andere Weise ergattern ließen. Onkel Otto, der am Ahornplatz in
Westend eine halbwegs intakte Wohnung bezogen hatte, die seine
nach Bayern evakuierten Verwandten vorerst nicht wieder beziehen
konnten, denn die Kommandantur hatte eine Zuzugssperre verhängt, hatte jetzt ab und zu eine Büchse Corned beef, auch Eipulver,
Kondensmilch und Tee, sogar »Senior Service«-Zigaretten, die er gegen Lebensmittel und anderen Bedarf tauschen konnte, wobei dieser
plötzliche Wohlstand damit zusammenhängen mochte, daß seine

Tochter Eva, vor kurzem noch Sekretärin eines HJ-Führers in der Reichsjugendführung am Kaiserdamm, nunmehr Dolmetscherin eines britischen Captains war, der beim Bezirksamt Charlottenburg das Bau- und Wohnungsamt beaufsichtigte, weshalb Onkel Otto auch die Mauerschäden an der Außenwand des Schlafzimmers erstaunlich schnell beheben konnte.

Seine Schwester Trude, Kriegerwitwe und nunmehr Alleininhaberin einer Gastwirtschaft am Kienhorstpark in Reinickendorf, konnte ihn zum Geburtstag mit einer Flasche »Martell«-Cognac überraschen und duftete selbst nach »Chanell Nr. 5«, was auf gute Beziehungen zu einem Angehörigen der Besatzungsmacht ihres Sektors schließen ließ, und beider Bruder Max, der zwar in der Grolmanstraße im – britischen – Charlottenburg wohnte, aber als Toningenieur im – so- sowjetisch kontrollierten – Funkhaus in der Masurenallee arbeitete, profitierte von den Schwerarbeiter-Sonderrationen, die die Sowjets den im Kulturbereich in verantwortlicher Stellung Tätigen ebenso zubilligten wie Ärzten. Seine Tochter Margot, Schauspielerin ohne Engagement, hatte bei einer amerikanischen Offiziersmesse in Dahlem Anstellung gefunden, einen Sergeanten zum Freund, trug schon echte Nylonstrümpfe und war, da sie stangenweise Zigaretten dem Schwarzmarkt zuführen konnte, die mit Abstand Wohlhabendste der Familie.

Der Berliner Schwarzmarkt, der größte Deutschlands jener ersten Nachkriegszeit, hatte zunächst sein Zentrum am Alexanderplatz gehabt. Nach der Übernahme der Westsektoren durch Amerikaner, Briten und Franzosen, die ihn nun vornehmlich speisten, verlagerte er sich vom »Alex« in die Gegend um den Bahnhof Zoo. Im Westen waren nicht nur mehr »Quellen« und ein weit zahlungskräftigeres Publikum als im überwiegend von Industriearbeiterschaft bewohnten »Ostsektor«, wie die Berliner den sowjetisch besetzten Teil der Stadt nun nannten. Im Osten ging die Polizei auch weit energischer gegen die Schleichhändler vor, wogegen im Westen nur ab und zu eine Razzia stattfand, meist ohne nennenswerte Ergebnisse, weil die Händler vorgewarnt waren und weil, wie sie einander versicherten, sich das Klima dort »ebent janz anders wie beim Iwan« entwickelt hatte. Am »Ku'damm« und in der Tauentzienstraße gab es auch bereits Bars und Schlemmerlokale, wo die Großverdiener des Schwarzmarkts zu horrenden, für den »Normalverbraucher« unerschwinglichen Preisen das leichterworbene Geld bündelweise ausgaben.

Indessen waren die allermeisten Berliner hart arbeitende Normalverbraucher, zu 65 Prozent Frauen, denn die Männer, soweit sie nicht gefallen waren, befanden sich größtenteils noch in Kriegsgefangenschaft. Sie hatten alle Hände voll zu tun, ihre Wohnungen und Betriebe notdürftig wieder instand zu setzen. Abertausende arbeiteten als »Trümmerfrauen«, bargen Ziegelsteine aus dem Schutt der zerbombten Häuser und bereiteten sie vor zur Wiederverwendung, denn Deutschlands Hauptstadt mußte ja so schnell wie möglich wiederaufgebaut werden.

»Det soll doch wohl nich so blei'm? Also, denn woll'nwa ma!« lautete ihr Wahlspruch, mit dem sie sich beim Anblick der Trümmerwüste, die es aufzuräumen galt, gegenseitig Mut machten.

Noch konnte sich niemand in Berlin vorstellen, daß sich das westliche Deutschland von der alten Metropole lossagen und sich eine neue Hauptstadt schaffen könnte.

Indessen hatte schon am 5. Oktober 1945 der damalige Kölner Oberbürgermeister Konrad Adenauer vor ausländischen Journalisten erklärt: »Nach meiner Ansicht sollten die Westmächte die drei Zonen, die sie besetzt halten, tunlichst in einem rechtsstaatlichen Verhältnis zueinander belassen. Das beste wäre, wenn die Russen nicht mittun wollen, wenigstens sofort aus den drei Westzonen einen Bundesstaat zu machen.« Es konnte ihm also mit der Teilung Deutschlands gar nicht schnell genug gehen, auch nicht mit der Degradierung Berlins, denn wenig später ließ sich Adenauer folgendermaßen vernehmen:

»Wir im Westen lehnen vieles, was gemeinhin ›preußischer Geist‹ genannt wird, ab. Ich glaube, daß die deutsche Hauptstadt eher im Südwesten liegen soll, als im weit östlich gelegenen Berlin. . . . Wer Berlin zur neuen Hauptstadt macht, schafft geistig ein neues Preußen. Sobald Berlin wieder Hauptstadt wird, wird das Mißtrauen im Ausland unauslöschbar werden . . .«

In Berlin nahm man kaum Notiz von diesen Äußerungen eines »Provinzpolitikers«, dessen Partei – ehedem das katholische Zentrum, nun die CDU – in Berlin früher kaum eine Rolle gespielt hatte und seit Kriegsende – nun auch offen für konservative Protestanten und »Sozialisten aus christlicher Verantwortung« – zwar etwas stärker geworden war, aber gegenüber den »Roten« in hoffnungsloser Minderheit.

Die SPD und die KPD hatten gegen Jahresende 1945 in ganz Berlin wieder je 58 000 eingeschriebene Mitglieder und bildeten zusammen die mit Abstand stärkste politische Kraft. Sie hatten Anfang Oktober 1945 bereits einen gemeinsamen Arbeitsausschuß gegründet, und die Wiedervereinigung der seit Ende 1918 in zwei verfeindete Lager gespaltenen Partei Bebels schien unmittelbar bevorzustehen. Aber dann zeigte sich, daß die Besatzungsmächte gegensätzlicher Auffassung waren, was die Schaffung einer sozialistischen

Einheitspartei betraf: Die Sowjets unterstützten energisch diese Absicht, Briten und Amerikaner suchten sie zu verhindern, und beide erreichten ihr Ziel, allerdings nur in ihrem jeweiligen Besatzungsgebiet. Am 21./22. April 1946 wurden im Ostberliner Admiralspalast in der Friedrichstraße die KPD und SPD zur Sozialistischen Einheitspartei (SED) verschmolzen. Nachdem der westdeutsche SPD-Führer und entschiedene Antikommunist, Kurt Schumacher, von den Briten nach Westberlin eingeflogen worden war und die dortigen SPD-Funktionäre leidenschaftlich beschworen hatte, den kommunistischen Forderungen nach Zusammenschluß beider Parteien keinesfalls nachzukommen, fand bei den Sozialdemokraten der drei Westsektoren eine Urabstimmung statt, an der sich allerdings nur 23 000, kaum 50 Prozent der SPD-Mitglieder Berlins, beteiligten. Davon lehnten rund 19 000 den *sofortigen* Zusammenschluß mit der KPD ab, aber immerhin stimmten 14 000 der zweiten Frage zu: »Bist Du für ein Bündnis beider Parteien, welches die gemeinsame Arbeit sichert und den Bruderkampf ausschließt?«

Bei den ersten Nachkriegswahlen zur Stadtverordnetenversammlung von Groß-Berlin – den bislang letzten, die unter Aufsicht der Besatzungsmächte in allen vier Sektoren gemeinsam durchgeführt wurden – erhielten die an der Verschmelzung mit den Kommunisten nicht beteiligten Sozialdemokraten 48,7 Prozent der gültigen Stimmen, die CDU 22,2 Prozent, die SED 19,8 Prozent und die Liberaldemokratische Partei 9,3 Prozent. Berlin war auch nach zwölf Jahren des Naziterrors wie seit eh und je zu mehr als zwei Dritteln »rot« geblieben, aber der Gegensatz zwischen SPD und SED war noch schroffer geworden, zumindest was die Politik der Führungsgremien betraf. Das ging soweit, daß der neue Oberbürgermeister Dr. Otto Ostrowski (SPD) schon vier Monate später, Anfang April 1947, durch einen Mißtrauensantrag seiner eigenen Partei gestürzt wurde, weil er in den Monaten zuvor mit führenden Kommunisten über ein gemeinsames Arbeitsprogramm verhandelt hatte.

Dabei wäre in diesem Winter 1946/47 für die Berliner nichts dringender vonnöten gewesen als ein Allparteienbündnis zur Durchführung eines Notstandsprogramms unter Hintansetzung aller sonstigen Streitigkeiten. Denn zu den Kriegszerstörungen und dem Mangel an Nahrung, Kleidung und Heizmaterial war ein extrem harter Winter gekommen, dessen klirrender Frost zu Betriebsschließungen und Massenarbeitslosigkeit geführt hatte. Wie es in Berlin damals aussah, hat der Ende 1946 aus dem Exil nach Berlin zurückgekehrte Dramatiker Carl Zuckmayer beschrieben: »Die Ankunft, diese Fahrt durch die Ruinen, am kahlgeschlagenen Tiergarten entlang – die alten Bäume waren längst zu Brennholz gemacht, sogar die Strünke

ausgerodet, es war da nur noch ein riesiger, ausgedehnter Kartoffel-
acker, über den man hinblickte wie über eine Wüste –, von einem
Trümmerfeld zum anderen . . . Es war der kälteste Herbst und Winter der Nachkriegszeit, es war der Tiefpunkt des Mangels, der sich
erst jetzt, nachdem er zum Dauerzustand geworden war, nachdem
der unmittelbare Kriegsschrecken vergangen war, mit voller Härte
fühlbar machte . . . Jeden Morgen sah man in Berlin vor den von den
Amerikanern eingerichteten Nothydranten lange Schlangen von
Frauen mit Wassereimern stehen . . . Sie trugen dicke wollene
Männerhosen, vielfach an den Knöcheln mit Lappen umwickelt . . .
Fast an jedem Abend gab es Stromsperre, und man saß bei einem
blakenden Stearinstummel. Alte Leute und Kinder starben, wenn sie
krank wurden. Soweit es für die Deutschen überhaupt Spitäler gab,
waren sie überbelegt und hatten weder genügend Medikamente
noch Pflegepersonal . . .«
Rund sechzigtausend Berliner erlitten in diesen Wintermonaten Er-
frierungen, annähernd fünfzehntausend schwebten in Lebensgefahr, etwa vierhundert Erfrorene konnten nur noch als Leichen von
den Straßen geborgen werden. Die verzweifelten Bewohner verheiz-
ten ihre Möbel und selbst Parkett und Dielen. Ende Januar wurden
die Volksküchen, die einzigen Stellen, wo noch eine heiße Suppe,
ein Platz am Ofen zu finden war, von nicht mehr Eingelassenen gestürmt.
Berlins katastrophale Lage wurde, auch nachdem die Kälte vorüber
war, nicht zuletzt dadurch noch erschwert, daß die Stadt keine einheitliche politische Führung und Verwaltung mehr hatte. Nach Dr.
Ostrowskis Sturz übernahm die Sozialdemokratin Louise Schröder
kommissarisch das Amt des Oberbürgermeisters, doch das dann gewählte neue Stadtoberhaupt, Ernst Reuter, konnte, weil der sowjetische Vertreter in der Alliierten Kommandantur die erforderliche Bestätigung verweigerte, sie nicht ablösen.
Ernst Reuter, gebürtig aus Apenrade in Nordschleswig, seit 1912
Mitglied der SPD, war noch zur Zeit des Kapp-Putsches – wie in diesem Zusammenhang schon erwähnt – ein entschiedener Kommunist und unter dem Parteinamen »Friesland« KPD-Vorsitzender in
Berlin gewesen. 1922 war er auf Betreiben Moskaus hin aus der
KPD ausgeschlossen worden und zur SPD zurückgekehrt, hatte bis
1931 als Stadtrat und Verkehrsdezernent von Groß-Berlin, dann bis
1933 als Oberbürgermeister von Magdeburg kommunalpolitische
Erfahrungen gesammelt. Nach wiederholter KZ-Haft war Reuter
1935 über England in die Türkei geflüchtet und hatte dort als Professor der Kommunalwissenschaft in Ankara die türkische Regierung beraten, sich auch zum entschiedenen Antikommunisten ent-

wickelt. Weil er nach seiner Rückkehr rasch zum Wortführer jener Berliner Sozialdemokraten aufgestiegen war, die sich der Verschmelzung der SPD mit der KPD und jeder Zusammenarbeit mit der neuen SED energisch widersetzten, und mit amerikanischem Rückhalt eine antisowjetische Politik befürwortete, war seine Wahl von den Sowjets als Provokation empfunden und mit der Verweigerung seiner Bestätigung im Amt beantwortet worden.

Es war dies zugleich die Eröffnung der Feindseligkeiten im »Kalten Krieg«. Nachdem Ende 1947 die Viermächteverhandlungen ergebnislos abgebrochen worden waren und im Frühjahr 1948 die drei Westmächte beschlossen, in Westdeutschland eine neue Währung einzuführen und für die vereinigten Westzonen eine deutsche Regierung einzusetzen, wurde deutlich, daß die Westsektoren Berlins im sich verschärfenden Ost-West-Konflikt eine besondere Rolle spielen würden.

Am 20. März 1948 kam es zu einer Kontroverse im Alliierten Kontrollrat, weil die Sowjetunion von der Londoner Deutschlandkonferenz ausgeschlossen war, und der sowjetische Vertreter verließ die Sitzung. Damit hörte jede weitere Zusammenarbeit im Kontrollrat auf, und nachdem am 16. Juni 1948 die Sowjets eine weitere Teilnahme an den Sitzungen der Berliner Alliierten Kommandantur abgelehnt hatten, endete damit auch deren weitere Tätigkeit und praktische Bedeutung, ausgenommen im Bereich der Flugsicherung sowie für die Verwaltung des Kriegsverbrechergefängnisses in Spandau.

Nachdem am 1. Mai 1948 bereits – anders als im Jahr zuvor, als erstmals nach dem Kriege rund 500 000 Berliner im Lustgarten demonstriert hatten – getrennte Maikundgebungen im Ost- und im Westteil der Stadt durchgeführt worden waren, spaltete sich Ende Mai auf einer Stadtkonferenz des Freien Deutschen Gewerkschaftsbundes (FDGB) eine starke Minderheit als Unabhängige Gewerkschafts-Opposition (UGO) vom FDGB ab. Damit war die Trennung der Westsektoren vom Osten auch im gewerkschaftlichen Bereich vollzogen.

Am 20. Juni 1948 wurde in den drei westlichen Besatzungszonen Deutschlands die Währungsreform durchgeführt, womit das bisherige einheitliche Geldsystem im ganzen besetzten Deutschland zerstört wurde. Das bedeutete den Bruch mit den Grundsätzen des Potsdamer Abkommens von 1945, worin es ausdrücklich hieß: »Während der Besatzungszeit ist Deutschland als wirtschaftliche Einheit zu betrachten.« Zwei Tage später, am 22. Juni, wurden die Viermächtebesprechungen über eine einheitliche Währungsreform in ganz Berlin abgebrochen, und tags darauf ordnete der sowjetische

Oberbefehlshaber, Marschall Sokolowski, für seine Zone und ganz Berlin eine Währungsreform an, die jedoch in den drei Westsektoren der Stadt auf Anordnung der dortigen Kommandanten nicht durchgeführt wurde.

Im sowjetischen Bereich wurden, anders als im Westen, zunächst keine neuen Banknoten ausgegeben; das alte Geld mußte überklebt und gestempelt werden, weshalb man die neue Ostwährung in West-Berlin als »Tapetenmark« verspottete. Doch durften im sowjetischen Besatzungsbereich alle Behörden und volkseigenen Betriebe ihre Bargeldbestände ohne Einbußen umtauschen, während alle privaten Barmittel über 5000 RM, über deren Herkunft kein befriedigender Nachweis geführt werden konnte, beschlagnahmt wurden, um – wie es offiziell hieß – »die aus Kriegsgeschäften oder dem Schwarzmarkt stammenden unlauteren Gewinne abzuschöpfen«. Die kleinen Sparer im Osten erhielten wesentlich günstigere Umtauschbedingungen als in den Westzonen, dafür fehlten die westlichen, für Arbeitgeber, Aktionäre und Grundbesitzer sehr günstigen Regelungen im sowjetischen Bereich, denn dort war der Großgrundbesitz durch eine Bodenreform, das private Eigentum an Großbetrieben durch andere Maßnahmen bereits enteignet worden, wogegen man im westlichen Deutschland die alten Besitzverhältnisse wiederhergestellt hatte.

Anders als im Westen, wo sofort nach Ausgabe der neuen »harten« Währung alle bislang gehorteten Waren zum Kauf angeboten wurden, hatte die östliche Währungsreform keinen »Ankurbelungseffekt«. Ohnehin hatten Industrie und Handel im sowjetischen Besatzungsbereich schon längst alles, was diesen Effekt hätte bewirken können – Warenbestände ebenso wie Kapital und Maschinen – nach Westdeutschland »ausgelagert«.

Die Währungsreformen im Osten und Westen, die bewirkten, daß in Berlin zwei Währungen nebeneinander kursierten, waren im Grunde nur noch die letzten Weichenstellungen für die Entwicklung unterschiedlicher Wirtschafts- und Gesellschaftssysteme, hie hochkapitalistische freie Marktwirtschaft, dort sozialistische Planwirtschaft. In Berlin, wo beide samt ihren verschiedenen Währungen miteinander konkurrierten, mußte es nun zu einer Machtprobe kommen, wobei drei Ergebnisse denkbar waren: Siegte die neue Ost-Währung, die die sowjetischen Behörden zum alleinigen gesetzlichen Zahlungsmittel in ganz Groß-Berlin erklärt hatten, so waren die West-Sektoren für die Amerikaner, Briten und Franzosen nicht mehr zu halten, zumal nun ihren Truppen die Anwesenheit in Berlin von den Sowjets unter Hinweis auf das Potsdamer Abkommen bestritten wurde. Setzte sich jedoch, was wahrscheinlicher war, die kaufkräftige West-Währung auch im Ostteil der Stadt durch, dann würde über kurz oder lang das ganze Wirtschaftssystem des sowjetischen Besatzungsgebiets ins Wanken geraten. Die dritte Möglichkeit war ein Nebeneinander beider Währungen, jeweils strikt beschränkt auf den Ostsektor und die drei Westsektoren. Das aber bedeutete die endgültige Spaltung der Stadt in zwei selbständige politische und wirtschaftliche Einheiten.

Die Sowjets waren sich sowohl der großen Gefahr bewußt, die ein Sieg der West-Währung – D-Mark-Banknoten wie in Westdeutschland, jedoch mit einem aufgestempelten B versehen – bedeuten würde, als auch der einmaligen Chance, ganz Berlin ihrem Besatzungsgebiet wieder einzuverleiben. Bereits in den Wochen vor der Währungsreform hatten sie damit begonnen, die Bahn- und Wasserstraßenverbindungen Westberlins zu Westdeutschland durch allerlei »technische Störungen« zu behindern und den Straßenfernverkehr einzuschränken. Nun erklärten sie, die Westalliierten hätten das Viermächteabkommen gebrochen, aus dem sich allein ihr Recht abgeleitet hätte, in West-Berlin Truppen zu stationieren und die Verkehrswege durch das sowjetische Besatzungsgebiet zu benutzen. Damit sei nun Schluß. Berlin gehöre ohnehin seiner Lage, Natur und Geschichte nach zum sowjetisch besetzten Teil Deutschlands. Und um ihren Forderungen Nachdruck zu verleihen, stellten sie zunächst den gesamten Personen- und Postverkehr von und nach Westberlin ein.

In der letzten Juniwoche verstärkten die Sowjets die Blockademaßnahmen: Alle Straßen, Schienen- und Wasserwege zwischen West-Berlin und Westdeutschland wurden für den gesamten Verkehr gesperrt, die Stromversorgung, die von Kraftwerken im sowjetischen Besatzungsgebiet weitgehend abhängig war, unterbrochen. Vom 1. August an gab es auch keine Lebensmittel- und Kohlelieferungen mehr.

Auf westlicher Seite, wo man erkannt hatte, daß die Sowjets mit diesen heftigen Reaktionen auch die Gründung eines westdeutschen Separatstaats und die Integration Berlins in das Wirtschaftssystem der USA verhindern wollten, war man sich zunächst keineswegs einig, wie man auf die Blockade Westberlins antworten sollte. General Clay, der US-Oberbefehlshaber in Deutschland, wollte zunächst mit einem militärischen Handstreich die Landverbindung Helmstedt–Berlin wiederherstellen. Winston Churchill befürwortete sogar einen Präventivschlag mit amerikanischen Atombomben, der dem Kommunismus den Garaus machen sollte, und seine Meinung wurde von vielen »Falken« in USA und anderswo geteilt, denn noch hatten ja die Amerikaner ein Atombomben-Monopol. Doch die

Mehrheit im Westen hielt ein solches Abenteuer zumindest für verfrüht. Wie sollte man den Völkern klarmachen, daß die Sowjetunion, die die größten Opfer im Kampf gegen Nazi-Deutschland gebracht hatte, nun vollends vernichtet werden müßte, wo es doch scheinbar nur darum ging, ein paar zerstörte Stadtviertel der Hauptstadt Hitlers vor der vollständigen Beherrschung durch diejenigen zu bewahren, die Berlin drei Jahre zuvor in hartem Kampf erobert hatten?

Doch andererseits blieben die USA entschlossen, West-Berlin zu halten. »Wenn Berlin fällt«, erklärte General Clay, »folgt Westdeutschland als nächstes. Die Tschechoslowakei haben wir bereits verloren . . . Wenn wir beabsichtigen, Europa gegen den Kommunismus zu halten, müssen wir in West-Berlin bleiben!« Also begannen Amerikaner und Briten, die Berliner Westsektoren auf dem Luftwege, über die vertraglich festgelegten Einflugschneisen, mit Lebensmitteln, Kohle, Medikamenten und allen anderen dringend benötigten Gütern zu versorgen. Tag und Nacht, in immer kürzeren Abständen, donnerten dieselben Flugzeuge, die erst drei Jahre zuvor die Stadt in Schutt und Asche gelegt hatten, nun als deren Retter über die Ruinen, löschten auf den Flughäfen von Tempelhof und Gatow ihre Ladung und flogen zurück zu ihren westdeutschen Stützpunkten zum nächsten Einsatz. Die Franzosen beschränkten sich auf die Versorgung ihrer kleinen Garnison und stellten den in ihrem Sektor gebauten Flughafen Tegel für die »Luftbrücke« zur Verfügung.

Fast ein Jahr lang, vom 26. Juni 1948 bis zum 12. Mai 1949, führten 380 amerikanische und britische Flugzeuge insgesamt fast zweihunderttausend Flüge nach West-Berlin und zurück zur Basis durch. Alle zwei bis drei Minuten landete eine Maschine, wobei britische Marineflugzeuge auch auf den Havelseen wasserten. Insgesamt wurden so fast 1,5 Millionen Tonnen Fracht eingeflogen, zuletzt etwa zehntausend Tonnen täglich. Bei Unglücksfällen, die sich vor allem durch Ausfall der Warnleuchten an Kirchtürmen und Masten infolge der Stromsperre ereigneten, kamen 88 alliierte Flieger ums Leben.

Die Luftbrücke half West-Berlin über den Sommer, den Herbst und sogar über den Winter 1948/49. Doch auf die Dauer ließ sich die Versorgung der damals noch rund 2,5 Millionen Einwohner der drei West-Sektoren nicht aufrechterhalten. Die Bevölkerung mußte sich immer stärker einschränken, die Stromsperren wurden immer länger, und zuletzt gab es nur noch täglich zwei Stunden Haushaltsstrom. Für den Winter 1948/49 konnten an jeden West-Berliner ganze 12,5 Kilogramm Kohlen ausgegeben werden. Die »Rosinenbomber« der Luftbrücke landeten nun schon in Abständen von nur noch 90 Sekunden, aber die Flughafenkapazitäten Westberlins reichten einfach nicht aus für die Versorgung der Millionenstadt mit Massengütern.

Indessen war der Durchhaltewillen der Westberliner außergewöhnlich und nicht allein durch das Trommelfeuer antikommunistischer Propaganda zu erklären, das täglich auf sie niederging und bei dem der seit September 1946 sendende RIAS (Radio im amerikanischen Sektor) sich besonders hervortat.

Die Amerikaner, die einsahen, daß Westberlin, allem Durchhaltewillen zum Trotz, in absehbarer Zeit hätte aufgegeben werden müssen, begannen bereits mit der Verlegung ihrer strategischen Luftflotte nach Europa und zwangen durch die nun unverhüllte Drohung mit der Atombombe die Sowjets an den Verhandlungstisch, wo diese sich bereit erklärten, die Blockade Westberlins aufzuheben. Ihr Einlenken wurde der sowjetischen Seite dadurch erleichtert, daß sich die Westalliierten von Anfang an zu Konzessionen bereit zeigten. Washington machte sogar noch im Frühjahr 1949 den Vorschlag, die neue Ost-Währung in ganz Berlin gelten zu lassen.

Aber daran lag den Sowjets nun nichts mehr, denn inzwischen hatte sich die Spaltung Berlins in einer Weise vollzogen, die eine Wiederherstellung der früheren Verwaltungs- und Wirtschaftseinheit in absehbarer Zeit kaum noch möglich erscheinen ließ. Am 6. September 1948 hatte es um das im Ostsektor gelegene Neue Stadthaus heftige Krawalle gegeben, woraufhin der Stadtverordnetenvorsteher Dr. Otto Suhr (SPD) die Verlegung der Sitzung, auf der – den Sowjets unerwünschte – Neuwahlen beschlossen werden sollten, nach Westberlin anordnete. Die SED-Fraktion und einige ihr nahestehende bürgerliche Stadtverordnete nahmen an diesem Auszug des Stadtparlaments aus dem Ostsektor nicht teil. Es war der endgültige Bruch, denn schon am Abend beschloß die in Charlottenburg tagende Mehrheit der Stadtverordneten Neuwahlen für ganz Berlin. Sie fanden – von der sowjetischen Kommandantur für illegal erklärt und im Ostsektor verboten – am 5. Dezember 1948 nur in Westberlin statt. Bei 86,7 Prozent Wahlbeteiligung erhielt die SPD 64,5 Prozent der gültigen Stimmen, die CDU 19,4 Prozent, die Liberaldemokratische Partei 16,1 Prozent. Ernst Reuter wurde mit demonstrativer Einstimmigkeit erneut zum Oberbürgermeister gewählt, und diesmal trat er sein Amt an, und die drei westlichen Stadtkommandanten bestätigten es unter Ignorierung des sowjetischen Einspruchs. Ernst Reuter wurde die Seele des antisowjetischen und antikommunistischen Widerstands, zur weltweit bekannten Symbolfigur dessen, was man im Westen den »Freiheitskampf der geknebelten Halb-

Stadt«, im Osten »hetzerische Spalterpolitik« nannte und als Versuch bezeichnete, »von Westberlin aus die antifaschistisch-demokratischen Errungenschaften rückgängig zu machen und nicht nur in Ostdeutschland, sondern in ganz Osteuropa die alten kapitalistischen Verhältnisse zu restaurieren«.

Am 9. September 1948 hatte Reuter der auf dem Platz der Republik zusammengeströmten Menge zugerufen: »... Wir werden den Tag der Freiheit erleben! Dann werden die deutschen Züge auch wieder nach Breslau und nach Stettin fahren .. Völker der Welt, schaut auf diese Stadt, schaut auf Berlin!« Nach dieser Rede kam es zu schweren antisowjetischen Ausschreitungen, vom Brandenburger Tor rissen Halbwüchsige die sowjetische Fahne ab, warfen sie in die jubelnde Menge, die sie zertrampelte, britische Militärpolizei schaute dabei zu, ohne einzuschreiten.

Der Kalte Krieg war voll entbrannt, und in Berlin wurde er mit besonderer Heftigkeit geführt, nachdem die Spaltung der Hauptstadt vollzogen war. Kurz vor den Westberliner Wahlen hatte auch der Ostsektor einen neuen Magistrat gebildet. Friedrich Ebert junior, der Sohn des ersten Reichspräsidenten der Weimarer Republik, war zum neuen Oberbürgermeister gewählt worden, und die Sowjets hatten ihn als alleiniges Stadtoberhaupt von Groß-Berlin anerkannt. Das Angebot seines Magistrats, die Lebensmittelversorgung Westberlins zu übernehmen, wiesen Presse und Rundfunk der Westsektoren entrüstet zurück.

Indessen hatte sich im Winter 1948/49 zum Entsetzen der Westberliner Politiker und Besatzungsoffiziere die offiziell verachtete Ost-Währung in den Westsektoren durchzusetzen begonnen. Es ließ sich damit durch heimliche Einkünfte im Ostsektor der Hunger erheblich billiger stillen als auf dem Westberliner Schwarzmarkt.

Während die Standhaftigkeit der Westberliner erst spät nachzulassen begann, hatten die Herren der Wirtschaft Berlin schon vor Beginn der Blockade als »sinkendes Schiff« angesehen und eilig verlassen. Das zeigte sich mit schmerzlicher Deutlichkeit, als die fast elfmonatige Blockade endete.

Zwar begann – so hatte es Gert v. Eynern beschrieben – »das neue Leben ... für die Berliner mit einer Fülle von Licht. Am Donnerstag, dem 12. Mai ... ließ Ernst Reuter die Stromsperre aufheben. Das war ein kühner Entschluß, denn es stand ... noch keineswegs fest, ob die Kohlenvorräte der BEWAG-Kraftwerke rechtzeitig aufgefüllt werden könnten. Das Experiment gelang: Westberlin erstrahlte in hellem Glanze! Nun war die Zeit der Blockade zu Ende, die Zeit des Hungers und der Kälte, der Arbeitslosigkeit und der Ängste; nun war die Ostmark, die noch während des Winters den täglichen Zahlungsverkehr beherrscht hatte, endgültig vertrieben; es galt allein die Westmark, das Symbol für die Zugehörigkeit zum wirtschaftlichen und politischen System des Westens.«

Aber nun war Westberlin auch die eigentliche Quelle seines Wohlstands losgeworden. Der Exodus der Großunternehmen hatte schon vor Kriegsende begonnen, als die »Verlagerungen« einsetzten und für jeden nüchternen Beobachter deutlich wurde, daß die Hitlerdiktatur vor dem Untergang stand. Nach der Kapitulation waren weitere Großbetriebe aus Berlin verschwunden, darunter Mix & Genest, die Margarine-Union, die Sunlight AG und die Starkstromanlagen AG. 1946 hatten die Nitag-Treibstoff AG, die Mannesmann-Stahlblechbau AG und ein Dutzend chemischer und pharmazeutischer Werke den Weg in den Westen angetreten, 1947 folgten die Standard-Elektrik, die Siemens-Reiniger-Werke, die Singer Nähmaschinenfabrik, die Kodak, die Knorr-Bremse, die Deutsche Erdöl AG, die Bubiag und die Accumulatorenfabrik des Quandt-Konzerns sowie die Konzernzentrale der Karstadt-Warenhäuser. Im Blockadejahr wurde aus der Absetzbewegung die Massenflucht. Mehr als fünfzig Großbetriebe, darunter Sarotti, Lorenz, Wintershall, die Julius Berger Tiefbau AG und eine Reihe von Versicherungskonzernen verschwanden eilig aus der gefährdeten Stadt. Siemens & Halske, Siemens-Schuckert, die restlichen Quandt-Unternehmen und Versicherungskonzerne sowie die wichtigsten Filmgesellschaften verlegten ihren Sitz nach Westdeutschland oder beließen ihren Berliner Unternehmensresten nur noch symbolisch ihren Namen und den Rang eines zweiten Hauptsitzes. Solange nur die Verwaltung in den Westen verlegt wurde, bedeutete dies für Berlin zunächst noch keine große Einbuße an Arbeitsplätzen, abgesehen von den Angestellten, die entweder mit nach München, Düsseldorf, Köln, Hamburg oder Frankfurt am Main zogen oder arbeitslos wurden. Viel schwerer ins Gewicht fiel der Prestigeverlust, den Berlin erlitt, zumal nachdem 1949 die Bundesrepublik Deutschland gegründet, der Berlin-Verächter Konrad Adenauer zum Kanzler gewählt und die ehemalige preußische Kreisstadt Bonn zu Füßen seines Alterssitzes zur – angeblich »provisorischen« – Hauptstadt des neuen westdeutschen Staats proklamiert worden war.

Schlimmer noch: Der Abzug der Konzerne, Großbanken und Wirtschaftsverbände von Berlin nach Westdeutschland war von den Amerikanern ebenso intensiv gefördert worden wie die Gründung des westdeutschen Separatstaats, an dessen politischem Leben die Westberliner keinen direkten und praktischen, sondern nur noch symbolischen Anteil haben durften.

Aus alledem las – so der prominente Wirtschaftsjournalist Kurt

Pritzkoleit – »der unbefangene Beobachter . . . eine Einschätzung des Berlin-Risikos ab, die niederschmetternd auf die Gewerbetreibenden der Stadt und die Außenwelt wirken mußte. Der Verlust der Reichsbehörden, der Exodus der großen Firmen und der zentralen Wirtschaftsverbände, die – als sei es das Selbstverständlichste – auf die Rückkehr nach Berlin verzichteten, bedeutete die schwerste Einbuße an Ansehen und Würde, die die Stadt erleiden konnte. Sie war jetzt endgültig entthront, ein gefährliches Pflaster, . . . eine Provinzstadt inmitten sowjetisch besetzten Gebiets, die mit dem Westen nur noch durch wenige, äußerst verletzliche Fäden verbunden war . . . Im Westen nahm man die Tragödie Berlins kaum zur Kenntnis . . . – was war schon Berlin? Man hatte eigene Wünsche, Hoffnungen, Erfolge und Sorgen . . .«

So wurde Berlin, genauer: Westberlin, denn nur davon ist in Pritzkoleits Darstellung die Rede, um die Jahreswende 1949/50 von Westdeutschland aus gesehen. Von Ostberlin nahm man damals in der Bundesrepublik überhaupt keine Notiz, obwohl dort am 7. Oktober 1949 die Deutsche Demokratische Republik (DDR) proklamiert und Berlin zu deren Hauptstadt bestimmt worden war, wobei dies praktische Bedeutung nur für den sowjetischen Sektor hatte. Zum ersten Staatsoberhaupt der DDR wurde der einstige Sekretär der SPD-Parteischule in der Lindenstraße und spätere Mitbegründer der KPD, Wilhelm Pieck, zum ersten Ministerpräsidenten der frühere SPD-Reichstagsabgeordnete und Vorsitzende des ersten Nachkriegs-Zentralausschusses der SPD, Otto Grotewohl, gewählt. Beide waren die Vorsitzenden der SED, der staatstragenden Partei der DDR.

In Bonn hingegen verkündete Adenauer, der mit einer Mehrheit von nur einer Stimme Bundeskanzler geworden war – wobei die Stimmen der acht von der Westberliner Stadtverordnetenversammlung entsandten Abgeordneten (fünf von der SPD, zwei von der CDU und einer von der FDP) laut Beschluß der alliierten Hochkommissare keine Gültigkeit hatten –, am 21. Oktober 1949 im Bonner Bundestag die »Nichtexistenz« des anderen deutschen Staats samt seiner Hauptstadt.

»Der meent, uns jibt's jaanich?« staunten die Arbeiter, die gerade zwischen Warschauer Straße und Strausberger Platz mit Hochdruck vier große Wohnblocks, die ersten Neubauten nach dem Kriege, fertigstellten. »Ob er sich da ma' nich' irrt?«

»FRISCH,
JESUND UND MESCHUGGE« –
EINE STADT WIE KEINE ANDERE!

Im Ostteil der Stadt – seit Oktober 1949 laut Verfassung der DDR deren Hauptstadt – fungierte der »Magistrat von Groß-Berlin«, dessen Macht zwar an der Grenze des sowjetischen Sektors endete, der aber schon mit seinem Namen den Anspruch erhob, für *ganz Berlin* zuständig zu sein.

Im Schöneberger Rathaus, wo das (West-)Berliner Abgeordnetenhaus »vorläufig« – nämlich seit dem Auszug aus dem Neuen Stadthaus am 1. Dezember 1948 bis heute – Zuflucht gefunden hatte, wurde eine am 1. Oktober 1950 in Kraft tretende Verfassung verabschiedet, deren Artikel 1 besagte, Berlin als Ganzes sei »deutsches Land und Stadt zugleich«. Indessen war infolge alliierten Einspruchs weder Berlin (West) noch gar ganz Berlin als Land ein Bestandteil der Bundesrepublik, und als Stadt blieb dieses Berlin *de facto* beschränkt auf die drei Westsektoren. Und so ist es bis heute geblieben.

Es war (und ist) nicht sehr weit von einem Rathaus der Stadt zum anderen. Mit dem Fahrrad hätte Ernst Reuter, der »Regierende Bürgermeister von Berlin«, den »Oberbürgermeister von Groß-Berlin« Fritz Ebert junior, bequem in fünfzehn Minuten erreicht. Bis zum 27. Mai 1952 hätte der eine den anderen auch jederzeit antelefonieren können. Dann allerdings wurden sämtliche Telefonverbindungen zwischen dem Ost- und dem Westteil der Stadt von Ostberlin aus unterbrochen und den Westberlinern die Einreise in die DDR, etwa von Wannsee nach Babelsberg oder Potsdam, unmöglich gemacht. Am 15. Januar 1953 wurde auch der durchgehende Straßenbahn- und Autobusverkehr zwischen dem Ostsektor und den Westsektoren unterbunden. Fahrgäste, die weiterfahren wollten, mußten zu Fuß über die – zunächst noch offene – Sektorengrenze, um die Weiterfahrt mit der gleichen Linie im anderen Teil der Stadt fortzusetzen, wofür sie keinen neuen Fahrschein zu lösen brauchten. S- und U-Bahnen verkehrten indessen weiterhin durchgehend.

Aber weder Fritz Ebert noch Ernst Reuter machten von den jeweils noch vorhandenen Besuchs- und Gesprächsmöglichkeiten Gebrauch. Zwischen Westberlin und Ostberlin hatte sich bereits, wenngleich noch unsichtbar, eine Trennwand geschoben: der von Winston Churchill schon 1945 so bezeichnete »Eiserne Vorhang«. Der weltweite Ost-West-Konflikt, der 1950 in Korea schon den lokalen »heißen« Krieg ausgelöst hatte, wirkte sich in Berlin, wo die Gegensätze auf engstem Raum aufeinanderprallten, als »Kalter Krieg« in seiner rüdesten Form aus.

Die »Frontstadt« Westberlin war nach dem Selbstverständnis der Mehrheit ihrer Bewohner »Hauptkampflinie« gegen die Kommunisten und »den Osten«, vorgeschobene »Bastion« zur Verteidigung westlicher Freiheit, Demokratie und Marktwirtschaft gegen »rote Diktatur«, Planwirtschaft und Kollektivierung. Von Westberlin aus, dem »Pfahl im Fleische« der DDR, die den Angriffen der »Spalter« und »Saboteure des friedlichen Aufbaus« wenig mehr entgegenzusetzen hatte als Grenzschikanen und die geschilderten Unterbrechungen der Verkehrs- und Telefonverbindungen, verkündete Ernst Reuter: »Wir wirken wie Dynamit auf die Ostzone, und wir werden den Druck auf die Ostzone in einem Ausmaß verstärken, das wenige sich heute vorstellen können!«

Tatsächlich wurde in den frühen fünfziger Jahren mit massiver Unterstützung von seiten der Amerikaner von Westberlin aus ein Propagandakrieg beinahe Goebbelsschen Ausmaßes gegen die stets als »Zone« bezeichnete DDR geführt, und darüber hinaus diente Westberlin zahlreichen Geheimdiensten und »Kampfgruppen« als ideale Ausgangsbasis für Aktionen aller Art – von bloßer Ausspähung über die Anwerbung von Agenten und Provokateuren bis hin zur Sabotage großen Stils, wobei ein Versuch, das Großkraftwerk Klingenberg zur Explosion zu bringen, ein Sprengstoffanschlag auf die Kanalschleuse bei Hohen Neuendorf im Nordosten Berlins und eine Millionenschäden verursachende Brandstiftung im fertiggestellten Sendesaal des Rundfunks in Oberschöneweide die Höhepunkte markierten.

Im Propagandakrieg, den die Westberliner Zeitungen und Sender, allen voran der RIAS, zwei Jahrzehnte lang gegen »den Osten« führten, ging es vor allem darum, Westberlin als »Insel der Freiheit« im Meer brutalster kommunistischer Unterdrückung anzupreisen und den Kontrast deutlich zu machen, der zwischen dem reichen, schier unerschöpflichen Angebot im »Schaufenster des Westens« und dem im Osten herrschenden Mangel an allem und jedem, zwischen dem beginnenden »Wirtschaftswunder« hüben und der Verelendung und Mißwirtschaft drüben bestand.

Tatsächlich war Ostberlin nach 1945 in weit schwierigerer Lage als Westberlin. Die Bombenangriffe des Zweiten Weltkriegs hatten sich in den am dichtesten besiedelten Arbeitervierteln des Ostens noch verheerender ausgewirkt als im Westen. Im Zentrum, wo bis zuletzt erbittert um jede Straße, jeden Häuserblock gekämpft worden war, standen nur noch Ruinen, und was an intakten Industrieanlagen in den Außenbezirken übriggeblieben war, hatte die Besatzungsmacht demontieren und in die von der Wehrmacht verwüsteten Westgebiete der Sowjetunion schaffen lassen. Auch vieles, was die Ostberliner Arbeiter gerade erst mühselig wieder instand gesetzt und in Betrieb genommen hatten, war von den Sowjets wiederum demontiert und weggeschafft worden – mit verheerenden Auswirkungen auf die Arbeitsmoral und den – anfangs enormen – Aufbauwillen der enttäuschten Belegschaften.

Als weitere Erschwernis kam der Bevölkerungsverlust hinzu, den die DDR und mit ihr Ostberlin Jahr um Jahr erlitt: Erst aus Angst vor »den Russen«, dann aus Abneigung gegen das SED-Regime, schließlich vor allem, weil der von der Rundfunk- und Mundpropaganda gepriesene »Goldene Westen« lockte, flüchteten bis zum Sommer 1961 etwa 2,7 Millionen Menschen von Ost nach West, davon etwa 250000 aus Ostberlin (wozu angemerkt sei, daß aber auch viel Zuzug, vor allem aus dem »roten Sachsen«, nach Ostberlin zu verzeichnen war).

Mehr als die Hälfte der DDR-Flüchtlinge kam über die offenen Sektorengrenzen nach Westberlin, und etwa 530000 wurden dort ansässig und bildeten fast ein Viertel der Wohnbevölkerung der Westsektoren; die anderen siedelten nach Westdeutschland über. Da die DDR-Flüchtlinge zum großen Teil der früheren Oberschicht und dem gehobenen Mittelstand angehörten und unter ihnen viele Ingenieure, Techniker, Verwaltungs- und andere Fachleute waren, wirkte sich ihr Weggang sehr nachteilig auf den Wiederaufbau aus, auch und gerade in Ostberlin.

Umgekehrt führte der starke Zustrom von DDR-Flüchtlingen nach Westberlin dort zu einer Verstärkung der militant-antikommunistischen Kräfte, aber auch zu wachsender Arbeitslosigkeit. Von einer »Schaufenster«rolle Westberlins konnte anfangs überhaupt nicht die Rede sein. Nach der Einführung der »West-Mark« waren im Winter 1949/50 über 300000 Westberliner arbeitslos, etwa 50000 hatten nur Kurzarbeit, was bedeutete, daß jeder dritte Erwerbstätige auf Unterstützung angewiesen war.

Um die geringen Einkünfte aus der Arbeitslosen- und Fürsorgeunterstützung aufzubessern, machten sich viele das – durch den westlichen Wechselkurs für »Ostmark« noch enorm verstärkte – Preisgefälle zunutze, kauften in Ostberlin billige Lebensmittel, später auch Fotoapparate, Feldstecher, Nähmaschinen und andere feinmechanische Erzeugnisse auf und setzten sie mit beträchtlichem Gewinn in Westberlin ab. Gegenmaßnahmen der DDR-Behörden wie auch Proteste des geschädigten Westberliner Einzelhandels blieben zunächst wirkungslos, und die politische Führung Westberlins sah es nicht ungern, daß durch die Masseneinkäufe der Westberliner die Versorgung der Ostberliner Bevölkerung beeinträchtigt, die Wirtschaft der DDR geschädigt und zugleich den Arbeitslosen Westberlins eine Einnahmequelle erschlossen wurde, die ihre Unzufriedenheit dämpfte, während die der Ostberliner sich steigerte.

Am 16. Juni 1953 kamen die Bauarbeiter, die in der Stalin- (früher Frankfurter, heute Karl-Marx-)Allee neue Wohnblocks errichteten, überein, gegen die angekündigte weitere Erhöhung der Arbeitsnormen mit einem Demonstrationszug zu den Ministerien in der Leipziger Straße zu protestieren. Daraus entwickelten sich, kräftig geschürt vom RIAS mit ständig wiederholten Streikaufrufen und »Sondermeldungen«, am 17. Juni heftige Krawalle, und zugleich wurden Forderungen nach Senkung der Lebensmittelpreise und nach freien Wahlen laut, die der Demonstration gegen die geplante Normenerhöhung einen regimefeindlichen Charakter gaben. Aus Westberlin kam »Verstärkung« ins Ostberliner Zentrum – »massenweise«, wie es in den offiziellen Darstellungen der DDR-Behörden hieß, »nur vereinzelte Trupps von fünfzig bis hundert Leuten«, wie die westliche Seite zuzugeben bereit war. Jedenfalls flammten in der Innenstadt bald die ersten Brände auf, Bücher- und Zeitungskioske standen in Flammen, Schaufenster wurden eingeschlagen, Autos umgestürzt, einzelne »Vopos« (»Volkspolizisten«) angegriffen und mißhandelt. Der Vorsitzende der Ost-CDU und stellvertretende Ministerpräsident der DDR, Otto Nuschke, wurde an der Oberbaumbrücke aus seinem Dienstwagen gezerrt und nach Westberlin verschleppt, wo ihn die Polizei in »Schutzhaft« nahm, bis er nach zwei Tagen auf den geharnischten Protest des sowjetischen Hochkommissars für Deutschland hin wieder freigelassen werden mußte.

Um 13 Uhr sah sich der sowjetische Stadtkommandant veranlaßt, den Ausnahmezustand über Berlin zu verhängen und Panzer einzusetzen, die die Innenstadt rasch räumten und die Menge Unter den Linden und in der Leipziger Straße teils zerstreuten, teils nach Westberlin abdrängten. Unmittelbar an der Sektorengrenze, vor allem am Potsdamer Platz, dauerten die Krawalle an; das Columbiahaus, einst Folterstätte der Nazis, nun HO-Warenhaus, wurde geplündert und niedergebrannt – was wiederum bei den diszipliniert und geschlossen zur Demonstration gegen die geplante Normenerhöhung aus den Außenbezirken in die Innenstadt marschierten Belegschaften, unter ihnen zwölftausend Stahlwerker aus Henningsdorf, Empörung auslöste, da sie nicht an Zerstörungen, sondern an der Durchsetzung ihrer Forderungen interessiert waren. »Über den Umfang der Streikbewegung am 17. Juni besteht zwischen östlichen und westlichen Quellen im großen und ganzen Übereinstimmung«, heißt es dazu bei Arnulf Baring in dessen als Standardwerk geltender Untersuchung »Der 17. Juni 1953«. »Grotewohl sprach im Juli 1953 offiziell von ... 300 000 Arbeitern, die sich an Streiks beteiligt hätten«, und zwar nicht allein in Ostberlin, sondern im gesamten Gebiet der DDR, »westliche Angaben verzeichnen ... 372 000 am Streik beteiligte Arbeitnehmer. Die Gesamtzahl der Arbeitnehmer (ohne Lehrlinge) betrug damals ›in der gesamten DDR‹ 5,5 Millionen. Vergleicht man die Zahl der Arbeitnehmer mit der der Demonstranten, dann zeigt sich, wie verhältnismäßig wenige Arbeiter sich am 17. Juni beteiligt haben: Nach Grotewohl sind es 5,5 Prozent, folgt man den westlichen Zahlen, 6,8 Prozent.« Jedenfalls waren die Ereignisse nach Umfang und Zielsetzung etwas anderes, als die westlichen Medien, allen voran die Springer-Presse und der RIAS, zunächst daraus machten.

Immerhin wurden einige hundert Personen von sowjetischer Militär- und DDR-Volkspolizei festgenommen, etliche »Rädelsführer«, darunter auch Westberliner, »standrechtlich« erschossen. Insgesamt kamen bei diesen Unruhen, die auch auf andere Städte der DDR übergriffen und erst am 19. Juni überall beendet waren, nach offiziellen Angaben der Ostberliner Behörden 21 Personen ums Leben, 187 wurden verletzt. Im Westen wurde der Tag des »Volksaufstandes in der DDR«, der 17. Juni, zum »Tag der deutschen Einheit« und zum gesetzlichen Feiertag erklärt. Im Osten erinnert man sich begreiflicherweise ungern an den »von Agenten und Provokateuren gesteuerten konterrevolutionären Putschversuch zum Sturz der Arbeiter-und-Bauern-Macht«, bei dem – wieder einmal – die rote Fahne vom Brandenburger Tor heruntergeholt und verbrannt worden war.

In den folgenden acht Jahren ging zwar der Kalte Krieg weiter; beiderseits der Grenze, die die Stadt in zwei feindliche Lager teilte, liefen die Propagandaapparate auf Hochtouren. Aber abgesehen von gelegentlichen Zwischenfällen, wurde die deutsch-deutsche Auseinandersetzung gewaltlos geführt, und die Grenze innerhalb Berlins blieb offen. Die Bürger aus beiden Teilen der Stadt konnten ungehindert und jederzeit alle Sektoren aufsuchen. Eine halbe Million Menschen überschritt täglich die Grenze zwischen Ost und West. Mehr als fünfzigtausend Ostberliner, dazu einige tausend Bewohner aus dem an Berlin grenzenden Gebiet der DDR, waren in West-Berlin beschäftigt, umgekehrt hatten annähernd siebentausend West-Berliner ihren Arbeitsplatz in Ost-Berlin.

Wie schon so häufig in der Geschichte der Stadt, die ja seit eh und je aus verschiedenen selbständigen Verwaltungsgebieten bestanden hatte und der auch der Gegensatz zwischen dem proletarischen Osten und dem vornehmen bürgerlichen Westen keineswegs neu war, gewöhnte man sich allmählich an das bizarre Nebeneinander. Seltsam erschien es den älteren Berlinern nur, daß einige Arbeitergegenden und traditionell »rote Hochburgen« wie Neukölln oder gar der Wedding nun zum Westen zählten, dagegen die Innenstadt mit dem einstigen Banken- und Börsenviertel, den Luxushotels und -geschäften und den vornehmsten Palais jetzt das Zentrum der kommunistischen, nach Bonner und Westberliner Lesart »nichtexistenten« DDR geworden war.

Indessen glichen sich nun die Stadtteile und ihre Bewohner den jeweils für sie zuständigen Besatzungsmächten und Gesellschaftssystemen immer mehr an:

In Westberlin gab es 1953 einen »Ruck nach rechts«; Nachfolger des verstorbenen Ernst Reuter wurde Walther Schreiber (CDU), der eine Koalition mit der FDP einging, und nun regierte ein bürgerlicher Senat ohne SPD-Beteiligung Berlin (West). Die Sozialistische Einheitspartei Westberlins (SEW) war derweilen – offenbar gab es in Neukölln, am Wedding und in Siemensstadt keine Kommunisten mehr – zu einer unbedeutenden Splitterpartei mit weniger als drei Prozent Stimmenanteil abgesunken. Jetzt floß auch sehr viel Geld nach Westberlin: Das Berlinhilfegesetz, das der Bonner Bundestag im März 1950 verabschiedete, verschaffte der »Frontstadt«, neben direkten Zuschüssen zum Haushalt, beträchtliche Standortvorteile durch Steuervergünstigungen, Frachtbeihilfen und bevorzugte Auftragserteilung. Der Gesamtumfang der bis 1958 Westberlin zuteil gewordenen Bundeshilfe lag bei 15,5 Milliarden DM. Sozusagen als »Frontzulage« flossen außerdem bis 1960 rund 4,5 Milliarden DM Marshall-Plan-Mittel aus dem ERP-Sondervermögen nach Westberlin. Die Auswirkungen dieses Milliardensegens wurden von Monat zu Monat deutlicher sichtbar: an instand gesetzten Gebäuden, dem Neubau ganzer Stadtteile wie dem neuen Hansaviertel am Tiergarten, der im Sommer 1955 begonnen wurde, an dem Angebot der neuerstandenen großen Warenhäuser, den Auslagen der Geschäfte, den immer üppigeren Speisekarten der Restaurants, dem regen Nachtleben mit immer neuen Bars, Kabaretts und »Bumslokalen«, Jazz- und Boogie-Woogie-Kellern, am Glanz der – beide von 1951 an alljährlich stattfindenden – »Berlinale« genannten – Internationalen Filmfestspiele im Juli und der zahlreiche ausländische Ensembles an die Spree führenden »Berliner Festwochen« im September, an der immer besseren und modischeren »Schale« der Westberliner, besonders der jüngeren Frauen, die sich nun schon »mit Pfiff«, »mit'n jewissen Aweck« zu kleiden wußten, und sogar an der Umgangssprache, die sich von der im Ostteil der Stadt zu unterscheiden begann.

»Du has' wohl deinen Ei-kju heut' nich' jeputzt, Kalle?! Jloobste denn, det könntste uff de ßofte Tour mänätschen? Det jeht nur mit Kräsch!« oder »Wat denn, ick bin doch nich' kreesi! Ick mach' doch nich' den Babysitter bei de Tiiniis! Det jibt nur Trabbel, Atze, kannstma jlooben!« waren für die Ostberliner ebenso schwer enträtselbar wie umgekehrt deren »Ausjerechnet icke als Dispätscher beim Festival-Sobotnik! Wo ick doch mit Truden zwee Breuler koofen un' nach unsre Datsche wollt' machen . . .« für die Westberliner.

Auch Ostberlin hatte sich inzwischen mächtig herausgemacht, aber eben ganz anders: Im August 1951 waren für die III. Weltjugendfestspiele, an denen weit über zwei Millionen Jugendliche aus dem In- und Ausland teilnahmen, eine riesige Sporthalle, dazu der Jahn-Sportpark und das Friesen-Schwimmstadion fertiggestellt worden. In – mehr oder weniger – »freiwilliger Aufbauarbeit« – neuostdeutsch »Sobotnik« genannt – hatten 130000 Helfer rund 20000 Kubikmeter Schutt beseitigt und die »Festival«-Anlagen in Rekordzeit erstellt. Zwischen Strausberger Platz und der Bersarin- (früher Tilsiter) Straße waren dreizehn große Wohnblocks mit zusammen 2140 Wohnungen und fast hundert Geschäften errichtet worden. Am 2. Mai 1953 war das Zeughaus Unter den Linden, Berlins größtes und schönstes Baudenkmal der Barockzeit, prächtig »neurenoviert« als Museum für Deutsche Geschichte eröffnet worden. Am 1. Januar 1954 waren die – bis dahin von den Sowjets für Reparationslieferungen beanspruchten – größten Industriebetriebe Ostberlins, das Berliner Bremsenwerk, die EAW-Treptow und Siemens-Plania, in das Volkseigentum der DDR übergeben worden. Im Frühjahr 1954 wurde die wiederaufgebaute »Volksbühne« am Rosa-Luxemburg-(früher Bülow-)Platz mit einer Aufführung von Schillers »Wilhelm Tell« eröffnet – mit großem Szenenapplaus am Ende des zweiten Akts für Tells »Wir wollen sein ein einig Volk von Brüdern . . .« –, und für Bertolt Brechts berühmtes Berliner Ensemble stand nun das Theater am Schiffbauerdamm zur Verfügung. Am 2. Juli 1954 bekam Ost-Berlin seinen eigenen Zoo, den zu einem der größten und schönsten Tierparks der Welt umgestalteten früheren Schloßpark Friedrichsfelde. Am 4. September 1955 fand die feierliche Wiedereröffnung der Deutschen Staatsoper Unter den Linden statt, die in dreijähriger Bauzeit außen und innen nach den ursprünglichen Plänen Knobelsdorffs restauriert worden war. Auch das Rote Rathaus und zahlreiche andere Gebäude hatte man bereits historisch getreu wieder aufgebaut.

Im September 1956 beschlossen die Ostberliner Stadtväter, nun auch das Brandenburger Tor wiederherzustellen. Die Bauarbeiten waren ein Jahr später abgeschlossen, aber noch fehlte die Quadriga, von der Buntmetalldiebe nur noch den Befestigungsstachel übriggelassen hatten. Alle bei Kriegsende noch vorhandenen Reste – bis auf einen heute im Märkischen Museum ausgestellten Pferdekopf – waren auf den Westberliner Schwarzmarkt gewandert.

Indessen gab es in einer Westberliner Gießerei noch einen alten Gipsabdruck der Schadowschen Plastik, um dessen leihweise Überlassung Ostberlins OB Fritz Ebert den Westberliner »Regierenden« – seit Ende 1955 Otto Suhr, nach dessen Tod im Herbst 1957 Willy Brandt, beide SPD – nun brieflich bat. Lange mußten die Ostberliner auf Antwort warten, denn der Kalte Krieg war noch in vollem Gange, und gerade erst war auf, richtiger: unter Ostberliner Gebiet, in Altglienicke, ein vom Westberliner Ortsteil Rudow im amerikanischen Sektor aus vorgetriebener Tunnel entdeckt worden, mit dessen Hilfe die Amerikaner, zweifellos mit Wissen der Westberliner Behörden, die Telefonfernkabel der DDR-Post und der Roten Armee angezapft hatten.

Im Schöneberger Rathaus gab es endlose Beratungen des Für und Wider einer Erfüllung der Ostberliner Bitte. Am Ende beschloß man, sich nicht lumpen zu lassen, selbst eine neue Quadriga in Auftrag zu geben und sie den Ostberlinern zu schenken – man hatte ja selbst auch etwas davon, denn schließlich stand das Brandenburger Tor genau an der Grenze.

Im September 1958 traf die neue, aus Kupfer getriebene Plastik in Ost-Berlin ein, wunschgemäß ohne die im frühen 19. Jahrhundert vorgenommenen Ergänzungen, also ohne Eisernes Kreuz und Preußenadler. Wenig später stand die von einer Sieges- in eine Friedensgöttin zurückverwandelte Wagenlenkerin wieder auf ihrem alten Platz, kehrte West-Berlin, wie sie es schon immer getan hatte, den Rücken zu und grüßte mit hocherhobenem Kranz die östliche Seite.

Aber kaum war die Quadriga, Frieden verheißend, wieder auf das Brandenburger Tor zurückgekehrt, da brach eine neue »Berlin-Krise« aus: Die Sowjets hatten in einer sehr umfangreichen Note an die Regierungen der USA, Großbritanniens und Frankreichs, die in Bonn und West-Berlin sogleich als »Berlin-Ultimatum« bezeichnet wurde, den Abzug aller Besatzungstruppen aus den Westsektoren gefordert und die Umwandlung Westberlins in eine entmilitarisierte, aller Bindungen an die Bundesrepublik ledige, international garantierte Freie Stadt vorgeschlagen, außerdem die Einstellung aller gegen die DDR gerichteten Westberliner Aktivitäten verlangt, die ein für Ostberlin nicht länger erträgliches Ausmaß erreicht hätten.

Diese Note löste in Westberlin einen Aufschrei der Entrüstung aus. Nie und nimmer könnte und würde die »Insel der Freiheit« auf den Schutz der Westalliierten und die festen Bindungen an die Bundesrepublik verzichten! Indessen verfolgte Moskau mit seiner Initiative nur die Absicht, die Westmächte endlich an den Verhandlungstisch zu bringen und bei dieser Gelegenheit der DDR die bislang verweigerte internationale Anerkennung zu verschaffen, was der Sowjetunion auch insoweit gelang, als dann bei der Genfer Außenministerkonferenz, die Anfang August 1959 ohne Ergebnis endete, die Vertreter beider deutscher Staaten gleichberechtigt, zwar nicht am Tisch, aber daneben am »Katzentisch« gesessen hatten. Am Status Berlins aber änderte sich zunächst gar nichts.

Während nun die großen Vier ohne die Deutschen nach Wegen zu suchen begannen, wie die Konfrontation abgebaut, die ständige Kriegsgefahr gebannt werden könnte, ging in Berlin der Kalte Krieg mit unverminderter Heftigkeit weiter. Neben dem RIAS war es nun vor allem die Springer-Presse, die mit einer oft bis zur Hysterie gesteigerten antikommunistischen und antisowjetischen Propaganda der »Frontstadt« weiszumachen bemüht war, das »Zonenregime«, das »die Menschen drüben« in Knechtschaft hielte und »schlimmer als die Nazis« wütete, stünde unmittelbar vor seinem Zusammenbruch. Man müßte da nur noch ein bißchen nachhelfen, dann bräche der Volksaufstand aus, und man könnte »den Osten befreien«.

Der Hamburger Verleger Axel Springer hatte sich 1956 bei seiner Westberliner Konkurrenz, dem Ullstein-Verlag, zunächst eine Sperrminorität verschafft, dann 93 Prozent der Anteile übernommen. Er beherrschte nun den Westberliner Zeitungsmarkt und hoffte, von Berlin aus im wiedervereinigten Deutschland ebenfalls eine Monopolstellung zu erringen. 1959 hatte er in der Kochstraße, dicht an der Sektorengrenze, auf dem Gelände des alten Ullstein-Hauses, den Grundstein für ein achtzehnstöckiges Gebäude gelegt, das seine Konzernzentrale werden sollte. Die Rede, die er bei dieser Gelegenheit hielt, gipfelte in der Feststellung, »von dieser Stelle aus« werde »der Geist der Freiheit« hinüberwehen, »den Menschen drüben« Hoffnung geben, »eine ständige Ermutigung für sie« ausstrahlen. Was Springer nicht erwähnte: Von dem Grundstück aus

wurde ein 22 Meter langer Stollen gebaut, der zum Keller eines Ostberliner Hauses führte. »Personen mit besonderen Aufgaben« wurden dann auf diesem Wege in die DDR eingeschleust, DDR-Bürger
heimlich in den Westen gebracht.

Die Fluchtbewegung von Ost nach West, gefördert durch Meldungen von bevorstehenden neuen Zwangsmaßnahmen in der DDR
und einer dort drohenden Hungersnot sowie durch verlockende
Schilderungen der Lage im »freien Westen«, erreichte Anfang der
sechziger Jahre einen neuen Höhepunkt. Nachdem 1959 insgesamt
144 000 Menschen aus der DDR in den Westen geflüchtet waren,
1960 schon fast 200 000, hatten sich in den ersten sechs Monaten
des Jahres 1961 bereits weitere knapp 200 000 DDR-Bürger in den
Notaufnahmelagern eingefunden, und etwa die Hälfte aller dieser
Flüchtlinge nahm den Weg über Westberlin.

In Westdeutschland herrschte Hochkonjunktur und fast schon Voll-
beschäftigung. Auch Westberlin erlebte bereits das Wirtschaftswunder, hatte kaum noch Arbeitslose, holte sich vielmehr zusätzliche
Arbeitskräfte aus Ostberlin. Nach offiziellen Angaben gab es Mitte
1961 rund 60 000 »Pendler«, die täglich aus dem Ostsektor zur
Arbeit in den Westteil der Stadt fuhren, darüber hinaus schätzungsweise 40 000 inoffizielle Pendler, die in Westberlin einen Nebenverdienst gefunden hatten, beispielsweise Rentner, die ihre kargen
Bezüge dort mit »Gefälligkeitsreparaturen« oder Nachtwächter-
diensten aufbesserten und von dem Wechselkurs profitierten.

Für die DDR samt Ostberlin war der Arbeitskräfteverlust, der durch
Pendler, erst recht durch die zunehmende Fluchtbewegung entstand, eine ernste Gefahr. Mit ungeheuren Anstrengungen hatte sie
ihre Wirtschaft wieder in Gang gebracht, stand mit ihrer industriellen Produktion in Europa schon an fünfter Stelle – nach der Sowjetunion, Großbritannien, der Bundesrepublik und Frankreich –, mit
ihrem Maschinenexport sogar bereits an vierter Stelle in der Welt
und produzierte mehr als das Doppelte der Vorkriegserzeugung ihres Gebiets. Hunger und Elend waren vollends beseitigt, und es gab
schon für alle, die am Produktionsprozeß teilnahmen, einen unver-
kennbaren, wenngleich nach bundesdeutschen oder Westberliner
Maßstäben noch recht bescheidenen Wohlstand, den die Ostberliner Führung durch die offene Grenze nach Westberlin in dreifacher
Hinsicht gefährdet sah:

Zum einen war die Berliner Sektorengrenze das Hauptleck, durch
das der DDR Arbeitskräfte verlorengingen, zum zweiten drangen
dort alle diejenigen Kräfte ein, die die DDR-Wirtschaft auf jede erdenkliche Weise zu stören und zu schwächen suchten, und drittens
bot die offene Grenze, trotz aller Kontrollen und sonstigen Vorkeh-

rungen, den Westberlinern Gelegenheit zu dem, was die Ostberliner Propaganda mit nur mäßiger Übertreibung die »systematische Ausplünderung unserer Hauptstadt« nannte. Denn mit hartem »Westgeld«, das über dreihundert Westberliner Wechselstuben und Bankfilialen in etwa die vierfache Menge »Ostgeld« anstandslos umtauschten, ließ sich für Westberliner im Ostteil der Stadt vieles sehr billig einkaufen, nicht nur für den eigenen Bedarf, sondern auch zur kommerziellen Weiterverwendung. Das Paradebeispiel Ostberlins war ein Fall, der sich im Februar 1959 ereignet hatte: Da wurde eine Elfjährige an der Sektorengrenze angehalten, die 26 Schweinekoteletts und zwei Dutzend Paar Bockwürste bei sich hatte. Es schien sich um einen Bagatellfall zu handeln, doch dann stellte sich heraus, daß die Tante des Mädchens, die in der Schönhauser Allee wohnte, die Versorgung einer Gaststätte im britischen Sektor übernommen hatte und diese täglich von ihrer Nichte beliefern ließ, bis dahin mit insgesamt 21 Zentnern Fleisch- und Wurstwaren, 16 Zentnern Butter und etwa 5000 Eiern.

»Jene Eigenschaft Berlins, an der uns aus menschlichen Gründen gelegen sein muß«, hatte Rudolf Augstein kurz zuvor im »Spiegel« geschrieben, als der innerstädtische Schmuggel nur noch ein Nebenaspekt war, weil gerade eine neue Massenflucht von Ost nach West eingesetzt hatte, »jene Fluchtbrücken-Eigenschaft birgt die meisten Schwierigkeiten. Denn das Wohlstandsgefälle zwischen West und Ost hat seine Ursache ja nicht allein in der Mißwirtschaft der SED. Vielmehr hat die Zone stellvertretend für ganz Deutschland jene Reparationen zahlen müssen, die Rußland als das am meisten verwüstete Land des Hitler-Krieges von den Westmächten nicht beitreiben konnte ... Ohnedies dürfen wir uns nicht in der Hoffnung wiegen«, hatte Augstein prophetisch hinzugefügt, »daß Berlin unter den jetzigen Umständen noch lange als Flucht-Brücke dienen könnte. Es ist technisch möglich, Berlin hermetischer abzuschließen als die viele hundert Kilometer lange Zonengrenze.«

Noch mehr als zweieinhalb Jahre vergingen, noch 440 000 DDR-Bewohner flüchteten, mehr als die Hälfte dann über Westberlin, nach Westen, und am 9. August 1961 erreichte die Fluchtwelle mit fast zweitausend an diesem Tag registrierten Neuankömmlingen ihren absoluten Höhepunkt. Doch vier Tage später, am Sonntag, dem 13. August, besetzten Einheiten der DDR-Volksarmee und Volkspolizei den sowjetischen Sektor Berlins und begannen damit, ihn mit Straßensperren, Stacheldrahtverhauen und rasch errichteten Mauern nach Westberlin hin abzuriegeln. Von den insgesamt achtzig Sektorenübergängen blieben nur noch zwölf geöffnet – aber nur noch für Westdeutsche und Ausländer. Der gesamte innerstädtische Personenverkehr zwischen dem Ost- und dem Westteil der Stadt war mit einem Schlage unterbunden, West-Berlin vom Ostsektor und von der DDR ringsum abgeschnitten, und daran änderten weder die »feierlichen« Proteste der drei Westmächte etwas, die am Ausländerübergang »Checkpoint Charlie« Panzer auffahren ließen, noch eine Massendemonstration der empörten Westberliner vor dem Schöneberger Rathaus. Bundeskanzler Konrad Adenauer, der sich erst neun Tage später zu einem kurzen Besuch Westberlins aufraffen konnte, hatte mit seiner, felsenfest auf ein militärisches Eingreifen der Amerikaner vertrauenden »Politik der Stärke« Schiffbruch erlitten, denn weder die USA noch gar Frankreich oder England dachten auch nur im Traum daran, wegen der Abriegelung Westberlins von Ostberlin und der DDR Krieg anzufangen.

Drei Jahre nach dem Mauerbau schrieb Sebastian Haffner darüber im »Stern«: »Der 13. August 1961, das wird mit dem zunehmenden Zeitabstand immer klarer, war ein sekuläres Datum deutscher Geschichte, nicht weniger einschneidend als der 11. November 1918 und der 8. Mai 1945. Es war die dritte – diesmal Gott sei Dank unblutige – Niederlage einer deutschen Politik, die Deutschlands Situation durch Druck, Zwang und Kalten Krieg, in der letzten Konsequenz notfalls auch durch wirklichen Krieg, zu verbessern hoffte. Dafür hatte man sich dreimal zunächst Chancen ausrechnen können, damit hatte man dreimal Anfangserfolge gehabt, und damit war man dreimal zum Schluß mit dem Kopf gegen die Mauer gerannt . . . Adenauer war seit dem 13. August 1961 ein gescheiterter Politiker, nicht weniger als vor ihm Wilhelm II. und Hitler.«

Den Berlinern, die für Adenauer fast ebensowenig Sympathie empfanden wie er für sie, war es ein schwacher Trost, daß seine Politik gescheitert war und daß er bald darauf von der politischen Bühne abtrat. Ihnen blieben die Trümmer zurück, zum Glück nicht wieder die ihrer Stadt, wohl aber die der Illusionen, die die »Frontstadt«-Propagandisten in ihnen geweckt und fleißig genährt hatten.

Seitdem ist schon mehr als ein Vierteljahrhundert vergangen, und noch immer ist die einstige Reichshauptstadt zweigeteilt: Die westliche, etwas größere Hälfte nennt sich »Berlin«, bezeichnet sich als »Stadt und Land zugleich«, hat einen Senat mit einem Regierenden Bürgermeister an der Spitze, der vorgibt, für ganz Berlin zuständig zu sein, und sich dabei auf die »originären Rechte« der drei westlichen Besatzungsmächte beruft, die darauf beharren, vierzig Jahre nach Kriegsende gemeinsam mit der Sowjetunion die oberste Gewalt in ganz Berlin auszuüben.

Die andere, etwas kleinere Hälfte der Stadt heißt ebenfalls »Berlin« mit dem Zusatz »Hauptstadt der DDR«, was klarstellen soll, daß es

Der Mauerbau entlang der Bernauerstraße vor den Häusern des Westberliner Bezirks Wedding.

sich um deren integralen Bestandteil handelt, was die Sowjetunion anerkannt hat, die Westmächte hingegen bestreiten (obwohl sie mit der DDR inzwischen volle diplomatische Beziehungen unterhalten und ihre Botschaften in deren Hauptstadt errichtet haben, während Bonn sich dort mit einer »Ständigen Vertretung« begnügt). Grundlage für dieses bizarre Nebeneinander kontroverser Ansprüche ist das Viermächte-Abkommen über Berlin vom 3. September 1971, worin sich die Regierungen Frankreichs, der Sowjetunion, Großbritanniens und der USA dahingehend geeinigt haben, daß im Gebiet des einstigen Groß-Berlin alles so bleiben soll, wie es nun einmal ist. Sie haben sich verpflichtet, »die Beseitigung von Spannungen und die Verhütung von Komplikationen in dem betreffenden Gebiet zu fördern«, »Streitigkeiten ausschließlich mit friedlichen Mitteln beizulegen«, ihre »individuellen und gemeinsamen Rechte und Verantwortlichkeiten gegenseitig zu achten«, und sie »stimmen darin überein, daß ungeachtet der Unterschiede in den Rechtsauffassungen die Lage, die sich in diesem Gebiet entwickelt hat, ... nicht einseitig verändert wird.«
Bis zu diesem Viermächteabkommen war es ein weiter Weg. Zunächst mußte Bonn etliche »Kröten schlucken«, die Eigenstaatlichkeit der DDR und die neuen Grenzen Polens *de facto* anerkennen

und auf eine gewaltsame Änderung der vom Zweiten Weltkrieg geschaffenen Lage feierlich Verzicht leisten. Dazu war eine neue Ostpolitik nötig, wie sie Willy Brandt, bis 1966 Regierender Bürgermeister von (West-)Berlin, dann Vizekanzler und Außenminister, von 1969 an Bundeskanzler, zielstrebig entwickelte. »Der Moskauer Vertrag vom 12. August 1970 und der Warschauer Vertrag vom 7. Dezember 1970 waren«, so hieß es in einer offiziösen Bonner Verlautbarung zum Viermächteabkommen, »die Stationen, vor denen es sich als unmöglich erwiesen hat, eine befriedigende Berlin-Lösung zu erreichen. Der Verzicht auf Gewalt für alle in Europa existierenden Streitfragen soll nun auch für Berlin gelten.«

Mit dem Viermächteabkommen wurde der Rahmen abgesteckt für deutsch-deutsche Vereinbarungen zur Regelung der für Westberlin lebenswichtigen Probleme: Garantien für den freien Güter- und Personenverkehr zwischen dem Bundesgebiet und Westberlin, für den Besuch Ostberlins und der DDR von Westberlin aus, für die »gewachsenen Bindungen« Westberlins an den Bund und noch manches andere, etwa die Wiederaufnahme des Telefonverkehrs zwischen den beiden Teilen der Stadt, die bereits Ende Januar 1971 in zunächst bescheidenem Umfang zustande kam.

Noch ehe das Viermächteabkommen in Kraft trat, öffnete die DDR erstmals nach langen Jahren zu Ostern und dann auch zu Pfingsten 1972 die Übergänge nach Ostberlin für Besucher aus dem Westteil der Stadt, und jeweils mehr als eine Million Westberliner gingen an diesen Feiertagen »ma wieda rieba«. Seither ist »die Mauer« für Westberliner, Westdeutsche und ausländische Besucher Ostberlins kaum noch ein Hindernis, lediglich lästig wegen der Paß- und Zollkontrollen und den damit verbundenen Wartezeiten. Mauern mitten durchs Wohngebiet und strenge, den Verkehr behindernde Kontrollen an den Toren hat es in Berlin, wie wir uns erinnern, früher auch schon gegeben. Eine – den Besuchern aus dem Westen gar nicht willkommene – Neuerung ist indessen der Bargeld-Mindestumtausch, der ihnen an den Übergängen abverlangt wird – zum wenig attraktiven Wechselkurs von 1 DM (West) zu 1 DM (Ost). Doch davon einmal abgesehen: Die Westberliner können seit 1972 wieder jederzeit Tante Malchen in Grünau und Onkel Paule am Baumschulenweg besuchen.

In Gegenrichtung, also von Ost- nach Westberlin, ist die Grenze jedoch weit weniger durchlässig geblieben, nur passierbar für DDR-Bürger im Rentenalter, die schon seit 1964 ihre Verwandten im Westen besuchen dürfen, sowie für Personen mit besonderer Erlaubnis. Das wird, vor allem von jungen Leuten, die den Westteil der Stadt nur aus dem – beiderseits der Mauer »Glotze« genannten – Fernsehen kennen, als hart empfunden, weil sie sich »den Rummel drüben« doch gern mal mit eigenen Augen näher ansehen würden, zumal sie – wohl zu Recht – vermuten, daß die von den westlichen Sendern getroffene Auswahl an Bildern und Informationen allenfalls die halbe Wahrheit ist.

Umgekehrt hat das Interesse der Westberliner an Besuchen Ostberlins seit 1972, als es die ersten Passierscheine gab, erheblich nachgelassen: Im ganzen Jahr 1985 passierten nur knapp zwei Millionen Besucher die Übergänge – weniger als allein an den Oster- und Pfingstfeiertagen 1972 –, und in der Mehrzahl waren die Besucher Ostberlins keine Westberliner mehr, sondern Auswärtige. Das hängt gewiß zum einen mit dem vorgeschriebenen Geldumtausch zusammen: Der Anfang 1984 auf 25 DM je Person und Tag erhöhte Satz läßt die meisten zögern, wenn ihnen »drüben« nur ein Kaffeeklatsch bei Verwandten winkt –, doch zum andern auch damit, daß es in Westberlin immer weniger Menschen gibt, die sich durch verwandtschaftliche oder andere Beziehungen mit dem Ostteil der Stadt noch verbunden fühlen. Denn die Bevölkerung Westberlins hat sich seit dem Zweiten Weltkrieg ihrer Herkunft und Struktur nach drastisch verändert:

Von den 1,73 Millionen Westberlinern des Jahres 1945 wanderte in den langen Jahren der Ungewißheit des Schicksal der Stadt und der Massenarbeitslosigkeit ein Großteil der Jüngeren und Arbeitsfähigen ab, meist nach Westdeutschland. Dafür strömten, wie wir bereits wissen, Hunderttausende von Flüchtlingen aus dem Osten nach Westberlin ein, von denen wiederum ein Großteil der Jüngeren nach Westdeutschland weiterwanderte. Die Einwohnerzahl Westberlins stabilisierte sich dann zwischen 1950 und 1965 bei etwa 2,2 Millionen, wobei diese Bevölkerung drei Besonderheiten aufzuweisen hatte: einen sehr hohen Frauenüberschuß, eine starke Überalterung und einen enormen, auf etwa 70 Prozent geschätzten Anteil von Neubürgern.

Der durch die Kriegsverluste entstandene Frauenüberschuß hat sich seither vermindert – auf derzeit 126 Frauen je 100 Männer –, und auch die Überalterung ist deutlich zurückgegangen, was auf den Kinderreichtum der in Westberlin ansässigen Ausländer zurückzuführen ist. Der Anteil der Neubürger hat indessen weiter zugenommen.

Gleich nach dem 13. August 1961, als die »Pendler« aus Ostberlin ausblieben, begann man in Westberlin mit der systematischen Anwerbung von Arbeitskräften, zunächst in Westdeutschland. Durch gezielte Fördermaßnahmen wie die achtprozentige Zulage auf das Bruttoeinkommen sowie Beihilfen und Darlehen wurden mindestens 300000 Westdeutsche nach Westberlin gelockt – eine moderne Variante zu den hohenzollernschen »Colonisationen« des 17. und 18. Jahrhunderts, wobei die damals den Neubürgern gewährte Militärfreiheit auch heute in Westberlin gilt: Wer dort seinen Erstwohnsitz nimmt, darf aufgrund alliierter Bestimmungen nicht zur Bundeswehr einberufen werden. Westdeutsche Wehrpflichtige, die nicht zum »Bund« wollen, machen sich dies häufig zunutze und helfen so mit, die Überalterung der Westberliner Bevölkerung abzubauen.

Später als in Westdeutschland, doch dann um so intensiver, begann die Westberliner Wirtschaft mit der Anwerbung ausländischer Arbeitskräfte. Inzwischen ist der Ausländeranteil an der – bis 1985 durch weitere Abwanderung auf 1,8 Millionen geschrumpften – Gesamtbevölkerung Westberlins auf fast 14 Prozent gestiegen. Rund eine Viertelmillion Ausländer leben heute in Westberlin, mehr als in jeder anderen deutschen Stadt.

Die mit weitem Abstand größte Ausländergruppe Westberlins sind die rund 113000 Türken, die zweitgrößte die etwa dreißigtausend Jugoslawen. An dritter Stelle folgen die knapp 12000 Polen, erst an vierter Stelle die rund 7500 Italiener, an fünfter die etwa 7200 Griechen.

Zu dem – in der Ausländerstatistik nicht enthaltenen – Militärpersonal der drei westlichen Schutzmächte in Westberlin kommen heute noch 6900 amerikanische, 6100 britische und etwa 5200 französische ständig dort lebende Zivilpersonen. Weitere große Ausländergruppen sind die annähernd 6000 Nord- und Schwarzafrikaner, rund 5000 Iraner, etwa 3000 Inder, Pakistani und Bangladeshi, fast 4000 Libanesen, annähernd 3000 Lateinamerikaner unterschiedlicher Nationalität und Hautfarbe, etwa 2000 Vietnamesen, 1800 Koreaner und 1600 Spanier. Rund 1500 Flüchtlinge aus Sri Lanka, knapp 1000 Thailänder und etwa ebenso viele Jordanier vervollständigen die Liste der größeren Gruppen, doch in der bunten Mischung fehlt kaum eine Nationalität dieser Erde, denn es leben in Westberlin auch – um noch ein paar der kleinsten Ausländergruppen zu nennen – 592 Philippinos, 422 Australier, 62 Neuseeländer und zwei Papuas, auch einige Fidschi-Insulaner, 19 Bürger der karibischen Republik Trinidad und Tobago sowie einer aus dem pazifischen Inselkönigreich Tonga.

Ferner gibt es in Westberlin annähernd 7500 Personen ohne oder mit ungeklärter Staatsangehörigkeit, auch ständig zehn- bis elftausend – von der Ausländerstatistik nicht erfaßte – Asylbewerber, vorwiegend Afrikaner und Asiaten, und schließlich werden alljährlich etwa achtzehnhundert bis zweitausend in Westberlin ansässige Aus-

länder eingebürgert, vor allem polnische und israelische Staatsange-
hörige.

Trotz der bevorzugten Einbürgerung von Israelis, die dies wünschen, wie auch aller aus der Sowjetunion und anderen Staaten des
Warschauer Pakts eintreffenden jüdischen Aussiedler, zählt die Jüdische Gemeinde Westberlins heute insgesamt weniger als siebentausend Mitglieder – die Ostberlins nicht einmal zweihundert –,
und die große Mehrzahl von ihnen ist osteuropäischer Herkunft.
Von den vor 1933 fast 180 000 Berliner Juden und deren Nachkommen finden sich heute in Westberlin nur noch sehr spärliche Reste.

Anders als früher, als das jüdische und hugenottische Bürgertum
das kulturelle und wirtschaftliche Leben Berlins weitgehend prägte,
kann davon, was die heute dort lebenden Juden betrifft, kaum noch
die Rede sein. Auch das einst so starke hugenottische Element
macht sich nicht mehr bemerkbar, und was die heute in Westberlin
quantitativ bedeutsamsten Neubürgergruppen betrifft, so spielen
die fast 150 000 Türken und sonstigen Moslems im kulturellen Leben der Stadt so gut wie keine Rolle; ihre Sonderkultur beschränkt
sich auf wenige Stadtteile, in denen sie dominieren, vor allem im Bezirk Kreuzberg.

Während der Ausländeranteil an der Westberliner Bevölkerung
stark zugenommen hat und weiter, wenn auch jetzt weniger steil,
ansteigt, hat sich die Anzahl der in der Stadt zur Verfügung stehenden Arbeitsplätze ständig verringert, trotz aller staatlichen Fördermaßnahmen. Von Dauerarbeitslosigkeit waren in den letzten Jahren
noch etwa 80 000 Westberliner – über zehn Prozent der erwerbstätigen Bevölkerung – betroffen, vor allem Ausländer, und für Sozial-
hilfe muß Westberlin alljährlich weit über eine Milliarde Mark aufbringen.

Indessen wird der Haushalt des Landes (West-)Berlin seit dessen
Zugehörigkeit zum Wirtschafts- und Währungsgebiet der Westzonen weitgehend von dort finanziert, und dazu heißt es in einer Pu-
blikation des Westberliner Presse- und Informationsamts:

»Der Verlust der Hauptstadtfunktion mit ihren vielfältigen öffentlichen und privaten Dienstleistungen, das Fehlen des Umlands, ver-
schlossene traditionelle Bezugs- und Liefergebiete, die Entfernung
zum übrigen Bundesgebiet, der ungünstige Altersaufbau der Bevölkerung und anderes wirkten sich rein vom Ökonomischen her
wachstumshemmend aus. Die weitverbreitete Ungewißheit über die
Zukunft Berlins in den fünfziger und sechziger Jahren, die wiederholten Störungen auf den Zufahrtswegen bis Anfang 1971, kamen
als gravierende Wachstumshemmnisse – vor allem politisch-psy-
chologischer Natur – hinzu. Die Berliner Wirtschaftspolitik ver-

suchte, diesen Schwierigkeiten mit umfangreichen Maßnahmen zu begegnen. Die Berlin-Förderung – finanziell weitgehend vom Bund getragen – ist sowohl auf den Unternehmer- als auch auf den Arbeitnehmerbereich ausgerichtet und besteht vor allem aus steuer- und kreditpolitischen Instrumenten«, von denen einige Westberlin zur »verlängerten Werkbank«, zum »Abschreibungspalast« und zu einem wahren Paradies für zwielichtige Baulöwen, Subventionshyänen und andere moderne Raubritter gemacht haben, wogegen der Nutzen für die Halbstadt und ihre Bewohner vergleichsweise bescheiden ist. Das »Aushängeschild« Westberlin weist, trotz anerkennungswerter Bemühungen, es auf Hochglanz zu polieren, viele häßliche Flecken auf, und so stellt sich die Frage, ob dieses ferngeheizte »Treibhaus« Berlin, wie seine Fremdenverkehrswerbung behauptet, noch »eine Reise wert« sei.

Offenbar ja, denn Westberlin steht heute als Touristikzentrum an zweiter Stelle in Mitteleuropa, gleich nach München. Abermillionen Besucher kommen alljährlich aus Westdeutschland und dem Ausland, vor allem aus den USA, Skandinavien und Japan, wobei die Durchschnittsaufenthaltsdauer der Besucher aus dem Bundesgebiet zweieinhalb Tage, die der Ausländer vier bis fünf Tage beträgt. Nicht wenige der heute die Stadt besuchenden Touristen aus Westdeutschland sind gebürtige Berliner, hatten in den fünfziger und frühen sechziger Jahren »noch einen Koffer in Berlin« und wollen nun, obwohl sie längst anderswo heimisch geworden sind, doch »ma kieken, wie't so looft« in ihrer Vaterstadt und was davon noch (oder wieder) da ist.

Geblieben ist Westberlin sein für eine Weltstadt einmalig schönes Naherholungsgebiet, die Kette der Havelseen am Rande des – vom Krieg zu zwei Dritteln verwüsteten, seit 1949 mit zwanzig Millionen Nadel- und Laubbäumen wiederaufgeforsteten – Grunewalds. Geblieben ist auch das – äußerlich wiederhergestellte – Charlottenburger Schloß, auf dessen weithin sichtbarer Kuppel sich wie eh und je die vergoldete Fortuna im Winde dreht und in dessen Ehrenhof Andreas Schlüters imposantes Reiterstandbild des »Großen Kurfürsten« einen würdigen Platz gefunden hat. (Von seinem alten Platz auf der Kurfürstenbrücke war es im Zweiten Weltkrieg nach Potsdam ausgelagert worden, 1945 beim Rücktransport im Borsighafen versunken, und erst 1951 hat man es dort geborgen.)

Geblieben, ja eigentlich erst seit ihrer Zerstörung berühmt und zu einem Wahrzeichen Westberlins geworden ist auch die Kaiser-Wilhelm-Gedächtniskirche. Als ihr Turmstumpf, der »Hohle Zahn«, vollends abgerissen werden sollte, erhob sich lauter Protest. Eine Stiftung wurde gegründet, und der von ihr beauftragte Architekt

Blick auf den Wittenbergplatz Tauentzienstraße und die Kaiser-Wilhelm-Gedächtniskirche.

Egon Eiermann schuf einen interessanten Neubau, in den er die Ruine sinnvoll miteinbezog. Zusammen mit dem gegenüberliegenden, 86 Meter hohen Europa-Center voller Ladenstraßen und Gaststätten bildet die Gedächtniskirche nun das Zentrum der neuen City von Westberlin.

Es gibt auch wieder – mit reicherem Angebot als je zuvor – das KaDeWe am Wittenbergplatz, das 1950 neu errichtet wurde. Auch das Reichstagsgebäude am östlichen Rand des Tiergartens, hart an der Mauer gelegen, wurde weitgehend wiederhergestellt – bis auf die 75 Meter hohe Kuppel, auf die man verzichtet hat –, wobei von den ursprünglichen Hoffnungen, daß hier bald wieder ein gesamtdeutsches Parlament würde tagen können, wenig mehr übriggeblieben ist als »Fragen an die deutsche Geschichte«, eine – durchaus sehenswerte – Dauerausstellung. Und natürlich gibt es auch noch den »Kudamm«, dessen einstige Pracht und Vornehmheit sich allerdings heute auf nur noch einige wenige Häuser und Geschäfte beschränkt.

Indessen kommen nur die wenigsten Gäste nach Westberlin, um dort nach den Spuren vergangener Pracht zu suchen, und auch, wenn ihr Besuch vorgeblich allein den Berliner Festwochen, der »Berlinale«, der Internationalen Funkausstellung, der – heute ebenfalls internationalen – Grünen Woche oder einer anderen wichtigen Veranstaltung sowie dem nach wie vor beträchtlichen, zum Teil hervorragenden kulturellen Angebot gilt, so lockt sie in Wahrheit auch noch anderes an die Spree, zum Beispiel etwas, das sie vage mit »kleinem Bummel« oder »ein bißchen Amüsement« umschreiben.

In dieser Hinsicht hat Westberlin nun wirklich erstaunlich viel zu bieten, zumal »Polizeistunde« hier beinahe ein Fremdwort ist.

Zwischen drei- und vierhunderttausend Westberliner und -berlinerinnen sind hauptberuflich in jenen Bereichen tätig, die zusammen das Nachtleben der Halbstadt ausmachen – von den großen Bossen des Amüsierbetriebs, die ganze Ketten von Nachtlokalen aufgezogen haben, und erfolgreichen Unternehmerinnen wie Romy Haag, Leiterin einer berühmten Transvestiten-Show, über die Chefs und Beschäftigten der unzähligen Tanzlokale, Bars, Nightclubs, Striptease-Shows und Kabaretts unterschiedlichsten Genres und die Legionen von Hostessen, Modellen und Kavalieren, die tagtäglich in der Boulevardpresse ihre diversen Dienstleistungen annoncieren, bis hin zu den biederen Garderobefrauen oftmals recht ausgefallener Etablissements, den Damen und Herren am Klavier oder an anderen Instrumenten und den schwitzenden Kellnern von Kneipen wie »Ellis Bierbar« in der Skalitzer Straße, wo – so jedenfalls ein Berlin-Führer – »man noch ein ehrliches Stück Alt-Berlin erleben kann,

in dem höchstens mal der Gummibusen einer mit Stentorstimme da-
herredenden Blondine falsch ist«, ganz zu schweigen von dem überaus reichen und vielseitigen Angebot auf und an Straßen und Plätzen, das Spaziergängern ebenso zuteil wird wie Autofahrern.

Es gibt indessen noch etwas gänzlich anderes, das Berlin-Besucher
aus aller Welt anzieht und wo »Nachtleben« so gut wie gar nicht
stattfindet – allenfalls in einigen Bars großer Hotels, wo sogenannte
»Valuta-Miezen« wie Hühner auf der Stange hocken – und wo an
den Eingängen ohnehin um Mitternacht »die Kasse zu« ist: die
Hauptstadt der DDR jenseits der Mauer.

Wie die Mauer selbst, die zum festen Bestandteil des Besuchspro-
gramms aller Berlin-Touristen geworden ist, so hat sich auch das andere Berlin dahinter längst zu einer Fremdenverkehrsattraktion entwickelt, die täglich von 7 bis 24 Uhr besichtigt werden kann.

»Drüben«, wie die Westberliner sagen, bietet sich beispielsweise
dem Musikfreund ein Besuch der – beispielhaft wiederaufgebauten
– Deutschen Staatsoper an, deren Aufführungen, ob Oper oder Bal-
lett, »Weltniveau« haben, wie man in der DDR mit berechtigtem
Stolz zu sagen pflegt, und auch die Komische Oper in der Behrenstraße gilt als eines der führenden Musiktheater Europas. Von den
Sprechbühnen Ostberlins, zumal vom »Berliner Ensemble« im Theater am Schiffbauerdamm, ist bereits die Rede gewesen, und inzwischen haben sich auch die Volksbühne am Luxemburgplatz und das
– für »Modernes« zuständige – Maxim-Gorki-Theater im historischen Gebäude der Berliner Singakademie internationales Ansehen
erworben.

Die – ebenfalls in Ostberlin gelegene – Museumsinsel birgt die
großartigsten Kunstschätze, die Berlin zu bieten hat, neben dem
Bode- (dem früheren Kaiser-Friedrich-)Museum vor allem das Per-
gamon-Museum mit dem weltberühmten, 120 Meter breiten und
über zweitausend Jahre alten Altar, dem sogar noch um drei Jahrhunderte älteren Markttor von Milet und der atemberaubenden Pro-
zessionsstraße aus Babylon.

Von den zahlreichen, mit hohen Kosten und bewunderungswürdi-
ger Sorgfalt wiederhergestellten historischen »Ensembles«, Gebäuden und Plätzen im Zentrum Berlins ist besonders der Gendarmenmarkt (heute: Platz der Akademie) hervorzuheben, der vor seiner
Zerstörung als einer der schönsten Plätze Europas galt und es wieder zu werden verspricht. Neben dem schon fertigen, vor allem für
Konzerte benutzten Schauspielhaus, dem in neuem Glanz erstrah-
lenden Meisterwerk Schinkels, sind auch der Deutsche und der
Französische Dom wiederhergestellt worden. Zur Überraschung jedes Berliners, der dort lange nicht mehr gewesen ist, hat sich der alte

»Alex« völlig verwandelt. Als Walter Mehring gegen Ende der zwanziger Jahre sein Chanson »Heimat Berlin« schrieb, dessen letzte Strophe lautet:

Im Globetrott mach stopp! mach stopp!
Und fährste noch so weit,
Billett in der Hand, mit'm Fez auf'm Kopp
Keine Zeit! Keine Zeit! Keine Zeit!
Der Mensch vaduft', die Panke stinkt!
Kehrt marsch! die Berolina winkt!
Da zuckt's durch alle Glieder!
Denn wer nu mal mit Spree jetooft
Durch alle Länder Weje looft,
Der fährt immer mal wieder
Mit der Hand übern Alexanderplatz . . .,

da konnte er nicht ahnen, was den Besucher heute dort erwartet: Die Berolina winkt nicht mehr; im Zweiten Weltkrieg wurde sie eingeschmolzen und zu Granaten verarbeitet. Von den siebzehn Straßenbahn- und vier Omnibuslinien, die bis 1945 am »Alex«, einst Drehpunkt eines fünfstrahligen Kreisverkehrs, vorbeiführten, gibt es keine einzige mehr. Der weite Platz wurde zu einer riesigen Fußgängerzone umgestaltet, und der Verkehr wird heute teils unterirdisch, teils über großzügig ausgebaute Tangenten geleitet. Fußgängertunnel, Einkaufskombinate, das 39 Stockwerke hohe Hotel »Stadt Berlin« mit zweitausend Betten – das erste der inzwischen schon stattlichen Reihe auch verwöhnten Ansprüchen genügender Grandhotels in Ostberlin –, die kuppelgekrönte Kongreßhalle, die große Weltzeituhr, die vielen Springbrunnen und Wasserspiele sowie zahlreiche moderne Wohn- und Geschäftshäuser haben – so Franck Weimert in einem Westberliner Touristikführer – »den guten alten ›Alex‹ . . . völlig umgewandelt. Das Wirtschaftspotential der DDR – wie oft bleibt es für den uninformierten Beobachter Theorie: Hier am Alexanderplatz manifestiert das andere Deutschland seine Macht auf unübersehbare Weise . . . Dem Chefplaner von Ostberlin, dem jungen Architekten Jochen Näther, wurde hier *plein pouvoir* gegeben.« Tatsächlich hatte Näther bis 1975 bereits vier Milliarden (Ost-)Mark am »Alex« verbaut.
Das erste moderne Bauwerk am »Alex« stammt indessen nicht von Näther, sondern wurde von Professor Henselmann entworfen: das dreizehn Stockwerke hohe, 1964 fertiggestellte »Haus des Lehrers«. Es trägt eine 130 Meter lange, sieben Meter hohe »Bauchbinde«, einen farbigen Bilderfries mit der Darstellung des Lebenslaufs eines

Der Alexanderplatz mit der Weltzeituhr und dem Fernsehturm.

sozialistischen Menschen, natürlich unter besonderer Berücksichti-
gung seiner Schulbildung (wozu angemerkt sei, daß über 90 Prozent
der Ostberliner Jugendlichen mindestens die Mittlere Reife erreicht
haben, ein Bildungserfolg, von dem Westberliner Pädagogen nur
träumen können und der »drüben« bereits im Jahr 1974 erreicht
wurde).

Das alles dominierende Bauwerk am »Alex« aber ist der 365 Meter
hohe, 26 000 Tonnen schwere, an der Kuppel und am Fuß jeweils 32
Meter breite Fernsehturm, auch »Tele-Spargel« genannt, der in vier-
jähriger Bauzeit 1969 fertiggestellt wurde. Vom Turmcafé in 210
Meter Höhe kann man bei guter Witterung fast ganz Berlin über-
blicken – vierzig Kilometer weit. Die Plattform samt dem Café dreht
sich in einer Stunde einmal um die ganze Achse des Turms, der sei-

nerseits ebenfalls von allen Stadtteilen Berlins aus zu sehen ist. Die Umbauung des Tele-Riesen, der 65 Meter höher ist als der Pariser Eiffelturm, wurde 1972 vollendet. Zweigeschossige Pavillons in recht eigenwilliger Architektur bieten Platz für Ausstellungen, Läden, Speiselokale und ein Tanzcafé. Fast winzig wirkt neben dem Fernsehturm die sorgfältig restaurierte Marienkirche, die älteste erhaltene Stadtkirche Berlins mit dem berühmten, erst 1860 wiederentdeckten »Totentanz«-Fresko aus dem 15. Jahrhundert und dem steinernen Sühnekreuz neben dem Eingang, das beweist, wie gering die Reue war, die die Berliner wegen der Ermordung des Propstes von Bernau an den Tag gelegt hatten. Wegen ihrer hervorragenden Akustik ist die Marienkirche heute wieder Anziehungspunkt für ein breites Publikum bei den dort häufig stattfindenden Orgelkonzerten.

So pietätvoll, sorgsam und keine Kosten scheuend die Ostberliner Behörden sonst mit allen erhaltenswerten und wiederherstellbaren weltlichen wie geistlichen Bauwerken des alten Berlin verfahren sind, so konsequent rücksichtslos gingen sie mit der Ruine des Stadtschlosses um. Diese »Zwingburg der Hohenzollern«, deren Mauern die »unwilligen« Berliner schon beim Baubeginn vor mehr als einem Halbjahrtausend immer wieder eingerissen hatten, wurde 1950 gesprengt und eingeebnet. Nur ein Stück der alten Schloßfassade mit dem Portal IV und dem Balkon, von dem aus Karl Liebknecht am 9. November 1918 die deutsche sozialistische Republik proklamierte, blieb teilweise erhalten und wurde, originalgetreu restauriert, in die Vorderfront des neuen DDR-Staatsratsgebäudes am Südende des Marx-Engels-Platzes, auf dem früher das Hohenzollernschloß stand, eingefügt.

Die ganze Ostseite des riesigen Marx-Engels-Platzes nimmt der in knapp dreijähriger Bauzeit entstandene, 1976 fertiggestellte gläserne »Palast der Republik« ein: 180 Meter breit, 85 Meter tief. Darin befinden sich sowohl der Plenarsaal der DDR-Volkskammer nebst den Konferenz- und Arbeitsräumen der Abgeordneten als auch zahlreiche der Öffentlichkeit zugängliche Restaurants, Cafés, Wein- und Bierstuben, Jugendtreffs sowie das »TiP« (Theater im Palast) mit zweihundertfünfzig Plätzen. Der Große Saal im »Ballast der Republik«, wie man in Ostberlin sächselnd scherzt, jedoch mit unverkennbarem Stolz auf das imponierende Bauwerk, bietet bei Veranstaltungen Platz für fünftausend Besucher.

War man in Ostberlin bei der Sprengung der Schloßruine noch konsequent hohenzollernfeindlich, anscheinend auch entschlossen, alle anderen Spuren des untergegangenen preußischen Militärstaats auszutilgen, so hat sich dies in späteren Jahren deutlich geändert, zumal bei der Gestaltung der alten Prachtstraße Unter den Linden: Gewiß, Schinkels Neue Wache neben der (nun gerechterweise nach ihrem Gründer Humboldt benannten) Universität wurde zum »Mahnmal für die Opfer von Faschismus und Militarismus«. Indessen halten dort Soldaten der Nationalen Volksarmee Wache, und jeden Mittwoch um 14.30 Uhr zieht mit klingendem Spiel und exaktem Stechschritt deren Ablösung auf – ein von Zuschauern aus Ost und West gleichermaßen bewundertes oder skeptisch bestauntes Zeremoniell, wie man es sich preußischer nicht vorstellen kann. Und ebenfalls Unter den Linden steht wieder Christian Rauchs Reiterstandbild des Alten Fritz mit Dreispitz, Degen und Krückstock.

Diese Rückbesinnung auf preußische Traditionen, die zunächst verblüfft, kann man wohl als eine Manifestation des erstarkten Selbstbewußtseins der DDR und ihrer Hauptstadt ansehen, das nicht zuletzt darauf beruht, daß man in Ostberlin Vergleiche mit dem »Schaufenster des Westens« gleich nebenan nicht mehr zu scheuen braucht.

Gewiß, jenseits der 45,9 Kilometer langen innerstädtischen Mauer – die ebenfalls befestigte Grenze des DDR-Umlands zu Westberlin ist weitere 114,6 Kilometer lang! – gibt es so manches, wonach sich viele Ostberliner, zumal junge Leute, sehnen, ist nicht alles so streng reglementiert, kann man auch »ma uff'n Putz hau'n«, ohne daß gleich die »Staatsorgane« eingreifen, und scheint es, zumindest im Herzen der City, zwischen Kempinski und KaDeWe, nur Wohlstand und Luxus zu geben.

Aber Ostberlin außerhalb des alten Zentrums war schon immer größtenteils Arbeitergegend, in vieler Hinsicht weit weniger verwöhnt und anspruchsvoll als der »feine« Westen, und inzwischen hat sich ja auch Ostberlin, wie selbst Westberliner Veteranen des Kalten Krieges widerwillig anerkennen müssen, »mächtich rausjemacht«: Staat und Wirtschaft sind stabil, die Produktivität wächst stetig, und die »Hauptstadt der DDR« leidet weder an Arbeitslosigkeit noch an Überalterung ihrer Einwohnerschaft, die zudem längst nicht mehr schrumpft, sondern sich nun Jahr für Jahr vermehrt. Dabei hält sich die Anzahl der Ausländer – meist Studenten, aber auch »Baubrigaden« – in normalen Grenzen.

Seit 1976 wurde ein riesiges Neubaugebiet, Marzahn, buchstäblich aus dem Boden – den einstigen, weit östlich außerhalb des Stadtgebiets liegenden Rieselfeldern – gestampft und als 21. Bezirk mit derzeit schon über einhundertachtzigtausend Einwohnern nach Berlin eingemeindet.

Vor allem aber, und darauf gründet sich das Selbstbewußtsein der Ostberliner in erster Linie, haben sie sich alles, was seit 1945 entstanden ist – vom »Feierabendheim« in Friedrichsfelde-Ost bis zum 5-Sterne-»Palast-Hotel« im Zentrum, von der HO-Gaststätte »Rübezahl« am Müggelsee bis zu den 140 Meter hohen Schornsteinen des Großkraftwerks Klingenberg –, unter widrigsten Umständen aus eigener Kraft selbst geschaffen, ohne eine gigantische Finanzhilfe von außen, wie sie Westberlin Jahr für Jahr erhielt und weiter erhält.

Hierin liegt, wenn man von den politischen Gegensätzen einmal absieht, der wesentlichste Unterschied zu Westberlin. Ein anderer besteht darin, daß in Ostberlin seit dem 17. Juni 1953 keine inneren Krisen, geschweige denn Unruhen, vielmehr eine wachsende Konsolidierung und zunehmender Wohlstand zu verzeichnen waren, während es in Westberlin während der letzten drei Jahrzehnte zu immer neuen Protestbewegungen, Krawallen, Attentaten und Terroranschlägen, Hausbesetzungen, Skandalen und Senatskrisen gekommen ist.

Höhepunkte waren die Proteste der Studenten und der Außerparlamentarischen Opposition (APO) gegen das konservative »Establishment«, den Völkermord in Vietnam, den Kalten Krieg und die Förderung faschistischer Diktaturen durch die USA sowie die Erschießung des Studenten Benno Ohnesorg anläßlich der Krawalle beim Schah-Besuch im Juni 1967 durch einen Polizeibeamten, was zu noch heftigeren Protesten, zum Rücktritt des Polizeipräsidenten, des Innensenators und dann auch des sich moralisch mitverantwortlich fühlenden Regierenden Bürgermeisters Heinrich Albertz (SPD) führte, der Willy Brandt 1966 abgelöst hatte. Ein Attentat auf den Studenten- und APO-Führer Rudi Dutschke am 11. April 1968, der auf dem Kurfürstendamm niedergeschossen und schwer verletzt wurde, löste Protestdemonstrationen und Gewaltakte gegen das Verlagshaus Axel Springer aus, dessen Zeitungen die Mitschuld an dem Anschlag gegeben wurde. Im Mai 1970 befreite ein von Ulrike Meinhof geführtes Kommando den in Tegel einsitzenden, in ein Dahlemer Institut »ausgeführten« Kaufhausbrandstifter Andreas Baader, und damit begann in Westberlin jene Welle des Terrorismus, von der die Bundesrepublik jahrelang in Angst und Schrecken versetzt wurde und die zu erheblichen Einbußen an Rechtsstaatlichkeit und demokratischen Freiheiten geführt hat. In Westberlin wurde 1974 der Kammergerichtsrat Günter v. Drenkmann von Terroristen ermordet; bei Sprengstoffanschlägen auf das Springer-Hochhaus gab es etliche Verletzte, und mit der Entführung des CDU-Spitzenkandidaten Peter Lorenz wurden im März 1975 mehrere in Westberlin inhaftierte Terroristen freigepreßt und, begleitet von Heinrich Albertz, in den Jemen ausgeflogen.

Am 15. Januar 1981 mußte Dietrich Stobbe (SPD), der den Albertz-

Nachfolger Klaus Schütz 1977 als Regierender Bürgermeister abgelöst hatte, mit seinem ganzen Senat zurücktreten, weil im Zusammenhang mit dem Konkurs der Baufirmen des Architekten Garski ein 115-Millionen-DM-Bürgschaftsverlust des Senats ebenso offenbar geworden war wie die Verfilzung führender Politiker mit den anrüchigen Geschäften der Baulöwen. Begleitet wurde diese Senatskrise, zu deren Beendigung Hans Jochen Vogel (SPD) als Nachfolger Stobbes aus Bonn herbeigeholt wurde, von zahlreichen »Instandbesetzungen« von Spekulanten aufgekaufter, dann zum Abbruch freigegebener Mietshäuser. Gleichzeitig entstanden in Westberlin auch militante rechtsextremistische Gruppen, wie es sie bis dahin nicht gegeben hatte.

Im Juni 1981 bekam Westberlin erstmals seit dreißig Jahren einen von der CDU geführten Senat mit Richard v. Weizsäcker an der Spitze, und von nun an war auch eine Alternative Liste (AL) zunächst mit neun Sitzen, im Abgeordnetenhaus vertreten. Unter Weizsäckers Nachfolger Eberhard Diepgen (CDU) schien sich die Lage in Westberlin wieder zu beruhigen; die Wahlen vom 10. März 1985 hatten der CDU 69, der FDP 12, der SPD 48 und der AL 15 Sitze im Abgeordnetenhaus erbracht, und die Rechte triumphierte. Doch schon sehr bald wurde offenbar, daß auch die neuen Herren im Schöneberger Rathaus in Skandale verwickelt und mit Baulöwen und Bordellbesitzern gleichermaßen verfilzt waren. Innensenator Heinrich Lummer, der im Frühjahr 1986 zurücktreten mußte, wurden außerdem finanzielle Zuwendungen an Rechtsextremisten nachgewiesen.

Unter dem Eindruck dieser Skandale schrieb die »Süddeutsche Zeitung«: »Das gerade mühsam wieder hergerichtete Ansehen (West-)Berlins hat durch die jüngste Affäre und Senatskrise schweren Schaden genommen ... Zu sehr scheinen die noch gar nicht so lange regierenden neuen Herren in ihre Vergangenheit verstrickt, als daß sie unbelastet eine bis ins nächste Jahrtausend reichende Zukunft für (West-)Berlin überzeugend entwerfen und vertreten können. Das wäre aber dringend geboten. Die Stadt ist bei all der vielen Fürsorge, die ihr seit Kriegsende zuteil wurde, in vielem unselbständig geworden. Die daraus gewachsene Anspruchsmentalität und Zanksucht ist auch eine der Ursachen für die ständig auftretenden Krisen und Neurosen. Für eine neue Standortbestimmung ist es höchste Zeit. Behütet und beschützt von den Westalliierten und versorgt und gefüttert von der Bundesrepublik, ist die Stadt in ihrer Bedeutung nämlich zunehmend ins Hintertreffen geraten. Dankbar blickte man fast nur noch in eine Richtung – nach Westen. Aber Stillstand ist Rückschritt, und für eine Stadt wie (West-)Berlin lebensgefährlich. Berlin war in seiner Geschichte nämlich stets auch Tor des Westens zum Osten, es war Bindeglied von West- nach Osteuropa. Diese Rolle ist lange in Vergessenheit geraten ...«

Falls man in den maßgebenden Kreisen Westberlins von solchen unerbetenen Ratschlägen überhaupt Notiz nimmt, wird man sich weiterhin genauso verhalten wie der alte Adler im Zoo, auf den die seit dem späten 19. Jahrhundert gebräuchliche Redensart zurückgeht: »Der plinkert mit de Oogen und eßt dabei« – will heißen: Er staunt zwar, läßt sich aber von reger Teilnahme an der reichlichen Fütterung nicht abhalten.

Im übrigen bürgt die 750jährige Erfahrung der Berliner mit ungeliebten Obrigkeiten dafür, daß sie sich allen Krisen zum Trotz nicht unterkriegen lassen werden. Den »Ausnahmezustand«, von dem in bezug auf die geteilte Stadt nun schon seit Jahrzehnten die Rede ist, kennen sie aus ihrer Stadtgeschichte als etwas beinahe Normales, und die »widernatürliche Teilung eines Wohngebietes«, die für jede andere Metropole unvorstellbar und mit Sicherheit tödlich wäre, fand an der Spree erstmals bereits vor 750 Jahren statt – bei der Gründung der rivalisierenden Nachbarstädtchen Cölln und Berlin. Kurz, die Berliner und ihre Stadt sind, trotz allem, was ihnen widerfahren ist, nach wie vor »jesund, frisch und meschugge« – eine Feststellung, die schon der Autor einer Biedermeier-Posse zu einer Zeit traf, als eine als höchst lästig empfundene Mauer die Wohngebiete durchtrennte, streckenweise – zum Beispiel vom Brandenburger Tor über den Potsdamer Platz und im Zickzack weiter zur Oberbaumbrücke – in ihrem Verlauf identisch mit den heutigen DDR-»Grenzsicherungen«.

Bleibt die oft gestellte bange Frage, ob es denn in Berlin, zumal in dessen Westteil, überhaupt noch, außer ein paar alten »Muttchens«, eine nennenswerte Anzahl von wirklichen Berlinern gibt, die sich mit dieser ungewöhnlichen Stadt tatsächlich eng verbunden fühlen, die traditionellen Eigenheiten ihrer in Massen abgewanderten früheren Bewohner lebendig erhalten und die sprichwörtliche Vitalität der Spree-Metropole bewahren können.

Die Antwort gibt die Geschichte Berlins mit einer Fülle von Beispielen für die einzigartige Assimilations- und Integrationskraft dieses brodelnden Schmelztiegels zwischen Havel und Panke und für die extreme Zähigkeit seiner Produkte. Egal, ob die Zuzügler gerade erst aus Düsseldorf, Diyarbakir oder Dubrovnik nach Reinickendorf, Neukölln oder Gesundbrunnen, ob sie aus Cottbus, Kuneitra oder Karl-Marx-Stadt nach Treptow, Grünau oder Marzahn II zugezogen oder ob sie bereits gebürtige Berliner sind wie Suleika-Susi vom Döblinplatz in Kreuzberg, Nikolai Iwanowitsch-Nicky aus

Oberschöneweide und der kaffeebraune Edouard-Philippe-Ede aus Tegel-Süd – vom Augenblick an, wo sie zum erstenmal zu einem »Provinzler« aus Bonn, Boston oder Budapest freundlich-herablassend oder selbstbewußt-keß und nölend »Wissense, bei uns in Berlin . . .« gesagt und ihm erklärt haben, was »Sache« ist, *sind* sie Berliner. Denn um Berlinerin oder Berliner zu werden, bedarf es lediglich der – ja durchaus richtigen – Überzeugung, daß man dort zu Hause und daß Berlin eine Stadt wie keine andere ist. Das ist das ganze Geheimnis dieser 750 Jahre jungen, immer wieder »runderneuerten« Stadt an der Spree.

LITERATUR IN AUSWAHL

Arnulf Baring, *Der 17. Juni 1953*, Stuttgart Neuaufl. 1983

Berliner Geist, Propyläenverlag Berlin, o.J.

Berliner Illustrierte. Faksimile-Querschnitt, hrsg. v. Fr. Luft, München 1965

Berlin u. die Provinz Brandenburg im 19. u. 20. Jh., hrsg. v. H. Herzfeldt u. Gerd Heinrich, Berlin 1968

Berlin. Zehn Kapitel seiner Geschichte, hrsg. v. Richard Dietrich, Berlin-New York 1981

Der richtige Berliner in Wörtern und Redensarten, 2. vermehrte u. verbesserte Auflage, Berlin 1879. (Ohne Verfasserangabe)

Bernt Engelmann, *Die Freiheit! Das Recht! Johann Jacoby und die Anfänge unserer Demokratie,* Bonn 1984

Bernt Engelmann: *Preußen, Land der unbegrenzten Möglichkeiten,* München 1979

Eike Geisel, *Im Scheunenviertel, Bilder, Texte u. Dokumente,* Berlin 1981

Heinrich Gemkow, *Paul Singer, ein bedeutender Führer der deutschen Arbeiterbewegung,* Berlin 1957

Die Geschichte der Berliner Arbeiter-Bewegung. Hrsg. v. Eduard Bernstein, Berlin 1910

Geschichte der Stadt Berlin, Festschrift zur 700-Jahr-Feier der Reichshauptstadt. Im Auftrag des Oberbürgermeisters und Stadtpräsidenten dargestellt von Max Arendt, Eberhard Faden und Otto-Friedrich Gandert, Berlin 1937

Dieter u. Ruth Glatzer, *Berliner Leben 1914–1918,* Berlin 1983

Robert Graf v. Zedlitz-Truetzschler: *12 Jahre am deutschen Kaiserhof,* Stuttgart 1952

Alfred Grunow, *Der Kaiser u. die Kaiserstadt, Berlinische Reminiszenzen* 27, Berlin 1970

Werner Hegemann, *Das steinerne Berlin. Geschichte der größten Mietskasernenstadt der Welt,* Berlin (1930)

50 Jahre Ullstein. 1877–1927, Berlin (1927)

Ludwig Herz, *Spaziergänge im Damals,* Berlin 1933 (Privatdruck der Freitagstischpresse)

Egon Jameson, *Berlin so wie es war,* Düsseldorf 1969
Walther Kiaulehn, *Berlin – Schicksal einer Weltstadt,* München 1960
Max Kretzer, *Ausgewählte Werke,* Bd. III Berlin (1911)
Annemarie Lange, *Berlin zur Zeit Bebels und Bismarcks,* Berlin 1959
Annemarie Lange, *Leistung und Schicksal, 300 Jahre jüdische Gemeinde
   zu Berlin, Katalog der Ausstellung im Berlin-Museum 1971*
Annemarie Lange, *Das wilhelminische Berlin,* Berlin (DDR) 1967
*Lexicon von Berlin und der umliegenden Gegend. Ein Handbuch für Einhei-
   mische u. Fremde,* hrsg. v. Joh. Chr. Gädicke, Berlin 1806
*Das Litterarische Berlin. Illustriertes Handbuch der Presse in der Reichs-
   hauptstadt,* hrsg. v. Gustav Dahms, Berlin o.J. (1895)
Emil Ludwig, *Wilhelm II.,* Berlin 1926
A. Nalli-Rutenberg, *Das Alte Berlin,* Berlin o.J.
Hans Ostwald, *Kultur- und Sittengeschichte Berlins,* Berlin o.J. (1926)
Karl Scheffler, *Berlin – ein Stadtschicksal,* Berlin 1910
Karl Scheffler, *Berlin – Wandlungen einer Stadt,* Berlin 1931
Heinz Ullstein, *Spielplatz meines Lebens,* München 1961
Unser Berlin. Ein Jahrbuch v. Berliner Art und Arbeit, hrsg. v. Alfred
   Weise, Berlin 1928
*Vollständige Ausgabe der Berliner Abendblätter. Vom 1. Okt. 1810 bis zum
   30. März 1811,* hrsg. v. Heinrich v. Kleist. Faksimile-Neudruck,
   Wiesbaden o.J.
Adolf Wermuth, *Ein Beamtenleben – Erinnerungen,* Berlin 1922
Ulrich v. Wilamowitz-Moellendorf, *Erinnerungen 1848–1914,* Berlin
   1928
Wilhelm II.: *Reden des Kaisers.* Hrsg. v. Ernst Johann, München 1970

Die Originale der zitierten Briefe von Moses Mendelssohn,
Henriette Herz, Alexander v. Humboldt, Johann Jacoby u.a.m.
befinden sich in der Handschriftensammlung des Autors

REGISTER